光华人文

西南财经大学人文（通识）学院 / 著

GUANGHUA RENWEN

西南财经大学出版社
四川 · 成都

图书在版编目(CIP)数据

光华人文/西南财经大学人文(通识)学院著.—成都:西南财经大学出版社,2021.3
ISBN 978-7-5504-4826-1

Ⅰ.①光…　Ⅱ.①西…　Ⅲ.①社会科学—文集　Ⅳ.①C53

中国版本图书馆 CIP 数据核字(2021)第 052909 号

光华人文

西南财经大学人文(通识)学院　著

责任编辑:刘佳庆　李思嘉
封面设计:墨创文化
责任印制:朱曼丽

出版发行	西南财经大学出版社(四川省成都市光华村街 55 号)
网　　址	http://www.bookcj.com
电子邮件	bookcj@swufe.edu.cn
邮政编码	610074
电　　话	028-87353785
照　　排	四川胜翔数码印务设计有限公司
印　　刷	郫县犀浦印刷厂
成品尺寸	185mm×260mm
印　　张	22
字　　数	691 千字
版　　次	2021 年 3 月第 1 版
印　　次	2021 年 3 月第 1 次印刷
书　　号	ISBN 978-7-5504-4826-1
定　　价	98.00 元

前　言

值西南财经大学建校95周年之际，西南财经大学人文（通识）学院推出《光华人文》论文集，献礼校庆！论文集收录了学院教师2015—2019年公开发表的优秀论文，集中展示了学院研究成果，反映了学院科研历史脉络与进展，有助于更好地传承学术文化，营造科研氛围，增进学术交流与合作，促进教学和人才培养。

为支撑一流财经人才培养，打造卓越通识教育，经过长期探索，西南财经大学于2007年成立了西南财经大学人文（通识）学院，形成独具特色的“1+3”通识教育管理模式。学院成立以来，对全校一年级本科生进行集中教育管理和服务；会同心理健康教育中心和信息工程学院，组织建设中国传统文化、沟通与写作、逻辑与批判性思维、社会学思想与方法、科学技术史、中外文学经典选讲、艺术修养与审美体验、大学生心理健康与人生发展、现代科技与人工智能9门通识核心课程和170多门通识选修课程；联合西南地区部分高校，发起成立“川渝通识教育联盟”，实现教师互派、学生互换和课程共享，改革项目“打造跨校跨地区通识教育联盟，构筑优质教育资源共享体系”获得国家级教学成果二等奖（2018年）。为了夯实通识教育的学科基础，人文学院建设有新闻学和汉语言文学两个本科专业；先后设立媒体经营管理（2009年）、经济哲学（2014年）、民俗学（2015年）、应用社会学（2015年）四个学术学位硕士点，以及新闻与传播（2015年）、汉语国际教育（2019年）两个专业学位硕士点，共六个硕士专业；同时建设有省级研究基地西部城乡统筹与社会建设研究中心（2013年）和校级研究机构推理、论证与传播研究中心（2017年）；承建西南财经大学艺术教育中心（2017年）。2020年学校优化集成全校学科资源，将民俗学和应用社会学两个硕士点从人文学院划出。当前，我国高等财经教育进入高质量发展新阶段，人文学院将继续扎实推进文、史、哲、新闻、艺术等学科发展，提升通识教育新境界，支撑我校一流财经学科建设开创新局面。

西南财经大学人文（通识）学院

2020年12月

目　录

第一篇　社会与治理

第二篇　哲学与文化

第三篇　文学与艺术

第四篇　新闻与传播

第五篇　教育与思政

第一篇　社会与治理

发展性关怀抑或反思性关怀?
——对中国农村留守人口社会关怀研究的梳理与反思①

陈晶环　叶敬忠②

20世纪80年代初，随着我国现代化进程的不断加快，农村的剩余劳动力开始大规模地向城市转移。受到城乡分割的二元社会结构体制和自身经济条件等因素的限制，很多农民只能自己进城务工，将子女、配偶和老人留在农村，形成了“留守人口”。农村剩余劳动力流动对留守人口产生的负面影响在城市化进程中不断凸显。作为一个不能回避的社会问题，如何缓解留守人口“被留守”的现状成为学者们的关注重点。

一、概念界定与研究内容

（一）概念界定

社会关怀的概念来源西方国家的social care，20世纪70年代后，生产全球化和金融危机后经济社会的复苏，引发了劳动者对个人不断付出劳动，却难以从社会再分配中收回福利的控诉。由此形成了一种社会再分配危机，或是称之为社会关怀危机③。虽然社会关怀危机是全球性的，但并不意味着各个国家的关怀危机是同质的。与发达国家不同，发展中国家社会关怀分配情况与发达国家紧密相关，这种相关性在20世纪末有了更明显的表现。全球发展的不平衡造成了不同个体获得物质资源机会的不平等，进而强化了关怀资源的不平等（inequalities of redistributing care resources）。尤其是从事情感关怀工作的劳动力来自贫穷国家，所提供的情感关怀却为富裕国家的成员所消费。例如，第三世界国家的女性劳动力为了满足生活需求，流动到西方国家务工，照料西方国家的儿童，而自己的子女则留守于家乡被别人照顾。关怀链（care chains）的改变，引发了学者对流动人群和留守群体的关怀④。总体来说，社会关怀涉及三个维度：经济学维度（强调经济增长，关注无酬工作人员的待遇）、政治学维度（强调公民权利，认为关怀是

① 原文发表于《西北人口》2016年第5期。

② 陈晶环，西南财经大学人文学院，成都；叶敬忠，中国农业大学人文与发展学院，北京。

③ Shahra Razavi. Rethinking Care in a Development Context: An Introduction [J]. Development and Change, 2005: 873-904.

④ Hochschild, A. R.. Global Care Chains and Emotional Surplus Value´, in W. Hutton and A. Giddens (eds) On the Lourdes Beneria. The crisis of care, international migration, and public policy [J]. Feminist Economics, 2008 (7): 1-21.

公民的义务，也是权利）、社会学维度（强调关怀是社会结构的一部分）①。社会学维度是本文所关注的内容。国外学者将此维度的社会关怀阐释为一种发展关系，即提供方和接收方之间的互动发展，在深层上呈现出关怀需求和资源的不对等②。在发展关系上，Shahra Razavi 认为发达国家的妇女往往通过雇佣发展中国家的妇女务工，来弥补自身外出工作所造成的关怀缺失。然而较低的待遇导致双方的利益都受损，影响双方互动③。在关怀需求和资源的不对等关系上，Lourdes Benerla 提出了人口的流动造成落后地区的儿童、老人无法享有家人的照料，而发达地区可以通过雇佣来弥补国家层面上社会关怀的缺失，在现实中，人们往往认为缺少家庭收入是造成关怀不足的主要原因，忽略了流动对关怀造成的影响④。

（二）研究内容

在传统的中国社会中，农民地位一直被特别地强调，在士、农、工、商的职业序列中，农仅次于士官。农村如同世外桃源般，与城市相对应存在，维持乡村自然的“野”和“朴”的状态是许多人怀旧时最乐于抒发的情绪主题之一⑤。现代化进程开始之后，农村的原始状态成为诟病，城市成为农村发展的范本。通过经济力量的无声强制，农民的生产和生活被强制商品化，同时，一系列政策措施也鼓励农民融入商品经济之中⑥。农村不再独立存在，而成为城市的附属物品和原料市场。农民为城市提供了廉价劳动力，从事城市人口所不愿意做的苦力工作，支持城市的发展。但是，他们对城市的贡献和艰辛的付出，并没有使他们在医疗、养老、教育、就业等方面享受与城市居民同等的待遇。留在农村的农民，承担着繁重的劳作，忍受着亲人分离的痛苦。因流动而带来的留守，造成了留守老人的养老、留守妇女的情感、留守儿童的教育等一系列社会问题。针对这三类群体，政府和学界都有了一定的关注和探讨，然而为何留守群体生活现状的改观依旧非常有限？本文以改革开放后我国管理体制的变迁为背景，分析农村发展路径的变化，对留守人口形成当前生活现状的历史背景进行回顾。此内容在本文的第二部分进行论述。借助国外学者对社会学维度社会关怀的定义，即关怀不仅仅是一种社会行为、政治政策，在深层含义上体现了宏观社会结构的变迁对微观个体在谁需要关怀、谁有责任提供关怀以及如何分配关怀的认知上产生影响，界定出国内学者研究的两种类

---

① Shahra Razavi. The Political and Social Economy of Care in a Development Context [J]. Gender and Development Programm, 2007 (3): 1-39.

② Susan Himmelweit. Can we afford (not) to care: prospects and policy [J]. GeNet Working Paper, 2005 (11): 1-32.

③ Shahra Razavi. Rethinking Care in a Development Context: An Introduction [J]. Development and Change, 2005: 873-904.

④ Lourdes Benerla. The Crisis of Care, International Migration, and Public Policy [J]. Feminist Economice, 2008, 14 (3), 1-21.

⑤ 赵旭东. 乡村成为问题与成为问题的中国乡村研究：围绕“晏阳模式”的知识社会学反思 [J]. 中国社会科学, 2008 (3): 110-118.

⑥ 叶敬忠. 一分耕耘未必有一分收获：当农民双脚站在市场经济之中 [J]. 中国农业大学学报（社会科学版）, 2012 (2): 5-13.

型：发展性关怀和反思性关怀。前者关注关怀的提供方和接收方之间的互动形式、渠道，后者侧重于从城乡互动、社会分配来阐释留守群体关怀的变异。这两种关怀类型分别在文中的三、四部分来进行深入分析。通过综述分析，以期解释为何留守人口在社会关怀中依旧面临窘境的问题。

二、研究背景：社会管理体制变迁下的农村发展之路

在改革开放之后，我国进入到发展的新阶段，国家总体的支配方式由总体控制和群众的总体动员实现经济积累和社会发展，向调动基层个体的积极性、灵活性，总体把握局部放开的方式转变。尤其是市场经济体制确立之后，市场成为调控的主要因素，效率变为关键的要素。可以说，农村留守群体的生活现状不是一蹴而就的，而是与改革开放后的国家发展政策紧密相关。本部分划分了三个阶段对农民个体生活境遇的变化进行了描述。若缺少这部分的考量，则会欠缺历史维度，造成社会关怀研究的表面化。

1978 年年底，安徽凤阳县小岗村的农民实行土地承包，成为农村改革的起点。1982 年 1 月 1 日，《全国农村工作会议纪要》中明确指出了包产到户、承包联产等责任制，正式拉开了农村改革的序幕。家庭联产承包责任制的实施，不仅提高了农民的积极性，还改变了单一僵化的生产关系，农民个体和家庭重新回到土地经营的结构中。乡镇企业的发展，使农民以较低的成本获得土地之外的收入，也就是说农民种地与务工两不误，并不需要两地奔波。在改革的前十年中，城乡之间并无直接互动，而是以国家为中介进行间接互动。

到改革的中期，城乡之间的互动逐渐增多，并更加直接。在城市中，国家对国有企业进行产权改革，也掀开了这个阶段以“经济增长”为核心的发展，“经济增长、数字提升、效率改善”成为这十年的关键词。在这种情况下，经济是否增长成为衡量发展与否、进步与否的指标，一种“发展主义”的意识形态成为社会心态。对经济发展的片面追求，一方面导致物资供不应求，物价上涨，个人负担加重，尤其是对当时缺乏社会保障的农民而言；另一方面，国有企业改革和私营企业兴起导致乡镇企业被迫关闭。农民不得不在土地、家乡之外寻找收入来源，进城务工的情况在这一阶段不再是特例，而成为常见的现象。在城市中出现了被称为“农民工”的流动群体，他们年轻力壮的时候在强度大、条件差、缺乏福利保障的行业中工作，在他们无法产生城市所需要的价值后返回农村。在农村中，年轻人和中年人的身影难以寻觅，更多的是很难产生经济价值的儿童、老人和照顾家庭的妇女。所以说，每年外出务工的农村劳动力并不是剩余劳动力，而留守在家里的才是剩余劳动力①。在这一阶段，“经济热”带来了对劳动力的需求，劳动力的流动带来了留守群体，也带来与之相关的一系列问题。

进入到新千年之后，改革的重点由工业化向城市化、商品化转变。在这一阶段中，经济的增长以土地为依托的特征明显，而城市化也体现出对土地的占用、经营。按照现行法律，只有地方政府有权征收、开发和出让农业用地，其征收费用远低于城市建设用

① 严海荣. 虚空的农村和空虚的主体［J］. 读书，2001（3）：74-83.

地出让的价格，并将低价收购的农业用地进行平整、开发后，以招、拍、挂等形式在土地二级市场上出让①。这对地方政府来说不仅仅是经济的增长，也是政绩的体现。然而，从政府和社会的关系上看，“经营城市、经营土地”的发展模式使得政府的公共服务职能得不到发展，社会保障滞后。对于农民来说，赖以生存的土地成为城市发展和官员政绩提高的砝码。农民丧失了经济来源，也打破了自然的、本土的生活方式。同时，农民的主要收入来源——粮食价格，处于一种持续低迷的状态，即便是有土地的农民，也并未因种地免税而获得更高的收入。如果说在改革中期，农民还有更多的空间回到农村，而在这一阶段基本生存资源的丧失——土地的流失和种粮难以解决温饱的现状，使得漂流在外的农民更难回到农村，进而加剧了留守形势。

综上所述，改革开放后社会管理体制改革的三十年中，农村与城市的互动从无到有、由点到面，农民从中受益，但也从中受苦。留守群体便是这种苦的一种具体呈现。如果缺乏对留守群体产生的历史背景和社会变迁的考察，很难从根本上思考对留守群体来说何谓符合需求的社会关怀。

三、发展性关怀：发展主义的后果

如上部分所论述的内容，农村的从属地位和农民的艰辛境遇变得愈加明显，而相对应关怀的缺失，造成了留守老人在家死亡几天之后才被发现，留守儿童缺乏照顾而意外死亡，留守妇女受到侵害等一系列社会问题，也由此引起了对留守群体关怀的讨论。依据 Susan 所定义的社会关怀的第一层含义，即社会关怀呈现出一种发展关系，也就是提供方与接收方之间的互动发展，本文将之简称为发展性关怀。此类关怀以发展为目标，或是实现关怀接收者自我发展能力。发展性关怀在一定程度上改善了留守群体的生活困境，但也存在着一定的不足。

（一）留守老人的养老关怀

长期以来，农村的主要养老方式以家庭养老为主，子女是家庭养老的主要承担者。但改革开放后，随着城市化和工业化进程的加快，城市对劳动力的需求增加，大量农村青壮年进城务工，留在老人身边的子女越来越少。虽然外流子女往往会通过对老人的经济补偿来弥补照料等方面的缺位②。但经济收入的增长，并未超越留守老人生活负担的增长，并且留守老人从外出子女经济支持中获益程度具有不稳定性和差异性③。这也就意味着，家庭因流动而获得的收入不足以使得留守老人可以安享清福。反而家中劳动力的缺失，造成留守老人的农业劳动负担和家务劳动负担都加重了④。同时，计划生育政策的实施，大大减少了家庭中子女的数量。家庭成员流动与减少，使得传统家庭养老模式面临着严峻的挑战。

---

① 梁敬东，周飞舟，应星. 从总体支配到技术治理：基于中国 30 年改革经验的社会学分析［J］. 中国社会科学，2009（6）：35-45.

② 孙娟鹃. 劳动力迁移过程中的留守老人照料问题研究［J］. 人口学刊，2006（4）：14-19.

③ 王全胜. 农村留守老人问题初探［J］. 学习论坛，2007（1）：71-74.

④ 杜鹏. 农村子女外出对留守老人的影响［J］. 人口研究，2004（6）：44-55.

因此，研究者多从经济保障、照料援助和生命关怀①三个方面入手。在经济保障方面，以土地保障为依托，探索多元养老保障形式②。在照料援助方面，利用家庭支持网、社会网等网络缓解养老的困境和压力③。在生命关怀方面，加大农村老年人体育活动设施的投资力度④，完善社会保障制度⑤。

留守老人在生活中很容易产生生活“没意思”的感觉，而这种“没意思”正是源于没人照料、没人说话的孤独感⑥。邻居、亲戚很难代替子女，村委会的人员也不可能每天陪伴所有的留守老人。当前围绕留守老人所进行的政策性研究和学术关怀并未聚焦于农村老人之所以成为留守老人的原因，这将造成对留守老人的关怀研究成为一种治标不治本的持续性研究。

（二）留守妇女的劳作与情感关怀

农村妇女的身份之所以转化为留守妇女，一方面在于农村青壮年劳动力流动到城市来获取家庭收入，而城市并没有提供“举家搬迁”的制度支持，教育、医疗、社保阻碍着农民进城长住的步伐。另一方面，农村传统的男主外女主内的分工模式与男强女弱的性别观念导致两性之中的男性更倾向于外出务工，农村妇女往往留在农村照顾老人和儿童。留守妇女肩负着本应该夫妻照顾家庭的共同责任，其所面临的生活和精神压力不容小觑。

当前学者对留守妇女的关怀主要表现在劳作关怀和情感关怀上。在劳作关怀上，农业女性化的背后是留守妇女劳动负担沉重、劳动强度大和家庭地位低的问题⑦。若家中土地数量较多，无形中增加劳动负担；若拥有土地较少，则妇女从土地中获得的收入较少，妇女对家庭的有酬贡献会大大降低，在家中的地位也受到影响。流动到城市的男性，仍是家庭农业生产的决策者，女性主要扮演的是劳作者，而非权力者。在情感关怀上，学者关注于流动对留守妇女婚姻所造成的影响。丈夫和妻子之间出现了城市化不同步的现象，丈夫处于一种动态的、开放的、变化的生活环境中，而妻子则处于相对静态的、封闭的、少有变化的生活状态之中。留守妇女面临着巨大的生存压力和心理压力⑧。留守妇女的生存现状和情感需求促使学者从多个维度探讨应对方法。在个人层面上，学者建议留守妇女应该扩大自己的社交网络，形成自强自立自主的意识⑨。在农村层面上，增加对留守妇女的技能培训，提高其收入⑩。在国家层面上，加快农业机械化，减轻留

① 蒋艳，钱娟．农村留守老人需要社会关怀［J］．社会工作，2007（12）：47-49.

② 姚引妹．经济较发达地区农村空巢老人的养老问题：以浙江农村为例［J］．人口研究，2006（6）：42-44.

③ 东波，颜宪源．新农村建设背景下农村老年弱势群体社会支持网络的建构：基于黑龙江省农村老年人生活状况调查数据的实证研究［J］．西安电子科技大学学报（社会科学版），2009（3）：115-123.

④ 曹伟伟．浅析老龄化与农村老年人体育开展的必要性和可行性［J］．社会科学，2009（13）：250.

⑤ 高翔．农村老年人自杀问题的思考［J］．法制与社会，2010（8）：190.

⑥ 杨华，范芳旭．自杀秩序与湖北京山农村老年人自杀［J］．开放时代，2009（5）：104-126.

⑦ 吴旭．关于中国农村留守妇女现状问题的综述［J］．法制与社会，2008（1）：234.

⑧ 吴惠芳，饶静．农村留守妇女研究综述［J］．中国农业大学学报（社会科学版），2009（6）：18-24.

⑨ 许传新．构建留守妇女的社会支持网络［J］．中国国情国力，2007（3）：47-50.

⑩ 楚向红．河南省新农村建设中留守妇女问题研究［J］．学习论坛，2008（11）：69-72.

守妇女劳作负担①。在提供主体上，除了相关政府部门之外，非政府组织和社会工作者建立农村个案工作室，通过积极聆听、复述的方式，使留守妇女达到助人自助的效果②。

留守妇女作为关怀的提供者，进行着无酬劳动；作为关怀的接受者，她们对关怀的需求也在增加，同时还面临着挣钱养家的压力。通过梳理发现，相关研究对留守妇女因流动而留守，并由此造成社会地位下降和心理负担增加等后果达成了共识。经济的增长在一定程度上减缓了留守妇女的心理负担和精神压力，但留守妇女的身份依旧没有改变，流动所造成的家庭风险依旧存在。

（三）留守儿童的教育与生命关怀

劳动力流动逐渐成为拉动经济发展的坚实力量，但也因此产生了与留守老人、留守妇女共同存在的另一群体——留守儿童。农村儿童之所以留守，一方面与造成农村老人、妇女成为留守人口的原因相似。另一方面，2001 年实施“农村中小学布局结构”的调整，将农村中小学都集中到县市中。为了上学，这些学生远离父母，成为县市中的留守儿童。

当前国内研究者对留守儿童的社会关怀主要体现在两个维度上：教育关怀和生命关怀。在教育关怀上，当一种标准化、齐一化的衡量指标横空出现在农村教育中时，农村教育的发展被科学技术实行赶超型战略、实现现代化的国家目标所压倒③。各种名义的市场化很大程度上损害了教育的公共性、公益性和公平性，加大了基础教育的城乡差距、地区差距和阶层差距。作为社会分层的工具，教育反而呈现出凝固和制造社会差距的功能④。城市偏向的课程内容和评价标准，脱离了农村生产生活实践和农村社会发展⑤。以城市为取向的课程内容，也并未帮助农村学生有更多的机会进入相关院校，反而使农村学生在城市院校中所占比例逐渐下降。生命关怀建立在教育关怀的基础之上，即意识到农村教育出现了问题，围绕留守儿童的一系列关怀由外围逐渐向内围转变。伴随着父母外出工作，家庭教育缺失于儿童的成长过程。家长对儿童的心理需求关注也不够，致使有些孩子用“寂寞”“烦躁”“焦虑”等词语来描述心理感受⑥。当前农村留守儿童心灵关怀缺失的表现可以分为两类：一是极端表现，包括自杀和犯罪；二是日常表现，包括逃学、沉溺网络，以及生活无聊、无助、无意义感等心理体验（马多秀，2011）⑦。

---

① 黄安丽. 农村留守妇女生存现状的调查及思考［J］. 安徽农学通报，2007（3）：14-15.

② 孙可敬，傅琼. 农村社会工作与我国留守妇女社会支持网的建构［J］. 江西农业大学学报（社会科学版），2010（3）：30-35.

③ 刘娟，刘晓林，林杜娟. 发展主义逻辑下的农村教育：述评与反思［J］. 中国农业大学（社会科学版），2012（4）：67-83.

④ 吕利丹. 从“留守儿童”到“新生代农民工”：高中学龄农村留守儿童学业终止及影响研究. 人口研究，2014（1）：37-51.

⑤ 傅宝英. 城乡和谐发展中的教育公平问题与对策［J］. 浙江师范大学学报（社会科学版），2007（4）：2-11.

⑥ 叶敬忠，王伊欢. 父母外出务工对留守儿童情感生活的影响［J］. 中国农村经济，2006（1）：19-28.

⑦ 马多秀. 农村留守儿童的教师关怀［J］. 管理纵横，2011（12）：46-49.

对留守儿童的教育关怀和生命关怀，促使学者从不同的主体入手来思考如何改善留守儿童所处环境。就学校而言，可以开设“亲情热线”；设立“心理健康咨询室”①；建立留守儿童“托管中心”②；建立“校中校”或“一校两制”的管理方式③。就社区而言，可以建立少年儿童活动中心；建立代理家长；扶贫机构、非政府组织和其他社会群体开展留守儿童的支持行动④。就国家制度方面，多数学者认为当前主要有两种途径来解决留守儿童问题：一是改革户籍制度；二是改革农村教育体制⑤。

从研究成果来看，大多数学者对留守儿童的关怀表现在两个方面：从人的角度来说，强调任课老师和生活老师的作用；从物的角度来说，通过课外读物、图书馆、学校的建设来提升他们内心的正能量，减少孤独感。这些支持性举措对维系留守儿童与外出父母之间的沟通、缓解留守儿童的心理负担起到了积极的作用。但是留守儿童所面临的困境在很大程度上源于留守在农村或县市，若忽视了这一点则很难从源头上实现对留守儿童生活境遇和心理活动的关怀。同时，留守儿童也是儿童，同所有儿童一样面临着相似的问题，我们不能将留守儿童问题化、过激化。

农民之所以自身的处境越艰难，对外界的需求越大，在于前提设定为农村是落后的、农民是贫穷的，而这种落后与贫穷是与城市和市民相比较的。由此，农村的问题变成如何去接近城市的问题⑥，农村也逐渐走进了一种发展主义的恶性循环之中。发展主义的意识形态包含了“同一性”思维和“齐一化”概念，试图建立一种普世的发展模型。这种意识形态造成农村建设日益城市化，使得土地成为建筑地，而非田地；农民生活也日渐商品化，传统的红白喜事等内容也都被纳入了市场领域中。土地的流失和生活的商品化使得农民外出务工更多地体现为一种被迫行为，而非自我选择的结果。流动与留守、离土与留乡，在发展主义的作用下影响着农村人口的福祉。发展性关怀阐释了关怀的提供方和接收方之间的发展关系，而在这背后两者资源的不公平分配并没有被揭示出来，也没有摆脱发展主义对农村、农民的偏见。对留守人口来说，发展性关怀虽能缓解现状，但不能从根本上消除对关怀的需求。

四、反思性关怀：超越发展主义

Susan 所定义的社会关怀的第二层含义为社会、个体的共识对社会关怀的认知产生影响，本文将之定义为反思性关怀，即关注于针对留守人口社会关怀的认知途径、分配机理。通过对三类农村留守人口社会关怀研究的梳理，可以发现这些关怀的内容是一些

---

① 赵玲. 关怀留守儿童促进社会和谐：浙江省留守儿童工作的实践和思考［J］. 中国妇运，2007（10）：14-17.

② 皮武. 学校关怀：打造“留守儿童”成长的生命绿洲［J］. 河北师范大学学报，2008（4）：68-69.

③ 殷世东，朱明山. 农村留守儿童教育社会支持体系的构建：基于皖北农村留守儿童教育问题的调查与思考［J］. 中国教育学刊，2006（2）：14-16.

④ 叶敬忠，莫瑞. 关注留守儿童：中国中西部农村地区劳动力外出务工对留守儿童的影响［M］. 北京：社会科学文献出版社，2005.

⑤ 潘璐，叶敬忠. 农村留守儿童研究综述［J］. 中国农业大学学报（社会科学版），2009（6）：5-18.

⑥ 赵旭东. 从“问题中国”到“理解中国”［J］. 社会科学，2009：53-65.

学者和社会公益群体对留守人口所提出的人道性弥补措施，并未超越发展主义对农村人口所产生的辐射。公众对农村的认知、农村的流动化与发展主义不无关系，而这些造成了留守人口所面临的关怀困境。

米歇尔·福柯（Michel Foucault）在20世纪60年代提出话语分析的方法，对这类“现实殖民”进行分析。话语分析工具对一个事实作出解释，即某些表征如何占据了支配地位，如何永无休止地形塑着现实被构想和被作用的方式①。如果我们把话语分析运用到社会关怀研究领域中，可以发现话语对农村关怀认知的影响。早在20世纪初，晏阳初将农民描述为“愚、穷、弱、私”。这四种病症在某些农民身上有所显露，但绝不是在每个农民身上都会出现这类实质性的“疾患”。可是，这种界定却成为一种“话语”在影响着没有去过农村、对农民的生活并不了解的城市人的思维②。20世纪80年代后，我国开始了现代化进程，强调发展就是硬道理。话语将之建构为只有像西方国家那样，实现工业化、市场化和商品化才是真正的发展。20世纪90年代后，现代化是发展主义的笼统体现，成为时代的口号。现代化的典型态度是霸道，这种霸道的一个核心表现就是唯我独尊，表现在城乡关系上，就是农村应该向城市看齐③，也因此一系列以发展农村为缘由的项目、政策逐渐开展，而这种发展又单一地以经济增长作为衡量指标。因此服务于经济增长的政策成为总任务，而无法产生任何经济价值的照料、养老、医疗、教育等社会关怀内容被排除在发展之外。

反思性社会关怀采用福柯的话语分析法，解开发展主义束缚在农村留守人口社会关怀上的枷锁。这种关怀不直接提出对策，而是站在农民立场上，带有一种批判意识、反思态度来看待处于农村发展中留守人口的境遇以及社会公众、学者、政府的反应。通过上文对关怀群体的分析，发现留守老人由于年龄而留守，留守妇女因为照顾家庭而留守，留守儿童受户籍制限制而留守。虽然三个群体留守的直接原因不同，但共同的根本原因在于城乡之间劳动力的流动。这种流动并非个体自然选择的结果，而是以城市化、工业化、市场化和商品化为特征的发展模式对农村和农民生存空间挤压造成的非自我选择。一方面，当地政府相信唯有向城市看齐才是农村发展的出路时，新农村建设被地方政府的城镇化、工业化和经济增长的冲动所挟持，拆村并居、拆房建楼也就顺理成章了④。这些行为大大损害了农民维持生计、扩大生存空间且能够抵抗风险的力量，失地农民在农村没有了生计之路。另一方面，商品资本进入农村，越来越多的生产资料和生活资料需要用金钱来购买，而这些资料的价格也在不断地上升。虽说市场经济的趋势并不意味着社会现实中所有要素都必然而全面地被商品化，但是它却意味着人们无法在商

① 叶敬忠. 留守人口与发展遭遇［J］. 中国农业大学学报（社会科学版），2011（1）：5-12.

② 赵旭东. 乡村成为问题和成为问题的中国乡村研究［J］. 社会科学，2008（3）：110-118.

③ 叶敬忠. 遭遇发展：第三世界的形成与发展［M］. 汪淳玉，吴惠芳，潘露译，叶敬忠校，北京：社会科学文献出版社，2011（7）：6.

④ 刘奇. “灭村运动”是精英层的一厢情愿［J］. 中国发展观察，2011（1）：37-40.

品关系与其强加的原则之外进行生产①。农民所赖以生存的自然环境和乡土社会都被纳入市场的价格体系中，无一不需要用钱来购买，关怀的商品化、理性化也在所难免。

在这种情况下，留守人口是唯一的选择，依赖于流动来获得养老、生活、教育的支持。而其他社会群体，例如公务员、事业单位人员，因拥有较多的社会资源，相对稳定的经济收入，与留守人口相比他们的关怀需求相对较弱，然而他们享受的社会保障内容远多于留守人口。关怀需求与关怀资源之间分配不平衡使得边缘的、修补的关怀很难从根本上改善留守人口的境遇。在此之外还存在着另一种不平衡，即关怀的付出和收获之间的不平衡。农民为城市提供了服务，满足社会发展需求，但作为劳动市场中的弱势群体，他们的收入难以承担购买社会关怀的成本。

五、启示与讨论

对留守人口的关怀，并不像我们想象的复杂，但也不像我们看到的简单。我们需要“后退几步，绕过那熟悉的事实，分析置身其中的理论和实践背景”②，从单一的“怎么办”回归到“是什么”（农民的生活是什么样的），“为什么”（究竟是何种原因让农民走上了“关怀”的不归路）。在“是什么”上，我们所关怀的归根到底是什么，是经济水平飞速提高，争取国家扶贫基金的经济逻辑；还是“数字出政绩，政绩出干部”的政绩逻辑；抑或是体现地区福利建设、精神道德建设的社会逻辑。对农民真正的关怀应建立在理解与尊重的基础上，同时关注于农民所思所想和所面临的根本性问题。在“为什么”上，究竟是什么造成了当前农村人口需要关怀的现状，并且为什么关怀的持续却难以改善农村人口生活状态。农村留守人口的境遇，在一定程度上可以说是一种“一半是冰山，一半是火焰”的状态。一方面是社会关注度不断上升，不同层级的政府、不同领域的学者都将之纳入视野中；另一方面，关怀的缺失、失衡、变味，造成亲人分离、儿童的另类童年、老人的寂寞老年等困境。农村留守人口所面临的问题不仅仅是农村的问题，也是整个国家和社会的问题。如果我们只是就农村而言农村，就农民而论农民，那么城乡之间的不均衡依旧存在，农村和农民的困境依旧难以解决。我们应该从根本上、整体上反思农村留守人口需要怎样的乡村生活和关怀路径。

本文以国外学者对社会关怀两个层面的概念为分析框架，掀开覆盖在留守人口关怀上为人所熟悉的面纱。分析发现关怀出现和关怀内容与当前社会的不均分配不无关系，一些关键性因素的被掩埋或被忽略，使关怀研究和关怀政策只能对留守人口的困境进行边缘性改善。我们应克服善意的关怀出现非善意的结果，从而使得关怀落在满足留守人口基本需求上。对农村社会关怀研究不仅仅需要人文关怀，更需要学理关怀的体现。也许在认识到本质后，才能形成“对症下药”的真正关怀。对于学者来说，站在更高的角度、更深的层次和更理性的立场，对社会关怀研究的推进与完善具有重要意义。

---

① 亨利·伯恩斯坦. 农政变迁的阶级动力［M］. 汪淳玉，译. 叶敬忠，译校. 北京：社会科学文献出版社，2011：29-30.

② 米歇尔·福柯. 性经验史［M］. 佘碧平，译. 上海：上海人民出版社，2005：107.

新中国70年社会组织发展的历程、成就和经验①

——基于国家与社会关系视角下的社会学分析

韦克难，陈晶环

国家与社会的关系一直是社会发展中绕不开的问题，也是社会治理的核心问题。广义的社会包括社会组织、公民意识、公民行动等，而本文所指社会主要是指社会组织，国家与社会的关系也就是指国家与社会组织的关系。

一、问题的提出与文献回顾

传统中国社会是家国同构的特殊形态，“中国的国家、社会和文化是异常超绝的统一体。中国本无社会一名称，家国天下皆即一社会”②。新中国建立以后，社会组织发展开始围绕国家与社会关系问题得以展开。在计划经济时代单位制度影响下，行政化社会体制下，国家与社会融为一体，社会组织发展是缺乏自主性的。改革开放后，国家开始形塑社会③，社会组织开始得到发展，逐渐成为社会治理的主体。社会组织的实践层面与理论研究日渐表现出多元特征，尤其是2008年5・12汶川地震发生后，在研究内容上，虽然这期间也有政社关系研究转向对社会组织行动策略的研究④，基于此发展出了“非正式制度”⑤“寄居蟹艺术”⑥“共意动员”⑦ 等行动策略分析，但对于社会组织研究始终没有脱离国家与社会关系这一主线。

而国家和社会关系的改革实践一直影响着国内学者对此领域的研究，学界对于社会

---

① 本文刊登在《学术研究》2019年第11期。

② 钱穆. 略论中国社会学［M］//现代中国学术论衡. 北京：生活・读书・新知三联书店，2005：196.

③ 陈天祥，等. 形塑社会：改革开放以来国家与社会关系的变迁逻辑：基于广东经验的考察［J］. 学术研究，2017（9）：68-77，178.

④ 陈为雷. 从关系研究到行动策略研究：近年来我国非营利组织研究评述［J］. 社会学研究，2013，28（1）：228-240，246.

⑤ 张紧跟，庄文嘉. 非正式政治：一个草根NGO的行动策略：以广州业主委员会联谊会筹备委员会为例［J］. 社会学研究，2008（2）：133-150，245.

⑥ 邓宁华. “寄居蟹的艺术”：体制内社会组织的环境适应策略：对天津市两个省级组织的个案研究［J］. 公共管理学报，2011，8（3）：91-101，127.

⑦ 黄城. 民间组织何以可能?：以“青护园”介入特殊未成年人帮扶为例［J］. 社会学评论，2015，3（1）：67-76.

组织演化，一直从国家与社会的关系角度去探讨，形成了市民社会（公民社会）与法团主义的两个视角分析领域的学术讨论①。从20世纪90年代开始，学者们关于国家与社会的关系研究更多集中在市民社会（公民社会）相关理论的讨论，那时法团主义尚未进入我国学者研究的范畴之内。学术界对市民社会（公民社会）这一概念得出了不同的认识、阐释、理解。学界注意到，市民社会（公民社会）视角下的探讨强调国家与社会的分离，强调社会组织的自主性发展；强调国家与社会的关系是一种此消彼长的、对抗性的关系，并假定地认为市民社会（公民社会）的组织可以而且应该有能力去制约国家政权权力，他们拟照搬西方社会发展模式②。法团主义关注国家与社会的联合与协作，认为社会中存在一些代表不同利益的团体，并认为这是政府主导社会的结果，同样地在经验中也无法解释我国社会组织的发展③。有研究表明，仅仅从法团主义视角去分析问题，无法解释社会组织在不同城市发展的差异现象④。无论是法团主义或者是市民社会（公民社会）视角，从单一的理论视角去分析问题都有一定的局限性，两者应该形成一种互补的理论分析⑤。在理论视角上，突破了"国家—社会"单一的理论视角，运用社会建构论⑥、组织自主性理论⑦、理性选择理论（"利益契合"）⑧ 等理论。更多的学者认为我国社会组织发展是社会转型的结果⑨，国家与社会正从分裂走向合作⑩，国家与社会从"二分"转向国家与社会的互动过程，从社会管控走向与社会合作的社会治理的过程，这个过程表现为两个阶段：一是国家与社会的二分，二是国家与社会的合作⑪。

不管是研究内容，还是理论视角上，学界对于国家与社会关系的探讨都以"社会组织"为中心开展，以此来弥补对社会自组织化这一现象所欠缺的"组织分析"（organization analysis）⑫。"社会组织中心论"所形成的逻辑严密的认知路线，对政策领

---

① 郁建兴，关爽. 从社会管控到社会治理：当代中国国家与社会关系的新进展［J］. 探索与争鸣，2014，12：7-16.

② 纪莺莺. 当代中国的社会组织：理论视角与经验研究［J］. 社会学研究，2013（5）：219-230.

③ 纪莺莺. 当代中国的社会组织：理论视角与经验研究［J］. 社会学研究，2013（5）：231-241.

④ 管兵. 城市政府结构与社会组织发育［J］. 社会学研究，2013（4）：129-153.

⑤ 范明林. 非政府组织与政府的互动关系：基于法团主义和市民社会视角的比较个案研究［J］. 社会学研究，2010，3：159-176.

⑥ 黄晓星，杨杰. 社会服务组织的边界生产：基于Z市家庭综合服务中心的研究［J］. 社会学研究，2015，6：67-68.

⑦ 黄晓春，嵇欣. 非协同治理与策略性应对：社会组织自主性研究的一个理论框架［J］. 社会学研究，2014（6）：98-123. 王诗宗，宋程成. 独立抑或自主：中国社会组织特征问题重思［J］. 中国社会科学，2013（5）：50-66.

⑧ 江华，张建民，周莹. 利益契合：转型期中国国家与社会关系的一个分析框架［J］. 社会学研究，2011，3：136-152.

⑨ 王名，孙伟林. 我国社会组织发展的趋势和特点［J］. 中国非营利评论，2010，1：1-23.

⑩ 熊跃根. 转型经济国家中的"第三部门"发展：对中国现实的解释［J］. 社会学研究，2001，16（1）：89-100. 郁建兴，吴宇. 中国民间组织的兴起与国家-社会关系理论的转型［J］. 人文杂志，2003（4）：142-148.

⑪ 郁建兴，关爽. 从社会管控到社会治理：当代中国国家与社会关系的新进展［J］. 探索与争鸣，2014，12：7-16.

⑫ 周雪光，赵伟. 英文文献中的中国组织现象研究［J］. 社会学研究，2009（6）：145-186.

域具有重要影响，也成为当前关于社会组织研究的主线。

伴随着社会组织整体研究的转向，还存在着一条隐线，是关于社会组织的反思性研究。反思性研究也主要是围绕以上两个内容开展，一是对政社关系进行反思，二是对组织的发展反思，并逐渐将两者合并起来思考。具体来说，一方面“宏观鼓励、微观束缚”① 的制度环境转向更为宽松、更具弹性的活动空间，这为社会组织参与社会治理提供了制度支持。然而制度从宏观制定到具体层面的落实，地方政府和职能部门会根据自己的治理逻辑有所取舍地执行宏观政策②，这就导致社会组织在不同层级政府上的实践呈现出不同的特征。另一方面，当前中国的整体性体制环境对社会组织约束性或限制性有所降低，但不意味着社会组织的发展不再需要与政府互动，反而因社会治理需求的增加，社会组织嵌于治理转型的多个领域，与政府的互动增多，导致社会组织的依附性增强，基于党群部门的“主流符号”进行生产③，此外还存在着组织结构模糊④、公共性缺失⑤、形式与运作逻辑不符⑥等现象。

而国家与社会互动关系发展，无论是学术界与实务界都形成了复合视角或者嵌入视角。从嵌入视角看，国家与社会互动是双向嵌入，其一，社会嵌入国家，组织能力增强；其二，国家嵌入社会，政府能力因此增加⑦。但学界对这 70 年来国家与社会组织是如何进行双向互动发展，社会组织在实践中又呈现出何种发展特征，发展的成绩与经验如何还缺乏探讨，在新中国成立 70 年之际，有必要对这 70 年的社会组织发展做出反思性探讨。

二、新中国社会组织发展的历程

1949 年新中国成立后，我国社会组织增长数量明显呈现出波浪式发展的过程（见图 1）。纵观其变化过程可以发现，社会组织这种波浪发展拐点显然与国家在当年的相关公共政策有关。新中国初期政府出台了《社会团体登记暂行办法》，促进了社会组织的发展，但随后受到政治运动的影响，导致改革开放前的社会组织呈现不稳定的起伏变化。1978 年改革开放后，“以经济建设为中心”路线的确定以及随后展开的一系列改革为我国社会组织提供了发展空间。依据社会组织实际的发展数量和相应的国家政策变化，笔者将新中国社会组织的发展划分为四个阶段。

---

① 俞可平．中国公民社会：概念、分类与制度环境［J］．中国社会科学，2006（1）：109-122.

② 黄晓春．当前城市基层政府改革的深层挑战：基于机制分析的视角［J］．江苏行政学院学报，2017，3：114-120.

③ 黄晓春．非协同治理与策略性应对：社会组织自主性研究［J］．社会学研究，2014（6）：98-123.

④ 孙志祥．北京市民间组织个案研究［J］．社会学研究，2001，1：101-107.

⑤ 李友梅，肖瑛、黄晓春．当代中国社会建设的公共性困境及其超越［J］．中国社会科学，2012，4：125-139.

⑥ 田凯．组织外形化：非协调约束下的组织运作：一个研究中国慈善组织与政府关系的理论框架［J］．社会学研究，2004（4）：126-131.

⑦ 纪莺莺．从“双向嵌入”到“双向赋权”：以 N 市社区社会组织为例：兼论当代中国国家与社会关系的重构［J］．浙江学刊，2017（1）：75-81.

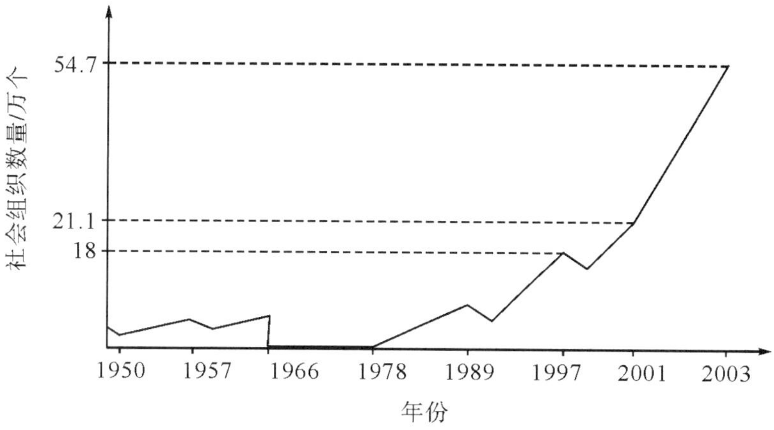

图 1　新中国成立后社会组织发展数量变化①

（一）萎缩发展阶段（1949—1977 年）：社会国家化，形成管理组织的概念

新中国成立初期，国家百废待兴，急需要恢复经济发展，而当时的计划经济体制控制了所有社会资源，导致社会成员的所有生活几乎都与国家政治相互关联②。受整体社会环境的影响，国家与社会的关系概括为社会国家化，孙立平、王汉生等认为这个阶段是一个“总体性社会”③，强调国家与社会是合为一体的。笔者认为用“社会国家化”这个概念更贴切，它强调国家对社会的控制，国家压倒社会，表现为国家全面浸入社会各个领域中，国家全盘控制社会；整个国家就是一个行政单位，统一计划、统一号令、统一行动。这一时期社会组织具有明显的政治性特征，成为进行资源管理的主体。实际上社会是不存在的，国家通过系统的制度体系将社会组成行政化的大系统，“政党通过合作社、单位制、户籍制度等一整套匹配计划经济的制度，将社会深深镶刻在国家之内”④。由于国家对社会组织的态度是严格控制的，因此，此阶段的社会组织被界定为管理组织，是国家行政系统的一部分。

在此阶段，这种管理组织主要表现出两种特征：第一，形成了组织与政府机关高度一致的行政化体制。这些组织成为行政机构的一部分，缺乏独立自主性，其负责人一般由党政部门负责人担任，组织活动成为国家政治事务一部分，组织承担着党政机关自上而下的管理职能，比如全国妇女联合会、中华全国总工会等人民团体，还有作家协会、红十字会等。第二，形成了组织在科技文化领域代表党政的领导机构。这些组织成立时一般为非营利社会组织，它们代表党政机关，贯彻党政的路线、方针、政策，在社会科技文化领域开展多种相关活动，例如中国科学技术协会、中华全国学生联合会等官方学术团体。

① 潘修华. 我国社会组织的演进历程、现状与发展路径［J］. 党政研究，2017（2）：110-117.
② 孙立平，王汉生，等. 改革以来的中国社会结构变迁［J］. 中国社会科学，1994（2）：47-63.
③ 同②
④ 黄成亮. 当代中国“国家-社会”关系的辩证法［J］. 湖北社会科学，2019（4）：72-91.

（二）恢复发展阶段（1978—1997 年）：社会依附国家，形成中介组织的概念

1978 年改革开放后，国家对社会资源的全面整合和控制开始放松，政府的工作重心由政治建设向经济建设转移，政治生活在国民生活中所占的比重逐渐降低，激发了因长期遭受压制而休眠的社会力量，催生了大量的介于政府与市场之间的中介社会组织。与社会组织相关的政策制度也开始进行调整与完善。20 世纪 80 年代末，国务院批准民政部成立了首个社团管理司，其职能主要是对社会团体实行统一登记管理。这一时期，国家还先后在 1988 年出台了《基金会管理办法》、1989 年出台了《社会团体登记管理条例》和《外国商会管理暂行规定》等相关管理条例、办法。随着我国进行全面深化市场经济改革，市场经济必然要求与之相关的社会改革与社会转型，在 1993 年的《中共中央关于建立社会主义市场经济体制若干问题的决定》中，明确强调要重点“发展市场中介组织，……发挥行业协会、商会等组织的作用”①。这是在党的报告中第一次明确提出了中介组织这一概念。

相对于“文化大革命”时期，这一时期改变以往高度中央集权的一元体制，社会组织在中国经济体制转变之后有了相当的发展，社会组织增速呈现几十倍的增长②。但社会组织缺乏经济自主性和社会福利慈善的经验，仍处于政府严格的管控中，政府对社会组织的态度是限制其发展。因此，社会组织登记注册门槛高，管理部门多元化，没有其自主性与独立性，完全依附于政府，所有社会组织都是党政机关的下属部门，其在国家治理和社会治理中的作用发挥还非常有限，更不用说社会组织去构建社会、培育社会力量。

在此阶段，具有中介组织性质的社会组织呈现这样的特征：第一，成为政府与企业之间的链接者。作为政府与企业的中介组织更多地表现为行业协会和学术类团体，主要功能是服务于改革开放后经济发展对技术、信息的需求，改革开放后这两种社会组织数量都有所增加。有资料显示，1978—1988 年，全国行业协会增加很快，从改革开放前的 1 个发展到 71 个③。在 20 世纪 80 年代，每年成立的各种学术性民间组织，全国的总数都达 300 家以上，这个发展趋势在 80 年代中后期最为明显④。在 1982 年成立了 57 家全国性经济学术团体⑤致力于经济发展，到 1987 年年底各类研究会、学会及分科学会则发展到 48 270 个⑥。第二，成为市场与企业之间的链接者。此类社会组织在城市多以商会形式存在，主要负责民营企业之间利益协调、行业发展规划、权益维护等；在农村多以专业协会的形式存在，主要负责材料的购买，产品的销售，维护农民权益等联系政府的内容，表现出一定的民间性特征。第三，社会组织逐渐具有专业性特征。社会组织成为本领域的专业组织，在所属领域具有专业化的特征，成为管理领域（政府）、市场领域

---

① 中共中央关于建立社会主义市场经济体制若干问题的决定［M］. 北京：人民出版社，1993.
② 吴忠泽，陈金罗. 社团管理工作［M］. 北京：中国社会出版社，1996：6.
③ 高丙中，袁瑞军. 中国公民社会发展蓝皮书［M］. 北京：北京大学出版社，2008：251.
④ 王名. 社会组织概论［M］. 北京：中国社会出版社，2010：194.
⑤ 中国经济年鉴［M］. 北京：经济管理出版社，1982：18-20.
⑥ 王名. 社会组织概论［M］. 北京：中国社会出版社，2010：194.

（市场）、生产领域（企业、农户）之间的纽带，代表行业组织服务于经济发展。

（三）探索发展阶段（1998—2011 年）：党政引导社会，形成民间组织的概念

该阶段开始于 1998 年，基于社会转型的需要，党政开始有意识地引导社会组织发展。1998 年 6 月，国务院批准成立民政部民间组织管理局，明确了民间组织的管理主体，并出台或修改了发展社会组织的一系列法规政策。一是 1998 年《社会团体管理条例》的重新修订，二是《民办非企业单位登记管理暂行条例》的发布。这两个条例的出台是这个阶段的标志性事件，这对于促进社会组织发展、规范社会组织管理都具有非常重要的作用，首次明确了社会团体、民办非企业单位的概念，针对民办社会组织登记数量增加，具体规定了对民办非企业单位、社会团体要求实行双重管理体制，即在管理体制上既要有业务主管单位，又要有登记管理机关的批准。在此阶段期间的政府管理部门的文件与学术探讨中，相关称谓不是很统一，先后有称其为民间组织、社会团体、“社会中介组织”、非营利性组织、“两新组织”或社会组织的。1999 年，“民间组织”开始成为官方称谓①。

随着民间社会组织迅速发展，其社会的正面功能也开始凸显，政府对社会组织的态度向更加积极的方向转变，有的放矢地发展公益性社会组织、服务性社会组织。2004 年，国家开始将具有法人独立地位的基金会、民办非企业、社会团体统称为“民间组织”②。2004 年政府还专门修订了《基金会管理条例》，首次允许个人、企业自发成立非公募基金会。2006 年在党的十六届四中全会报告中，明确提出“发挥社团、行业组织和社会中介组织提供服务、反映诉求、规范行为的作用，形成社会管理和社会服务的合力”③。这表明政府主导的一元化的社会组织结构发生了变化，为社会组织发展及其与政府之间的合作提供了基础。2007 年，国务院出台了《关于加快推进行业协会商会改革和发展的若干意见》，明确了对官方社会组织去行政化改革，增加其自身的自主性。党的十七大报告还指出：中国不仅要把政府与企业、资金、事务、市场等相关社会团体分开，还要完善监督政府的作为，支持社会组织的发展。

在这一阶段，虽然这一时期中国社会组织享有的法律空间相比国外还不够宽松，但却实现了从无到有的飞跃，我国社会组织所处的社会环境越来越好。社会组织的民间性、自主性逐渐凸显，其数量也大幅度上升，在社会发展中的贡献日益明显，尤其是在 2008 年 5·12 汶川地震之后。党政与社会组织关系不断改变，从过去政府对社会组织只有单纯的监管进入到监管与合作并存的阶段，在社会转型的新时代，党政都积极探索如何发展社会组织的新举措，也为社会组织进一步创新发展与政府良好合作路径的形成奠定了基础。

---

① 中共中央办公厅、国务院办公厅发布的《关于进一步加强民间组织管理工作的通知》正式提出了“民间组织”的官方称谓。

② 2004 年国务院出台了《基金会管理条例》又正式将基金会从“社会团体”中分离出来，成为民间组织中相对独立的一种类型。至此，社会团体、民办非企业单位以及基金会成为相互独立的三种类型，隶属于“民间组织”。

③ 中共中央关于加强党的执政能力建设的决定［N］. 人民日报，2004-9-20.

在此阶段，社会组织主要表现出这样的特征：第一，民间组织与自身实践发展紧密相关。这一时期，党和国家工作重心开始由经济建设向经济与社会建设协调发展转移。一方面，经济的高速发展催生了各种问题，如贫困、失业、环境污染、弱势群体的出现等；另一方面，经济发展使得社会结构发生变化，原来由工人、农民阶级和知识分子阶层组成的简单社会结构已经不再存在，形成利益格局多元化、复杂多元的社会结构，社会矛盾逐渐突出，具有一定民间性的社会组织开始产生并受到关注，如“自然之友”“红枫妇女热线”“农家女”“地球村”等第一批草根本土性的社会组织。第二，社会组织走向独立性。随着改革的深入，国家逐渐从部分社会领域中撤出，呈现出政社分离的特征，包括一些官办社会组织也在寻求独立性。例如，中国扶贫基金会在这一时期开始了去行政化探索，甚至一些自主意识较强的官方社会组织，也开始积极寻求更多的自主发展与资源支持，包括寻求境外 NGO 的资助①。

（四）全面发展阶段（2012 至今）：国家—社会共治，形成社会组织的概念

党的十八大后，党和政府提出了建构社会治理的新格局，对社会组织的关注与支持达到了前所未有的高度，社会组织的发展进入了快车道，社会组织进入全面健康发展新阶段，要求“加快形成……现代社会组织体制”；强调“激发社会组织活力”，并要求“正确处理政府和社会关系”。这些高屋建瓴的政策，直接推动了四类社会组织直接登记的转变，2013 年出台的《国务院机构改革和职能转变方案》，提出科技类、行业协会商会类、城乡社区服务类、公益慈善类四类社会组织可以直接向民政部门申请登记注册，这表明政府治理逻辑的生成与完善，并推动社会组织成为社会治理的重要主体。党的十九大报告中又再次强调要通过“发挥社会组织作用”，达到社会治理的目的：“实现政府治理和社会调节、居民自治良性互动”。政府职能不断向社会领域转移，强调党政与社会组织共建共治共享的社会治理格局。2013 年国务院办公厅出台了《国务院办公厅关于政府向社会力量购买服务的指导意见》，促进政府购买社会组织提供的公共服务；党和中央继续解放和增强社会组织活力，中共中央办公厅印发了《关于加强社会组织党的建设工作的意见（试行）》，中共中央办公厅、国务院办公厅印发了《关于改革社会组织管理制度促进社会组织健康有序发展的意见》等文件，不断调整党政与社会组织的关系，促进社会组织健康有序发展。

这一阶段，社会组织主要表现出这样的特征：第一，社会组织与政府之间形成了有机伙伴合作关系。政府购买社会组织服务政策的落实，表明党政与社会组织之间形成按需合作、协商合作的新型关系。同时，更是在共建共治共享的社会治理格局中强化了党政对社会组织的领导，推动各类新社会组织建立党组织，形成党政嵌入社会组织，构建了社会组织的管理和新型政社关系。第二，社会组织进入了规范化有序发展阶段。2016 年，出台了《中华人民共和国境外非政府组织境内活动管理法》《中华人民共和国慈善法》两部法律，社会组织的运行和管理有法可依，其所处的法律空间日渐完善。

这一时期，社会组织无论在数量上还是质量上都得到蓬勃发展。截止到 2017 年年

---

① 王名. 中国社会组织（1978—2018）[M]. 北京：社会科学文献出版社，2018：51-56.

底，我国社会组织有80.3万个①，其所辐射的服务领域达到20多个②，发展数量与所涉及的领域覆盖度达到了历史最高，所具备的功能日渐精细化和专业化，社会组织已经不再是社会领域中被边缘化的角色，而是逐渐成为社会治理的主体。

（五）总结

通过梳理可以发现，社会组织从未从历史的舞台消失过，其存在形式、发展特征与所处阶段的政治、经济、社会背景紧密相关。政治是诱发其他领域变革的因素，也是社会组织发展的决定性因素；在改革开放后，经济因素的影响力增加，一系列所有制结构、产业结构、阶层结构变迁等内容促进了经济社会发展，扩大了社会对专业性社团的需求；但同时，收入差距扩大，社会阶层分化显性化③，社会发展对多元化公共服务的需求增加，政府职能改革和经济改革促使社会因素也逐渐发挥作用。由此，形成了新中国70多年历程中社会组织称谓、官方态度以及政社关系的变迁（见表1）。

表1　新中国七十年中社会组织的概念、官方态度及政社关系的变化

	1949—1977年	1978—1997年	1998—2011年	2012至今
组织概念	管理组织	中介组织	民间组织	社会组织
官方态度	控制	限制	有的放矢	大力支持
政社关系	社会国家化	社会依附国家	政府引导社会	国家-社会共治

三、新中国社会组织发展的成就

新中国70多年社会组织发展的最大成就是社会力量的增长。社会依附于国家，社会是国家这架机器的一部分，国家控制着社会或社会生活。改革开放后，开始进入到“强国家、弱社会”形态，逐渐发展到今天“强国家、强社会”的局面，能够与政府共同承担社会责任的群体在成长，共建共治共享的政社协同社会正在形成，社会的自主性在孕育，民众的社会互动与社会网络在构建，强国家的同时也可强社会。

（一）社会组织成了参与社会协同治理的多元主体

新中国成立70多年来，我国社会组织无论在数量上还是质量上都是快速发展的，尤其是改革开放后的40年，社会组织是制度创新、规范发展，走向法治的40年；也是逐步累积、逐渐升级，走向发展壮大的40年；更是探索公民参与、组织自觉、社区重建、社会共治的40年④。随着改革开放的深化，政府职能由管理型向服务型转变，原有的社会管理已经无法适应新的变动环境。当政府或者市场失灵的时候，就需要第三方力

① 社会组织蓝皮书：中国社会组织报告（2018）[M]. 北京：社会科学文献出版社，2018.

② 中国公益2.0、中山大学中国公益慈善研究院、南都基金会：《中国民间公益组织基础数据库数据分析报告》，2014.

③ 陆学艺. 当代中国社会阶层研究报告［M］. 北京：社会科学文献出版社，2002：23-26.

④ 王名等. 中国社会组织1978—2018［M］. 北京：社会科学文献出版社，2018：2-3.

量——社会组织来弥补政府服务的不足①，因此根据新公共管理理论，社会组织在工业化时代必然成为社会治理主体。

第一，社会组织成为动员公民参与社会建设的最有效平台。社会组织已经成为政府购买公共服务的主要承接者。浙江、成都、江苏、上海等地开展的三社联动（三社互动）实践，这些实践明显先于理论，无疑是社会组织发动居民参与和谐社会建设自己家园最好的案例写照②。在实践中，政党的政策转向，支持社会组织发展和社会组织参与社会建设，这为社会组织发展提供了环境条件。社会组织在扶贫、社会救助、慈善、养老领域都发挥了政府所不能及的优势与作用③。社团合作有利于有机团结，这里所说的社团合作包括社团与其他组织、部门之间的合作，也包括社团之间的合作④。而涂尔干当年所称的有机团结与我们今天讲的和谐社会的含义是相同的。社会组织与和谐社会建设是互为条件，并且相互建构的关系。社会组织发展有利于和谐社会建设⑤。

第二，社会组织成为社会治理的主体。社会治理离不开多元主体，社会组织的公共性与服务性，使其必然成为社会治理的主要主体；社会组织在参与社会治理方面具有参与公共事务管理、整合社会资源、提供公共社会服务、倡导与影响公共政策、参与协调与治理社会问题的功能⑥。包容性治理更为社会组织依法自治、政府依法管理、实现社会共建共治共享提供了一种可能框架⑦。在我国社会组织还很弱小的情况下，需要“引导与扶持社会组织，培育社会治理创新的平等主体”⑧，社会治理需要多种社会组织的协同参与，需要社会组织将“共建共治共享”融入社会发展中。

长期以来，我国社会组织主体发展性不足，社会组织主体优势在治理中没有得到充分发挥⑨。但经过70多年发展，我国社会组织已经具有自主性，成为有社会担当、能够与党政合作参与社会协同治理的主体之一⑩。有证据表明，参与社会组织的比没有参与社会组织的居民，更加关心国家政治和社会的公共事务，更愿意主动地参与当地的选举。社会组织成为公民活动的重要公共空间，同时还是培育公民政治意识的大舞台⑪。

（二）社会组织与政府合作共治的架构和机制正在构建

学界对国家与社会的关系的探讨，可以概括为五种模式，分别是法团主义模式、市

---

① 罗伯特·D. 帕特南. 使民主运转起来［M］. 南昌：江西人民出版社，2001：120.

② 叶南客. “三社联动”的内涵拓展、运行逻辑与推进策略［J］. 理论探索，2017（5）：30-34.

③ 尚晓援. 公民社会组织与国 家之间的关系考察：来自三家非政府儿童救助组织的启示［J］. 青年研究，2007（8）：21-47. 邓国胜. 政府以及相关群体在慈善事业中的角色和责任［J］. 国家行政学院学报，2010（5）：27-30.

④ 高丙中. 社团合作与中国公民社会的有机团结［J］. 中国社会科学，2006（3）：110-123.

⑤ 范斌. 非政府组织发展及其在和谐社会中的建构功能［J］. 马克思主义与现实，2005（6）：76-91.

⑥ 王名. 非营利组织的社会功能及分类［J］. 学术月刊，2006（9）：8-11. 杨丽，等. 社会组织参与社会治理：理论、问题、与政策选择［J］. 北京师范大学学报（社会科学版），2015（6）：5-12.

⑦ 张清，武艳. 包容性法治框架下的社会治理［J］. 中国社会科学，2018（6）：91-109.

⑧ 王彦平. 改革政府治理模式是推进社会治理创新的根本途径［J］. 当代世界与社会主义，2014（6）：141-145.

⑨ 陈义平. 社会组织参与社会治理的主体性发展困境及其解构［J］. 学术界，2017（2）：65-74.

⑩ 李友梅. 中国社会治理的新内涵与新作为［J］. 社会学研究，2017（6）：27-34.

⑪ 吴结兵，沈台凤. 社会组织促进居民主动参与社会治理研究［J］. 管理世界，2015（8）：58-66.

民社会反抗国家模式、总体制度模式、分类控制体系模式和市民社会模式①。有学者针对我国过去20年，法团主义和市民社会（公民社会）的视角主导学术研究现状，提出应该跳出这种单一维度的自主性，要从宏观、中观、微观方面去探讨社会组织的发展②。我国国家与社会关系的发展事实上跳出了这种单一模式发展论，最终走向了复合发展。现代社会本身就是一种多元治理社会，是不同治理主体之间的协作共治过程。我国政党政策已经为社会组织与政府合作共治提出了理想架构。

在实践中，党政部门一直出台各种相关公共政策，这些公共政策的宗旨就是促进社会组织成为社会协同的治理主体，参与公共事务治理。因此，在执政党将国家治理体系和治理能力现代化作为其社会发展的目标的背景下，社会组织作为与政府进行协同治理的重要主体，承担着衔接党政与社会的桥梁作用。

笔者所说的社会组织与政府合作共治的架构和机制是指政府与社会组织通过构建制度化参与平台和沟通渠道，社会组织通过承接政府公共服务项目，扮演着社会矛盾的调解者、社会福利的提供者、民众利益的诉求者、社会问题的解决者等角色，社会组织按照政府的要求通过完成项目实现社会治理和社会服务；政府既是公共服务的购买者，同时又是社会组织的监督者与合作者，两者彼此保持协同沟通，但在社会建设、社会治理方面又有着共同的目标，需要协同合作解决社会问题。政府通过构建制度化的社会组织参与平台与沟通渠道，增强了对社会组织的支持与培育，调动了社会组织的积极性，发挥了社会组织在参与公共服务、整合社会资源、内部自主治理、对外进行协同管理与政策倡导等方面的积极作用③。所谓“合作共治”，还指参与治理的主体的多元化，这些治理主体包括基层党组织、基层政府、居委会、社会组织、业委会等。只有实现多方共同治理，才能建立共享治理成果的治理体制。在协同合作治理模式下，社会与政府具有一致的治理目标，即构建一个和谐有序、充满活力的社会④。任何社会治理都依赖一定的资源，从资源状况来看，多元主体的资源来源与使用呈现差异化特点。虽然当前我国参与治理的多元主体之间的协同合作关系还未形成，但从总体上正走向协同治理状态⑤。因此，这种合作共治的架构和机制就是社会组织作为多元共治的主体，与政府建立合作协同关系，形成共建共治共享的良性循环机制、结果，这种机制是国家与社会关系的最佳选择⑥。

（三）形成了强国家与强社会并存新形态

长期以来，一些学者将国家与社会作为对立的二元结构，强国家必然伴随弱社会，强社会也必然伴随弱国家，而中国几十年的改革发展之路，在发展强国家的同时，引导

---

① 康晓光，韩恒. 分类控制：当前中国大陆国家与社会关系研究［J］. 社会学研究，2013（5）：30-41.

② 纪莺莺. 当代中国的社会组织：理论视角与经验研究［J］. 社会学研究，2005（6）：69-81.

③ 郁建兴，任泽涛. 当代中国社会建设的协同治理：一个分析框架［J］. 学术月刊，2012：8：51-54.

④ 同③

⑤ 胡小君. 从分散治理到协同治理：社区治理多元主体及其关系构建［J］. 江汉论坛，2016（4）：41-48.

⑥ 同③

发展强社会，使强社会与强国家并存成为可能。国家与社会不仅仅是一对矛盾，更重要的是两种互为条件的，相互平衡、相互制约，社会发展的最终目标是实现国家与社会共同发展①。但强国家是指国家的力量的增长，主要表现为国家权力运作范围的扩大，国家权力运作过程的制度化、规范化、效率化②。中国党政最近20年在社会组织的领导与管理能力上有显著提升，党政对社会组织领导与管理的合法性、制度化明显地提高了其吸纳能力，党政部门不仅善于对社会组织进行分类管理，有了清晰的、明确的区分能力与管理重点，而且党政管理社会组织的手段也呈现多元化方式，有学者称之为“嵌入型监管”③。

新中国成立70多年来，党政运用国家权力取得了显著的成就，但与此同时，通过发展社会组织也使社会力量增长，社会自主性不断提升，一是民众参与社会治理的积极性显著提高，民众的民主意识增强，通过互联网监督党政已经成为一种现实手段；二是民众通过社会组织去满足社会需要，如社会交往的需要、成就的需要、政治参与的需要等，社会各主体之间互相作用，从而构建了社会网络，构建了社会体系或者社会关系，实现了强社会。有学者将这种强国家、强社会的关系称为互强型国家与社会关系④。

四、新中国社会组织发展的主要经验

中国社会正处于大变革的时代，社会学的研究也处于机遇期。中国的社会学是一门经验性的、实践的科学⑤，社会组织发展70多年的“中国经验”，包括了走过的发展路程的一切特殊经历，它还是开放的、包容的、在不断变化和发展中的经验⑥。能否开启对中国经验本身的研究，是中国社会科学能否真正成长和成熟起来的关键⑦。总结我国社会组织发展道路的经验是中国社会学发展的关键，关系到本土化的发展道路问题，也关系到中国社会主义特色发展的问题。

（一）经验之一：依靠党政由上而下的行政推动

新中国成立70多年以来，尤其改革开放以来，社会组织每一步的发展都是党政由上而下的一系列政策推动的。从在市场经济中要求发挥中介组织的作用的恢复发展阶段（1978—1997年）到探索发展阶段（1998—2011年），提出“健全社会组织，增强服务社会功能”的政策，再到全面发展阶段（2012至今）明确指出“加快形成……现代社会组织体制”的号召，在全国上下努力“激发社会组织活力”的状态中，党政都始终在

---

① 唐士其. 国家与社会的关系：社会主义国家的理论与实践比较研究［M］. 北京：北京大学出版社，1998：280.

② 马宝成. 互强型国家与社会关系：村级治理的模式选择［J］. 天津社会科学，2004（6）：62-65.

③ 刘鹏，孙燕茹. 走向嵌入型监管：当代中国政府社会组织管理体制的新观察［J］. 经济社会体制比较，2011（4）：118-128.

④ 马宝成. 互强型国家与社会关系：村级治理的模式选择［J］. 天津社会科学，2004（6）：46-63.

⑤ 迈克尔·威维尔卡. “改革”或“转型”都不能完全描述中国经验［N］. 中国社会科学院院报，2009-2-24.

⑥ 李培林. “中国经验”的内涵和基本要点［J］. 中国社会科学院院报，2005-11-10.

⑦ 贺雪峰. 社会科学研究应进入中国经验［J］. 社会科学报，2009-8-20.

推动社会力量的增长，始终在强社会，始终在激发社会活力，始终在围绕“正确处理政府和社会关系”发力。正是这些高屋建瓴的推动社会力量增长的宏观政策，直接推动了社会组织从规范管理、双重管理，到四类社会组织直接登记的变化。

对社会组织的相关政策推动，还表现在资金支持的政策，这些资金支持政策采取了以下三种形式：公益捐赠、免税支持、财政支持。1999 年 6 月 28 日，《中华人民共和国公益事业捐赠法》在第九届全国人民代表大会常务委员会第十次会议得以通过，该法律鼓励法人、自然人或者其他组织可以通过自愿无偿地向依法成立的公益性社会组织捐赠财产，用于发展公益事业。随后在 2009 年，财政部、国家税务总局出台了相关规定，非营利组织可以按照相关条件减免税收。更为可喜的是，为促进社会组织发展中央政府带头购买服务，财政部从 2012 年开始，每年拿出 2 亿元中央财政资金专门用于购买社会组织的公共服务；为规范政府购买社会组织服务的程序与流程，还出台了《政府购买服务管理办法（暂行）》。随后，在财政部等部委推动下，上海、北京、成都、广州等地方政府，都出台了关于地方政府购买公共服务的具体实施细则、意见或者办法等，政府购买社会组织服务的项目如雨后春笋般出现，一些省市持续保持每年购买公共服务的资金数量超过上亿元①。

党政由上而下的行政推动还包括人才政策推动，根据国际惯例来看，公益社会组织主要从业人员都为社会工作者，我国社会工作者无疑也必然成为社会组织发展的重要人才。2006 年党的十六届六中全会提出“建立宏大的社会工作人才队伍”，随后 2011 年 11 月，中央组织部等 18 个部门联合发布《关于加强社会工作专业人才队伍建设的意见》等文件，在这些政策推动下，社会工作者作为一个专业化的职业应运而生，每年从高校社会工作专业毕业的人数越来越多，参加社会工作者职业资格考试的也越来越多，这些社工多数是在社会组织中从业，这为社会组织发展解决了缺乏人才的燃眉之急。

（二）经验之二：依靠党政对社会“放”“管”结合的弹性机制

我国社会组织已经成为与政府平等的民事主体②，党政如何处理与社会组织的关系，几十年的经验证明重要的是把握好社会组织“放”“管”结合的弹性机制，既对社会组织简政放权，又加强对社会组织的规范化建设，依据相关法规对社会组织进行依法管理。“放”与“管”是一对矛盾，一旦处理不好，就会出现一“放”就乱、一“管”就死的局面。如何平衡这对矛盾关系，如何平衡国家与社会的关系，这非常考验执政党的执政水平和执政艺术。在新时代，中国党政非常关注此问题，坚持用辩证唯物主义方法论指导现实问题，对社会组织的“放”“管”松紧适度、有张有弛；既坚持了一定的原则性，又掌握了一定的灵活性。

一方面，在“放”的政策措施上，为激发社会组织参与社会治理的活力，从 2004 年党的十六届四中全会以后，在历次中央党政会议上和重要文件中都肯定社会组织的积

---

① 杨丽等. 社会组织参与社会治理：理论、问题、与政策选择［J］. 北京师范大学学报（社会科学版），2015（6）：5-12.

② 史际春，张扬. 非营利组织的法学概念与法治化规范［J］. 学术月刊，2006（9）：5-8.

极作用，都号召为社会组织松绑，提倡为社会组织发展创造条件，为此，出台了一系列支持社会组织开展公共服务的政策①。各地党政部门也响应中央的号召，出台了适合地方发展促进当地社会组织发展的相关配套政策和实施办法；为大力发展社会组织，地方政府纷纷由政府出资建立社会组织平台——孵化园，对新成立的公益性社会组织给予一定的奖励资金支持，并提供办公场地和相关咨询、支持服务；在用地、用电、用水、用气等方面给予优惠。

另一方面，在“管”的政策措施上，2016 年中共中央出台了《关于改革社会组织管理制度促进社会组织健康有序发展的意见》，明确要求“坚持放管并重”的原则，强调要正确处理“放”和“管”的关系，既要加强对事中、事后的监管，又要对社会组织简化办事程序、优化相关服务内容，促进社会组织内部治理达到健康有序发展。民政部门也随之对社会组织加强了年度检查、开展了对社会组织的评估、项目评估与内部治理制度建设，加强了对于基金会的名称管理、信息公开、慈善募捐等行为的规范②。很快持续曝光和处理了 13 批共 1 287 个“山寨社团”“离岸社团”，一些行业协会和商会乱收费现象得到有效纠正和规范，一些社会组织违法行为受到严肃查处，社会组织星级评估工作有序推进，社会组织生存生态环境得到进一步净化③。

（三）经验之三：依靠政社协同互构共变的发展模式

党政与社会组织作为平行自主发展的主体，在发展中必然相互影响、相互作用，社会力量（包括社会组织）与党政部门协同互动，参与的各方是一种相互建构关系，是行动主体之间“型构”“建塑”的过程④。郑杭生概括为互构共变，并创新性地提出的社会互构论的内容⑤。“所谓互构，是我们对参与互构主体间的关系的本质刻画，即指社会关系主体之间的相互建塑与型构的关系”⑥。“所谓共变，是指社会关系主体在互构过程中的相应性变化状态，相应性是共变状态的基本特征”⑦。此理论强调，互构体系内部的各主体既要满足各自的需要，但也有共同的利益；同时，这些主体要解决互动过程中产生的各种问题、分歧，共同履行义务和承担风险⑧。

这种相互建构性必然演化成为社会共变共生的关系，“社会互构也是一种共建共治

---

① 王名. 中国社会组织（1978~2018）［M］. 北京：社会科学文献出版社，2018：49-62.

② 刘鹏. 从分类控制走先嵌入型监管：地方政府社会组织管理政策创新［J］. 中国人民大学学报，2011（5）：26-31.

③ 詹成付. 中国社会组织工作要自觉肩负起新时代的历史责任：学习党的十九大报告的初步体会［EB/OL］. 中国社会组织网. http：//www. chinanpo. gov. cn/3201/107017/index. html. 2019-7-2.

④ 谢立中. 超越个人与社会之间的二元对立：“社会互构论”理论意义浅析［J］. 社会学研究，2015（5）：13-23.

⑤ 郑杭生，杨敏. 社会互构论的提出：对社会学学术传统的审视和快速转型期经验现实的反思［J］. 中国人民大学学报，2003（4）：21-32.

⑥ 同⑤

⑦ 同⑤

⑧ 郑杭生，尹雷. “社会互构论”视野下的城市社区文化建设刍议——基于南海的案例分析［J］. 学习与实践，2014（5）：104-110.

共享的方式，即通过多元主体参与过程共建，通过多元主体参与实现过程与结果共享”①。事实上，社会组织协同互动的过程就是社会组织与党政相互嵌入的过程，是相互建构和谐社会的过程。这种双向嵌入可以概括为，一方面，社会组织以专业机构的形式合法地嵌入于政府或国家中，以获取社会资源，提供公共服务，得到制度的支持，得到社会与党政部门的认可，获得发展空间的过程②。另一方面，政府或者执政党的意志与目标也嵌入于社会组织的运作中，社会组织的服务实现党政部门的意志与目标，贯彻执行党政部门的方针、政策。这种嵌入体现党政管理能力的提高，“即较高的制度化水平、较强的合法化吸纳能力、明确的重点识别和区分以及多元化的管理手段”③。

这种双向嵌入表现为两种状态：一是结构性嵌入。在社会组织内部结构上要保持与党政部门接轨，社会组织成立党组织无疑是这种结构最好的表现形式；社会组织的运行机制也要考虑与党政部门步调的一致性、相关性，产生社会组织适应我国现行的社会制度的过程④。它是指社会组织与政府形成了稳定且有序的互动方式，并且彼此产生了依赖性。那些作为政府部门“孵化”的社会组织，从发起方式上看，其嵌入到治理空间中具有一种天然性，这种天然性也预示着组织对政府资源存在着依赖性⑤。二是合作性嵌入。它是指社会组织与政府形成平等自主的、契约式的合作方式，排除了情感性因素，两者的关系是互利性，又提升了公共服务的效率性⑥。也有学者发现，这种双向嵌入并不是对等的，政府对于社工机构的嵌入是一种强嵌入，是结构性的嵌入，而社工机构对于政府的嵌入则是一种弱嵌入，仅仅是制度性、职能性的嵌入⑦。但这并不妨碍大趋势的形成，即社会组织嵌入党政体制中。

虽然中国社会组织 70 多年的发展还存在一些问题，但我国社会力量正在不断增长，社会体系已经构建，强社会已经形成，这也体现了中国特色社会主义社会组织发展的独特道路。

---

① 韦克难，陈晶环．灾后重建社会工作嵌入性发展的机制与经验研究：以汶川地震灾后三地社会工作发展为例［J］．社会学科研究，2019（1）：105-113.

② 纪莺莺．从“双向嵌入”到“双向赋权”：以 N 市社区社会组织为例：兼论当代中国国家与社会关系的重构［J］．浙江学刊，2017（1）：75-81.

③ 刘鹏，孙燕茹．走向嵌入型监管：当代中国政府社会组织管理体制的新观察［J］．经济社会体制比较，2011（4）：118-128.

④ 韦克难，陈晶环．灾后重建社会工作嵌入性发展的机制与经验研究：以汶川地震灾后三地社会工作发展为例［J］．社会科学研究，2019（1）：105-113.

⑤ 杨锱龙，等．政府与非营利组织合作的新模式：从制度化协同走向联动嵌入模式［J］．国家行政学院学报，2010（3）：57-59.

⑥ 崔正，等．政府购买服务与社会组织发展的互动关系研究［J］．中国行政管理，2012（8）：178.

⑦ 唐斌．社会工作机构与政府组织的相互嵌入及其影响［J］．社会工作，2010（7）：9-12.

新时代社会组织党的建设：时代议题与现实景观[①]

——基于四川省176个样本的调查研究

韦克难，陈晶环

中国共产党作为使命型政党非常注重政党建设[②]，将社会发展的目标与政党的发展目标有机地融合在一起。作为执政党的政党权力主要表现为对于国家政权运作过程的控制力、影响力，它通过获得领导权与执政权来进行。中国共产党的领导权是以广大人民的认可与自觉服从为基础的，通过组织、说服和引导的政治行为实现对社会和国家的领导。执政权是指党的代表、党员通过进入国家有关权力机关来实现政党的宗旨、主张和思想的权力。中国共产党的权力是领导权与执政权的高度统一，它是党保证人民当家作主、实现广大人民群众根本利益的重要手段和工具[③]。正是基于此，中国共产党始终如一地注重政党建设，注重党的领导权与执政权。早在1994年9月，中国共产党出台了《中共中央关于加强党的建设几个重大问题的决定》，明确指出各种新建立的经济组织和社会组织日益增多，需要从实际出发建立党的组织。2004年9月，党的十六届四中全会通过了《中共中央关于加强党的执政能力建设的决定》，该报告提出加大在新经济组织、新社会组织中建立党组织的工作力度，探索党组织和党员发挥作用的方法和途径。2012年11月，党的十八大进一步提出，对于非公有制经济组织、社会组织要加大党建工作力度，各领域基层党建工作要全面推进，党组织和党的工作覆盖面要全面扩大。接着，党的十九大报告又明确指出社会组织党建作为基层党建工作的一部分，需要形成战斗堡垒。

现实情况下，执政党对社会组织领导权的建设效果如何？面临什么问题？进一步发展的对策与思路是什么？带着这样的问题，本文结合2018年在四川省对176个社会组织

① 本文刊登于《南京社会科学》2019年第7期。本文是国家社科基金重点项目“社会工作视角下我国儿童保护制度与服务研究”（15ASH014）、西南财经大学中央高校基本科研课题“多元协同的基层社会治理能力与机制创新研究”（JBK1802056）的阶段性成果。感谢匿名评审人提出的诸多宝贵意见，也感谢笔者的硕士研究生余智琪、谢建豪、吴磊鑫等参与了相关调查及数据处理工作。

② 宋道雷. 使命型政党：中国共产党领导新时代中国特色社会主义的形态、内涵和路径［J］. 南京社会科学，2019（2）：101-107.

③ 唐亚林. 使命—责任体制：中国共产党新型政治形态建构论纲［J］. 南京社会科学，2017（7）：1-7.

的调查来探讨回答这些问题①。该调查是在2018年5~8月之间进行的，我们先后调查了省会城市成都市，地级城市绵阳市、德阳市、遂宁市，县（区）及其县级市江油市、广汉市、游仙区、锦江区、温江区、大英县等地，通过抽样发放问卷，共发放问卷200份，收回186份，其中有效问卷176份，有效回收率达88%；同时，笔者还通过访谈法，个别访谈了近20家社会组织或其党组织，分别访谈了16位民政局领导及工作人员、28位社会组织负责人，获得了在新时代背景下社会组织党建的第一手资料。

一、加强社会组织党的建设：一个老话题的新境遇

国家与社会的关系在学术领域一直是一个非常敏感而重要的话题。林尚立认为，新中国有两种社会建构体系，即社会组织化的建构体系和组织化社会的建构体系；组织化的建构体系就是以党的组织为核心的建设过程②。康晓光、韩恒概括了国家与社会关系的五重模式，分别是市民社会、法团主义、市民社会反抗国家、总体制度和分类控制体系；并认为我国是分类控制体系，国家占据主导地位干预公共领域③。纪莺莺认为我国在过去20年，法团主义和市民社会的视角主导了学术研究领域，并提出应该跳出这种单一维度的自主性，要从宏观、中观、微观方面去探讨社会组织的发展④。更多的学者认为我国社会组织发展是社会转型的结果⑤，国家与社会正从分裂走向合作⑥，这个过程表现为两个阶段：一是国家与社会的二分；二是国家与社会的合作，国家从社会管控走向与社会合作的社会治理⑦。尤其在执政党提出要实现国家治理体系和治理能力现代化的背景下，社会组织是社会协同重要主体，承担着党政与社会的衔接与桥梁作用。社会组织通过承接政府公共服务，扮演着社会矛盾的调解者、社会福利的提供者、民众利益的诉求者、社会问题的解决者等角色。执政党采取社会管理的方式有两种：一是组阁，二是规范约束。中国共产党作为执政党两种方式都有采用⑧，也可以称为政党治理，这样的执政党领导国家具有很大的优势，可以整合全社会资源，使权力最优化⑨。虽然国家与社会的关系是一个老话题，但在新时代，学术界更加关注政党治理与国家治理形成的共同协进的关系。政党权力优化在社会组织方面就是政党治理与社会治理的协同优

---

① 本文所指社会组织是在民政部门登记注册的社会团体、民办非企业、公益基金会三类法人组织。问卷调查的176个社会组织调查对象均为该机构的负责人或者高层管理者，以保证被调查者熟悉本机构的情况。

② 林尚立. 两种社会建构：中国共产党与非政府组织［J］. 中国非营利评论，2007（1）：1-14.

③ 康晓光，韩恒. 分类控制：当前中国大陆国家与社会关系研究［J］. 社会学研究，2013（5）：219-239.

④ 纪莺莺. 当代中国的社会组织：理论视角与经验研究［J］. 社会学研究，2005（6）：73-89.

⑤ 王名，孙伟林. 我国社会组织发展的趋势和特点［J］. 中国非营利评论，2010（1）：1-22.

⑥ 熊跃根. 转型经济国家中的"第三部门"发展：对中国现实的解释［J］. 社会学研究，2001（1）：89-100. 郁建兴，吴宇. 中国民间组织的兴起与国家—社会关系理论的转型［J］. 人文杂志，2003（4）：142-148.

⑦ 郁建兴，关爽. 从社会管控到社会治理：当代中国国家与社会关系的新进展［J］. 探索与争鸣，2014（12）：1-16.

⑧ 吴新叶. 党对非政府组织的领导：以执政党的社会管理为视角［J］. 政治学研究，2008（2）：30-36.

⑨ 刘燕妮，方雷. 政党治理视域下执政党权力的内在张力与优化向度［J］. 学习与探索，2019（2）：63-70.

化，通过政党的领导将政党的宗旨、主张传达给社会。执政党权力如何与社会治理协同发展便成为一个全新的学术问题，四川省 176 个社会组织的调查数据显示了执政党权力与社会治理协同的作用。

（一）执政党对社会组织的领导力凸显，有效地促进了政党权力影响力的提升

加强执政党在社会组织中的组织覆盖，目的是以党组织体制内的机制和相关资源来吸纳、规范体制外的社会组织，最终是增强党对社会的影响力①，政党权力对社会组织的领导体现在组织建设的影响力和政策影响力上。实际效果上，国家政党与社会组织是双向嵌入的，一方面，国家政党通过发展其组织并实现它的意识达到政党嵌入社会组织中；另一方面，社会组织通过获取资源、获得制度合法性形成社会组织嵌入国家政党体制中②。中国共产党嵌入社会组织的实际效力如何？调查结果表明：其一，在被调查的全部社会组织中有 84 家已经成立了党组织，占总数的 48.0%，接近一半的社会组织有了党组织，基本完成了政党对社会组织的嵌入。而那些没有成立党组织的社会组织主要是因为不具备条件，其中 81 家组织表示因党员人数不够所以未成立党组织，17 家组织表示因找不到上级党组织支持故未成立党组织。这也说明没有成立党组织的机构，并非没有受到政党的影响，只是由于一些客观条件限制，这种影响力还没有及时反映出来。其二，在社会组织党建的影响力上，有党组织的社会组织，其党组织对社会组织的领导和影响已经充分体现出来。社会组织参与公共决策的途径是多种的，包括组织机构领导人参与政治机构，如人大、政协等，参与政治活动，直接参与政策制定③等。调查显示，有 14 家组织表示其内部有“党代会代表”，20 家组织有“人大代表”，37 家组织有“政协委员”，34 家组织有“社区议事会（或监事会）”，总计有 105 家社会组织工作人员参与政治机构行使决策权，占全部被调查组织的 59.7%。参与决策最能够体现党建对于社会组织的影响力，因此，笔者通过党组织书记能否参加社会组织管理层会议和非党员社会组织负责人能否参加党组织开展的活动来判断社会组织党建的影响力。其中有73 家组织表示党组织书记会参加或列席管理层有关会议，也就充分说明党组织在社会组织决策中有影响力；非党员社会组织负责人参加党组织开展的活动也会对社会组织负责人产生正面积极的影响，会受到党的政策、方针和路线的熏陶，会受到新时代中国特色社会主义思想的影响，因此，在“是否邀请非党员社会组织负责人参加活动”的问题回答中，有 73 家组织表示会邀请非党员社会组织负责人参加党组织开展的有关活动。这些调查数据说明，党组织在社会组织中明显地影响非党员社会组织负责人，他们在社会组织决策、计划等内容上都会受到党的路线、方针、政策的影响。

（二）执政党的政策导向、激励和约束作用凸显，党建促进了社会服务型治理

第一，通过出台政府购买服务在相同条件下优先选有党建的社会组织的政策，促进

---

① 吴新叶. 党对非政府组织的领导：以执政党的社会管理为视角［J］. 政治学研究，2008（2）：30-36.

② 纪莺莺. 从“双向嵌入”到“双向赋权”：以 N 市社区社会组织为例：兼论当代中国国家与社会关系的重构［J］. 浙江学科，2017（1）：49-56.

③ 郁建兴，吴宇. 中国民间组织的兴起与国家：社会关系理论的转型［J］. 人文杂志，2003（4）：142-148.

了社会组织党建。社会组织的发展需要党的政策支持①，有研究证明，政府与社会组织相互嵌入会影响政府对社会组织的公共服务购买，还成为实现政府要求与社会组织服务能力衔接的前提条件，而这种相互嵌入的缺失则会导致政府对社会组织购买服务陷入困境②。笔者调查也发现，社会组织如果缺失政党的嵌入，政府很难购买其公共服务。王思斌提出，关注困难群体、解决社会问题的社会工作服务是一种服务型治理③。从广义上讲，所有社会组织开展的公共服务都是解决社会问题的服务型治理。因此，社会组织参与治理的主要方式还是通过政府购买服务实现的。调查发现，很多地方将社会组织党建（政党嵌入）与公共服务项目的购买联系起来，政府购买服务在相同条件下优先选那些已建党机构的社会组织。各地在竞争择优选择承接政府购买服务的社会力量时，同等条件下优先选择获得3A以上评估等级的开展党建的社会组织，创造条件让社会组织党组织和党员发挥作用，确保在项目实施中更好地传导党的执政理念和服务于人民群众，切实提高财政资金的使用效率和政治效益。如遂宁市社会组织党建注重党建工作导向鲜明，将统筹党建工作纳入政府购买社会组织服务的条件，将党建工作作为重要参考依据，建立党组织的社会组织承接了70%以上的政府购买服务资金，形成了200多个社会组织主动申请建立党组织的良好局面，2018年全市社会组织党组织覆盖率已达到65.5%。

第二，通过出台社会组织的星级评定“党建分”的政策，促进社会组织党建。很多地方已经形成一条可以推广的经验：在评估管理办法中加入“党建分”。如成都、绵阳、德阳、遂宁等地都采取了优化党建指标设置和提高党建评分分值，原则上要求建立党组织的社会组织才能被评为3A以上等级，已经获得3A以上等级评估但还未建党组织的要逐一指导组建。评估等级有效期满申请重新评估的，要专项评估社会组织党建工作情况，党的建设弱化、虚化、边缘化的，要及时做出降低或取消评估等级处理。如成都市在社会组织评估评分细则的一级指标“内部治理”中，还专门单列分值为55分的“党组织建设”二级指标，包括党的组织设置、党组织工作制度、活动形式和内容、工作场所和经费、反腐倡廉建设5个三级指标，全面覆盖到社会团体、社会服务机构、基金会等各类社会组织。德阳市开展“星级+等级”双重评估，解决党建质量提升难的问题。通过建立党组织“星级评定”3大类24项评价指标，党建评分由10分提高到了50分。绵阳市将党建作为评审星级社会组织的硬指标，评估5A级社会组织要求党建工作必须要达到“3+2”书记项目规范化要求。

（三）社会组织党建工作成效凸显，党建促进了社会组织参与社会治理

社会组织党建治理创新，关键是社会组织党员能够发挥先锋作用，积极引导社会组织找准服务社会的落脚点，通过社会组织参与基层社会治理、提供公益公共服务，发挥

① 吴新叶．党对非政府组织的领导：以执政党的社会管理为视角［J］．政治学研究，2008（2）：30-36.

② 龙翠红．政府向社会组织购买服务：嵌入性视角中的困境与超越［J］．南京社会科学，2018（8）：90-95.

③ 王思斌．社会治理结构的进化与社会工作的服务型治理［J］．北京大学学报（社会科学版），2014（6）：30-37.

其在社会治理中的积极作用①；社会治理需要社会组织协同参与，需要社会组织共建共治共享、融入社会发展中。长期以来，我国社会组织主体发展性不足，社会组织主体优势在治理中没有得到充分发挥②。有证据表明，参与社会组织的居民更加关心政治和社会公共事务，更主动地参与地方选举投票。社会组织成为公民活动的重要公共空间，同时还是培育公民政治意识的大舞台③。但事实上，政府在公共决策活动中始终还没有把社会组织作为程序化公共决策规定的环节，社会组织参与公共决策的空间还很大④。如何促进社会组织参与社会治理，形成多元共治的主体，这是当前我们实践中的一个重要内容。可喜的是，调查发现，有党建的社会组织参与社会治理显著高于没有党建的社会组织。经过相关分析发现，“社会组织是否成立党组织”与因变量“组织内是否有人参与地方政府部门相关决策会”存在显著强相关性（P=0.000），且系数B=0.292，表示两者存在正相关性，即成立了党组织的，越有可能参与地方政府部门相关决策会。“社会组织是否成立党组织”与因变量“政府购买社会组织的公共服务项目的数量”存在显著强相关性（P=0.016），且系数B=0.220，表示两者存在正相关性，即成立了党组织的，政府购买其公共服务项目更多。如四川省特种设备安全管理协会就是典型案例，该协会建立了独立的党支部，5个党员都是协会的中高层领导，他们坚持贯彻党的路线、方针和政策，积极引导协会为四川特种设备企业服务，按照以人为中心发展的理念，积极推动制定并出台了《液化石油气瓶城区安全配送规范》作为四川省特种设备行业团体标准，并参与成都市政府相关部门的决策，推动了液化石油瓶在成都市区内依法安全运营、运输的进程；还积极促进成都市老旧楼房加装电梯工作，成立协会志愿者组织义务为成都市老旧楼房加装电梯进行项目设计和调查论证工作。该组织参与地方社会治理，与政府协商推动有利于居民生活的类似案例还有很多。

（四）社会组织内部治理能力凸显，社会组织内部治理与党建协同发展

调查发现，社会组织内部治理结构越好，其社会组织党建就越好，它们之间有显著的相关性。笔者将组织治理机构是否设有理事会、监事会、内设行政部门，理事、监事、行政负责人是否通过选举产生，组织财务报告是否公开，组织年终报告是否公开作为自变量，分析各个自变量和社会组织党建工作中党组织活动频率，党组织书记是否参加或列席管理层有关会议，党组织开展的有关活动是否邀请非党员社会组织负责人参加，是否评选过优秀党员或优秀党务工作者，是否对党的路线、方针、政策组织过专门的学习等因变量的相关性。经过相关分析发现，“组织治理机构是否设有监事会”与因变量“组织是否评选过优秀党员或优秀党务工作者”存在显著强相关性（P=0.018），且系数B=0.250，表示两者存在正相关性，即有监事会的组织更有可能进行优秀党员或优秀党务工作者评选。同时，“组织财务报告是否公开”与因变量“党组织开展的有关

① 殷荣林. 社会组织党建：实践、问题与建议：基于浙江省湖州市的调研［J］. 党政干部学科，2018（1）：76-80.

② 陈义平. 社会组织参与社会治理的主体性发展困境及其解构［J］. 学术界，2017（2）：65-72.

③ 吴结兵，沈台凤. 社会组织促进居民主动参与社会治理研究［J］. 管理世界，2015（8）：58-65.

④ 何翔舟，黄镇龙. 社会组织在政府公共决策中的边际影响［J］. 学术月刊，2015（10）：88-95.

活动是否邀请非党员社会组织负责人参加”存在显著相关性（P＝0.028），且系数 B＝0.245，表示两者存在正相关性，即公开财务报告的社会组织趋向于邀请非党员社会组织负责人参加党组织开展的有关活动。“组织财务报告是否公开”与因变量“是否对党的路线、方针、政策组织过专门的学习”存在显著强相关性（P＝0.010），且系数 B＝0.196，表示两者存在正相关性，即公开财务报告的社会组织更有可能组织对党的路线、方针、政策的专门学习。

二、新时代社会组织党建工作面临的问题

（一）党建领导体制还有待完善，认识还有待提高

任何组织都需要一定规模的人员来运用组织的制度，执政党权力的有效性需要机构与机制的支持，而当前“社会组织党建工作推进不力的直接原因是党务人员的编制不足”①。社会组织党建工作做得好不好，关键取决于党的领导。尤其是区（市）县级政府和党的专职人员不多，区（市）县级民政局一般也才有一二十人，在不增加编制、不增加工作人员的情况下，成立社会组织综合党委，只能是在原工作人员有限的情况下增加更多工作职责（社会组织党建工作），党建工作负责人多为一些领导兼职，这增加了他们的工作量，导致区（市）县级政府和党组织的领导没有更多精力投入党建工作，故对此工作重视不够；调查发现有 87 家社会组织的党建工作没有专职工作人员，占 49.4%，而且主要是区（市）县级登记注册的社会组织或者兴趣爱好类型的行业社团，前者多为公益性社会组织，组织规模普遍偏小，这两种社会组织多数没有固定的经费支持，也没有政府购买服务，组织活动也较少，这样也影响了当地党政部门对社会组织党建工作重视不够。部分区（市）县级党政机关对社会组织党建工作推动还不够，只有形式上的一个综合党委，由民政局副局长兼党委书记，下面没有任何工作人员，也没有经费支持，故很难开展工作。在现有党政机关总编制人员不增加的情况下，如何开展党建工作？这是一个非常大的工作困境。

（二）党建基础工作还不扎实，两个覆盖还有待提升

在组织覆盖方面，目前各地也仅有大约一半的社会组织有党组织。在工作覆盖方面，即使有些社会组织有了党组织覆盖，但其工作覆盖还存在一些问题，执政党的权力还没有充分发挥作用。由于一些社会组织党员达不到成立支部的最低人数，出现了联建党组织的状况，部分联建党组织则形同虚设，成为“空壳党组织”，如某省行业协会党支部本来是联合党支部，由 26 家行业机构组成，但这 26 家社会组织分布在全省，党员参加开会或活动的出差经济成本与时间成本都很高，根本不可能将这 26 家机构联合起来统一开会，导致联建的党支部形同虚设，只能在一家机构中发挥作用。笔者调查发现，84 家组织在回答“是否评选过优秀党员或优秀党委工作者”的问题中，58 家组织表示评选过优秀党员或优秀党务工作者，占比 69.0%；但有 26 家组织表示并未评选，占比 31.0%，说明这些机构在党建工作方面开展得并不好。在党组织活动方面，83 家组

① 刘晶，王建华. 新时代社会组织党建的创新路径［J］. 理论探索，2018（4）：41-45.

织回答了这个问题，结果只有 46 家组织表示每月都有党组织活动，占总数的 55.4%；22 家组织表示每两个月才有党组织活动，占总数的 26.5%；8 家组织表示每半年才有党组织活动，占总数的 9.6%；2 家组织表示每一年才开展一次党组织活动，占总数的 2.4%；另外还有 5 家组织选了“其他”选项（选择此项答案说明被调查人根本不清楚此内容），也就是有一小半被调查组织没有每月开展党组织活动，没有坚持“三会一课”的制度。执政党的领导力与影响力是通过这些党组织活动来实施的，可想而知，没有活动或很少活动就无从谈执政党对其的影响力，党的政策、理念就难以得到贯彻。

分析其原因，那些党建活动开展乏力的社会组织受到其党组织不稳定、规模不大、财政压力的因素影响。在被调查的有党组织的 84 家机构中，其中党员人数最少的为 1 人，党员人数最多的为 69 人，均值为 7.4 人，多数机构是党员人数仅有几人的小机构。还有些机构专业员工不够稳定，导致党建发展不稳定，如一家省级社工机构的一个党支部，由于员工流动的影响，党员最少的时候只有 1 人。再加上不少社会组织生存压力大，在“组织是否存在财政压力”的问题回答中，173 家组织回答了这个问题，只有 10 家组织认为没有财政方面的压力，占比 5.8%；33 家组织认为压力一般，占比 19.1%；94 家组织认为压力较大，36 家组织认为财政压力非常大，两者之和占比 75.1%。多数社会组织财政压力非常大，面临生死存亡问题，这也影响了他们对党组织建设的关注度，直接导致党建发展的波动性较大。

（三）党建工作机制还不够协调，效果还有待提高

在“分级负责、以条为主、条块结合”的原则下，社会组织党组织的隶属关系和管理体制仍存在一些不协调、不顺畅的现象。

第一，党建工作“归口管理”还不够到位。执政党“决策与执行高效互动机制”才能保证执政党的领导力①。一方面，这种互动机制在社会组织的管理上就是实行“分类管理”原则，但调查显示，“分类管理”原则落实不够彻底，有些社会组织归口“条”“块”不明；在被调查的社会组织中，有些社会组织的党组织是由当地社区或街道作为其上级组织，有些是当地政府行政部门如教育局、科技局作为其上级组织。而作为基层的社会组织党组织面临多头领导，既需要向当地社区或街道党组织汇报工作，还需要向当地民政局、主管政府部门汇报工作，同时接受这些部门党组织工作指导，仅党支部书记参与上级部门（或主管部门）的会议，同样内容的会议可能就会有 2~3 次。另一方面，社会组织党建管理还缺乏统筹协调机制，社会组织党建工作遇到的问题找不到机构协调，上面党政部门有部署，但很难让下面社会组织及时落实。

第二，党员组织关系转接还不够顺畅。很多社会组织成员具有双重身份，既是某单位工作人员，又是社会组织成员。由于有些机构的工作人员或会员兼职较多，党的关系与其职务相关，不能转到社会组织中；还有一些社会服务机构（尤其是专业社工机构），工作人员不够稳定，流动率很高，个别机构员工在一个机构平均工作时间不到两年，甚至更短，这也影响其机构成员不愿将党的关系转到社会组织，导致机构中实际有关系的

① 唐亚林. 使命—责任体制：中国共产党新型政治形态建构论纲［J］. 南京社会科学，2017（7）：1-7.

党员非常少。

此外，党建工作保障措施还不够有力，党建经费还有待全面落实；党建的阵地建设也很薄弱。有半数被调查机构没有自己稳定的办公室，需要租赁办公场地，租赁场地也非常狭小，没有专门用来宣传、展示党建工作的空间，也没有钱做多媒体宣传，更缺乏专门的党建阵地，如召开人数较多的会议缺乏场地。

三、社会组织党建创新发展的思考与建议

（一）关于社会组织与党政权力“双向嵌入”的思考

嵌入，在社会科学的使用，最早是由波兰尼在《大转型》中提出的。嵌入理论已经广泛应用于政府与社会组织关系性的探讨。目前学界关注更多的是治理背景下政府对社会组织的嵌入，即政府对社会组织“由管到扶”转向，政府通过政策嵌入、管理嵌入、政党权力嵌入、文化嵌入和结构嵌入①方式进入到社会组织中，进而对建立的组织进行嵌入式监管②。事实上，党政对社会组织的嵌入是一种整体性的、齐一化的过程，在具体的实践层面中社会组织的生存策略和发展路径也在推动组织积极主动嵌入治理结构中，寻找组织自身的发展空间，现实中是社会组织与党政权力的“双向嵌入”③。然而，在治理情境下，并非每个社会组织都能够嵌入进来，进而形成两者良好互动。从学术研究走向上，一方面，研究中国的学者已基本放弃了关心结社组织与民主制度之间因果关联的新托克维尔主义视角，转向揭示和关注政社关系在“非抗争性”大框架之下的互动。另一方面，制度转型带来社会治理调整，强调社会组织在现代社会管理体系中相对于国家的辅助地位，重视社会组织在多元治理中的主体性地位④，组织在成长过程中需要依赖丰富的体制资源。

笔者这里也用嵌入视角来分析动态的社会组织的发展及其与政府的互动。从嵌入的特征来看，嵌入强调政府由“长辈”角色过渡到“同辈中的长者”；非营利组织由政府的“好孩子”成长为政府在公共治理上的“好伙伴”⑤，两者由管控—依赖的机械团结转向需求—合作的有机团结。从嵌入的表征上来看，社会组织形成与政府不同程度的合作、不同目的驱动和双方关系，呈现出不同的嵌入类型。“双向嵌入”的结果是否还能够使社会组织保留其独立性、自主性，按照王诗宗等的观点，独立性与自主性是不同

---

① 付建军，高奇琦. 政府职能转型与社会组织培育：政治嵌入与个案经验的双重路径 [J]. 理论与现代化，2012 (2)：108-114.

② 刘鹏，孙燕茹. 走向嵌入型监管：当代中国政府社会组织管理体制的新观察 [J]. 经济社会体制比较，2011 (4)：118-128.

③ 纪莺莺. 从“双向嵌入”到“双向赋权”：以 N 市社区社会组织为例：兼论当代中国国家与社会关系的重构 [J]. 浙江学科，2017 (1)：49-56.

④ 黄晓春，嵇欣. 非协同治理与策略性应对：社会组织自主性研究的一个理论框架 [J]. 社会学研究，2014 (6)：98-123，244.

⑤ 杨锯龙，许利平，帅学明. 政府与非营利组织合作的新模式：从制度化协同走向联动嵌入模式 [J]. 国家行政学院学报，2010 (3)：57-59.

的，独立性是指组织在合法性生存、发展的诸多条件方面需要依靠自身资源，而自主性是指组织实行自我管理、自我治理，实现其自身目标的性质，我国社会组织只具有“依附式自主”的特征，没有独立性①。笔者的调查也证明了这种“依附式自主”的真实性。

“双向嵌入”并非是对等的、平衡的，事实上，党政对社会组织的嵌入是一种结构性强嵌入②。笔者通过调查研究发现，这种强嵌入导致了：其一，社会组织体制适应效应。政党对社会组织的强嵌入，嵌入程度越强的社会组织，才有且有更多的政府购买服务，自然淘汰那些党政弱嵌入的或者不愿嵌入的社会组织。要实现党政强嵌入，社会组织必须依附式自主，在这样的自主下社会组织自身管理或多或少直接或间接地受到一些影响，如在服务方式与内容上更多要考虑符合党政政策；在整个大环境不能保证独立性的前提下，只能与环境一致去适应环境才能够获得生存空间，党建促进社会组织参与社会治理就是一种例证。

其二，社会组织结构趋同效应。由于党政强嵌入导致社会组织体制需要适应，为适应这种体制内的结构与运行，在组织内部结构设置上要考虑与体制内的党政结构接轨，运行机制要趋向相同或者一致，如定期开会或过组织生活；活动内容也要具有相关性、步调一致性。社会组织内部设置党组织这本身就是与党政结构接轨的表现形式，社会组织内部治理与党建协同发展也是很好的证明。

萨拉蒙提出，社会组织要善于学会如何巧妙地与政府进行合作，既能够让政府提供对社会组织的政策支持、资金支持，还能够使社会组织保持其相对的独立性、自主权，这是社会组织发展的难题③。那么这种党政强嵌入，社会组织与党政的互动，对应的社会组织对党政的弱嵌入，这种依附式的自主是否还能够保持，是否导致社会组织又回到改革开放前完全的组织化社会的建构体系，这在未来如何发展还值得学界关注与进一步研究。

（二）社会组织党建进一步创新发展的建议

社会组织党建创新发展，必须以新党章为指南，为社会组织党建指明方向。作为基层的社会组织党组织，其职责、功能是宣传党的路线、方针、政策，引领服务群众；还需要以政治建设为统领，坚持党中央的集中统一领导，坚持维护党中央的权威性④。

第一，创新管理体制，保证党的统一领导管理。目前社会组织管理体制机制还没有理顺，还缺乏纵向垂直与横向党建体制机制整合⑤，党建资源碎片化，无法有效利用党

---

① 王诗宗，宋程成. 独立抑或自主：中国社会组织特征问题重思［J］. 中国社会科学，2013（5）：50-66.

② 唐斌. 社会工作机构与政府组织的相互嵌入及其影响［J］. 社会工作，2000（7）下：9-12.

③ 萨拉蒙，等. 政府向社会组织购买公共服务研究：中国与全球经验分析［M］. 王浦劬，译. 北京：北京大学出版，2010：27.

④ 刘晶，王建华. 新时代社会组织党建的创新路径［J］. 理论探索，2018（4）：41-45.

⑤ 程坤鹏，徐家良. 新时期社会组织党建引领的结构性分析：以S市为例［J］. 新视野，2018（2）：37-42.

建资源。多数省市采用纵向垂直管理，由民政部门成立社会组织综合党委负责本机构登记的社会组织党建，具体负责那些直接登记以及脱钩后没有明确行业归属的社会组织党建工作。这样做的好处是可以统一领导，但也存在一些问题：一是需要增加很多工作人员，在没有增加编制情况下，只能从其他部门抽人或者借调下属部门的工作人员，很难从根本上解决职能与人力的匹配问题；二是在基层从工作相关性而言，地方党委与所在地的社会组织更具有相关性，工作联系更多。因此，纵向垂直与横向党建体制机制整合非常必要，鉴于县（区）社会组织规模较小，地方民政局工作职能太多，工作人员偏少，建议县（区）的社会组织党建应该实行属地化管理，县（区）级所属社会组织，其党建工作由社会组织登记地的街道党工委（乡镇党委）负责。此做法的好处在于，一是当地镇街党组织比较了解社会组织在当地发展状况，同时可以整合本地党建资源；二是可以提高社会组织党建的工作成效，不用再增加工作人员和编制，减少重复工作，减少开会成本与交通成本。地级市和省会城市仍然依托组织部门设立工作委员会，同时在民政机关设立社会组织综合党委，专门负责直接登记和脱钩后没有明确行业归属的这部分社会组织党建工作。

第二，创新分类指导机制，激发党建内生活力。社会组织分为社会团体、公益基金会、民办非企业，社会团体又可以分为行业类社会团体、学术类社会团体、娱乐性社会团体；民办非企业也可以分为公益慈善类、科技类、社区服务类等类型。不同类型的社会组织的行业特点、职能、性质、宗旨都有很大差别，有其自身的特殊性。社会组织党建要发挥“引领服务群众”的作用，必须关注那些不同类型的组织间的差别化的特征[①]。因此，需要根据社会组织的行业特点、职能、性质，制定有针对性、切实可行的政策和建设工作指导机制。

对于那些没有党员的社会组织，如何进行党建，如何体现党对于社会组织的特殊领导作用，比较可行的办法是由党建责任单位派出党建指导工作人员，定期帮助社会组织对党建活动给予指导，并负责培养入党积极分子和党员，宣传党的路线、方针、政策。对于那些由兼职人员构成的社会团队或者其他“虚体”社会组织，可以发挥兼职党员的模范作用，成立功能性党组织，开展党建活动，保证社会组织沿着党指引的方向发展；其党员既参加原单位的党建活动，也参加社会组织的党建活动。对于那些“实体”性质的单位，工作人员多为专职人员，工作人员比较稳定，流动性较小的民办非企业，应该由业务主管单位或者党建主管部门作为工作重点，建立党组织，开展相关党建活动，形成党建内生活力。

第三，创新工作方法，促进党建与社会组织建设协同。党建工作的目的是充分发挥党组织和党员的作用。据笔者调查，虽然各地指导推动了社会组织党组织不断创新活动内容和载体，探索了一些发挥作用的有效途径和方式。但总体上看，组织活动难、发挥

---

① 刘晶，王建华. 新时代社会组织党建的创新路径［J］. 理论探索，2018（4）：41-45.

作用难、党员教育管理不严格等问题在社会组织中表现还比较突出，尤其是县属社会组织和进行联建党建的社会组织。针对这些问题，应该创新社会组织党建工作方法的内容，必须立足党员群众乐意和社会组织所需、符合组织及其党员特点开展党建活动，按照以人为中心，以人民为中心的发展理念开展党建活动，所有这些活动要依据以下四个原则：一是以社会组织自身发展开展活动；二是贴近职工自身需要开展活动；三是考虑社会组织专长与特点开展活动；四是联系党员实际创新服务管理活动。

灾后重建社会工作嵌入性发展的机制与经验研究[①]

——以汶川地震灾后三地社会工作发展为例

韦克难　陈晶环

一、问题的提出和研究背景

党的十六届六中全会《中共中央关于构建社会主义和谐社会若干重大问题的决定》提出“造就一支结构合理、素质优良的社会工作人才队伍”的要求。此后，我国专业社会工作进入一个快速发展的时期。王思斌认为，专业社会工作的优势在于其专业性、价值观[②]。社会工作重建至今，其在社会上（主要是政府中）的合法性地位的获得是通过自己的成绩争取来的，但它尚未进入社会服务的主流[③]。

2008年汶川地震已经过去十年了，这次地震为专业社会工作发展提供了契机。根据国际经验，特大灾害重建的物质重建可以在短期内完成，而精神重建、社会重建则是一个长期的过程。汶川地震以后，党中央、国务院迅速做出反应，先后出台了一系列加快5·12汶川地震灾后重建的政策方针[④]，在《汶川地震灾后恢复重建条例》中指出：“民政部门具体组织实施受灾群众的临时基本生活保障、生活困难救助、农村毁损房屋恢复重建补助、社会福利设施恢复重建以及对孤儿、孤老、残疾人员的安置、补助、心理援助和残障康复”。《国务院关于支持汶川地震灾后恢复重建政策措施的意见》虽然明确规定“鼓励和引导社会各方面力量与灾后恢复重建工作，使地震灾区早日恢复正常的生产生活秩序”。但社会力量（主要指社会组织）如何介入灾后恢复重建工作，并没有具体

---

① 本文刊登于《社会科学研究》2019年第1期。本文以此纪念2008年5·12汶川地震的遇难者。感谢那些为灾区做出贡献的社会工作者们！本研究受国家社会科学基金重点项目（15ASH014）和2018年西南财经大学“中央高校基本科研”课题（JBK1802056）的支持。感谢王春光研究员、胡康副教授、李昕凌副教授对论文初稿提出的宝贵意见。

② 以下所用“社会工作”概念指的都是专业社会工作。

③ 王思斌．中国社会工作的嵌入性发展［J］．社会科学战线，2011（2）：162.

④ 如《汶川地震灾后恢复重建条例》（中华人民共和国国务院令第526号）、《国务院关于支持汶川地震灾后恢复重建政策措施的意见》（国发〔2008〕21号）、《国务院关于印发汶川地震灾后恢复重建总体规划的通知》（国发〔2008〕31号）、《汶川地震灾后恢复重建对口支援方案的通知》（国办发〔2008〕53号）等。

的可操作性的行动方案。民政部对于社会工作介入灾后援助工作也出台了一些鼓励政策①，但没有涉及灾后重建如何发挥作用，对于如何介入，经费、人员从哪儿出，如何组织人员、服务内容等具体问题均无指示意见。

由于社会工作的本质是帮助困难群体，在灾难面前，所有受灾者当然成为困难群体，即使是没有明确的相关政策支持，社会工作者也有不容置疑的责任去介入灾后救援与重建中。正因为这样，5·12汶川地震以后，有很多社会工作者主动进入灾区开展社会工作服务，据不完全统计，有专业社会工作机构30多家，前后有500多位社会工作者进入灾区开展服务②，社会工作者本着助人自助的价值观，用自己的行动诠释了社会工作的价值与功能。社会工作在没有法定责任的情况下，通过嵌入政府救灾与灾后重建领域，扩大了自己的发展空间，开创了具有中国特色的灾害社会工作。而进入灾区的社会工作者大部分是四川省外的，由于他们的介入服务也促进了当地社会工作大力发展，到2014年年底四川省社会工作机构已有266家，专业社会工作者达到4 250人③。由于新中国改革开放后社会工作是一种嵌入性发展，嵌入性成为专业社会工作发展的重要特征④。

二、文献回顾与研究方法

嵌入概念本身是比较模糊的，意义指涉具有多重性⑤。嵌入的本意是指某一事物卡进另一事物的状态和过程。嵌入本身是没有科学意义的，最早用于科学研究中，是波兰尼在《大转型：我们时代的政治与经济起源》一书中，认为社会关系必须被嵌入经济体系之中，市场经济才能在市场社会中运转⑥。其后，格拉诺维特比较详细地分析了嵌入概念，他研究了嵌入的机制及后果，对嵌入现象进行了因果分析，指出了经济关系是嵌入于社会关系系统之中的⑦。早在2006年有学者就提出我国社会政策与社会福利是要嵌入社会中发展⑧，社会工作发展需要"体制嵌入"⑨。其后，有学者用嵌入性来分析社会

---

① 《民政部办公厅关于做好地震灾后恢复重建工作中基层群众性自治组织和城乡社区建设工作的通知》（民办发〔2008〕9号），明确要求"组织专业社会工作人才，发挥其专业和技能优势，认真做好受灾群众尤其孤儿的心灵抚慰和心理康复工作。"《民政部关于加强救灾应急体系建设的指导意见》（民发〔2009〕148号）指出："鼓励和吸纳社会工作者参与救灾应急工作，探索建立社会工作者引领志愿者开展减灾救灾服务的联动机制。"

② 韦克难，等. NGO介入汶川地震灾后重建的概况调查：基于社会工作视角［J］. 中国非营利评论，2010（2）：222-225.

③ 韦克难. 2014年四川社会工作研究报告［G］. 郭晓鸣，主编. 四川社会发展报告. 北京：社会科学文献出版社，2015：77.

④ 王思斌. 中国社会工作的嵌入性发展［J］. 社会科学战线，2011（2）：162.

⑤ 符平. "嵌入性"：两种取向及其分歧［J］. 社会学研究，2009（5）：141-164.

⑥ 卡尔·波兰尼. 大转型：我们时代的政治与经济起源［M］. 冯钢，刘阳，译. 杭州：浙江人民出版社，2007：50.

⑦ 马克·格拉诺维特. 镶嵌：社会网与经济行动［J］. 罗家德，译. 北京：社会科学文献出版社，2007：31.

⑧ 彭华民，宋祥秀. 嵌入社会框架的社会福利模式：理论与政策反思［J］. 社会，2006（6）：138-153.

⑨ 熊跃根. 论中国社会工作本土化发展过程中的实践逻辑与体制嵌入［G］. 王思斌，主编. 社会工作专业化及本土化实践. 北京：社会科学文献出版社，2006.

工作者介入5·12汶川地震救灾的过程，认为社会工作者主体必须将自己纳入灾区救灾行政体制中①；王思斌进一步指出，专业社会工作的发展，只能嵌入在行政社会工作中，在嵌入中才能发展，并分析了社会工作嵌入的过程与空间、嵌入的类型②。也有学者认为，从我国社会工作专业化发展的反思来看，我国社会工作发展缺乏嵌入性的战略视角，尤其在文化理念上表现出缺乏对社会工作价值观及其思想的认同，由于社会工作没有嵌入我们的文化中，导致社会公众不认同社会工作，更谈不上要开展专业的社会服务③；更多的学者从发展社会工作的战略角度，提出社会工作应该嵌入相关服务领域，如有学者认为社会工作应该嵌入妇女的工作中，妇女工作需要借鉴社会工作的方法④；社会工作应该嵌入现在中学教育体制中，建立相关制度，设立相关岗位，这样才能有利于学生全面发展⑤；还有学者认为社会工作必须嵌入高校学生工作系统中，建立学校社会工作，从制度层面与服务层面去嵌入，这样才能发挥社会工作服务作用、扩展其专业空间⑥。还有学者分析了社会工作嵌入性发展存在一定的问题，如专业社工嵌入社区工作开展社区治理，其被嵌入的客体街区的权力关系严重地限制了其专业性发展，使社会工作的影响力明显地减弱⑦；政府与社工机构是相互嵌入，但两者嵌入的强弱关系不同，政府对于社工机构的嵌入是一种强嵌入，是结构性的嵌入，而社工机构对于政府的嵌入则是一种弱嵌入，仅仅是制度性、职能性的嵌入⑧。

福利多元主义和新公共管理理论为政府购买社工服务提供了理论支持。福利多元主义强调社会责任多元化，强调多元社会主体，强调主体多元参与，强调非营利组织、社区组织等都是福利提供者，福利服务的相关制度决策是多元化的，福利服务输送过程是多样化的。政府购买社工服务符合福利多元主义的主张，福利多元主义强调社会福利民营化的思路⑨。而新公共管理理论认为政府不是唯一的政治活动主体，社会组织也是现代社会治理的主体⑩。

以上文献分析了嵌入的概念及相关理论，社会工作嵌入福利制度与服务的必要性与可能性，嵌入的途径与战略。但是它是如何嵌入传统上并不存在的服务领域和福利行政制度中的？嵌入的机制是什么？这种嵌入性发展有什么经验可以总结借鉴？这些问题还

---

① 徐永祥. 建构式社会工作与灾后社会重建：核心理念与服务模式：基于上海社工服务团赴川援助的实践经验分析［J］. 华东理工大学学报（社会科学版），2009（1）：1-3，15.

② 王思斌，阮曾媛琪. 和谐社会建设背景下中国社会工作的发展［J］. 中国社会科学，2009（5）：7.

③ 王瑞华. 从嵌入性理论看中国社会工作的专业化战略［J］. 河南师范大学学报（哲学社会科学版），2011（3）：103-107.

④ 谢建社. 社会工作嵌入妇女工作之思考［J］. 甘肃社会科学，2009（4）：17-20.

⑤ 许莉娅. 专业社会工作在学校现有学生工作体制内的嵌入［J］. 学海，2012（1）：94-102.

⑥ 王劲. 嵌入式发展：学校社会工作在高校的发展路径探索［J］. 华东理工大学学报（社会科学版），2011（4）：20-26.

⑦ 朱健刚，陈安娜. 嵌入中的专业社会工作与街区权力关系：对一个政府购买服务项目的个案分析［J］. 社会学研究，2013（1）：79-82.

⑧ 唐斌. 社会工作机构与政府组织的相互嵌入及其影响［J］. 社会工作，2010（7）：9-12.

⑨ 唐咏. 从社会福利社会化视角思考政府购买社工服务的行为［J］. 社会工作，2010（3）：153-155.

⑩ 王达梅. 政府向社会组织购买公共服务的问题与对策分析［J］. 城市观察，2010（5）：30-37.

缺乏有价值的研究。本文试图来探讨和回答上面的问题。我们运用质性研究方法，在10多个极重灾区县（市）中和10多个仍然在这些地方开展工作的专业社工服务机构中，选取5·12汶川地震极重灾区县（市）的都江堰、汶川、理县这三个地区进行研究，这三个县（市）都是2008年5·12汶川地震后有对口援助的县（市）①。

三、嵌入过程与嵌入机制

社会工作嵌入性发展是指社会工作者主动推动社会工作纳入某地的服务领域与福利行政制度的过程。社会工作是否嵌入一个地方的服务领域与福利行政制度，我们认为其标准应该是：是否有当地政府出台支持社会工作人才队伍建设的文件出台；是否有政府成立的相关机构（如社会工作者协会或民政局的社工科等）；是否有政府购买的专业社工服务。如果一个地方同时具备了这三个要素，我们认为社会工作就嵌入了该地的服务领域与行政制度中（这里的行政体制、行政制度主要是指执政党和政府积极推动社会工作发展的制度性措施）②。嵌入过程是指专业社会工作嵌入灾区的社会服务过程，嵌入主体是专业社会工作，嵌入对象是原有的行政化的社会服务领域和制度③，嵌入机制是指嵌入的各要素之间的结构关系和运行方式。那么5·12汶川地震后社会工作是如何嵌入服务领域与福利行政制度中的呢?

（一）专业权威的影响力

权威是一种让他人行为改变的影响力。它是对他人形成的感召力量，是一种人格、能力、道德品质综合形成的行为举止的魅力。最早对权威进行学术探讨的是德国社会学家韦伯，他将权威分为法理权威、传统权威、感召权威④。专业权威是借助于专业影响力建立起来权威，它包括专业知识、专业训练、专业资格、专业岗位、专业薪资、专业效力、专业规范等⑤。笔者调查发现，都江堰、汶川、理县三地在地震后都有社工专家到灾区考察，并给当地政府或者援建方提出了社会工作服务的建议或方案，形成了专业权威影响力，影响了当地的社会政策。

根据相关安排，由上海市对口援助都江堰。5·12汶川地震后，在2008年5月13日由上海市民政局主要领导召集上海的高校与社工界的专家、学者召开紧急会议，研讨社工介入灾后重建和服务的可行性与必要性，专家们一致认为社工介入灾区是社会工作的使命。其后，上海市组织了社会工作专家到灾区考察，市民政局向上海市政府请示将“上海社工灾后重建服务团”⑥ 纳入市政府派出的专业救灾团队范围进行管理，并在

---

① 5·12汶川地震后，国务院于2008年6月出台了《汶川地震灾后恢复重建对口支援方案》，该方案规定建立灾后恢复重建对口支援机制，采用“一省帮一重灾县”的原则，支援帮助19个重灾县（市），上海对口援助都江堰、广东对口援助汶川、湖南对口援助理县等。

② 王思斌，阮曾媛琪. 和谐社会建设背景下中国社会工作的发展［J］. 中国社会科学，2009（5）：7.

③ 王思斌. 中国社会工作的嵌入性发展［J］. 社会科学战线，2011（2）：162.

④ R·马丁. 论权威：兼论韦伯的“权威三类型说”［J］. 国外社会工作，1987（2）：30-32.

⑤ 陈友华，许加明. 社会工作专业权威建构：现状、问题与思考［J］. 人文杂志，2017（6）：101-110.

⑥ 此处原名是“上海社工灾区援助团”，后为方便工作更名为“上海社工灾后重建服务团”，笔者为行文方便，统一用“上海社工灾后重建服务团”这一名称。

"上海社工网"上公开招募社会工作志愿人员，全市共有近 1 100 名社会工作者报名要求参加"上海社工灾后重建服务团"。6 月 25 日，上海社工灾后重建服务团的第一支队伍——华东理工大学服务队正式进驻都江堰市"勤俭人家"安置点开展社会工作专业服务。随后，复旦大学服务队、阳光·上海师大服务队和浦东新区服务队分别进驻城北馨居祥院安置点、幸福人家安置点、滨河新村安置点。到 2008 年 12 月 25 日止，服务团共有 29 批计 236 人次先后进入服务点工作。其后，都江堰市委和政府相继出台了一系列支持社会工作人才队伍建设的文件，在华东理工大学社会工作专业教授支持下，在 2009 年 2 月成立了四川省第一家社会工作专业 H 机构，并同时成立了都江堰市社工协会（以下简称社工协会），政府还购买了社会工作服务。社工协会的成立标志着社会工作已经嵌入当地的行政体制中了，因为这种专业协会都是政府组织成立的，社工协会的负责人是当地政府领导，协会的顾问更是该市的书记、市长。2009 年 3 月该市民政局又成立了社工科，这是社工嵌入当地行政体制又一个重要标志；同年 9 月社工协会又成立了 S 机构，在当地民政局注册为民办非企业，完全是该市本土的机构，从法人到社工都是本土的，政府对该机构提供经费和办公场地支持。

当时由广东省对口援助汶川。2009 年年初，广东某高校教授刘某与广东省民政厅一位处长和某社工机构负责人前往汶川进行灾后社会重建需求调研，发现灾区民众普遍对地震还心有余悸，难以走出地震的阴影，有些特殊群体如孤老、残障人士等没有得到应有的关怀和照料，因此，灾区民众对社会工作服务有很大的需求。随后，他们向广东援建工作组和汶川县委、县政府领导报告了调研结果，并提出将社会工作引入援建工作规划的建议。其后，他们又多次与相关领导交流，介绍社会工作的理念、方法、技巧等优势，此建议最终被广东援建工作组、汶川县委、县政府领导采纳，决定将社会工作服务纳入灾后援建规划中。随后，汶川县委和政府相继出台了一系列支持社会工作人才队伍建设的文件，2009 年 9 月汶川县民政局成立了社会工作组，2011 年该县民政局成立了县社工协会和社会工作服务中心，这标志着社会工作嵌入了当地的服务领域及其行政体制中。汶川政府在 2011 年 11 月出台了首个社会工作文件①，同时，在该县第十二届人民代表大会《2011 年政府工作报告》及《汶川国民经济和社会发展第十二个五年计划纲要》中，将社会工作纳入了重要议题和制度规划中。该县社会工作嵌入一开始就比较深入，并形成了一种社会工作服务常态化发展。2009 年 11 月，（汶川）广东社工站在汶川县挂牌成立，同年 12 月县民政局批准注册了汶川第一家专业社工类社会工作——D 机构，（汶川）广东社工站与 D 机构以"两张牌子一班人马"开展工作，从援建资金中安排 424 万元作为开展"精神家园建设"社会工作项目的专项经费，通过政府购买服务的方式，资助 D 机构开展三年的服务（2009 年 11 月—2012 年 10 月）。

当时由湖南省对口援建理县。2008 年 6 月初，就有长沙民政学院社工服务队、湖南娄底残疾人爱心互助会等社会组织在那里开展社会服务。2008 年 8 月，长沙民政学院社

① 《中共汶川县委、汶川县人民政府关于加强社会工作人才队伍建设推进社会工作发展的意见》（汶委发〔2010〕36 号）。

工服务队经过调查，发现民众非常需要心理援助和精神重建，该队负责人S教授是湖南省政协委员，他向省政协、省发改委上书，建议在湖南对口援建中加入社会工作项目，该建议得到该省援建队认可，援建队随后决定把“精神家园重建和物质家园重建并重”作为湖南对口援建的基本原则，并专门设立了“社会工作和心理援助项目”，纳入3年援建规划，划拨500万元援建资金用于社会工作服务。为此，湖南援建队整合了在理县灾区已开展社会工作和心理援助的上述的两支队伍。同时还将湖南湘理相亲社会公益组织、芙蓉心理咨询中心纳入援建服务中，于2009年3月成立了湘川情社会工作服务队。该机构在此期间，主要由长沙民政学院的教师与学生组织开展活动，这个阶段经费很充足，人员最多时达到30多人，他们有针对性地对少数民族开展民族社会工作，并对当地各级政府部门公务员及其领导开展了社会工作和心理知识培训和心理辅导，前后共开展了六期培训。在当地民政局大力支持下，2009年8月在该社会工作服务队基础上成立了理县X机构。随后，理县县委和政府相继出台了一系列支持社会工作人才队伍建设的文件，再加上受到湖南援建社会工作者的良好影响，也感受到了社会工作服务的效果，2011年县民政局专门成立了基层政权和社会工作股，负责该县社会工作人才队伍的建设和社会工作的发展，这也是社会工作嵌入当地的一个标志。

（二）专业服务产生示范效应

社会工作嵌入灾后社会重建，其效应如何呢？这是笔者也是社会各界普遍关注的问题。社会工作嵌入效应是指专业社会工作嵌入服务实践所产生的效应。此效应包括两个方面的内容：一是产生的社会效应；二是自身发展的效应①。到目前为止，社会工作服务效应还缺乏第三方评估，有一些学者认为社会工作绩效评估很有必要，并提出为了保证社工服务的质量，需要建立合理的、科学的绩效评估体系②。罗观翠、王军芳强调应该从社工机构的培育、运营入手，要提高自身的专业服务能力③。这些建议对于规范政府购买社工服务提供了一定帮助，但是有些规则还需进一步深入与细化。譬如关于绩效评估，社工服务效果难以量化，如何运用科学方法开展评估，还缺乏可操作的、详细的方案。事实上，我国社会服务评估没有规范的操作程序，事后评估在社会服务中表现较多，其方法主要是借鉴香港地区和国外的经验，缺乏本土化的评估规范，缺乏有效的评估，评估指标缺乏科学性④。因此，本研究的社会工作服务嵌入效果评估在没有定量评估情况下，也只能采用质性评估。

1. 嵌入的社会效应

嵌入的社会效应是指社会工作介入实际服务所产生的服务效果⑤。社会工作嵌入灾后重建，其服务效果是非常明显的，正如当年参与社工服务的刘华丽认为，上海华东理

---

① 王思斌. 中国社会工作的嵌入性发展［J］. 社会科学战线，2011（2）：16-19.

② 汪建明，莫盈盈. 政府购买民间社工服务模式研究：以深圳某社工服务社为例［J］. 中国民营科技与经济，2008（12）：52-53.

③ 罗观翠，王军芳. 政府购买服务的香港经验和内地发展探讨［J］. 学习与实践，2008（9）：125-130.

④ 邵亚萍. 社会服务评估发展问题及对策思考［J］. 社会福利，2016（9）：35-39.

⑤ 王思斌. 中国社会工作的嵌入性发展［J］. 社会科学战线，2011（2）：206-222.

工大学社工服务队在都江堰灾后重建社会服务中取得了以下成效：其一，大型的文体活动丰富了灾区居民的业余生活，对于安置区居民的认同与融合起了促进作用；其二，促进了当地安置区居民间关系的和谐，推动了社区精神文明建设；其三，帮助了弱势群体，有利于缓解了当地社会矛盾；其四，培养了当地人才，并组建了一些民间社会组织，为今后本地化服务打下了基础；其五，还通过信息平台的建设，促进了社区各层面的沟通，对居民进行了正向的引导，疏导了灾民的情绪，丰富了他们的业余生活，使灾民的精神生活发生很大变化①。另一位上海社工参与者也自我评估到："我们在工作中与都江堰市民政局、安置社区管委会及社区居民建立了良好的合作关系，在实践中逐步实现了社会工作在现有行政工作体系中的有效嵌入；我们通过开展各类服务，在安置社区营建了积极、健康和相互支持的社会关系和社区氛围；我们发动居民开展自我服务和管理，提升了居民参与社区事务和解决社区问题的意识和能力"②。这些自我评估，应该说是有一定代表性，反映了灾区服务的效果。当然，由于这些评估难免带有主观性，不能完全令人信服。笔者根据调查从第三方的角度，对服务效应做了分析。

其一，社工通过对灾区居民的心理辅导与陪伴，增加了居民的安全感，抚慰了居民的心理。对这一点，政府公务员与社区干部认识比较深刻。正如公务员 Q 某所说："作用肯定是很大的，谁都不会想到会发生地震，地震发生后，老百姓包括我们，心都是慌的，不知道从哪里下手。这些社会组织来了以后，首先从心理上给我们有了安全感，其次增加了我们的信心，他们提供的服务都是老百姓和我们最急需的，可以说，没有他们，抗震救灾工作很多都要被耽误。从我个人从事民政工作来讲，他们的参与肯定是有助于我们民政部门更好地开展工作，比如，心理辅导，他们要更专业一些，这对安抚老百姓，作用是很大的，另外他们也帮助我们解决了一些资金的问题，这也是个实际的问题。"（访谈资料）

社区工作人员对社工接触是非常多的，他们对社工的工作也是支持最多的，同时也非常认可社工的工作，也正如其中社区干部 Z 某说："这些社会组织和志愿者的参与，可以说极大地帮助我们进行了抗震救灾和灾后重建工作，我们老百姓相当满意，（他们）切实解决了诸如心理等方面的问题，解除了一些老百姓生活方面的一些困难。"（访谈资料）

其二，修复了当地的社会关系，增强了社会支持网络，增加了社区资本。地震后，由于通信不畅通，而且灾区民众住进帐篷或板房，致使原有的社会关系网络暂时失效，居民缺乏社会支持，普遍感到焦虑、紧张、不安，社工的工作起到了弥补原有社会网络的作用。都江堰勤俭人家安置区居民 K 某在访谈时说："地震后，我们很多朋友、亲属都找不到了，大家都很害怕。你看，我们都住在板房里，开始大家都不认识，办个事

① 刘华丽．社会工作与灾后生活重建：以都江堰 A 安置点为例［J］．华东理工大学学报（社会科学版），2008（4）．

② 费梅苹．灾后安置社区社会工作的实践与反思：都江堰市"勤俭人家"社会工作服务经验研究［J］．华东理工大学学报（社会科学版），2008（4）．

情，都不知找哪个。社工来了以后，组织开展那么多活动，我们才彼此认识，邻里之间才有拉扯（指相互帮助），大家才感觉有组织了。”（访谈资料）

另一个社区居民T某也有同感：“那个时候（地震后），我们都没有抓拿（四川方言，意思是没有办法，没有依靠），只有听天由命了。这些社工来了以后，组织我们，成立了好多队伍（指居民社会组织），有唱歌的、有跳舞的、有打拳的、有下棋的……开展了很多活动，我们一下子就有生机了，有什么事情，我们就找社工，请他们帮助我们解决，他们像我们亲人一样。”（访谈资料）

其三，帮助了低保人员、残疾人、儿童、妇女等特殊群体，使他们增强了适应社会的能力。巨灾或大灾中，最无助的是残疾人这样的特殊群体，他们也是最需要帮助的。社会工作最关注这些特殊群体，这始终是他们的主要的服务对象。我们在访谈时，很多居民都表达了这方面的意思：“这些社工过来以后，首先组织儿童，在这里搞了儿童服务站，带着儿童唱歌、跳舞、画画、学习、学英语、看电影、打乒乓球，安逸得很哟。”（访谈资料）“当然他们（指社工）也很关心残疾人，帮助他们搬东西、修房子，陪他们聊天，给他们领取补助金，还给了他们好多生活用品。”（访谈资料）“社工都是女的，他们了解我们，我们都是五六十岁的人，除了干一些家务，我们还能够做什么？社工来了，就把我们喊到一起，让我们成立各种团队，组织我们搞活动。那次搞的邻居节，参加的人好多，大家都很高兴。他们还帮助我们处理家庭关系、邻里关系的问题，我们有困难就找他们。”（访谈资料）

其四，弥补了政府工作的不足，维持了社会秩序，促进了社会和谐。上海社工在都江堰服务就达到了此效果，当地政府在评估社会工作服务后认为，在和谐度上，有社工开展服务的安置社区比没有社工开展服务的安置社区要高出一倍以上①。公务员G在访谈时说道：“社工机构对我们的工作还是有很大的帮助。比如说对周边环境卫生、治安都起到了一定维护的作用，在一定程度上减轻了我们工作的负担，也给生活带了便利……慈善机构为我们送来的物资在当时为我们解决了很大的问题。我们这个板房区项目能够那么快地走上正轨，快速地展开各种行政工作，和他们的支持是分不开的。我们非常感谢他们……这些服务机构都是民间的、非营利的，它们做了很多工作，在第一时间发挥了先锋作用。我所接触的老百姓对它们的工作评价都很高。它们弥补了政府工作的不足，这些机构通过细致的走访居民，所获得的信息也主动与政府部门汇报分享。”（访谈资料）

社区干部H对此的认识也非常清楚：“社工来了，他们给老百姓做了很多事，也帮助政府做了很多事情，最明显的是，板房区内，居民关系更加和谐了，居民之间吵架的少了，相互帮助的人多了，大家更遵守规矩了，板房区里面秩序更好了。”（访谈资料）

2. 嵌入的社会工作发展效应

在此方面，嵌入效应是明显的，都江堰市成立了西南第一家县级社会工作者协会，

---

① 张昱. 灾后社会关系恢复与重建的路径探索：基于Q安置社区社会工作介入的实践［J］. 华东理工大学学报（社会科学版），2008（4）.

到2016年年底，全市通过从业资格考试的专业社工已有267名，协会还组织社工进行继续教育，每年还组织社工进行职业水平考前培训；全市到2017年已经成立了15家社工专业机构，最大的机构员工有30多人，社区（包括涉农社区）都设有社工岗位，全市共有124名专业社会工作者，其中配备2名以上社会工作专业人才的城市社区比例达到58%；社工服务已经介入社区、学校、残疾、养老、社区矫正、青少年、扶贫、灾害等领域；每年国际社工节都开展大型的社工宣传活动。

汶川县较早成立了社会工作者协会，到2016年年底，虽然通过从业资格考试的专业社工仅有11名，协会还是组织社工进行了相关知识培训；全县到2017年有社工专业机构3家，最大机构的员工有10人，社工主要介入社区、学校、残疾、养老、青少年、扶贫、灾害等领域开展服务；每年国际社工节也有大型的社工宣传活动。

理县嵌入的社会工作发展效应随着时间增加明显较弱，虽然2011年县民政局专门成立了基层政权和社会工作股，但到2017年5月止还没有成立社会工作者协会；县民政局也组织过职业水平考前培训，但到2016年年底，通过从业资格考试的专业社工仅有2名；全县到2017年只有一家社工专业机构，机构员工最多时候有8人、最少时候仅有2人，社工服务主要介入社区、养老、青少年等领域，国际社工节也有一些社工宣传活动。

（三）嵌入的互惠效应

社会工作嵌入要形成制度化，还需要有嵌入者与被嵌入者的互惠，即通过政府与社会的互动形成共建共治共享发展的局面。

由于上海社工界及其专家的努力，上海社工多次为都江堰开展了社会工作知识的培训，都江堰还分两批共30多人到上海市、北京市参加社工培训，给当地社工带来了社工理念和技能，推动了社会工作在都江堰的发展。在上海社工和当地政府推动下，2009年2月成立了都江堰市社工协会（以下简称社工协会），由该协会承接了上海原来4个点的社会工作服务；2009年3月该市民政局又成立了社工科，同年9月社工协会又成立了S机构，政府还专门拿出100万元财政资金支持S机构开展社工服务。这种嵌入的互惠效应体现在：一方面，嵌入者通过他们的努力促进了当地社会工作发展，既有了社会工作机构，还有了政府购买社会工作服务，打开了社会工作在当地发展的空间，这对社会工作是有利的。另一方面，当地政府支持社会工作的举措，得到上级政府部门与领导的认可与肯定，2009年成都市社会工作人才队伍建设现场会就在都江堰召开，民政部和四川省相关领导都到都江堰社会工作服务点去实地考察，充分肯定了社会工作灾后重建的服务与功能。

汶川的嵌入互惠效应大体相似，从2012年11月开始该县每年继续向社工机构购买服务，2013年购买了55万元，从2014年开始每年60万元用于购买社工专业服务。现在，该县有3家在本地注册的社会工作机构，3家机构的办公场地均为政府免费提供，3家社会工作机构在该县不同地域开展了专业服务。这些服务得到了当地政府部门、上级政府部门以及民政部、四川省相关领导的肯定，一直被作为典型学习推广，成为当地政府一块标志性的政绩。

理县于2011年年底完成了灾后重建工作，但这个时期还继续使用没有用完的援建经费，也接受四川省民政厅“三区计划”项目①。2014年8月机构交给当地社工负责，由于没有了当地政府购买服务与对口援助资金，机构开展工作的经费是申请相关部门的项目经费：一是连续三年申请了四川省民政厅支持三区社会工作服务项目；二是申请了民政部李嘉诚大爱之行《理县“守护希望”弱势儿童照顾性服务平台建设项目》。这些服务同样得到了当地政府部门、上级政府部门以及民政部、四川省相关领导的肯定。但是，由于四川省民政厅项目2017年结束以后，就没有新项目，该机构生存面临巨大的问题，机构面临暂时歇业，员工已处在失业状态边缘②。这时候原有的社会工作嵌入明显在体制中松动并即将出现脱嵌③。

总之，嵌入者通过推动社会工作在都江堰、汶川、理县的发展，扩大了社会工作的影响，惠及了社会工作从业人员，使其增大了发展空间。对被嵌入者这三地政府而言，社会工作服务工作的开展，都被当地作为社会工作人才队伍建设发展的样板、典型，在全省范围内推广学习，多次在上述地方开展工作现场会，也惠及了上万灾区居民，很显然地促进了当地的社会稳定。

综合以上情况，社会工作嵌入灾后重建的社会服务机制，首先要有专业权威人士对社会工作介入灾后重建的重要性有深刻认识，还需要这些专业人士“主动推销”社会工作，这无疑是重塑社会工作的角色与功能④，影响政府官员对社会工作的认知，再通过他们在政府中的决策确定社会工作在灾区开展社会服务；其次，通过社会工作者初期在灾区开展的服务得到当地官员和服务对象的认可与肯定，同时还要得到更上一级政府对社会工作者做出的业绩的肯定（符合当时中央的相关路线、方针、政策），使当地官员增加了支持社会工作服务的信心，获得了进一步发展社会工作的动机；最后，政府出台相关政策（以红头文件形式）“主动接纳”社会工作，包括支持社会工作人才队伍建设，支持成立社会工作专业机构，支持在政府中成立社会工作管理部门或社会工作者协会，购买社会工作服务，设立社会工作岗位等，这样就形成了社会工作的嵌入。在嵌入过程中，专业人士的“主动推销”社会工作和政府“主动接纳”社会工作是两个关键环节，政府官员对社会工作服务业绩是否认可是嵌入的焦点，即使政府按照红头文件开展社会工作，如果没有当地政府官员对于社会工作服务的认可，也是很难持续的。

四、结论与讨论

王思斌认为，我国的社会工作面临着本土化与创新的双重任务，实践中面临社会福

---

① 指全国社会工作人才规划中专门针对边远贫困地区、边疆民族地区和革命老区开展的社会工作专业人才支持计划。

② 我们在论文写作过程中与该机构工作人员联系，该机构已经暂时停止工作，两位社工2017年7月已经失业。

③ 脱嵌指在社会工作嵌入后，由于社会工作服务在该地出现空白，在行政体制中也不再发挥作用的一种状态。

④ 边慧敏，杨旭，冯卫东. 社会工作介入灾后恢复重建的框架及其因应策略［J］. 社会科学研究，2013（5）122-128.

利、社会服务事业如何才能更有效地实现政府、社会组织与社区良好合作形成互助系统的问题①。他还认为，现存的社会结构和制度体系没有为专业社会工作的发展提供基本条件。专业社会工作与现存的制度与社会结构不匹配必然形成结构性张力，使社会工作很难发挥作用，制约了专业社会工作的发展②。在我国推进社会工作的专业建设，既要肯定本土的理论价值又要肯定本土实践模式的价值③。因此，我国专业社会工作发展的实践模式，是由政府主导，多元社会力量（包括社会组织、企业、自治组织和个人等）作为社会工作发展主体共同推动，参与的各方是一种互构关系，也是行动主体间交互"建塑""型构"的过程④，"专业社会工作与行政性社会工作的互构性演化将是建设符合中国实际需要的社会工作的必经之路"⑤；这种互构性演化形成共变共生关系，这种互构共变关系正是郑杭生先生创立的社会互构论的表现内容⑥，这也印证该理论在实践中的价值。社会互构也是一种共建共治共享的方式，即通过多元主体参与实现过程共建，通过多元主体参与实现过程与结果共享。不同的主体和力量，基于各自的领域、角色和诉求，为追求社会的公共利益，共同参与到社会治理过程中，承担着不同的权责分工并发挥着独特的功能，这构成了共建共享的主旨意义⑦。显然，嵌入性发展已经成为中国社会工作发展的实践经验，也是社会工作发展的中国道路，其成功经验需要我们总结提炼。

以"主动推销"与"主动接纳"为特征的政府与社会的互构关系，在政治制度完全相同的同质化中国社会，作为一种发展社会工作的模式，完全具有可复制的价值，能够被其他地方发展社会工作借鉴与推广。社会工作嵌入性发展，对于我们今天实现社会治理体系与能力现代化也是具有很强的借鉴意义的，社会工作嵌入过程就是多方利益主体的沟通、协同互动、多元共治、合法博弈的过程，是多方利益的最大公约数。因此，多元协同共治必然就是社会互构，它充分体现了以党委领导、政府负责、社会协同、公众参与的原则，体现着国家与社会的合作治理的行动理念，最终要求达到善治的实现。当前，要构建有效的社会治理体现与机制，在实践层面上，借鉴社会工作嵌入性发展的有效实施和运行机制来促进社会治理，这是具有很高的实践价值的。

不可否认，社会工作的嵌入，一方面带来了专业组织的成长机会与政府治理理念的转变，社会工作学者以自己的新知识、新方法解决问题，取得了显著成效，也影响了实

---

① 王思斌. 中国社会工作的经验与发展［J］. 中国社会科学，1995（2）：97-107.

② 王思斌，阮曾媛琪. 和谐社会建设背景下中国社会工作的发展［J］. 中国社会科学，2009（5）：7.

③ 熊跃根. 后现代主义与当代社会工作：理论与实践反思［G］. 中国社会工作研究（第四辑），北京：社会科学文献出版社，2006.

④ 谢立中. 超越个人与社会之间的二元对立："社会互构论"理论意义浅析［J］. 社会学研究，2015（5）：13-23.

⑤ 同②

⑥ 郑杭生. 社会互构论的提出：对社会学学术传统的审视和快速转型期经验现实的反思［J］. 中国人民大学学报，2003（4）：21-32. 杨敏，郑杭生. 社会互构论：全貌概要和精义探微［J］. 社会科学研究，2010（4）：102-107.

⑦ 宋学增，蓝志勇. 社会管制的全民共建共享机制：一个分析框架［J］. 经济社会体制比较，2016（2）：133-142.

际工作者服务方法的改进。另外，专业社会工作的嵌入也引起行政性社会工作的变化。近年来，社会服务领域实际工作者通过接受社会工作教育培训，也了解和学到了一些社会工作专业知识，并尝试运用于自己的工作实践，这在一定程度上改变着既往的工作模式，原来的行政性社会工作正在发生蜕变，尤其是嵌入程度较深的S组织和D组织在一定程度上改变了政府对社工、社会组织的认识，不仅促使政府积极推广政府购买公共服务项目，支持社会组织和社会工作的发展，也促使相关部门反思社会工作的服务能力。

对社会工作来说既获得了政府支持，但又存在着嵌入的两难困境，困境之一：主动嵌入与主导嵌入的问题。社会工作者嵌入动机是很明确的，为推动社会工作发展需要嵌入到体制中，他们是主动地采取行动，动用各种资源去促进当地政府接纳社会工作，但嵌入的主导权不在于社会工作者或社会工作机构，主导权在于政府对社会工作重要性的认识以及社会工作服务给政府所带去的资源（利益）；社会工作对服务体系与制度的嵌入只能是弱嵌入，而政府对社工机构的嵌入是一种结构性强嵌入①。无论是政府强嵌入社工机构或者是社会工作弱嵌入服务体系与制度中，始终都是政府在主导，嵌入的主导权在政府；这也决定了很多地方社会工作者主动嵌入，但当地政府没有接纳，嵌入实际上很难有成效的结果。社会工作发展较好的地方，也是政府“体制嵌入”非常明显的地方，在社会工作嵌入服务体系与制度中，必然受到政府对社会组织的“体制嵌入”，即政府将自身的行动逻辑渗透到社会组织中去，将社会组织纳入政府的行动逻辑中，成为政府工作的一部分②。这也表现为“双向嵌入”，社会工作发展以专业机构的形式在合法性、资源方面嵌入于政府或国家，而国家或政府的意志与目标也嵌入于社工机构的运作中，从而实现了提升社会治理绩效的目标。结果是，政府与社会工作机构双方的权力都等到了提升，而非一种此消彼长的对抗关系③。

困境之二：反嵌入与嵌入后的脱嵌问题。社会工作在某地得以嵌入，是社会工作者努力的结果，但保持何种嵌入程度能够使双方都满意，这确实是个技巧和策略问题。我们调查发现深度的嵌入，如S机构和D机构都出现过度依赖政府资源，政府深度反嵌入社会工作的现象。S机构和D两机构被政府反嵌入后，在机构中都成立了中国共产党支部，还成为该地政府工作成绩的样板，机构被要求按照政府领导人的意图去承接政府委托的服务。嵌入发展的结果有可能出现社会工作专业机构无法保持其独立性、自主性问题，如S机构和D机构，或者出现脱嵌问题，如X机构。有嵌入就必然有脱嵌现象，这是事物发展的客观规律。理县在社会工作发展的前期应该是嵌入了的，有湖南省对口援助购买的服务、有民政局成立的民政股，也有社工机构的服务，但到后期，政府购买服务没有了，社工机构的服务也随着暂时停止。实际上就是嵌入后又出现社会工作被边缘化，被行政制度挤出原有体制中，这就是脱嵌。

---

① 唐斌．社会工作机构与政府组织的相互嵌入及其影响［J］．社会工作，2010（7）：9-12.

② 李春霞，等．体制嵌入、组织回应与公共服务的内卷化：对北京市政府购买社会组织的经验研究［J］．贵州社会科学，2012年（12）：130-132.

③ 纪莺莺．从“双向嵌入”到“双向赋权”：以N市社区社会组织为例：兼论当代中国国家与社会关系的重构［J］．浙江学刊，2017（1）：49-56.

困境之三：嵌入发展的空间问题。嵌入后社会工作发展空间有多大？这是我们需要关注的问题。有学者认为嵌入后社会组织发展空间实际上很狭小，由于政府对社会组织强嵌入，政府与社会之间还没有形成良性互动的格局①。即使从嵌入效果较好的都江堰、汶川两地来看，社会组织发展的空间也是很有局限的，其发展必须首先考量政府是否购买服务，不能仅仅看社会组织的专业性，如都江堰的S机构并不擅长从事老人服务，但因为政府近几年非常重视养老服务，政府资金在此方面投入较多，S机构也被迫按照政府的意图开展养老服务，否则其服务经费就会大幅下降。汶川的D机构的服务是按照政府规定划分的地域进行的，“以前一个乡镇有的有两家机构，不利于发展。我们就跟三家机构负责人协商了一下子，现在基本上D机构就管城关区，L机构就管映秀和旋口，Q机构就管水磨和三江。”（访谈资料）这显然导致社会组织发展空间有限，不仅是社会组织服务的资金和范围有限，而且缺乏自主性，政府还没有真正将社会组织当成自己的伙伴②。

最后，本文还存在一些局限。首先，仅从三个县（市）的案例来探讨社会工作嵌入性发展，其案例来源存在选择上的主观性，并不一定代表所有社会工作发展的模式，是否在我国社会工作只能嵌入性发展，还需要进一步的实地研究。其次，由于笔者研究主题内容所限，本文没有探讨社会工作嵌入的策略，这个问题也是一个有意义值得我们探讨的问题，还有待以后学界深入探讨。

---

① 汪锦军．嵌入与自治：社会治理中的政社关系再平衡［J］．中国行政管理，2016（2）：70-76.

② 杨丽，赵小平，游斐．社会组织参与社会治理：理论、问题与政策选择［J］．北京师范大学学报（社会科学版），2015（6）：5-12.

中国家庭收入来源差异与旅游消费支出差异?

——基于中国家庭金融调查2011—2015年数据的分析①

张云亮，冯　珺②

引言

改革开放40年来，中国国内生产总值按照可比价格计算年均增长约9.5%，并于2010年跻身世界银行人均GNI标准下的中等偏上收入国家。经济飞速崛起所伴随的一个社会表征在于中等收入群体的快速扩大。根据相关学者的统计和估算，21世纪初我国将近90%的成年人口均处于低收入群体或较低收入群体，而在2014年我国进入中等收入群体的成年人口已经达到47.6%③。与这一变化趋势相伴，经营性收入、转移性收入正在成为实现居民收入增长的重要支撑④，使得居民收入结构趋于多元化。“睡后收入”等新概念引发社会关注⑤，既部分地解释了中等收入群体迅速扩大的原因，又是后者所引致的必然结果。从需求侧来看，收入总量增大和来源扩张导致我国家庭经济行为模式开始由生产型向生产和消费并行的模式转变，即食品等生存性消费占比开始下降，而教育等发展型消费和旅游等享受型消费占比不断上升⑥。

根据文化和旅游部《2018年上半年旅游经济数据报告》，上半年国内旅游人数达到28.26亿人次，城镇居民和农村居民分别为19.97亿人次和8.29亿人次，国内旅游收入达到2.45万亿元，国际旅游收入达到618亿美元⑦。数据表明，新时代背景下我国旅游业消费结构、消费内容的升级已经成为培育未来经济发展新动能以及促进经济结构优化

---

① ［基金项目］本研究受中央高校基本科研业务项目（JBK1901019）资助。本文刊登于中文CSSCI期刊《旅游学刊》2019年第34卷第5期.

② 张云亮　西南财经大学人文学院，四川 成都；冯珺　中国社会科学院财经战略研究院，北京。

③ 李春玲.中等收入群体的增长趋势与构成变化［J］.北京工业大学学报：社会科学版，2018（2）：1-7.

④ 张车伟，赵文.如何实现居民收入增长？［J］.劳动经济研究，2014（6）：3-25.

⑤ “睡前收入”和“睡后收入”为网络用语，在目前的研究中尚未形成统一的学术概念。在中国网络语言语境下，“睡后收入”指代无须主动投入时间精力即可获得的财产性收入和转移性收入，与指代工资性收入和经营性收入的“睡前收入”相对应。

⑥ 张翼.当前中国社会各阶层的消费倾向：从生存性消费到发展性消费［J］.社会学研究，2016（4）：74-97.

⑦ 数据来源：文化和旅游部网站《2018年上半年旅游经济主要数据报告》［2018-12-03］http：//www.gov.cn/xinwen/2018-08/22/content_5315811.htm.

的一个重要动力。然而正如党的十九大报告所指出，我国社会主要矛盾已经转化为人民日益增长的美好生活需要和不平衡不充分的发展之间的矛盾。新时代旅游业发展的整体繁荣，是否意味着旅游消费已经普遍地满足了不同社会群体的美好生活需要，仍须诉诸更加严肃和深入的讨论。

对于旅游消费影响因素的研究已经引发旅游学界的持续关注。目前，旅游消费的研究对象大体可以如下划分：①研究城市居民[①]或农村居民[②]的旅游消费；②研究特定身份群体（如大学生）的旅游消费[③]；③研究特定地域的旅游消费[④]。纵观可知，旅游消费的影响因素研究目前依然呈现出较为明显的分散化乃至碎片化的特征。尽管学者通过使用来源相异的汇总数据或一手微观调查数据，尝试描绘影响旅游消费的不同侧面。但是，将具有收入来源异质性的研究对象纳入统一的分析框架，从而更加细致地区分不同类型的收入增长对于旅游消费的贡献尚属鲜见。

在中等收入群体迅速扩大、财产性收入占家庭总收入比重持续提升的经济社会背景下，本文尝试立足于家庭收入的结构视角，研究工资性收入和财产性收入对于中国家庭旅游消费支出的不同影响，探索支撑我国居民旅游消费支出不断增长的切实原因所在。其研究意义不仅在于有助增强对旅游消费趋势和旅游经济整体发展形势的预判，而且能够更为准确地从收入贡献角度理解我国居民的旅游消费需求，从而为通过旅游产业发展提升居民幸福感、满足人民群众的美好生活需要提供对策参考。

一、文献回顾

研究消费支出的影响因素是经济学视域内较为成熟的一类工作。在较早前的开创性研究中，学者即已注意到旅游和休闲服务的内容消费与实体产品的消费有所区别，前者受到收入和时间配置的双重约束，与消费主体的一系列个体和家庭因素密切相关，因而更为复杂[⑤]。此后，随着理论储备和研究工具的不断发展，学界从传统的收入因素出发，围绕此话题拓展出愈加丰富和多元化的研究视角与维度。本文对既有研究的梳理主要遵循两条文献脉络，针对收入和其他特征与旅游消费的关系所形成的理论解释，以及国内外影响旅游消费支出的经验证据。

收入是消费的唯一来源，人们的收入可以归结为当期消费和未来消费，即储蓄。储蓄主要出于应对未来不确定性的预防性动机，因此一般认为即期旅游消费受收入变动影

---

① 刘晶晶，黄璇璇，林德荣. 房地产价格对城镇居民旅游消费的影响研究：基于动态面板数据的分析[J]. 旅游学刊，2016 31（5）：26-35.

② 杨勇. 收入来源、结构演变与我国农村居民旅游消费：基于2000—2010年省际面板数据的实证检验分析［J］. 旅游学刊，2015 30（11）：19-30.

③ 赵鹏. 大学生旅游消费行为影响因素研究［D］. 长沙：中南大学，2012.

④ 王琪延，韦佳佳. 北京市居民旅游消费影响因素研究［J］. 北京社会科学，2018，（8）：120-128.

⑤ VEBLEN T B. The Theory of the Leisure Class：An Economic Study of Institutions［M］. New York：The Modern Library，1899：116.

响较大，而远期旅游消费对收入的变动不敏感①。仅仅通过短期和长期来理解消费与储蓄的关系显得较为粗略，基于生命周期的储蓄—消费模型提供了更加完整和细致的分析框架。例如，在考虑了队列和进度效应的前提下，老年人的时间配置和社会成本显然更有利于旅游消费。但由于旅游消费支出对收入和流动资产的变化敏感，而对住房和社会保障等其他类型资产价值的变化不敏感②，因此老年人的旅游消费倾向反而较低，即年龄对旅游意愿有负面影响，而对旅游消费支出有积极影响③。在更加动态的视角下，代际理论和生命周期理论相结合的研究表明，进度效应在一定程度上比队列效应更加有效地解释了旅游消费的群体差异，从长期来看，旅游消费主力群体的年龄中位数将是趋于上升的④。尽管生命周期假说具有较强的理论解释力，但也存在至少如下两个主要缺陷：一方面，永久收入增加引致终身旅游消费增加的推论在生命周期模型中并没有得到很好的检验⑤；另一方面，有学者指出永久收入事实上比截面测量收入更加不平稳，因此旅游消费的相对平稳需要诉诸新的解释⑥。克服上述缺陷的过程，实际上也是考虑收入的内生变化，从而将相关讨论引向深入的过程。

在研究收入影响旅游消费的过程中，将收入按照来源做出适当区分有助于理解收入内生化的必要性。整体而言，人们的收入来源于向市场供给劳动而获得的工资性收入和非劳动的财产性收入。但是，向市场供给劳动即意味着相同的时间不能够被配置于旅游等休闲活动，因此工资性收入影响旅游消费的机制无疑更加复杂。这种复杂性给分析旅游消费造成的一个明显困难，在于研究者能否对工资性收入精确把握。例如，传统的工资方程估计有赖于劳动力市场上已经呈现的经验事实，但此类典型模型在用于分析已婚妇女、青少年和老年人等群体时可能会引致某些偏颇和不尽准确之处⑦，而上述群体的闲暇时间配置同样具有不同于典型劳动力的特征，因此判断工资性收入对其旅游消费的影响应更加审慎。尤其是女性劳动力，其时间分配需同时考虑劳动力市场、家庭生产和闲暇等多重维度，旅游消费决策取决于一系列联合反馈和约束条件⑧。迁移劳动力的社

---

① ROOIJ M, LUSARDI A, ALESSIE R J M. Financial literacy, retirement planning and household wealth [J]. Economic Journal, 2012, 122 (4): 449-478.

② LEVIN L. Are assets fungible? : testing the behavioral theory of life-cycle savings [J]. Journal of Economic Behavior & Organization, 1998, 36 (1): 59-83.

③ BERNINI C, CRACOLICI M F. Demographic change, tourism expenditure and life cycle behavior [J]. Tourism Management, 2015, 47: 191-205.

④ CHEN S C, SHOEMAKER S. Age and cohort effects: the American senior tourism market [J]. Annals of Tourism Research, 2014, 48: 58-75.

⑤ DANKOVÁ K, SERVÁTKA M. The house money effect and negative reciprocity [J]. Journal of Economic Psychology, 2015, 48: 60-71.

⑥ BAZZI S, SUMARTO S, SURYAHADI A. It's all in the timing: cash transfers and consumption smoothing in a developing country [J]. Journal of Economic Behavior & Organization, 2015, 119: 267-288.

⑦ LEDIC M. Estimating labor supply at the extensive margin in the presence of sample selection bias [J]. Mpra Paper, 2012: 55745, 1-48.

⑧ PRADHAN B K, SINGH S K, MITRA A. Female labor supply in a developing economy: a tale from a primary survey [J]. Journal of International Development, 2015, 27 (1): 99-111.

会资本和闲暇时间配置也会在相当程度上影响其工资性收入和旅游消费决策①。

此外，遗漏变量等技术性问题始终是估计工资方程所面临的典型困扰②。当针对旅游消费影响因素的理论研究从个体层面延伸至个体间差异时，收入分配视角得以诉诸更加充分的讨论。中国收入分配的城乡差异对旅游消费的影响是学界关注的重点。有学者指出，由于储蓄模式和耐用消费品的所有权不同，从静态意义上理解城市和农村的旅游消费差异是值得商榷的③，城乡消费者对于旅游营销的态度也因而存在显著区别④。与此同时，与收入分配的组间差异相关的研究还涉及中国中产阶级的出境游消费偏好⑤以及消费升级背景下中短程观光旅游和短途周末游等供给侧变化⑥。

从收入影响旅游消费支出的国际经验来看，美国因其庞大的旅游消费群体而引起较多关注。美国经济同时具备发达的劳动力市场和资本市场，从而使得财产性收入对美国家庭消费的影响成了学者讨论的重点。此前的一项经验研究表明，美国高财富群体的收入消费弹性为0.076~0.05⑦，但该研究结果在一定程度上囿于样本的选择性偏差。通过使用美国家庭的历史财务信息作为工具变量克服内生性问题，研究表明住房财富比金融财富对家庭旅游消费的影响更显著⑧。一项更加细致的研究区分了旅游消费的现有需求和潜在需求，使用针对澳门地区的区域性数据和 Tobit 模型的分析结果表明，人口结构特征和劳动力市场收入对于旅游消费支出存在显著影响⑨。从欧洲旅游消费市场来看，意大利家庭房产收入增加的边际消费倾向为0.02—0.035⑩；西班牙家庭成员的劳动力市场收入下降会显著降低其旅游消费，无条件收入弹性值远高于1，而条件弹性值约为0.69⑪。对于政治、经济发展不稳定的欠发达国家或地区而言，其受到各种外生冲击的

---

① PERI G. Immigrants, productivity, and labor markets [J]. Journal of Economic Perspectives, 2016, 30 (4): 3-30.

② DUBIN J A, RIVERS D. Selection bias in linear regression, logit and probit models [J]. Sociological Methods & Research, 2016, 18 (2-3): 360-390.

③ YUSUF F, BROOKS G, ZHAO P. Household consumption in China: An examination of the utility of urban-rural segmentation [J]. Applied Demography in Century, 2008, 27 (1): 285-298.

④ SUN T, WU G. Consumption patterns of Chinese urban and rural consumers [J]. Journal of Consumer Marketing, 2013, 21 (4): 245-253.

⑤ WANG N. The rise of touristic consumerism in urban China [J]. Tourism Recreation Research, 2004, 29 (2): 47-58.

⑥ WU Bihu, ZHU Hong, XU Xiaohuan. Trends in China's domestic tourism development at the turn of the century [J]. International Journal of Contemporary Hospitality Management, 2000, 12 (5): 296-299.

⑦ SHENG G, HARDIN W G. Wealth, composition, housing, income and consumption [J]. Journal of Real Estate Finance & Economics, 2014, 48 (2): 221-243.

⑧ BOVER O. Wealth effects on consumption: Micro-econometric estimates from a new survey of household Finances [J]. Working Papers, 2006, (22): 9-34.

⑨ KIM W G, KIM T, GAZZOLI G, et al. Factors affecting the travel expenditure of visitors to Macau, China [J]. Tourism Economics the Business & Finance of Tourism & Recreation, 2011, 17 (4): 857-883.

⑩ GUISO L, PAIELLA M, VISCO I. Do capital gains affect consumption? Estimates of wealth effects from Italian households behavior [J]. Temi Di Discussione Working Papers No. 0555, 2005, (3): 7-46.

⑪ ALEGRE J, MATEO S, POU L. Tourism participation and expenditure by Spanish households: The effects of the economic crisis and unemployment [J]. Tourism Management, 2013, 39 (4): 37-49.

可能性和影响更大，因此常被用于观察特殊事件所引致的旅游消费变化。例如，有学者将 1997 年席卷印度尼西亚的政治和经济危机作为自然实验，通过入境游实际抵达人数的变化探讨了旅游消费规模的预测问题①，而 2011 年泰国洪灾和相应的减税政策也分别对旅游消费产生了不同方向的显著影响②。

经济体量扩张和旅游业迅速发展使得越来越多的实证研究植根于中国本土的经验证据。近年来，随着数据的可得性明显改善，探讨收入与消费关系的本土经验证据渐趋丰富。此类研究中，城镇居民和农村居民的收入—消费异质性是学者的重点关切。有研究显示，对于城镇居民而言，工资性收入的消费效应最大③，转移性收入的消费效应次之④，经营净收入和财产性收入的消费效应较小⑤。对于农村居民而言，消费习惯差异、家庭转移支付和代际支持等因素使得其消费对工资性收入的反应相较于城镇居民更不敏感⑥，而城乡财产性收入差距的扩大也在相当程度上抑制了农村居民的消费需求⑦。此外，随着刘易斯转折区间⑧的推进和完成，农民工工资快速上涨，劳动力市场的二元特征趋于瓦解，农村居民收入分配改善的消费含义得到了越来越多的关注。从静态来看，农村居民消费支出的增加更多地诉诸财产性收入和转移性收入增长，工资性收入和经营性收入增长对于消费的拉动作用并不明显⑨。如果在更加动态的意义上考虑农村居民收入增长的阶段性，经验证据表明经营性收入对消费增长的影响在农村居民收入快速增长的阶段前后均具有较高的解释力，工资性收入增长对消费的推动作用在收入快速增长后反而逐渐降低，财产性和转移性收入对消费支出的影响随收入快速增长而日趋加大⑩。

当研究视野聚焦于收入对旅游消费的影响时，早期的研究框架通常将旅游休闲消费

---

① PRIDEAUX B, LAWS E, FAULKNER B. Events in Indonesia: Exploring the limits to formal tourism trends forecasting methods in complex crisis situations [J]. Tourism Management, 2007, 24 (4): 475-487.

② PONJAN P, THIRAWAT N. Impacts of Thailand's tourism tax cut: A CGE analysis [J]. Annals of Tourism Research, 2016, 61: 45-62.

③ 李焰，秦义虎，黄继承. 在职消费、员工工资与企业绩效 [J]. 财贸经济，2010 (7): 60-68.

④ 祁毓. 不同来源收入对城乡居民消费的影响：以我国省级面板数据为例 [J]. 农业技术经济，2010 (9): 45-56.

⑤ 侯石安，赵和楠. 城乡居民收入来源构成对其消费行为的影响 [J]. 中南财经政法大学学报，2012 (6): 28-34.

⑥ 邹红，喻开志. 劳动收入份额、城乡收入差距与中国居民消费 [J]. 经济理论与经济管理，2011 (3): 45-55.

⑦ 周少甫，范兆媛. 新型城镇化与城乡收入差距对居民消费的影响 [J]. 城市问题，2017 (2): 29-34.

⑧ 根据经典发展经济学理论，在农村和城市部门并存的二元经济条件下，劳动力供给的无限弹性被打破、工资开始上涨的转折点被称为“刘易斯第一转折点”或“食品短缺点”，二元经济模式被打破、经济增长进入新古典阶段的转折点被称为“刘易斯第二转折点”或“商业化点”。从刘易斯第一转折点开始到刘易斯第二转折点结束的时期被称为“刘易斯转折区间”（LewisTurning Interval），处于这一区间内的经济体兼具二元经济和新古典经济的发展特征。

⑨ 张秋惠，刘金星. 中国农村居民收入结构对其消费支出行为的影响：基于 1997—2007 年的面板数据分析 [J]. 中国农村经济，2010 (4): 48-54.

⑩ 徐会奇，李敬强. 不同收入来源对农村居民消费的影响及对策 [J]. 经济纵横，2009 (3): 44-46.

视作和食品、住房、通勤相类比的消费渠道，通过国民收入的分解技术被学者加以识别①。随着经验证据的不断积累，在较前沿的视野下研究者更加聚焦旅游消费本身，并且尤其关注因区域发展不平衡而导致的所谓旅游消费的异质性问题②。从宏观层面来看，通过使用汇总数据的需求侧模型，测算出我国城市地区国内旅游收入弹性约为 0.3③，但旅游消费明显受到资源配置的优先性和热点溢出效应的影响④。从微观层面来看，有学者利用 2002—2009 年中国城镇居民家庭调查数据研究了消费者收入的可自由支配周期，结果表明，非跟团游的消费支出按年龄呈 S 型分布⑤。此外，如果在估计模型中同时引入收入变量和时间配置变量，则研究结论认为收入提升对于增加旅游消费的贡献比传统估计结果更为保守⑥。研究者尝试将宏观数据与微观数据加以结合，通过衡量省份或城市的个人收入与平均收入之间的差距形成基于相对收入关系的联合估计。结果表明，相较于绝对收入水平的改善，个人或家庭在地区层面的相对收入收敛会对于旅游消费产生更加显著的影响⑦。除上述立足于中国本土数据的实证研究外，近年来跨国别的出境游研究亦不断涌现。例如，有研究指出中国游客在澳大利亚的旅游消费支出主要取决于他们的收入和逗留时间，以及澳方的旅游营销管理⑧。

通过对研究旅游消费影响因素的既有成果加以回溯可知，首先，与国际研究通常把工资性收入和财产性收入加以分离，并更加重视财产性收入的作用不同，来自中国的实证证据受限于微观数据的可得性，在笼统地探讨“收入”这一变量时往往依赖各种间接估计，从而难以细致反映理性人做出不同旅游消费决策的因果机制⑨。其次，在改革开放 40 年尤其是进入 21 世纪后的近 20 年时间里，中国经历了快速的人口结构转变和经济转型过程⑩，并伴随有中等收入群体规模的迅速增加，但目前立足于中国本土的理论和实证研究还不足以捕捉旅游业消费升级的进程全貌，尤其是新时代背景下地区发展差距

---

① LIN V S，RUI M，SONG H. Tourism expenditure patterns in China [J]. Annals of Tourism Research，2015，54 (C)：100-117.

② LI H，CHEN J L，Li G，et al. Tourism and regional income inequality：Evidence from China [J]. Annals of Tourism Research，2016，58：81-99.

③ CAI L A，HU B，FENG R M. Domestic tourism demand in China's urban centres：empirical analyses and marketing implications [J]. Journal of Vacation Marketing，2002，8 (1)：64-74.

④ YANG Y，WONG K K F. Spatial distribution of tourist flows to China's cities [J]. Tourism Geographies，2013，15 (2)：338-363.

⑤ LIN V S，MAO Rui，SONG Haiyan. Tourism expenditure patterns in China [J]. Annals of Tourism Research，2015，54 (C)：100-117.

⑥ CAI L A，KNUTSON B J. Analyzing domestic tourism demand in China：a behavioral model [J]. Journal of Hospitality & Leisure Marketing，1998，5 (2-3)：95-113.

⑦ YANG Y，LIU Z H，Qi Q Y. Domestic tourism demand of urban and rural residents in China：does relative income matter? [J]. Tourism Management，2014，40 (1)：193-202.

⑧ WANG Y，DAVIDSON M C G. Chinese holiday makers' expenditure：implications for marketing and management [J]. Journal of Hospitality Marketing & Management，2010，19 (4)：373-396.

⑨ RASHIDI T H，KOO T T R. An analysis on travel party composition and expenditure：a discrete-continuous model [J]. Annals of Tourism Research，2016，56：48-64.

⑩ RICHARDS G. Cultural tourism：A review of recent research and trends [J]. Journal of Hospitality and Tourism Management，2018，36：12-21.

所造成的旅游消费异质性还有待深入研究。再次，相较于成熟和视角多元化的国际成果，试图反映中国旅游消费特征的既有研究工作还缺乏针对特定旅游形式或旅游业某些特定供给侧要素的更为细致的探讨①。最后，探讨中国居民收入结构与旅游消费关系的既有研究，多使用不同统计层次的汇总数据作为实证证据，其结论能够反映不同收入来源影响旅游消费的整体趋势，但通常缺乏对于个人、家庭等微观主体理性消费抉择的深入刻画。

通过对国内外探讨收入与旅游消费关系的相关研究加以回溯可知，本文的主要贡献和创新之处在于：第一，将工资性收入和经营性收入归纳为“睡前收入”，将财产性收入和转移性收入归纳为“睡后收入”，通过引入时间配置的内生维度，在细分意义上探讨不同来源的收入对于旅游消费的影响，从而在一定程度上拓展和深化了该议题的研究视角；第二，着眼于个体和家庭户数据，能够充分反映理性行为主体的收入约束变化对其消费行为的影响，使得相关实证分析建立在一个更为坚实的微观基础之上；第三，使用时间序列延续至2015年的3期面板数据，在充分控制不可观测因素、削弱内生性影响的同时，又能够通过较新的经验证据捕捉中等收入群体迅速扩大以来的旅游消费变化特征。

二、理论演绎

1. 数理分析

旅游作为服务行业的一个门类，其基本特征之一在于生产与消费同时发生、不可分割。因此，从个体的旅游消费行为来看，旅游必须以闲暇时间的配置作为前提。对于任一给定的时间长度 T，可以将之划分为投入于劳动力市场的时间 t 以及非劳动时间 t^*，即有

$$T = t + t^* \tag{1}$$

容易理解，个体投入于劳动力市场的时间用于取得劳动收入，势必与旅游所需的闲暇时间呈互补配置，从而可将式（1）变形为

$$t = T - t^* \tag{2}$$

式（2）所蕴含的启示意义在于，在总时间给定的前提下，个体或家庭投入于旅游消费的潜在时间与劳动时间反向变动。值得注意的是，旅游偏好等因素会在相当程度上左右个体和家庭的旅游消费决策，从而造成实际旅游时间配置与潜在时间的吻合或背离，因此旅游时间并不必然与劳动时间呈现反比关系。

考虑个体或家庭的旅游消费函数具有某种常系数线性形式，如式（3）所示

$$q(t) = \alpha w(t) + \beta \frac{dw}{dt} + \gamma \tag{3}$$

其中 w 代表劳动收入和财产性收入的加总财富，α，β，γ 为常数。

---

① EUGENIOMARTIN J L, INCHAUSTISINTES F. Low-cost travel and tourism expenditures [J]. Annals of Tourism Research, 2016, 57: 140-159.

式（3）表明，旅游消费量一方面受总财富的预算约束影响，另一方面受劳动时间对总财富的边际贡献影响。这是因为，个体或家庭中劳动收入占总财富的比重越大，则总财富的变化会对劳动时间的变动越敏感。如果个体或家庭存在相对稳定的收入预期，那么劳动时间的配置通常更具黏性，从而不利于其增加旅游消费。

从成本视角来看，由于财产性收入水平较少受到时间配置影响，个体或家庭选择旅游消费的成本可以用时间机会成本，即劳动力的影子价格来衡量，用等式表示即为

$$c(t) = \lambda w(t) + \eta \tag{4}$$

其中，$w(t)$ 表示劳动时间变化所引致的总财富变动，λ，η 为常数。旅游消费的边际效用 $\theta[w(t)]$ 与加总财富相关，综合式（3）和式（4），可得到个体或家庭的旅游效用函数如下

$$u(t) = \theta[w(t)]\, q(t) - c(t) \tag{5}$$

代入整理可得：

$$u(t) = \{\alpha\theta[w(t)] - \lambda\}\, w(t) + \beta\theta[w(t)]\frac{dw}{dt} + \{\gamma\theta[w(t)] - \eta\} \tag{6}$$

欲使得既定约束下的旅游消费效用最大化，相当于求解如下目标泛函

$$Max:\ I = \int_{t_0}^{t_1}\left\{[\alpha\theta(w) - \lambda]\, w(t) + \beta\theta(w)\frac{dw}{dt} + [\gamma\theta(w) - \eta]\right\} dt \tag{7}$$

根据泛函取极值的必要条件，可列得

$$\begin{cases} \dfrac{\partial u}{\partial w} = \alpha \cdot \theta[w(t)] - \lambda \\ \dfrac{\partial u}{\partial \dfrac{dw}{dt}} = \beta \cdot \theta[w(t)] \\ \dfrac{d}{dt}\left(\dfrac{\partial u}{\partial \dfrac{dw}{dt}}\right) = \beta \cdot \dfrac{d\theta}{dw} \cdot \dfrac{dw}{dt} \end{cases} \tag{8}$$

因此，与式（7）相对应的欧拉方程为

$$\alpha \cdot \theta[w(t)] - \beta \cdot \frac{d\theta}{dw} \cdot \frac{dw}{dt} = \lambda \tag{9}$$

极端情况下，对于总财富为零的个体或家庭而言，即使无成本地获取旅游产品或服务，其边际效用至少为零。由此确定初始条件 $\theta(0) = 0$，解式（9）这一微分方程可得

$$\theta[w(t)] = \frac{\lambda}{\alpha}[1 - e^{\frac{\alpha}{\beta}w(t)}] \tag{10}$$

将式（10）代入式（7），计算可得最大化的旅游消费效用为

$$I^* = \frac{\lambda}{\alpha}(t_1 - t_0)\left\{e^{\frac{\alpha}{\beta}w(t)}\left[\beta\frac{dw(t)}{dt}(e^{-\frac{\alpha}{\beta}w(t)} - 1) - \alpha w(t) - \gamma\right] + \gamma - \frac{\alpha\eta}{\lambda}\right\} \tag{11}$$

从式（11）的结果来看，由于 $e^{\frac{\alpha}{\beta}w(t)}$ 恒为正，因此 I^* 的大小主要取决于 $\beta\dfrac{dw(t)}{dt}$ 与

$e^{\frac{\alpha}{\beta}w(t)}$ 的相对比值。根据式（3）可知，$\beta\frac{dw(t)}{dt}$ 反映了个体或家庭总财富的变化对于劳动时间变动做出反应的敏感程度。因此，在旅游消费支出一定时，旅游消费会对劳动时间占比高的个体或家庭带来更加明显的边际效用改善，因为此类个体或家庭已经将更多的时间配置于可以带来负效用的劳动力市场。该命题一个对偶形式的推论是，如果个体和家庭对于旅游消费的效用目标一定，财产性收入、转移性收入的相对提升则会导致更高额度的旅游消费。

2. 研究假设

通过一个简明的理论框架，前述分析将个体或家庭的旅游消费与其收入结构联系起来。结果表明，旅游消费与收入对时间投入变化做出反应的敏感程度有关。在诉诸实证分析的过程中，相应的经验观察可以来自工资性收入、经营性收入与财产性收入、转移性收入的差异，以及财产性收入内部的金融性收入与非金融性收入的差异。因此，综合理论分析结果和既有的相关研究发现，本文提出如下研究假设：

假设 1：家庭财产性收入和转移性收入对旅游消费支出的影响大于工资性收入和经营性收入对旅游消费支出的影响。

假设 2：在财产性收入结构内部，金融类财产性收入对旅游消费支出的影响大于非金融类财产性收入对家庭旅游消费支出的影响。

三、数据来源与变量说明

1. 数据介绍

本文使用的 3 期面板数据来自西南财经大学中国家庭金融调查数据库（China Household Finance Survey，CHFS），包含 2011 年、2013 年、2015 年 3 个调查年度。CHFS 数据在全国范围内采集个体层次和家庭层次的金融信息，包括家庭户成员的职业收入、资产与负债、社会保险与信贷约束、家庭消费结构等①。2011 年是 CHFS 首轮调查，样本量为 8 438 户，覆盖全国 25 个省（自治区、直辖市）80 个县（县级市）320 个村（社区）；2013 年的调查在 2011 年的基础上进行了样本量扩充，覆盖全国 29 个省（自治区、直辖市）262 个县（县级市）1 048 个村（社区），共计 28 143 户家庭；2015 年第 3 轮调查再次进行了样本量扩充，覆盖全国 29 个省（自治区、直辖市）353 个县（县级市）1 373 个村（社区），共计 37 348 户家庭。总体而言，CHFS 的调查样本具有全国、省级、副省级城市等不同层次的代表性②。在经过必要的数据清理过程后，匹配合成的 3 期非平衡面板数据共包含符合研究需求的样本量为 71 715 户，其中有 7 037 个相同家庭户的观测记录。

2. 模型说明

在 CHFS 的调查问卷中，旅游支出相关问题以家庭户而非个体作为观测单位，因此

---

① 甘犁，贾男，尹志超. 中国家庭金融调查报告（2012）[M]. 成都：西南财经大学出版社，2012：30-31.

② 李凤，罗建东，路晓蒙，等. 中国家庭资产状况、变动趋势及其影响因素 [J]. 管理世界，2016（2）：45-56.

本文的实证分析以家庭旅游消费支出作为研究的被解释变量，以家庭财产性收入和工资性收入作为主要解释变量，以不同个体条件和家户条件作为控制变量。同时，CHFS 作为追踪调查数据，可以控制家庭户不随时间变化的个体特征。本文所使用的回归方程具体设置如下

$$\log(tour - \exp_{it}) = \beta_1 \cdot w_{it} + \beta_2 \cdot p_{it} + X_{it}' \cdot \gamma + \varphi_i + \omega_t + \varepsilon \tag{12}$$

式（12）中，下标 i 和 t 分别代表面板数据中的不同家庭户和调查年度；*tour-exp* 代表家庭旅游消费支出；w 和 p 分别代表家庭工资性收入和财产性收入；模型同时纳入了家庭的经营性收入和转移性收入、户主的人口学特征、人力资本、社会资本以及家庭户规模等控制变量；φ 和 ω 分别为调查地区固定效应和调查时间固定效应；ε 为随机误差项。

3. 变量说明

依据 CHFS 的数据结构和相关研究的通行口径，本文首先界定收入变量的讨论范围。本文所指的收入由工资性收入、财产性收入、经营性收入和转移性收入构成。其中，工资性收入包括个体和家庭内其他劳动力过去一年获得的税后工资收入、税后奖金收入、税后补贴收入以及兼职收入。财产性收入是一个流量概念，指调查年过去一年内家庭依靠不同财产获得的增值税后收入①，包括定期存款利息收入、债券收入、股票差价及分红、基金差价及分红、金融衍生品收入、黄金收入、非人民币资产收入、商业保险分红等金融类财产性收入，和依靠房产、土地、汽车等获得的租金构成的非金融类财产性收入。经营性收入是指通过经常性的生产经营活动而取得的收益。转移性收入包括政府对个人的社会保险和社会救助产生的收入，以及家庭间的赠送和赡养等。为克服模型的异方差问题并更好反映变量间的弹性关系，家庭旅游消费支出、工资性收入、财产性收入、经营性收入、转移支付收入均以对数形式进入回归方程。本文的控制变量包括户主本人的受教育状况、婚姻状况、政治面貌、户籍性质、户籍流动以及家庭人口规模等。变量的描述性统计结果如表 1 所示。

表 1　变量的描述性统计

变量	全样本		非农户籍		农业户籍		最小值	最大值
	N=71 726		N=35 063		N=36 663			
	均值	标准差	均值	标准差	均值	标准差		
旅游消费支出对数	2. 300	3. 647	3. 041	4. 045	1. 592	3. 058	0	13. 313
工资性收入对数	0. 867	0. 964	1. 035	1. 041	0. 707	0. 854	0	4. 394
经营性收入对数	0. 101	0. 518	0. 060	0. 424	0. 140	0. 592	-6. 215	5. 303
财产性收入对数	0. 109	0. 374	0. 169	0. 479	0. 052	0. 219	-4. 828	4. 394

① 宁光杰. 居民财产性收入差距：能力差异还是制度阻碍?：来自中国家庭金融调查的证据 [J]. 经济研究，2014，(S1)：102-115.

表1(续)

变量	全样本 N=71 726		非农户籍 N=35 063		农业户籍 N=36 663		最小值	最大值
	均值	标准差	均值	标准差	均值	标准差		
转移性收入对数	0.602	0.780	0.943	0.906	0.275	0.433	0	4.111
性别	0.751	0.433	0.668	0.471	0.830	0.376	0	1
教育程度	1.848	0.673	2.147	0.657	1.563	0.553	1	3
婚姻	0.817	0.387	0.797	0.402	0.835	0.371	0	1
户主年龄	52.24	14.42	52.48	15.06	52.01	13.76	17	113
家庭人口规模	3.506	1.636	3.127	1.364	3.868	1.786	1	15
政治面貌	0.289	0.453	0.335	0.472	0.245	0.430	0	1
城乡地区	0.317	0.465	0.053	0.224	0.570	0.495	0	1
户籍管辖地	0.868	0.338	0.864	0.343	0.873	0.333	0	1

注：受教育程度：初等教育（小学及以下）=1，中等教育（初高中、中专、职高）=2，高等教育（大专及以上）=3；性别：男性=1，女性=0；婚姻状况：结婚=1，离异、未婚、丧偶=0；政治面貌：中共党员=1，非中共党员=0；户籍性质：农业户口=1，非农户口=0；城乡地区：居住在农村=1，居住在城市=0；户口管辖地：本地管辖=1，外地管辖=0；调查地区：东北=0，东部=1，中部=2，西部=3；调查年份：2011年=0，2013年=1，2015年=2。

四、实证分析与讨论

1. 基准模型的估计结果

模型1至模型5为本文所使用的基准回归模型。其中，模型1估计收入结构解释变量对旅游消费支出的影响，未纳入任何其他控制变量，也未控制年份和地区的固定效应；模型2和模型3在模型1的基础上引入了户主本人的年龄、性别、受教育状况、婚姻状况、政治面貌以及家庭户的人口规模等控制变量，但并未控制年份和地区的固定效应；模型4在模型3的基础上进一步控制了调查年份的时间固定效应；模型5在前述模型的基础上同时控制了年份固定效应和按照东部地区、中部地区、西部地区和东北地区划分的地区固定效应。模型1至模型5的估计结果如表2所示。

基准方程的回归结果显示，不同类型的收入增加均对家庭旅游消费增长存在正向影响，但工资性收入和经营性收入增长对家庭旅游消费的影响小于财产性收入。将模型纳入不同的控制变量，并分别控制年份固定效应和地区固定效应时，可以更加清晰地识别到财产性收入对旅游消费的正向影响明显高于其他类型收入。这一结果与本文的研究假设1初步吻合。此外，户主受教育程度越高，家庭旅游消费支出越高；户主年龄越高，家庭旅游支出则越少；与2011年相比，家庭在2013年和2015年旅游支出在降低；与东北地区相比，中西部的家庭在旅游消费方面支出更高，东部地区家庭并不显著。

表 2　基准模型的估计结果

解释变量	被解释变量：家庭旅游消费支出对数				
	模型 1	模型 2	模型 3	模型 4	模型 5
工资性收入	0.113***	0.118***	0.082***	0.066**	0.071**
	(3.998)	(4.174)	(2.888)	(2.302)	(2.472)
经营性收入	0.628***	0.582***	0.567***	0.378***	0.369***
	(14.688)	(13.654)	(13.331)	(9.061)	(8.853)
财产性收入	0.360***	0.373***	0.383***	0.527***	0.521***
	(5.498)	(5.728)	(5.896)	(8.323)	(8.240)
转移性收入	-0.051	0.029	0.047	0.239***	0.242***
	(-1.302)	(0.750)	(1.203)	(6.226)	(6.311)
中等教育		-0.409***	-0.373***	0.083	0.082
		(-3.422)	(-3.134)	(0.713)	(0.707)
高等教育		-0.030	0.010	0.770***	0.764***
		(-0.137)	(0.046)	(3.608)	(3.586)
性别		-0.068	-0.069	-0.052	-0.055
		(-0.662)	(-0.670)	(-0.525)	(-0.547)
婚姻		0.117	0.174*	0.115	0.121
		(1.239)	(1.851)	(1.254)	(1.323)
户主年龄		-0.062***	-0.061***	-0.012***	-0.012***
		(-15.417)	(-15.199)	(-2.882)	(-2.821)
户籍性质		-0.194**	-0.180*	-0.074	-0.071
		(-2.013)	(-1.872)	(-0.789)	(-0.765)
政治面貌		-0.045	-0.005	0.237*	0.242*
		(-0.340)	(-0.034)	(1.823)	(1.864)
户籍管辖地		-0.410***	-0.404***	-0.254***	-0.248***
		(-5.106)	(-5.048)	(-3.243)	(-3.166)
家庭人口规模			-0.184***	-0.009	-0.010
			(-7.471)	(-0.369)	(-0.408)
城乡			0.716***	0.281*	0.250
			(4.347)	(1.723)	(1.531)
2013 年				-0.382***	-0.385***

表2(续)

解释变量	被解释变量：家庭旅游消费支出对数				
	模型 1	模型 2	模型 3	模型 4	模型 5
				(−7.312)	(−7.382)
2015 年				−1.534***	−1.555***
				(−27.647)	(−27.961)
东部					0.074
					(1.407)
中部					0.200***
					(3.394)
西部					0.393***
					(6.874)
截距项	2.326***	6.187***	7.435***	4.028***	3.758***
	(64.674)	(22.659)	(23.623)	(12.548)	(11.577)
R^2	0.010	0.021	0.026	0.078	0.080
样本量	71 726	71 715	71 715	71 715	71 715

注：*、**、*** 分别表示在 10%、5%、1%的统计水平下显著；括号内为估计系数的稳健标准误。

2. 内生性问题处理

本文进一步考虑模型所面临的潜在内生性问题。一方面，从收入与旅游消费的理论关系来看，收入在一定程度上导致消费增长，但消费增长本身仅有可能作为收入变动的结果而非原因存在。因此，模型的估计结果较少受到反向因果的威胁。另一方面，如果模型遗漏了某一个或某几个既有数据结构无从测量的变量，且该变量能够同时影响家庭的收入和消费因素，那么就会开启后门路径，导致解释变量与随机误差项相关的所谓内生性问题，从而使得估计结果不再可信。为克服这一潜在的内生性问题，可以考虑提升解释变量的数据统筹层次作为工具变量。在非对称的数据统筹层次下，个体的收入变动必然影响汇总意义上的区域收入水平，但区域收入变动却难以影响个体和家庭的旅游消费，因此可以起到阻断后门路径的作用。

本文分别使用由样本数据计算得到的各类收入的省级平均值作为各自收入类别的工具变量。为增强可比性，表 3 的模型 5 为面板固定效应估计结果；模型 6~9 为面板工具变量估计结果，其中，模型 6 仅控制个体和家庭的控制变量，模型 7 在模型 6 的基础上进一步控制了调查地区的固定效应，模型 8 在前述模型的基础上同时控制了年份固定效应和地区固定效应。模型 9 与前述模型的区别在于，其采用了面板广义矩估计（PanelGMM），而前述模型 6~8 均采取面板两阶段最小二乘估计（PanelIV-2SLS）。工具变量回归所纳入的控制变量与基准回归均相同，估计结果如表 3 所示。

表 3 工具变量的估计结果（PanelIV-2SLS）①

变量	被解释变量：家庭旅游消费支出对数				
	模型 5	模型 6	模型 7	模型 8	模型 9
估计方法	面板固定效应	面板工具变量			
财产性收入	0.521***	0.291***	0.325***	0.391***	0.362***
	(8.240)	(5.577)	(7.793)	(7.814)	(6.255)
工资性收入	0.075**	0.123**	0.125**	0.113**	0.064**
	(4.472)	(4.178)	(4.252)	(1.300)	(2.249)
经营性收入	0.269***	0.257***	0.253***	0.225***	0.233***
	(4.853)	(4.577)	(4.611)	(3.785)	(3.142)
转移性收入	0.242***	0.201***	0.290***	0.271***	0.255***
	(6.311)	(3.584)	(3.650)	(3.633)	(4.581)
个体控制变量	Yes	Yes	Yes	Yes	Yes
家庭控制变量	Yes	Yes	Yes	Yes	Yes
地区固定效应	Yes		Yes	Yes	Yes
时间固定效应	Yes			Yes	Yes
样本量	71 715	49 218	49 218	49 218	49 218
工具变量识别不足检验：		79.464	77.886	74.815	33.817
Kleibergen. LM（p-val）		(0.000)	(0.000)	(0.000)	(0.000)
工具变量过度识别检验：		121.463	129.846	91.881	34.046
Hansen Jstatistic（p-val）		(0.000)	(0.000)	(0.000)	(0.000)
弱工具变量检验：					
Cragg-donaldwald f statistic		42.764	41.721	33.129	15.594
Stock-yogo weak：10% maximal		10.265	10.270	10.272	10.272

注：*、**、*** 分别表示在 10%、5%、1%的统计水平下显著；括号内为估计系数的稳健标准误。

在使用工具变量控制了潜在的内生性影响后，回归结果依然表明不同类型的收入增加均对家庭旅游消费增长具有统计意义上的显著意义，但工资性收入和经营性收入带来的正向效应低于财产性收入和转移性收入。具体而言，在同时控制年份固定效应和地区固定效应后，财产性收入增长 1 个相对单位能够引起家庭旅游消费支出增加约 0.362 个相对单位，工资性收入增长 1 个相对单位仅能够引起家庭旅游消费支出增加约 0.064 个相对单位，本文的研究假设 1 得以验证。此外，模型的 LM（p 值）显著拒绝原假设，

① 本文从表 3 起不再汇报控制变量的估计结果。

说明工具变量处理模型不存在IV识别不足问题；Hansen J统计量显著，表明模型选取的IV变量是恰当有效的；Cragg-donaldwald f统计量显著大于Stock-yogo弱工具变量临界值，说明模型不存在弱工具变量问题。表3模型9的估计结果与我们的理论预期一致，验证前文提出的假设1。

3. 稳健性检验

本文通过替换部分控制变量、选择子样本以及变换模型设定形式等方式，针对上述实证分析结果进行稳健性检验。其中，模型10用被访者的“总体幸福感”替换原模型的控制变量“家庭人口规模”；模型11选择使用“宗教信仰”变量替换原模型的控制变量“政治面貌”，由于“宗教信仰”变量仅在2013年调查中存在，故模型11仅使用2013年调查样本；模型12选取户籍不在本地的流动人口子样本进行回归；模型13为了克服样本中大量无旅游消费的家庭所形成的零截断现象对于分析结果的影响，转而采用Tobit模型对非农户籍人口进行回归。上述模型均同时控制时间固定效应和地区固定效应，稳健性检验的结果如表4所示。

稳健性检验的结果表明，无论是替换部分控制变量、变换模型设定形式还是选择使用部分子样本进行回归，工资性收入对数和财产性收入对数的回归系数均未改变影响方向和显著性水平。该结果进一步印证了本文的研究假设1，即家庭财产性收入对旅游消费支出的影响大于工资性收入对旅游消费支出的影响。

表4　稳健性检验

解释变量	被解释变量：家庭旅游消费支出对数			
	模型10	模型11	模型12	模型13
	全样本	2013年样本	流动人口	非农户籍
工资性收入对数	0.066**	0.085***	0.093***	0.174***
	(2.347)	(2.751)	(3.000)	(3.649)
财产性收入对数	0.517***	0.953***	0.527***	0.528***
	(8.180)	(10.217)	(7.507)	(6.708)
经营性收入对数	0.366***	0.470***	0.371***	0.505***
	(8.782)	(7.730)	(8.266)	(5.462)
转移性收入对数	0.239***	0.258***	0.263***	0.196***
	(6.214)	(6.297)	(6.356)	(3.811)
总体幸福感	-0.100***			
	(-3.970)			
宗教信仰		-0.008		
		(-0.318)		
截距项	3.990***	4.566***	3.451***	3.931***
	(12.458)	(19.383)	(9.359)	(6.704)

表4(续)

解释变量	被解释变量：家庭旅游消费支出对数			
	模型 10	模型 11	模型 12	模型 13
R^2	0.081	0.178	0.076	0.029
样本量	71 660	19 340	62 288	35 059

注：*、**、*** 分别表示在 10%、5%、1%的统计水平下显著；括号内为估计系数的稳健标准误。个体控制变量、家庭控制变量、地区固定效应、时间固定效应的变量控制与表 3 一致，限于篇幅此处略去。

4. 异质性分析

事实上，如果从财产性收入的内部结构加以考量，则非金融类财产性收入与金融类财产性收入对时间配置的敏感性不同。于是，在进一步考虑财产性收入对于时间配置需求的异质性时，一个自然而然的追问是，具有不同时间投入敏感性的财产性收入是否也意味着不同的旅游消费影响。

由于我国长期存在的城乡户籍二元制度，导致居民在收入来源、劳动力市场的就业结构存在明显的差异，即户籍差异形成的收入来源机构的分割现象。于是，在对全样本人群进行收入内部结构的异质性分析时，还应该进一步估计由于户籍差异导致的收入结构分割是否影响家庭的消费支出。

表 5 呈现了这一异质性分析的结果，模型 14 使用全样本数据，模型 15 使用农业户籍的子样本数据，模型 16 使用非农户籍的子样本数据。结果表明，从家庭旅游消费影响来看，在全样本和非农户籍的子样本中，金融类财产性收入的估计系数绝对值和显著性水平均领先于非金融类财产性收入。但值得注意的是，在户主为农业户籍的家庭中，财产性收入和基本工资对家庭旅游消费的影响在统计意义上并不显著，补贴收入、兼职收入、奖金收入具有显著影响。我们认为，造成这种差异化影响因素的原因主要在于劳动力市场分割因素。从前文的表 1 可以发现，农村户籍人口的工资性收入对数、财产性收入对数的均值分别为 0.707 和 0.052，而非农户籍人口的工资性收入对数和财产性收入对数的均值分别为 1.035 和 0.169，后者远高于前者，正是因为这种收入结构的分割导致农业户籍家庭和非农户籍家庭在旅游消费支出影响因素上的巨大差异。至此，本文的研究假设 2 仅在一定程度上得以验证，即在户主为非农户籍的家庭中，从财产性收入结构内部来看，金融类财产性收入对旅游消费支出的影响大于非金融类财产性收入对家庭旅游消费支出的影响。

表 5　异质性分析

被解释变量：旅游消费支出对数			
变量	模型 14	模型 15	模型 16
	全样本	农业户籍	非农户籍
非金融类财产性收入	0.394***	0.157	0.504***
	(4.023)	(0.889)	(5.436)

表5(续)

被解释变量：旅游消费支出对数			
金融类财产性收入	0.594***	0.328	0.516***
	(7.458)	(1.296)	(3.935)
税后工资收入	-0.006	-0.028	0.063
	(-0.189)	(-0.744)	(1.265)
税后奖金收入	0.419***	0.338**	0.409***
	(5.766)	(2.348)	(4.420)
税后补贴收入	0.378***	0.507**	0.389**
	(3.033)	(2.064)	(2.440)
税后兼职收入	0.783***	0.496**	0.892**
	(3.948)	(2.217)	(2.194)
转移性收入	0.235***	0.235***	0.189***
	(6.122)	(3.468)	(3.684)
经营性收入	0.359***	0.197***	0.485***
	(8.604)	(4.231)	(5.242)
R^2	0.121	0.159	0.153
样本量	71 660	36 634	35 026

注：*、**、*** 分别表示在10%、5%、1%的统计水平下显著；括号内为估计系数的稳健标准误。个体控制变量、家庭控制变量、地区固定效应、时间固定效应的变量控制与表3一致，限于篇幅此处略去。

5. 进一步探讨

本文的实证分析通过克服潜在的内生性问题和一系列稳健性检验验证了此前的研究假设，即家庭财产性收入对旅游消费支出的影响大于工资性收入对旅游消费支出的影响。且对于户主为非农户籍的家庭而言，在财产性收入结构内部，金融类财产性收入对旅游消费支出的影响大于非金融类财产性收入对家庭旅游消费支出的影响。从工具变量的估计结果来看，旅游对于现阶段的中国家庭而言依然属于富于弹性的消费品。这一基于全样本的发现能够与此前关于农村居民旅游消费的研究相印证。尽管收入对于农村居民消费具有促进作用，但是该作用会受到其他优先级更高的"强制性"消费因素影响而被大为削弱①。另有基于省级汇总数据的研究表明，工资性收入对我国农村居民出游率的贡献最大②。然而值得注意的是，在现行的统计口径下，农村转移劳动力在城市部门就业形成的所谓工资性收入，其统计精度通常难以支撑省级层面的宏观分析，因此本文

① 依绍华，聂新伟. 我国农村居民旅游消费与收入关系的实证研究［J］. 经济学动态，2011（9）：83-87.

② 杨勇. 收入与我国农村居民旅游消费：基于来源结构视角的省级面板数据实证研究（2000—2010）［J］. 经济管理，2014（8）：117-125.

更加强调通过微观家户数据观察工资性收入和财产性收入影响旅游消费的方法论意义。从城市家庭旅游消费的既有研究来看，家庭的经济状况以及对未来收入的预期均会显著影响家庭的旅游消费①，这与本文观察结果基本一致。

正如本文在理论演绎部分所指出的，时间的内生分配是影响家庭旅游消费的一个根本性因素。本文已经注意到时间变量对于工资性收入和财产性收入以及财产性收入内部结构的影响，但受限于数据结构而并未在实证研究过程中加以更为细致的探讨。可以预见，在未来涉及旅游消费的学术研究中，量化分析个体和家庭成员配置于劳动力市场和旅游休闲活动中的时间要素将成为具有关键意义的工作方向。

五、结论及对策建议

作为“幸福产业”的典型代表，旅游能够愉悦身心、增长见闻、陶冶情操，在综合带动其他产业发展的过程中给予消费者健康快乐的人生体验，是人民群众提升生活品质、满足美好生活需要和向往的重要渠道。根据文化和旅游部公布的《2018 年上半年旅游经济主要数据报告》，第一季度、第二季度居民总体旅游意愿分别为 83.0%、84.8%，分别同比增加 1 个百分点和 3.7 个百分点②，显示出我国居民的旅游意愿继续保持上行势头。在旅游消费与国民收入近乎同步增长的趋势现象背后，本文捕捉到“睡前收入”与“睡后收入”影响旅游消费的潜在差异并加以分析，研究结论可简要归纳如下：

第一，无论是对于城镇居民还是农村居民而言，不同来源的家庭收入增加对旅游消费支出均存在显著正向影响。这一发现符合新古典经济学的一般解释，即收入增加会扩大家庭消费支出。我国经济已由高速增长阶段转向高质量发展阶段，在中国经济进入新常态的宏观背景下，通过改善收入分配增量缩小城乡收入差距、培育和扩大中等收入群体，引领包括旅游消费在内的服务业发展，无疑是从需求侧培育经济增长新动能的题中应有之义。

第二，财产性收入和转移性收入增长对于旅游消费的拉动，其作用要大于工资性收入和经营性收入增长的效应。本文的理论演绎表明，当旅游消费支出或旅游消费效用目标二者之一保持不变时，个人或家庭的劳动时间配置与前两者中发生变化的另一者呈反向变动关系。由于旅游消费的服务业属性，旅游体验的供给与消费同时发生、不可分离，因此一定的时间投入是旅游消费的必要条件。对于将更多时间配置于劳动力市场的个人或家庭而言，一方面，其能够投入旅游消费的时间面临更加严格的预算约束；另一方面，劳动供给的负效用又提升了其增加旅游消费的潜在边际效用。正确认识这对矛盾是理解财产性收入和转移性收入增加对旅游消费具有显著贡献的关键所在。即中国家庭旅游消费支出的增加在更大程度上是受到了“睡后收入”的影响，单纯依靠“睡前收

① 张金宝. 经济条件、人口特征和风险偏好与城市家庭的旅游消费：基于国内 24 个城市的家庭调查[J]. 旅游学刊，2014 29（5）：31-39.

② 数据来源：文化和旅游部网站《2018 年上半年旅游经济主要数据报告》［2018-12-03］. http：//www. gov. cn/xinwen/2018-08/22/content_ 5315811. htm。

入”扩大旅游消费有其局限性，因为消费主体不可能“睡后旅游”。

第三，收入结构对不同户籍状况的家庭旅游消费支出产生差异化影响。首先，对于户主为非农户籍的家庭而言，在财产性收入结构内部，金融类财产性收入对旅游消费支出的影响大于非金融类财产性收入对家庭旅游消费支出的影响。其次，对于农业户籍的家庭而言，财产性收入和基本工资对家庭旅游消费在统计上不存在显著影响，家庭税后补贴收入、兼职收入、税后奖金收入对家庭旅游消费有积极效应。整体而言，金融类财产性收入与非金融类财产性收入的差异主要体现于两点：①两者的流动性不同；②两者对收入主体时间约束的黏性不同。在财产性收入引致旅游消费扩大的过程中，一方面，流动性更强的收入可以实现更为灵活的消费转化，而较少受到投资周期等因素的制约。另一方面，依附于房产、土地、汽车等物质要素存在的非金融类财产性收入显然与必要的时间投入相联系，从而在一定程度上削弱了收入增加所引起的旅游消费转化。

基于前述研究结论，本文拟提出如下对策建议：首先，应从制度建设与劳动力市场发育双向着力，在乡村振兴过程中，着力增强农业户籍人群的创收能力，提高其工资性收入水平，加强转移支付力度，拓宽劳动者除基本工资外的其他收入渠道，促进劳动力市场结构的优化。其次，应创造条件让更多家庭拥有财产性收入或进一步提升其财产性收入比重，切实减少相对繁重的工作任务和高强度的职场环境对劳动者的时间和经济束缚，充分保障个人和家庭享受美好生活的权利。最后，应积极推进旅游业供给侧结构性改革，创造更为友好的旅游休闲环境，为人民群众更好地满足自身旅游需求提供便利，以提升性价比和灵活性为抓手有针对性地优化旅游产品及服务，从而进一步激发潜在需求、缓解供需错配，以市场发育本身突破旅游业发展的阶段性瓶颈。

第二篇　哲学与文化

电影与人文精神初探①

崔雪茹

一、电影史上经典之作与人文关怀

电影作为艺术，有其人文的关怀。电影史上的经典之作，一般可分为三种：艺术手法创新的、对人生处境进行探索的及合并两类而能雅俗共赏的。

对一般人来说，电影是一种消遣娱乐，除此之外，电影究竟还有什么其他的意义，是否与文化传承有关，是否呈现出一个时代的人文精神，公众则不太愿意进一步思考。普通人去看电影，是为了消遣，不太愿意花精力，因此，遇到严肃思考的主题，或艺术探索的手法技巧，就会抱怨那种影片太难懂、看了头疼，甚至觉得不知所云，有时候会给它贴上一个标签，称之为“艺术电影”。

这种不太容易看懂的电影，并不见得都很“艺术”。有的只是编导的艺术“企图”，真正的成品却眼高手低，卖弄些半生不熟的技巧，使人如坠云里雾里。但是，也有很多不容易懂的影片，是了不起的经典杰作，不但会在电影艺术上永垂不朽，在整个文化发展传承上也占有重要的地位。这种经典影片若是难懂，经常是因其涉及的题材和人生错综复杂的环节，本来就是一言难尽，不可能有整齐划一的答案。另一种难懂的经典影片，则是因为其艺术形式的前卫创新，使用的呈现手法具有强烈的探索性质，使一般观众应接不暇，无法招架，因而产生抗拒心理，致使艺术感染无法传递。前卫探索的艺术手法，经过一段时间，观众逐渐熟悉之后，就比较容易接受。

然而，影片不见得一定要难懂，一定要被观众标为“艺术影片”，才是经典之作。有的影片走的就是雅俗共赏的路子，甚至有的就是商业取向的大制作，如所有好莱坞出品的名片，像《乱世佳人》《岸上风云》之类，丝毫没有难懂之处，但其艺术造诣也相当出色，无愧于经典名片之称。雅俗共赏的影片也有可能成为经典，而其原因就是能够集大成，融会当时电影艺术的各种创新，同时还让一般观众觉得好看。雅俗共赏就必须要兼顾创新与一般的人文关怀，走出个人艺术家的自我想象天地，能够联系一般人的思想感情。

优秀影片成为经典的原因，都是由于其中深厚的人文关怀。有的影片基本上是平铺直叙，却触及人生经验中深沉的一面，显示了个人命运复杂或压迫性的社会关系中的挣

① 本文刊登在《电影文学》2016 第 20 期。

扎（如《马路天使》与《单车失窃记》）；有的影片专注镜头的奇诡跌宕，以崭新的视觉震撼，迫使观众思考人生处境的变动（如《波坦金战舰》《黄土地》和《戏梦人生》）；更多的优秀影片则是在叙述感动人心的故事时，触及人生处境的重大课题，又能善于运用影视技巧来呈现（如《岸上风云》《罗生门》《活着》）。

二、以《马路天使》与《戏梦人生》为例说明中国电影的人文关怀

讨论电影的文化意义是强调艺术是文化的一部分，艺术思维是文化思维的一种特殊形式，而艺术手法或技巧是艺术思维的具体展现与实践。下面，以袁牧之的《马路天使》以及侯孝贤的《戏梦人生》为例讨论电影的文化意义。

《马路天使》一开始的片头字幕部分，用了七十多个短切，以狂风扫落叶之势，呈现上海夜生活的五光十色以及高楼大厦的现代氛围，令人看得眼花缭乱，应接不暇。再配上旋风急转式的音乐，令人听得头晕目眩，不知东南西北，身在何处。这部影片的开头，显然是受到爱森斯坦碰撞震撼蒙太奇手法的影响，完全以影像以及声效，激荡出 20 世纪 30 年代大上海都市生活的感受。短短一两分钟内，影片就呈现了上海的现代大都市面貌，像工业科技化身的一头怪兽，睁着千百双灼灼巨眼，让生活在下层的小人物感到生命的游离无助。

字幕一完，故事开始是迎娶的场景。有中乐队、西乐队，有新郎官骑大马，新娘子坐花轿，但也有完全不搭配的雄壮的军乐，奏着操兵的进行曲。这一段呈现上海华洋杂处、新旧交错，风俗文化搅拌混合，的确是神来之笔。而镜头的运用，则忽而从东到西，忽而从西到东，一会儿照头，一会儿照脚，虽然不是大岛渚的镜头颠簸手法，却完全有其效果，令人感到七上八下，生活无所适从，生命无从定位。

《马路天使》在不到五分钟的时间，故事主体还没有展开，就已经提供了如此丰富的文化材料与人文思考内容。而且，更重要的是，一切都是通过镜头摄影与影像剪接造成，是直接诉诸视觉与听感的崭新体验，是中国文化思维中新开拓的领域。我们应当怎样探讨这部影片？只是艺术技巧的创新吗？只是爱森斯坦蒙太奇理论在中国的实验吗？别忘了，我们这里说到的，只是片头与开始的场景，还没进入故事主体呢。

再来讲一下侯孝贤《戏梦人生》的开头片段。影片在锣鼓声中显示字幕，从容不迫，带着观众回到了甲午战败之后的中国台湾地区。影像开始是一段序幕，叙述李天禄出生时，阖家欢庆，以及报户口时惹起的纠纷，一切都如此自然天真，往事历历在目。背后的配乐，一直都是戏曲音乐，让观众在不知不觉中感受着过去，是戏，是梦，还是真实的人生？匡匡锵锵之中，显出《戏梦人生》四个字，这才是正戏的开始。

匡匡锵锵的戏曲音乐隐去之后，紧接着是私塾先生带领学童吟诗，“月落乌啼霜满天，江枫渔火对愁眠。姑苏城外寒山寺，夜半钟声到客船。”私塾先生朗吟一句，学童跟着复诵一句，翻来覆去，像佛寺中梵呗清音净化一切人世变化，更像轮转曲回旋反复萦绕，使人不知不觉融入传统文化的氛围。导演是用不经意的手法，重塑历史文化环境，领着观众进入再造的过去，以影像与声音重写历史文化传统吗？

接下来影片展现了稻田，以侯孝贤最拿手的深焦长镜头，舒缓地呈现了乡村田野风

味。田间小路上走着一老一少，老的在前，小的拖拖拉拉跟在后面，过一会儿见老的反身，伸手打了小的一巴掌，小的警觉地躲开。这个场景所呈现的人际关系，有一种农村风味的戏剧性，是对环境亲切熟稔，不必去询问打探，迟早会弄清楚的那种暂时悬疑。熟悉侯孝贤电影的人，看到此一定会击节赞叹，说这就是典型的侯孝贤风格，再也错不了的。

从《马路天使》与《戏梦人生》我们可以很清楚地看到导演所呈现的独特艺术风格，可以说这就是导演个人的艺术独创。我们再从深一层去看这些影像与配音所呈现的艺术感受，就可以从个人独创风格，推演到两层艺术文化思维的脉络：一是电影本身的艺术传承。袁牧之如何转化了爱森斯坦、卓别林的表现主义手法，侯孝贤如何承袭了小津安二郎、楚浮、安东尼奥尼。二是文化传统及历史环境与艺术思维的关系。20 世纪 30 年代的袁牧之是如何感受到中西文化冲击的巨变，如何在畸形却极速发展的上海，看到世界上的一切影像。这里出现的艺术探索与独创，不只是艺术家一个人的内心世界，而在客观上是广大的时代人文体会，又同时更在文化精神的发展与延续上，提供了新的视觉听觉资源。20 世纪 80 年代的侯孝贤则是如何感受文化寻根的重要，如何经历了百年动荡之后，要在身边当下重建历史乡情的文化脉络，一切都能通过舒缓的深焦长镜头，娓娓道来。侯孝贤与袁牧之艺术手法之不同，是时代精神的变化，使艺术家（必须是高明的艺术家）得以施展其艺术思维的长处，呈现其人文关怀的特殊角度。

因此，这样的电影艺术蕴含了广大的历史文化意义，充满了深刻的人文关怀，同时还迫使我们重新思考艺术与人文精神的复杂关系。

三、历史学家关于电影与历史文化的关系探讨

历史家注意到电影材料的重要，主要还是受到法国年鉴派史学家的影响，把历史研究的重点，从政治史、思想史，逐渐转移到经济史、社会生活史与文化史。最早论述电影与历史文化的史学家，是法国年鉴学派的马克・费罗（Marc Ferro）。他在 1977 年出版了《电影与历史》[①]。在这本书中，他探讨的重点是电影对历史意识的冲击，以及将来历史认识范围的扩大与调整。书中探讨的材料，则集中于影片如何有意识地呈现历史，也就是纪录片与历史纪录片。“电影和历史的相互介入表现在许多方面。譬如，在历史发生的紧要关头、在它影响当今或决定未来的关键时刻。在所有这些时候，电影都介入了。首先，电影是‘人类历史的代言人’。依时间顺序来看，电影首先表现为科学进步的工具，因为爱德华・麦布里奇（Edward Muybridge）和马瑞（Marey）的成果是提交到科学院的。今天，电影仍然保有这一最初的功能，并将其拓展到了医学领域。一开始，电影亦被军事部门所使用，比如用于鉴别敌人的武器”。[②]

费罗认为，电影不但提供了历史材料，而且是推波助澜的历史动媒。关于“历史动媒”这一点，费罗强调的是电影的出现及其社会功能，可以视作一切改变历史及历史认

---

① 马克・费罗. 电影与历史［M］. 彭姝祎，译. 北京：北京大学出版社，2008：6.
② 马克・费罗. 电影与历史［M］. 彭姝祎，译. 北京：北京大学出版社，2008：7.

识的重大科技发明。这种新的知识传递媒介，一方面充满了制作人的意识形态，另一方面又因镜头有影必录，又留存了许多超越意识形态的材料，反而可以让有批判眼光的史家看到潜伏在历史表层之下的真相。

另一位研究电影的史学家，是巴黎大学的教授比耶·索林（Pierre Sorlin）。代表作是《历史中的电影——重演历史》（The Film in History—Restaging the Past）①。他对历史研究应当取材电影，以及电影如何作为历史材料的看法，与费罗大体一致。电影有汇集社会记忆的作用，也能反映社会的集体取向。他举出四种标准：影片的原创性、它与时事的关系、大家接受的程度、在危机时期制作与发行。索林提出这四种标准，是为了检视影片如何反映与联系整个社会的历史感，以此探讨影片的历史意义。比如，第一次世界大战进行之际，当时并没有什么战争题材的影片，反而是到了西班牙内战的爆发，德国、日本军国主义大盛，开始大肆侵略之时，《马赛曲》《大幻灭》《乱世佳人》等名片才纷纷出现。影片所反映的时代，不管是法国大革命也好，是美国南北战争也好，还是第一次世界大战也好，其历史事件的真实性，不是史家要在影片中寻找的。影片背后所反映的制作当时的历史，贯穿影片的时代焦虑感，才是历史家必须深入探究的材料。因为这里反映的，不但是真实的历史感受，也涉及了如何去解释过去历史的问题。

费罗与索林在历史研究的领域中，已经开辟了新的方向。他们不但强调电影是研究历史的新材料，同时也指出研究这类影视材料的做法，要与单单研究文字资料不同。索林极为不满一般研究者处理电影的态度，认为那是刻板的历史书写模式。大多数讨论影片中历史材料的著作，总是拿影片中出现的事件与文字材料中的历史记录对比。索林认为，这种比勘之法，毫无意义。

年鉴学派深入民间的研究方法，对史学界的影响很大。美国学者中大力提倡电影研究，主张这是史学研究新方向的重要任务的是加州理工学院的罗森斯通（Robert A. Rosenstone）。

罗森斯通的代表作是《往昔的景象：影片对历史观念的挑战》。在这本书中，他指出，过去研究电影与历史的联系，还是从文字书写的角度出发，把历史的呈现当作固定的、客观的真实性描述。他要史学界特别注意，从事电影理论研究的人心目中的“历史”，与史学家所关切的“历史”经常有不同的意旨。传统历史学家重视事件、事实、资料，从材料中重新拼凑组合逝去的世界。电影理论家关心的则与文化批判的主要领域，如女性主义、后现代文学批评、后殖民主义等，是息息相通的。因此，理论家重视历史意义的创造与整合，企图挣脱传统论说的模式，开创新的论说空间。

他说：“电影，这一现代媒体不仅能表现历史、传递过去，而且还能挽留住广大观众。因为电影可以让我们观赏风景、聆听声音、见证人物情感或者目睹个人和集体之间的冲突。”② 罗森斯通自认是后现代主义的史学家，觉得文化批判理论是史学家应当注意的。

---

① PIERRE SORLIN. The Film in History: Restaging the Past [M]. Cambridge University Press, 1980.

② Robert A. Rosenstone. History in Images/History in Words: Reflections on the Possibility of Really Putting History onto Film [J]. American Historical Review, 1988, 93 (5): 1175.

对于历史研究，他有以下的反省与展望：“一切历史（包括书写的历史），都是建构，而非反映。历史（如我们所实践的）是西方世界发展的特定时期里，出现的意识形态与文化的产物。历史是思维过去的一系列俗成的规约。历史宣称的普遍性，与任何人事系统的宏伟宣称，并无二致。语言文字只是写历史的一种俗成规约——有利于某种元素的发展：事实、分析、单条脉络。明白的含义是：历史不应要写在书页上。它可以不使用书写文字，可以使用其他元素的思维模式：声音、影像、感觉、蒙太奇。”① 罗森斯通在书中不断强调影像的重要，并多次重申他的后现代立场。该书的最后一章，就是他的后现代尝试，把电影的技巧与呈现手法，援用到历史书写上。一会儿用蒙太奇、交叉剪接、拼图，一会儿采用各种表现形式，运用创新手法，融合事实、虚构、历史、记忆、自传……企图探索新的历史研究与写作方向。

罗森斯通的探讨很有趣，他强调的影视思考方向，比费罗和索林更进了一步，特别是援引后现代主义的态度，打断直接思考的历史思维积习。他在书中反复强调的两点：第一，电影不是书本；第二，电影是影像的历史。

四、电影与人文精神的文化建构

对于学者来说，批判文化传统可以刺激思考，在批判中创新，甚至打破圈套，开创文化的新天地。对于一般人而言，甚至包括大多数一知半解的半吊子学者而言，没有坚实的学习基础，就没有严密的思维训练，一味讲批判，讲创新，讲“大破大立”“破中有立”，最后可以开创什么样的新天地呢？罗森斯通引用后现代理论，以影片为材料，批判传统史学的圈套，企图开创历史研究的新疆域，是一个史学出身的严谨史学家的思考，是一种实验。这并不表示，传统史学方法可以放弃，可以“扫入历史的垃圾堆里”。

研究电影与历史文化的关联，研究电影与人文思维的关系，一方面是着眼在文化艺术的创新，多方面也不能忽略了电影的广大社会人文基础。电影发展到今天，已有一百年的历史，也和历史文化的各个领域一样，其中有多种多样的类型，不可一概而论。我们既然知道历史研究成为学科之后，逐渐定型，甚至在学院里定于一尊，出现“正统史学方法”，也就要注意，电影研究也有可能走上学术霸权道路。学术研究的倾向，是探索与创新，也就喜欢研讨探索性与创新性的影片，而蔑视通俗性的影片，甚至贬低雅俗共赏的影片。

然而，电影有其广大的社会人文基础，有其延续生命的经济基础，主要还是大众的文化娱乐。在这个广大的社会基础上，才有可能出现少数精英，进行文化艺术探索，进行影像思维的创造，逐渐形成精英形态的“小众文化”。我们研究电影的文化意义，放在历史发展的脉络来思考，并不只是想着重建过去，并不只是像费罗、索林、罗森斯通那样，如何在历史学科中开创新的研究领域，还要想着将来，想着电影是如何影响我们的生活，想着电影（以及一切影视科技）如何改变我们的人文思维，如何创造未来的

① Robert A Rosenstone. Visions of the Past: The Challenge of Film to Our Idea of History [M]. Harvard University Press, 1995: 32-33.

文化。

因此，我们必须思考历史的脉络，也许是复杂多重的脉络，就像江南的河渠水道一样错综复杂，但毕竟还是有脉络，而不能只看到没有航运的水道，就硬说那是众水流淌的方向。罗森斯通的说法，笔者原则上是赞同的，历史是建构，他用后现代方式建构，我用我的方式建构。但别忘了，电影艺术在建构，电影工业也在建构，艺术家在建构，普通人也在建构。其实，后现代的文化，是大家在创造的文化，而且文化霸权难以隶属一尊，学术界更有退守精英主义的倾向。所谓“后现代主义”的研究法，有时就成了学者自称开放、自以为开创文化新机，其实只是陶醉于自慰自怜的自我封闭。

也许这也反映了一种时代精神，不过，这却不是有意义的文化建构。

从德性伦理学的观点看《论语》反映的伦理学形态[①]

崔雪茹

一、对《论语》反映的伦理学思想作理论诠释的问题

要清楚而周延地从《论语》中整理出一套孔子本人的伦理学思想，会遇上重重困难。正如钱穆先生曾说："一般人总爱说儒家思想或孔子哲学，当然《论语》是关于此方面一部最重要的书。但我常感到中国思想，其从人之途及其表达方法，总与西方的有不同。西方一位大哲学家的思想，总见其有线索，有条理，有系统，有组织。他们提出一问题，关于其所用之名辞与观念，必先有一番明确的界说；他们讨论此问题，千回百折，必有一项明确的结论。读中国书便不然。即如论语，颇不见孔子有提出问题，反复思辨，而获得结论的痕迹。若我们依着研究西方哲学的心习来向论语中寻求，往往会失望。"[②] 正如钱先生指出，《论语》之行文跟西方哲学著作，例如同时代西方哲学家柏拉图、亚里士多德等人的文字就截然不同。前者乃门人后学辑录老师一些具体言行，大多"只是就人就事论"[③]，都是现实生活中的当机指点，论述零散而缺乏系统理论；后者则长于分析论证，意在建构概念清晰、逻辑严密的智性理论。但是不论孔子还是柏拉图等人，其论说的目的之一都在于提供人生实践上的指引，以求能活出一种符合美和善或有德的人生。两者的差异，在于西方思想毕竟偏重对普遍而抽象的哲学理论的探索，而钱先生的观点是"中国思想，尤其是儒家思想，主要是从具体的实人实事上思人的。及其表达出来，亦仍大体不脱离于具体的实人实事。"[④]

从"实人实事"处感悟而思考儒学义理，在表述上又出之以对"实人实事"的褒贬评断、人物间随机的对答训诲，这在儒门师弟之间固然是论学为学的常态；尤其论到精微处，往往并非一两个抽象原则、三言两语可以在思辨中尽表个中分歧，这似乎亦相当在理。但这种说法断不可作为推翻孔子本人"一以贯之"的道[⑤]，在表面看似零散无

① 本文刊登在《天府新论》2017 第 6 期。

② 钱穆. 孔子与论语［M］. 台北：联经出版事业公司，1979：46.

③ 钱穆. 孔子与论语［M］. 台北：联经出版事业公司，1979：47.

④ 钱穆. 孔子与论语［M］. 台北：联经出版事业公司，1979：49.

⑤ 孔子本人在《论语》的记载中便已两次强调自己的学问或"道"是"一以贯之"的。《里仁》篇记载："子曰：参乎！吾道一以贯之。"《卫灵公》篇亦有孔子"予一以贯之"的话。

序的言行记录中（论述或叙事缺乏系统并不意味着思想欠系统），人们仍然能够透过文献解读的方法建构一套孔子的伦理学思想出来。事实上，这本就是继孔子之后大部分儒者自觉或不自觉所做的工夫，借对《论语》片段的解读甚至仔细的注疏以建构自己对孔子思想的见解。

但是，这文献解读的工夫在当前还遇上两重新的困惑。当今学者或多或少都使用了现当代源自西方的哲学语言以解释儒家伦理学，这便须解决比较哲学的基本问题。儒家伦理学的义理真的能用西方伦理学的语言和方法去分析和把握吗？此其一。

当代伦理学研究之中有一派反理论（antitheory）的学说（持此论说者又有不少是所谓的“德性伦理学”家）①，质疑“道德理论”是否可能和可欲②。道德判断若非随意，固然要提出有一定普遍性的理据；然而如果这“理据”以抽象而脱离实际处境的理论语言建构出来的话（抽去“实人实事”而蹈空立论），其相干性（relevance）和可应用性（applicability）却又变得甚为可疑③。回到本文的主题上说，将《论语》整构为一套“伦理学理论”或“道德理论”是否可能和可欲？会否削足适履（扭曲原意）而无实义（抽象无用）？此其二。

对于第一个困惑，我们可以如是回答：事实上，近百年来的中国哲学研究者不断尝试以西方伦理学理论来比较、诠释儒学，当中已有不少精彩而富有影响力的诠释系统，对中国哲学的发展做出了较大贡献。西方理论固然与儒学存在不小的差异，但这差异却反显了双方的特质，丰富了各自的自我理解，从而进一步挖掘出沟通对话的无限可能性，可见差异本身并不构成比较对话的障碍。虽然既成的诠释系统并非全无弱点，各有义理上的不足和困难，然而务实来说，我们作为儒学的研究者实有无可旁贷的责任，继续以今天流行的哲学语言去将古老文献蕴藏的思想整理出一个融贯有力的系统来，或即进行所谓哲学重构，以维持并丰富我们的理解。我们与传统文献之间的历史间距令得古代文献的意义不能直接为我们所掌握，古代文献无论在探究的问题、使用的概念、运思其中的生活世界，均与今人有异，因此必须透过仔细的文献解读和理论重构的诠释过程，以释放出那隐藏着的智慧，让我们以今天的角度和问题意识来“重新”掌握其机要。这种学术工夫有其不可或缺的重要性，不是随意抽引几句古人言语以借题发挥、引喻失义者可比。所以，问题不一定在于从西方伦理学中找出与儒学义理相同或相近的理论来加以会通，更重要的工作在于，以现当代哲学语言和理论作为分析的工具，以显示儒学独特的真精神所在，使之能在国际间的伦理学研究中进行有效的、利人利己的沟通交流，这才是真正“智者利仁”应有的表现。至于第二个困惑，则直接引出了本文写作的目的：反理论者所反对的“道德理论”，其主要为现代西方称作“规则伦理学”（rule

① 持反理论立场的德性伦理学家，有 Bernard Williams 和 Alasdair Macintyre（麦金泰尔）等人为主要的例子。

② 有关反理论的主张，和儒学义理能够如何响应此反理论的质疑，可参阅黄慧英. 儒家伦理：体与用［M］. 上海：上海三联书店，2005.

③ 此两个重点是当代生命伦理学者 E. Winkler 对有关反理论立场的综合，参见黄慧英. 儒家伦理：体与用［M］. 上海：上海三联书店，2005：21.

ethics）者（详见下文第二节的讨论），例如效益主义（utilitarianism）和康德伦理学（Kant's ethics）①。而笔者认为，儒家伦理学在伦理学形态②上实则与此等伦理学有着相当的距离，就算我们对儒学义理进行哲学重构，所得出的伦理学理论亦不应有反理论者所质疑的抽象不能应用之弊。当然，笔者的这个立场需要严格论证（尤其有不少学者均接受以康德道德哲学诠解儒学的可能性）③。下文笔者将以《论语》作为例子，以重构其中孔子的伦理学理论。由于篇幅所限，重构并不以周延为目的，只阐释其核心的伦理学思想，从而指出：我们实在能够从《论语》中重构出一套融贯清晰的伦理学理论，并指明这伦理学在理论形态上有何特色，或跟效益主义和康德伦理学的差异和关系所在。事实上，孔子伦理学亦关心"效益"（有不少段落强调对好"后果"的追求）和"义务"（亦有不少段落强调某些责任的无条件性），只是其立论又与所谓"规则伦理学"有着不可以轻忽的距离。当中，笔者将尝试指出，若我们能重构孔子的伦理学理论，这"理论"其独特性到底何在。

二、现代的规则伦理学与古代的德性伦理学

从伦理学形态的分析角度来说，"反理论"所反对的主要是所谓"规则伦理学"或"现代伦理学"。而"德性伦理学"或"古代伦理学"则往往能避免"反理论"所批评的抽象不能应用的问题④。有关"古代伦理学"与"现代伦理学"之争，我们可以参考由史蒂芬恩斯特（Stephen Engstrom）和威婷（Jennifer Whiting）合编的著名文集 *Aristotle, Kant, and the Stoics: Rethinking Happiness and Duty*（《亚里士多德、康德和斯多

① 例如黄慧英．儒家伦理：体与用［M］．上海：上海三联书店，2005：21．中指出："Winkler 与其他反理论（anti-theory）的伦理学者所指的传统规范理论，乃由效益主义（utilitarianism）与康德学说分庭抗礼。"

② 当今哲学中对不同伦理学形态做出分类，并借此分类以整理伦理学史，已是伦理学研究的重要一环。本文所谓"伦理学形态"，乃指将对于伦理学问题做出了相近处理或有相近结构和观点的哲学立场，划归为几种基本的理论形态，以助理清眉目，说明不同的伦理学说之间的分际或共同结构；简单而流行的讲法，即规范伦理学的各种进路（approaches）。诸如康德式伦理学（Kantian ethics）、效益主义（Utilitarianism）、德性伦理学（Virtue ethics）等伦理学形态的区分、研究与比较讨论更是近年学界的关注所在。可参看 James Rachels, The Elements of Moral Philosophy, 3rd Ed（Mc Graw-Hill College, 1999）, Marcia W. Baron, Philip Pettit, Michael Slote, Three Methods of Ethics: a Debate（US: Blackwell Publishers, 1997）, Rosalind Hursthouse, On Virtue Ethics（US: Oxford University Press, 1999），后两本书对所谓伦理学形态的研究有颇深入的说明。

③ 例如牟宗三先生颇具影响力的研究，指儒家道德哲学的大宗乃"自律道德"或"自律伦理学"。他在《心体与性体》里说："先秦儒家以及宋明儒之大宗皆是以心性为一，皆主心之自主、自律、自决、自定方向即是理〔…〕此是真正理想主义自律道德。"在《中国哲学十九讲》里又说："简单地说，儒家系统从最究极处看，是个纵贯系统，就是康德所说的两层立法中实践理性的立法那一层……康德之所以能和儒家接头，是因为他讲意志的自律。这个扭转很重要，也是中国人所赞成的，因为儒家属于这个形态，一看就能了解。"另外，李明辉先生在其《儒家与康德》亦指出：" 牟宗三先生以康德底'自律'概念为标准，来说明并分判儒家底伦理学系统。根据这个标准，他判定儒学在基本形态上属于自律伦理学。"须注意本文的立场无意推翻或针对此种诠释作批评，而是要指出这种或这类诠释进路绝非唯一一种合适的（甚至不是最合适的）诠释儒学的方法，还要面对西方现代伦理学跟中国传统儒学之间的差异问题。

④ 这是就主流的德性伦理学派别而论。笔者无意说所有属"德性伦理学"的理论均必能豁免"反理论"的指责，这亦非本文论述的重点。只要后文对于《论语》反映的伦理学思想所做出的德性伦理学式的解读，能有效说明其何以能避免"反理论"抽象不能应用的指摘，任务便算完成。

葛学派：反思的幸福和责任》）[①] 的讨论。根据此文集编者的导言，“古代伦理学”（以柏拉图、亚里士多德为代表）思想的出发点在于“善”或“幸福”（eudemonia）的观念。他们关心的基本问题是：如何活出美好的人生？其核心立场在于，人皆追求美好的人生，而人性的完满实现便是这美好人生。所谓人性，乃由一组人独有的能力及其活动所构成的，人若能够将这特有的能力或活动发挥到极致，从而齐备各种德性（arête，virtues）于一身时，便达致了美好的人生。“古典伦理学”的特色在于指出了德性之运用，必然是在不同的情况之下有不同的处理方式的，正当的行动并非由一般的规则所决定，而是取决于有德者对于身处境况的洞察，从而判断他应该做什么。可以说，“古典伦理学”是以“德性”为中心，并强调实践的“处境性”的。

所谓“现代伦理学”（以康德、边沁、密尔以及契约论者为代表）则是远承中世纪基督教的道德规条，并受现代科学与社会结构的影响，其主要工作在于为道德提供上帝启示以外的理性基础。由于这套道德规条具有“律法性格”（legalistic character），令不少哲学家倾向于以人类理性所确认的“普遍法则”作为道德基础，因而“现代伦理学”是以“义务”为中心，并强调道德的“法则性”（lawfulness）。

事实上，这种“古代伦理学”和“现代伦理学”的区分是由 20 世纪的哲学家正式提出[②]，而诸如麦金泰尔（Alasdair Mac Intyre）[③]、威廉斯（Bernard Williams）[④] 等人便坚持以此对西方伦理学史做出分疏，并且特别揭露出“现代伦理学”所有的内在缺陷（例如反理论强调抽象不能应用的问题），而提倡回归“古典伦理学”。而麦肯泰尔在其著作《德性之后》所作的“德性的道德”（morality of virtues）和“规则的道德”（morality of rules）的区分，其实还是对“古代伦理学”和“现代伦理学”区分之意，只是更强调前者重“德性”而后者重“规则”；麦氏的区分后来又衍生了现在普遍使用的“德性伦理学”（virtue ethics）和“规则伦理学”（rule ethics）的说法。

若以效益主义和康德伦理学为例，现代的规则伦理学的确明显地有将道德生活概括为一条理性法则或一个思考公式的倾向。考虑的主要对象在于个别的行动，合乎公式的行动就是正当的，不合乎公式的行动就是不正当的。道德的重点在于如何以这些法则或公式去为行动的正当性做出判断。相反，德性伦理学者则认为，将这些法则或公式放到伦理学的中心位置是错误的，道德的“中心观念”应该是品格或德性：我们不是以个别的行动作为道德评价的主要对象，行动之道德与否取决于行动者的整体品格，重要的是德性生命的塑造或人生意义的丰富。

值得稍微补充的是，“古代伦理学”与“现代伦理学”“德性伦理学”与“规则伦理学”

---

① Stephen Engstrom & Jennifer Whiting ed., Aristotle, Kant, and the Stoics: Rethinking Happiness and Duty [M]. Cambridge: Cambridge University Press, 1996.

② 一般认为当代对于古代伦理学和德性观念的重新重视是始于 G. E. M. Anscombe 于 1958 年发表的“Modern Moral Philosophy”一文，可参见 CRISP R, SLOTE M et al. Virtue Ethics [M]. New York: Oxford, 1998: 导言.

③ INTYRE A M. After Virtue, 2nd ed [M]. Notre Dame: University of Notre Dame Press, 1985.

④ WILLIAMS B. Ethics and the Limits of Philosophy [M]. London: Fontana Press, 1985.

这些区分并非严密的、非此即彼的二分，仔细地研究这些区分将发现有模棱两可与不尽顺适的地方。有好几位学者便提出过难以解答的异议，例如上文引述过的 *Aristotle, Kant, and the Stoics: Rethinking Happiness and Duty* 一书的编者便提出多点质疑：例如，斯多亚派（Stoics）的伦理学既强调行动必须遵守普遍的理性原则，又有其古希腊式的幸福理论，似乎未能清楚地划归于“规则伦理学”或是“德性伦理学”之下。又例如当前对于亚里士多德和康德的研究工作中，麦克道威尔（John Mc Dowell）和威婷等人便对亚里士多德做出了非常“康德式”的诠释，而夏雯（Barbara Herman）和克里斯汀·科尔斯戈德（Christine M. Korsgaard）等人则对康德有十分“亚里士多德”式的解读；可见“德性伦理学”和“规则伦理学”的区分未必是“非此即彼”的，当中难免有灰色地带①；况且这区分立足于西方伦理学史的历史现象上，实在未必贴合其他文化圈的情况，只能算是一种很有启发性的研究角度。所以后来赫诗侯丝（Rosalind Hursthouse）在其研究德性伦理学的、有奠基意义的大作中便说：“……三种进路（笔者注：指德性伦理学、义务论和后果论三种主要的规范伦理学进路）之间的分界线已经变得模糊。”“让我们不要再关注如何使自己区别出来，而是欢迎我们的共同点。”② 赫诗侯丝的话可谓代表了当前伦理学家新的研究趋势。所以，本文意欲提出以德性伦理学的进路诠释《论语》，亦绝非抹煞其他诠释进路的可能和价值，只是笔者以德性伦理学诠释《论语》将能把很多目前未能道尽的精义阐发出来而已；重要的是在种种进路相摩荡的过程中，大家能够相观而善，收“如切如磋，如琢如磨”之效。毕竟，笔者确信，我们应该以开放的心怀，明了儒学思想的丰富性，是不必被任何一种诠释进路所封限住的。

三、《论语》反映的伦理学思想：“仁”作为礼之本的追求

在种种分析的映照之下，孔子伦理学思想的“中心观念”是什么？孔子的伦理学思想应该如何定位？

在《论语·述而》篇中有句孔子的话：“志于道，据于德，依于仁，游于艺。”这可以视作孔子本人学问的总纲。上半句的大意是指，人应以“道”作为自己心向往之的理想或目的，而“成德”就是实现“道”的修养工夫。“道”在《论语》中有多个层面的意义，从个人实践应该走的“道路”（例如在《里仁》篇中曾子便将孔子的“一贯之道”理解为“忠恕”），到国家政治应该走的“道路”（所谓“先王之道”“天下有道”“邦有道”等语的意思），以至践仁以知天、下学上达知我者其天乎的天人合一之道③都是。“志于道”，就是人是弘道的主体（《卫灵公》：“子曰：人能弘道，非道弘人。”），努力实现儒家的理想人生和理想政治。其方法或工夫，则在于修德讲学：“子曰：德之

---

① ENGSTROM S, WHITING J et al. Aristotle, Kant, and the Stoics: Rethinking Happiness and Duty. 这里所列举的学者均已出版有关研究的专书。亦可参考 J. Mc Dowell, *Deliberation and Moral Development in Aristotle's Ethics*; B. Herman, *Making Room for Character*; C. Korsgaard, *From Duty and for the Sake of the Noble: Kant and Aristotle on Morally Good Action*, 均收于 Aristotle, Kant, and the Stoics: *Rethinking Happiness and Duty* 一书中。

② Rosalind Hursthouse, On Virtue Ethics, pp. 4, 7.

③ 有关《论语》所记载“一贯之道”的意义及其中涵蕴“天人合一”的义旨，请参阅刘述先.《论孔子思想中隐涵的“天人合一”一贯之道：一个当代新儒学的阐释》，2000.

不修，学之不讲，闻义不能徙，不善不能改，是吾忧也。”（《述而》）这个“据于德”中的“德”一般所谓德行操守，所以为政者要有相应的德行操守（《为政》：“为政以德，譬如北辰，居其所而众星共之。”），亦要以德行操守感化人民（《为政》：“……道之以德，齐之以礼，有耻且格。”《颜渊》：“君子之德风，小人之德草，草上之风，必偃。”），在个人实践上则要修德讲学。将孔子下开的儒学传统称之为“成德之教”，可见是准确的描述。无论为政还是修德讲学，其内容都在于习礼，因为礼就是个人以至社会政治的道德规范和生活秩序，这是“道之以德，齐之以礼”的微意所在。可以说，“礼”与“德”在孔子的思想中是互为表里的两事；礼强调的内容较偏重外在的规范仪轨，而德则较偏重道德人格的整体修养。至于这德和礼的基础何在？上面引文的下半句“依于仁，游于艺”，即说“仁”就是修德守礼的内在依据；并且又应该在现实生活上涵泳性情于六“艺”之中，以陶冶自得圆满的生命，或将文艺才能落实于现实事功。因此，就从《述而》篇这短短一节总纲式的文字而言，我们已经可以发现孔子思想之重点在于德性生命的修养上，而非追求个别行动正当与否的法则公式。表面看孔子思想之更近乎德性伦理似甚显然。

若我们把讨论的范围收回到伦理学上，则“德”或“礼”作为道德规范生活秩序，固然在孔子以前已是如此，这是孔子继承传统、述而不作的地方。但是，孔子伦理学思想的创新处在于“以质救文”，点出“仁”作为礼的内在根据以贞定礼的意义，主张仁礼合一，意欲复兴久已疲弊的周文。子曰：“礼云礼云，玉帛云乎哉？乐云乐云，钟鼓云乎哉？”（《阳货》）在此，孔子控诉当时的执政者徒具礼乐的形式，尽管礼器具在，甚至行礼如仪，却遗忘了礼乐的本质意义；观乎当时政治混乱、道德败坏的时代问题，断不是空守末节仪文所能救拔。在《八佾》篇中孔子说：“人而不仁，如礼何？人而不仁，如乐何？”正显示了孔子认为礼乐并非只是外在的末节仪文，礼之为礼的实义或“本”（基础、本源）乃在于“仁”。当林放问“礼之本”时，孔子答：“大哉问！礼，与其奢也，宁俭；丧，与其易也，宁戚。”（《八佾》）孔子赞成子夏对“绘事后素”做出“礼后乎”的发挥（《八佾》），认为外在的“礼”并非最本根的东西，礼之本是在于守礼应有的精神态度（仁），礼的意义建基于“俭”约、悲“戚”等真诚恻怛的心情。他赞林放之问，除了强调林放之问在义理层面上极为重大外，更是赞其能把捉到时代之症结处。可见，孔子的道德理想，在于为人需做到兼顾内在情志（仁）与外在规范（礼）、内与外相辅相成，即所谓“文质彬彬”的君子人格（《雍也》）。

孔子伦理学的中心观念就在这作为礼之本的“仁”，问题在如何诠释这“仁”的内容。既然仁是作为生活秩序的礼文规范之本源，能否说即相当于西方规则伦理学中的道德法则，犹如效益原则（principle of utility）或定然律令（categorical imperative）之类？答案是否定的。须知道规则伦理学往往以证立道德判断为其理论建构的目的，即以具有普遍性的道德法则的提出，作为演绎地推论出具体道德要求的前提。因此得出的道德法则必然是知性的，即必须能以清晰的认知语言陈述出来，作为道德决策程序的有效条件①。而孔子提出的“仁”则绝非这种道德法则。首先，虽然在特定的意义之下我们也可以说“仁”是普遍的道德原则，但这“仁”却不能以“认知语言”尽表。牟宗三先生有一段话，能将这“不能为仁”下定义（不能以“认知语言”把握）的意思交代出来：仁，决不能下定义。孔子用“存在”的路往里进，才可以讲。这种关乎人生的道理，的的确确不能用理论的方法来讲。王阳明的“良知”，现代人口中常提及的“爱”，都是下不得定义的，不能离开生命生活而讲的。唯有“当下指点”，让你有个感受，而后知其为何物。就是当下知其为何物之时，亦无法用言语字眼形容出来——就因为那不是抽象的“理”，不是无时空性的“概念”，而是步步与现实生活、与精神生命上升或下降息息相关的一种表现②。

牟先生之言确乎呼应了文首所引钱先生认为儒家义理必出之以“实人实事”的指点的话。事实上，《论语》言“仁”凡 109 次，未见孔子提出过仁的定义或法则程序，反而大都是当机施教、在不同处境和层面上多方立言，或是要人反观内省自心之不安愤悱之情。为什么会有这种情况？这是因为，《论语》之“仁”根本不是如规则伦理学所追寻证立道德判断的客观普遍的智性法则；这个“仁”乃是道德规范生活秩序在“主体”方面的条件（上文所说内在的根据）。仁使礼变得充实有意义，仁是礼的内在本源，而礼则是仁的适当表现。这即是说，对于孔子来说，道德行为的本质不在于根据一智性法则而行，而在出于某内在态度而行：“樊迟问仁。子曰：爱人。”（《颜渊》）以“爱”释“仁”是孔子承先启后的思想重点：一方面，孔子以前的《国语》《周语》已有“仁文之爱也”“爱人能仁”“仁以保民”等言论，《楚语》又有“明之慈爱，以导之仁”等话；另一方面，孔子之后，《孟子》《荀子》《礼记》皆有“仁者爱人”之语。可见“爱”是“仁”的一个基本意义，为传统所接受。孔子从这个基础上发挥，说明从仁爱这种内在态度如何导生具体的道德行为：“仲弓问仁。子曰：出门如见大宾，使民如承大祭；己所不欲，勿施于人。”（《颜渊》）前半句可说是从内而外的诚敬之心，后半句乃推己及人的实践精神（曾子以“忠恕”说明孔子一贯之道的意思③，见《里仁》篇），

① 黄慧英. 儒家伦理：体与用［M］. 上海：上海三联书店，2005：4. 这里所述的主要为效益主义和康德伦理学等主流律则伦理学的义理性格，所述者不是所有现代律则伦理学者都能全部同意的。

② 蔡仁厚. 孔孟荀哲学［M］. 台湾：学生书局，1984：81.

③ 当然，曾子以“忠恕”说“一贯之道”是否符合孔子之意是值得商榷的。《中庸》亦说“忠恕违道不远”，既说“违道不远”，似乎不以“忠恕”等同于“道”。笔者认为唐君毅先生的讲法最是中肯：”曾子谓夫子之一贯之道，即忠恕，亦只是曾子之理解。实则如忠恕可为一贯之道，则信与仁智等莫不可为一贯之道。观孔子之言忠恕之道者，实多唯由人己之感通而一贯之道为言，尚未及于己与己之感通一贯之道，己与天命鬼神之感通一贯之道，则吾人对此孔子言忠恕之道，仍当自其切近学者之义而了解之为是也。”见唐君毅《唐君毅全集》，中国哲学原论宋明儒学思想之发展，卷 1，原道篇。台湾：学生书局，1986：92-93。以忠恕说道未属完满，然以忠恕说仁也有孔子之言可作印证，只是未必穷尽孔子之意。

这才是道德的本质。忠恕之所以可能，就在于作为价值自觉的关爱之情①（前文所言的内在态度），这关爱之情乃道德的本源和动力，是“仁”最基本的意义（必须注意的是，在《论语》中仁有多个层次的意义，不可混淆）。说仁是价值自觉，是强调其“我欲仁，斯仁至”（《述而》）的自主自发的、仁心自己自觉决定道德价值之所在的意志义；而说仁是关爱之情，则是强调其感通觉润的情感义。仁不可以认知语言作定义，却不排除我们可以就仁的各种具体表现加以描述；而就仁是关爱之情的活动和实践而言，我们的论述对于一个对这关爱之情未有真切体会的人来讲，却不过是口耳之学，他亦无法根据我们的论述做出真正的道德行为。明乎此，则孔子伦理学思想之不能归于规则伦理学的形态之中亦明矣。①《论语》中的立论并不以智性的进路证立道德判断为目的，却是以践仁成德行道为务。②仁是真切具体、实有诸己的价值自觉关爱之情，随时能展现落实而为实际的道德行为，亦不会有反理论者所指责的抽象不能应用之弊。③仁心的抒发非关从道德法则演绎出个别道德判断上，故自然容许德性礼文在落实上有弹性和关照到殊别的处境性，强调子夏所讲“大德不逾闲，小德出入可也”（《子张》）反映出的实践智慧。④因为将成德看成实现自身自觉不容已的关爱之情，而非只遵照法则而行，所以孔子的学问是“知之者不如好之者，好之者不如乐之者”（《雍也》），视成德为有内在价值（intrinsic good）的自我实现以及“为己之学”（《宪问》）。于是乎，有论者便暗示儒家伦理学整体当属德性伦理学，例如石元康先生曾说：很显然的，儒家的道德观不是现代式的道德观。……道德不是以规则的形式出现。我们所碰到的，大部分是描述德性的字汇以及教人如何去做道德实践的工夫。……道德的主要作用不是解决利害冲突，而是人的品格的培养，所以儒家伦理中再三强调慎独的重要性②。

---

① “忠恕”所表内心的诚敬和推己及人的精神，在理论上不应该先于“爱人”，因为正是“爱人”的感通恻隐使得人自觉诚敬和推己及人的动力和价值；若没有感通，推己及人便欠缺情感和理性上的基础。这感通（empathy）不是普通所谓同情（sympathy），以孟子书中见孺子入井为例，感通是“感觉到孺子的危难和痛苦”、没有人我之隔的感同身受、立时有挺身而起解决困难的要求和动力，而有忠恕的实践工夫；而同情则是“我为孺子的危难和痛苦感到同情”，我的同情毕竟跟“孺子的危难和痛苦”是不相同的，正如我可以很同情某人被侮辱的难受，但却没有觉得自己被侮辱了一样。正是感通，或后来程明道在《识仁篇》中所讲的“仁者与物同体”和王阳明在《大学问》中所讲的“大人者与天地万物为一体者也”的同体感，才是诚敬推己、以至整体道德生活的最后基础。对 empathy 和 sympathy 涉及道德心理学的精微分析，和能否以 empathy 为基础以建立道德理论，笔者认为德性伦理学家斯乐德的新近研究颇有参考的价值，可参阅 Michael Slote，The Ethics of Care and Empathy（New York：Routledge，2007）一书，事实上斯乐德正尝试以 empathy 为基础以建立自己的关怀伦理学理论，个中极多精彩的论述可与儒学产生对话攻错的效果。至于同以感通、恻隐或爱作为道德的基础，笔者认为在理论开拓上同样值得注意的，是德哲谢勒（Max Scheler）的立场，“在人是思考着的存在者（ens cogitans）与意欲着的存在者（ens volens）之先，他已是一爱着的存在者（ens amans）。”（Max Scheler，“Ordo Amoris”，Selected Philosophical Essays，tr. David Lachtermann，Northwestern University，1973：110-111），谢勒认为人格最基本的活动是爱，其他行为都是由“爱”这渴望参与世界、成就价值的运动而激发。爱首先就是一种感通感应外物的行为，就是“走出自身以参与其他存在者的倾向。”（引自 David Lachterman 在其编译的 Max Scheler：Selected Philosophical Essays 的译者前言矣”

② 石元康. 二种道德观：试论儒家伦理的形态//从中国文化到现代性：典范转移？［C］. 台北：东大图书股份有限公司，1998：117-118. 说石元康的判断只属“暗示”，是因为文中并没有直接说儒学为德性伦理学，只是多次强调其“非现代式的”，指出了现代式（规则的）和古代式（德性的）道德观有所不同，两者“可能有基本上的冲突及不兼容处”。

然而以德性伦理学的进路理解孔子的伦理学思想，甚或将孔子伦理学归于德性伦理学的形态，仍有两个可疑之处：第一，以柏拉图和亚里士多德为例，其德性理论均以一套目的论［麦金泰尔所谓“形而上的生物学（metaphysical biology）”］为基础，以说明美善人性之所以可能的形而上学根据。有趣的是，这点正是西方古典德性伦理学的理论困难所在，是孔子没有的。孔子的“仁”学并不建基于任何思辨形而上学之上，而是诉诸每个人第一身的自觉肯定（这不是说孔子没有形而上学思想，而是其形而上学对于其伦理学没有奠基意义而已）。当然，就孔子和柏拉图、亚里士多德之间的差异而论，这一点倒不是将孔子剔出德性伦理学的很好的理由，因为某理论是否建基于一套形而上学上似乎不应该是所谓“德性伦理学”的本质所在，这视乎我们能否对“德性伦理学”有一更富包容性和更清晰的界定上。更何况，若在这问题上儒学有比西方古典德性伦理学更优胜之处，则我们更能期望儒学可为我们提供有价值的义理资源，及对西方伦理学理论展开更有价值的对话。第二，根据上文分析，“仁”的最基本含义，即作为价值自觉的关爱之情，严格来说并不是一种“德性”。这意义的“仁”并非由习惯或工夫而生的卓越（德性伦理学家非常重视的，希腊文“德性”一字原有的意思），而是人皆具备的能力，是善之所以可能、工夫之所以可能的条件①。

所以，这“仁”是道德善的基础，亦因此是“德性”的基础，却不能说“仁”本身就是德性。（再次强调，此处所论乃《论语》言“仁”最基本一层意思。事实上，《论语》也有把“仁”看作一种“全德”的德性和“偏言”的仁德的段落，但这些是理论上后出的，之间的差异不可混淆。）反倒说这仁是行为的动机或“道德意志”更符合事实。

其实，这点也不足以排除孔子伦理学思想于德性伦理学之外。以石元康的话说，《论语》的确“大部分是描述德性的字汇以及教人如何去做道德实践的工夫”。《论语》中所提及的德性都是就这内心之“仁”对应于各种人际关系或生活处境而有的德行表现，是故皆可以归入作为道德规范的“礼”中，例如“居处恭，执事敬，与人忠”（《子路》），“孝弟也者，其为仁之本与”（《学而》）。《论语》对各种德性工夫可谓论之详备，在此亦不须过于赘述。而“仁”的意义，则在于说明各种德性规范的内在根据，却不是德性规范之外的一个智性法则②。

正如以上第一个可疑之处的讨论，问题的关键在于我们能否有一个清晰而有说服力的德性伦理学的界定，可充分保证孔子思想之囊括其中。笔者认为，比较成熟的对作为伦理学形态的德性伦理学的说明，在德性伦理学家斯乐德（Michael Slote）的文字中便可以找到：在德性伦理学中，焦点在于有德的（virtuous）个体，和使他成为有德的那些内在性格（inner traits）、性向（dispositions）和动机（motives）。（某些形式的德性伦理学

① 黄慧英. 儒家伦理体与用［M］. 上海：上海三联书店，2005：51.

② 孔子思想的核心观念并非德性，这其实跟孔子思想之能否归于德性伦理学，是不太相干的。尤有进者，我们甚至可以做出一个不太适切的模拟以说明问题。孔子的仁，可模拟亚里士多德哲学中的“理性”：亚氏哲学中的理性，本身并非德性，却是德性之所以可能的、内具于人的功能（人的“本质”属性），亦可说是亚氏伦理学的一个核心观念。

的确有一般道德规则甚或法则，但其通常被当作引申而出的或第二序的因素。）很多现代哲学家将道德生活想成是适切地运用道德规则的问题，然而在古代世界的伦理学中，对道德或伦理生活的理解首先要求我们要理解作为一个有德的个体是怎样一回事，和拥有任何一种被认为是个体内在性格或性向的个别德性是怎样一回事①。

笔者认为，斯乐德这个区分的好处在于，对德性伦理学做出了更定清楚的界定。孔子的“仁”正可以视作使人成为有德个体的内在性格、性向或动机。行为或德性是基于这内在性格、性向或动机而为道德的，后来孟子说“由仁义行，非行仁义也”，亦意谓行为之道德与否不在于行为之符合外在要求。“仁”或对人的关爱的确是亚里士多德所忽略的②，但德性伦理学却不能只以亚里士多德为准绳。而“运用道德规则”和“成为有德的个体”的区分亦已足够把孔子伦理学思想归入德性伦理学的形态而无疑义矣。更重要的是，斯乐德指出了德性伦理学不必完全排斥规则，不过规则只能是第二义的、衍生的。这点在对《论语》的诠释上也可以产生重大的价值，因为《论语》中确有一般的道德规则，例如“己所不欲，勿施于人”（《颜渊》）和“己欲立而立人，己欲达而达人”（《雍也》）的恕道原则，似乎便可以当成建基于“仁”之上的衍生规范，而同概括于“德”或“礼”之中。（详见下一节的论述）

行文至此，我们对于孔子在《论语》中表现的伦理学思想已有初步的了解，并说明了将之归入德性伦理学的伦理学形态可以是合理的判断。接着，我们将于下一节进一步阐释“义”在孔子伦理学思想中的意义，在我们这种孔子伦理学思想的诠释之下如何安排道德抉择和道德评价，以作为厘清两个重要的理论关节的资源：其一是孔子伦理学亦关心“效益”，有不少段落强调对好“后果”的追求，到底他的想法跟后果论（consequentialism）的想法有何不同；其二是孔子也确有一般道德规则，例如“己所不欲，勿施于人”（《颜渊》）和“己欲立而立人，己欲达而达人”（《雍也》）的恕道原则，有些段落甚至强调某些责任的无条件性，这些东西跟义务论（deontology）又有何关系。

四、义之所在：道德抉择与道德评价

说《论语》反映出的伦理学思想并不究心于从智性的道德法则演绎出个别道德判断，或不以证立道德判断为理论关怀，却绝不是说这套伦理学对于个别的道德行为不能做出道德抉择和道德评价（这在任何一套伦理学思想都会是一大缺憾，因为不能对实际处境做出规范和引导，是不切实际的）。事实上，这正是《论语》中“义”的作用。《里仁》载孔子之言“君子喻于义，小人喻于利”，即君子作为人格理想是以“义”作为思考行动、道德判断的依据，而小人则未能自觉求仁，只以私利决定言行。“义”者本是正当、合宜之义，孔子用之表示在具体处境中作正当合宜的道德判断，或作这种判断的

---

① Michael Slote. Morals from Motives. New York：Oxford University Press，2001：4. 译文为笔者所作，下同。值得一提的是，斯乐德本人多次论述他并不赞成反理论的立场。可参见同书 10-13 页。

② 斯乐德等多位学者都曾指出，亚里士多德的理论欠缺对人的普遍关怀的辩护。可参见 Michael Slote，Morals from Motives。

能力和经培养而强化成的德性（通于“智”）。所以说“君子义以为上”（《阳货》），作正当合宜的道德判断，从而决定具体的行动，正是人之能践仁成德的关键一步，必须重视。“子曰：君子之于天下也，无适也，无莫也，义之与比。”（《里仁》）可以说，自觉判定义之所在，而勇于承担落实（“见义不为，无勇也。”《为政》），便是君子最重要的“行动德性”。除此一行动德性以外，君子对于天下事是不必有“非要如此做”或“不如此做”的具体节文的，这也是孔子“无必、无固”（《子罕》）精神的展现。那么，“义”的内容是什么呢？对于孔子来说，怎样的为人实践才算正当合宜？上文虽然说过“仁”是道德的本质，但意思是谓所有道德行为均普遍地要以仁为内在根据，却不是说空有一颗仁心便能成就善行、做成君子。《颜渊》篇有一段记载：“棘子成曰：君子质而已矣，何以文为？子贡曰：惜乎，夫子之说君子也！驷不及舌。文犹质也，质犹文也，虎豹之鞟，犹犬羊之鞟。”文，是文采文饰，亦即周文所代表的礼乐仪轧；质，乃质量、质朴之意，指内心的真实质量。棘子成的观点正是以为君子之所有为君子，只在乎内心之质量（仁）便足够，外在的形式并不重要（何以文为）。但子贡指出“文犹质也，质犹文也”却是认为文所代表的礼仪和质所代表的仁心质量是相辅相成、不可偏废的，这立场显然乃从孔子而来：“子曰：质胜文则野，文胜质则史。文质彬彬，然后君子。”（《雍也》）欠缺内心仁的品质，礼仪便流于形式而虚伪；同样，欠缺礼仪的适当表现，君子的品质不能落实，仁心则不能通达出来，人与人不得相知和谐，而显得粗野和简陋。“恭而无礼则劳，慎而无礼则葸，勇而无礼则乱，直而无礼则绞。”（《泰伯》）内心的恭慎勇直亦须借礼的外在形式以得成熟有效地实现。是故礼仪是表达仁心的共同方式、行为适切的既成规范；“质”的内容必须适当配合于“文”的形式，才是君子应有的德行。“义”在当中的作用，是合内外、调和内容与形式之间张力的道德思考。仁人君子的理想，就是兼顾自身的约束和礼仪的成全（这就是“修身”的全幅内容），所以孔子答颜渊问仁以“克己复礼”（《颜渊》），道出了“践仁”的目的除了内心的调节之外，必见之于礼，这才是孔子仁教的完整义。而由于义是合内外的道德思考，自然也是仁心所蕴含的心智活动；所以孔子也直接把“义”指为君子之质（内心应有的品质）：“君子义以为质，孙以行之，逊以出之，信以成之，君子哉！”（《卫灵公》）可见在孔子思理之中，仁义并称或说“仁义之心”都是合理的。

正如上文论之甚详，这“义”作为道德思考并非应用法则公式以演绎道德判断的推理活动。孔子崇尚“中庸之德”（《雍也》）和“中行”（《子路》），而要避免“过”与“不及”（《颜渊》），亦显示出“喻于义”的道德思考近似于德性伦理学者所强调的“实践智慧”，不是遵守外在的规则以机械地制约行为，却是要经践履工夫的磨炼而成熟，随处境而能做出泛应曲当之判断和行动，以至于“从心所欲不逾矩”（《为政》）的圆熟化境。而德礼等规范亦须与时俱进而作因革损益：“子曰：麻冕，礼也；今也纯，俭，吾从众。拜下，礼也；今拜乎上，泰也。虽违众，吾从下。”（《子罕》）从众还是违众不是关键，因革损益的标准只在于仁心的企向，照顾到客观社会环境，既有礼制、德目和行为能否产生成效的相关实际知识，最后端视所考虑的德礼或要落实出来的行为能否满足推广至“修己以安百姓”（《宪问》）的仁心价值自觉关爱之情的要求上。此所以孔子说“好仁不好学，其蔽也愚”（《阳货》），就是否定空有仁心便为道德之说，而要强调从仁通到具体行为，须对道德抉择和德礼规范有学问思辨行的工夫，否则不能见诸行事，只是愚而已耳。因此，义的厘定要考虑到行为的预期后果（和对有关预期后果要有相关知识），甚至追求有关人士的某种好处或效益（安百姓），彰彰甚明。孔子说“智者利仁”（《里仁》），亦是以属义属智的道德思考为助成仁心价值追求的实现（利仁）的德性，而强调仁智并重。在上文我们曾说孔子伦理学思想作为德性伦理学以仁为道德的本源，而孔子的“仁”又可以视作使人成为有德个体的内在性格、性向或动机。现在又说义的厘定要考虑预期后果，这会否造成理解的困难？孔子的伦理学思想到底重视动机还是重视后果？又是否有“后果论”的色彩？其实不单义的厘定要考虑后果，就是仁也自然有对某些后果的要求，一个不关心后果亦没有想过要落实出来的仁心是不可想象的。“仁”作为关爱之情，其价值就取决于道德心愿的方向和大小，以及做出了何种努力以落实出来。斯乐德在解说其特殊的德性伦理学理论时有段很重要的话把握到了个中真谛：……一种动机（例如慈爱）的道德价值不是随意浮动的，却反倒取决于它是何种内在状态，特别是它有何种目的和期望，面对世界时它做出了何种努力上。

放到儒家的义理上，对于一个行为作道德评价：①既取决于整个德性人格的价值取向和其关爱之情的动机上（仁）；②亦决定于所做出的工夫修养（礼）和具体努力上；③这工夫修养或行动是否为满足其道德心愿最佳的行为选择（义）上。所以，道德评价绝非简单机械的计算推理，而是贯穿仁、义、礼做出的整体考虑（holistic evaluation）。由于道德评价有这种整体性的特质，所以可得到以下结论：①仁心的大小也多少关乎能否出之以适切的判断和有效的德礼行为。②道德判断之合义与否则取决于动机是否纯仁、要落实出来的德行实践能否真成全这仁心的要求；③德礼行为之价值则决定于仁心的动机和正当合宜的抉择。④由于义和礼的价值最终都建基于作为“礼之本”的仁上，是故对于一些不义或无礼的人和事孔子有时会直斥之为“不仁”；相反，一些尽礼或能成全仁心修己以安百姓之道德心愿的行为，孔子也会直接称许其“德”（虽然孔子基于理想主义而少直接称许人以仁），例如孔子便曾基于管仲佐桓公以匡正天下、保存华夏民族及文化的重大功劳，而赞“如其仁，如其仁”（《宪问》），背后的思想正在于孔子欣赏管仲有治国平天下的“仁之功”（仁心自然冀望的事功）的业绩，并从这“仁之功”以逆反其救世济民的心愿，在道德价值上远胜于只尽忠于公子纠一人的小仁小德，“岂若匹夫匹妇之为谅”（《宪问》）。事实上，这“仁之功”正是孔子毕生的政治追求。

但必须澄清的是，孔子伦理学并非“后果论”，即并不以行为的实际后果作为评判行为价值的标准。道之将行将废、行为之能否有预期的成效，最终都是“命”的范围，不可思议。所以，只要是居仁由义（工夫修养和行为抉择都恰当地导向于仁心的“预期”后果），就算行为的实际后果由于种种偶然因素而不理想，亦不会减损该行为以及有关人格的道德价值。虽然有时孔子看似的确从行为的后果上去评价行为的价值，除了管仲的例子，又例如他称赞“博施于民而能济众”为圣（《雍也》）。但我们必须明白，他之所以做出这种判断，一方面是因为从“博施济众”可想见仁的动机、心量的恢宏，从这动机和心量去赞叹其为圣；另一方面亦因为“博施济众”本就是我们每一个人基于仁心的企向都会充分肯定其价值的，赞赏这行为便是对道德实践的肯定和鼓励。正如在日常生活中，我们劝告某人去做或不做某种行为，一种常用的方法，就是以该行为会导致哪些坏后果或好后果去启发他的判断。这不是因为我们以为行为的善恶只在于后果的好坏，而是我们有信心地认为人皆有相近的价值自觉心（《阳货》："性相近也"），对好后果会生积极追求的动机，对坏后果会生羞恶避免的动机，陈述后果的目的不过是要引起适当的动机，或要人以关爱之仁审度情势以知所抉择而已。从以上对于道德抉择和道德评价的分析可知，《论语》所反映的伦理学思想，强调的是一种从动机至判断至实践的整体性思维，当中对"预期后果"的考虑和落实是"义"的内容。（所谓关心后果，其实就是关心仁心价值能否有效落实）但"实际后果"如何却属于"命"的领域，不应影响道德评价。当然，从某些"实际后果"而逆溯（甚至只是推测）背后的道德心愿，重点仍然在道德心愿上，绝不能以"后果论"视之。进一步说，"义"之考虑关涉"预期后果"，但对"预期后果"的评断标准最后还是在仁的价值自觉上。从这些对道德抉择和道德评价的分析中，我们亦进一步展示了孔子伦理学思想之更灵活涵容、重视处境性亦重视整体性，而异于西方现代伦理学之处。最后，对于"己所不欲，勿施于人"（《颜渊》）和"己欲立而立人，己欲达而达人"（《雍也》）的恕道原则，这些其实都是从关爱之情而有的行为规范（说是恕道的德性或礼均无不可），但绝非属于现代伦理学的、康德式的"可普遍化原则"（principle of universalizability）。理由在于，孔子并不以恕道原则作为演绎其他德礼的法则公式；即是说，其他德礼既不必来自恕道原则，德礼的价值亦不以恕道原则为唯一或最后的评断标准。虽然在《卫灵公》篇中孔子曾以"恕"回答子贡"有一言而可以终身行之者乎"之问，但这是指出恕道是帮助作道德判断、指引行为的很有用的"思考习惯"，是可以终身行之的"指点语"而已。必须区分，"恕"是孔子思想中重要的德性；而"己所不欲，勿施于人"则是进一步说明这德性的原则（所以本文称之为"恕道原则"）。虽然恕道也说明了我们为何不应该伤害别人，使不应该伤害别人变成"义"下无条件的"责任"，但与其说这是一种智性推理，不如说是一种感通关爱之情不容已的肯定。所以孔子说"无求生以害仁，有杀身以成仁"（《卫灵公》），后来孟子亦说"行一不义，杀一不辜，而得天下，皆不为也"（《孟子. 公孙丑上》）反映了这种仁心自然的要求。事实上，德性伦理学家也可以承认，在具体处境下可以有无条件的道德责任（例如不应该无故伤害别人），但这责任之所以成立不是基于道德原则或公式的运用，而是源于关爱或德性的要求，所以所谓道德责任都是第二义的、从动机或德性导生而出的。借用斯乐德的说法，这仁心的要求可说是一种"义务论态度（deontological attitude）"。然而，由于慈爱不只涉及为某人所关怀的人们做出好的甚或最好的事情的欲求，更在于欲求这些人中没有一个会受伤害或受苦，所以作为博爱的道德能解释为何我们会惊骇于杀一人以救多人的想法，就算最终这就是我们道德上应该做的事情①。

① Michael Slote, Morals from Motives, p. 28. 斯乐德对"义务论态度"所作的精微分析，可参阅同书页79-87。

我们基于推己及人的感通心能，以坚持不可杀伤无辜，这与其说是道德推理的结论、在理智上进行“想象将杀伤无辜普遍化后会有何后果或会否引致矛盾”的理性分析，不如说是基于人在情感上因为“感通”于别人而推知别人受伤害的苦痛，所以不能接受无辜人受伤害，这正类近于孟子讲“闻其声不忍食其肉”的恻隐之情。这并非康德式的义务论，却产生了“义务论式”的行为（视某特定处境之下个别行为为有强制性的责任或戒条），这发自关爱之情的不容已要求就是“义务论态度”。可见孔子伦理学亦能承认在某些处境之下具有强制性的责任或戒条存在（此仍要照顾到“处境性”，否则便是后来孟子所谓“执一”），但这些“规则”均是第二义的，衍生自仁心的不容已，故仍然是德礼规范的一部分，而并非道德的基础。所以，说恕道原则反映的是“义务论态度”正符合于上一节将《论语》蕴涵的伦理学思想判定为德性伦理学形态的主张的。

五、小结

虽然本文对于孔子伦理学思想的重构并不周延，只分析了仁、礼、义等较核心的观念，而对于孔子心目中各种德性的内容及其关系、如何引导成德工夫等仍欠交代。但是，若衡之于本文的目的，即展示了从《论语》阐发一种对孔子伦理学思想的重构不但可能而且可欲，因而借此我们得到了一套甚有价值的伦理学理论的轮廓。这套伦理学既没有反理论者对现代道德理论所指责的流弊，而且从富有指导现实人生践仁成德的深厚意义来说，本文的工作可谓已经完成。核心的立论在于，业已清晰地将所阐发的孔子伦理学思想判归于德性伦理学这种伦理学形态中，分析了这种伦理学思想如何理解道德动机、道德抉择以至道德评价等，反映了其作为德性伦理学形态的特质，并且解决了对后果与责任的考虑在这种形态的伦理学思想中应该如何定位的问题。不嫌辞费，虽然这套孔子伦理学能归于德性伦理学的阵营中，但我们要认取的，只是当中反映的这种伦理学形态的相关特质，并必须注意：正如本文前前后后多方暗示的，孔子的思想跟西方传统德性伦理学家（例如柏拉图和亚里士多德）之间的差异仍是不能忽视。当中反显出儒学之胜场，是我们必须仔细阐释抉发的。

孟子的智德思想探析[①]

崔雪茹

国内学者针对孟子智德思想的研究成果不是很多，具有代表性的有以下几篇：肖群忠教授的《智德新论》[②]，潘小慧的《弘扬中华“智德”文化——以先秦孔、孟、荀儒家为据的讨论》[③]。潘小慧在文中首先探讨先秦儒家孔、孟、荀三人对于“智德的意义与界说”的不同说法，从而指出三人智德思想上的差异。其次，提出三人智德思想的共同之处是把“智德”“仁德”并举。最后，详细解释了荀子智德思想的三层说，从而奠定了以孔、孟、荀为代表的先秦儒家关于智德问题的思想基调。此外，还有朱海林的《先秦儒家与古希腊智德观的四大差异》[④]，胡启勇的《先秦儒家“智”德思想述略》[⑤]，杨海文的《“仁且智”与孟子的理想人格论》[⑥]。杨海文把“仁且智”与孟子的理想人格联系起来，把这个思想贡献还给孟子，希望把其发扬光大。前辈先贤的研究为我们进一步系统地研究智德思想奠定了坚实的思想基石，但是他们大都是把孔子、孟子、荀子三人作为先秦儒家的代表人物，对先秦儒家的智德思想笼统地进行概述，而没有单独提出孟子的智德思想。笔者试图依据《孟子》一书作为研究文本，挖掘其中的智德思想，从而有针对性地单独提出孟子的智德思想，把它作为一个独立的研究对象。

一、从“知”到“智”的意义

“智”在古代通“知”。《说文解字矢部》说：“知，词也，从口从矢。”[⑦] 这在《论语》书中随处可见，约有 25 次的“知”可与“智”相通[⑧]。战国时代，《孟子》一书中对“知”与“智”进行了区分，与现在通行的用法相近。

---

① 原文刊登于《南昌大学学报》(人文社会科学版)，2016 第 6 期。

② 肖群忠. 智德新论 [J]. 道德与文明，2005 (3)：14- 19.

③ 潘小慧. 弘扬中华“智德”文化：以先秦孔、孟、荀儒家为据的讨论 [J]. 长安大学学报 (社会科学版)，2013 (2)：6-12.

④ 朱海林. 先秦儒家与古希腊智德观的四大差异 [J]. 广西大学学报 (哲学社会科学版)，2006 (06)：52-55.

⑤ 胡启勇. 先秦儒家“智”德思想述略 [J]. 兰州学刊，2006，(12)：31-33.

⑥ 杨海文. “仁且智”与孟子的理想人格论 [J]. 孔子研究，2000 (4)：40-49.

⑦ 许慎. 说文解字 [M]. 北京：中华书局，1963：110.

⑧ 潘小慧.《论语》中的“智德”思想 [J]. 哲学与文化，2002 (7)：585-595.

《孟子》全书提及“知”总共有114次[①]，只有两次“知”与“智”相通[②]。其余情况下的“知”都是作为最普通的含义使用，即作为动词‘认识’，或作为名词的‘知识’。虽然《孟子》书中之‘知’与‘智’已经有了区分，但孟子作为一位思想家、哲学家，善于借由一物一事类比、譬喻、论理，其言‘知’也往往与‘智’相关，不可不察。‘知者无不知也’，故‘知’的内容、范围很广，孟子特别强调某些特殊对象之‘知’如‘知人’、‘知言’、‘知政’、‘知德’、‘知道’之知。[③]

《孟子》书中提及“智”则总计有32次[④]，在不同情境中有不同的含义与理解，释为“聪明”“智慧”。如“为政不因先王之道，可谓智乎？”[⑤]（以下文中出现《孟子》引文均出自这一版本，只注篇名）（《离娄上》），说明“智”与为政之道的关系，为政应以先王之道为本。（孟子）曰：“否。昔者有馈生鱼于郑子产，子产使校人畜之池。校人烹之，反命曰：‘始舍之，圉圉焉；少则洋洋焉，攸然而逝。’子产曰：‘得其所哉！得其所哉！’校人出，曰：‘孰谓子产智？予既烹而食之，曰：得其所哉？得其所哉。’故君子可欺以其方，难罔以非其道。彼以爱兄之道来，故诚信而喜之，奚伪焉？”[⑥]（《万章上》）“君子可欺以其方”，故子产智不智并不是凭当下能否判断校人（管池沼的小吏）诚实还是说谎来决定，一个正人君子是极有可能被他人刻意架构的合情合理的谎言所蒙骗，一个正人君子的正直品格也不会任意去怀疑他人；孟子以此类比说明瞽叟（舜的父亲）和象（舜的弟弟）虽千方百计要加害舜，舜却仍然真心孝顺父母，孟子认为这并非君子不智。“智”在此不同于一般“知”，而有一定的境界。万章问曰：“或曰：‘百里奚自鬻于秦养牲者，五羊之皮食牛以要秦谬公。’信乎？”孟子曰：“否，不然；好事者为之也。百里奚，虞人也。晋人以垂棘之璧与屈产之乘，假道于虞以伐虢。宫之奇谏，百里奚不谏，知虞公之不可谏而去之秦，年已七十矣；曾不知以食牛干秦缪公之为污也，可谓智乎？不可谏而不谏，可谓不智乎？知虞公之将亡而先去之，不可谓不智也。时举于秦，知缪公之可与有行也而相之，可谓不智乎？相秦而显其君于天下，可传于后世，不贤而能之乎？自鬻以成其君，乡党自好者不为，而谓贤者为之乎？”[⑦]（《万章上》）这篇故事显示百里奚有知人之智，知虞公之不可谏而去，孟子以此辩明“百里奚自鬻于秦养牲者，五羊之皮食牛以要秦缪公”所言之不可信，指出百里奚并非卖身求荣之人。“孟子曰：‘无或乎王之不智也。虽有天下易生之物也，一日暴之，十日寒之，未有能生者也，吾见亦罕矣。吾退而寒之者至矣，吾如有萌焉何哉？今夫弈之为数，小数也；不专心致志，则不得也。弈秋，通国之善弈者也，使弈秋诲二人弈，其一

---

① 蒋致远. 四书索引·孟子引得［M］. 台北：宗青图书公司，1989：478-480.

② “孟子曰：知者无不知也，当务之为急；仁者无不爱也，急亲贤之为务。尧舜之知而不遍物，急先务也；尧舜之人不遍爱人，急亲贤也。”（《孟子·尽心上》）里面的“知”通“智”。

③ 潘小慧. 弘扬中华“智德”文化：以先秦孔、孟、荀儒家为据的讨论［J］. 长安大学学报（社会科学版），2013（02）：6-12.

④ 蒋致远. 四书索引·孟子引得［M］. 台北：宗青图书公司，1989：319-320.

⑤ 杨伯峻. 孟子译注［M］. 北京：中华书局，2005：162.

⑥ 杨伯峻. 孟子译注［M］. 北京：中华书局，2005：210.

⑦ 杨伯峻. 孟子译注［M］. 北京：中华书局，2005：230.

人专心致志，惟弈秋之为听；一人虽听之，一心以为有鸿鹄将至，思援弓缴而射之，虽与之俱学，弗若之矣。为是其智弗若与？曰：非然也。’”①（《告子上》）孟子以为“（齐）王之不智”是由于纵使齐王善心萌芽，身边的小人都不断引诱齐王做坏事的缘故；正如学下棋，不是聪明不够、智不如人，而是在于是否专心致志的关键点上。因此，“（齐）王之不智”不是天生条件的不足，而是源于后天求知方法的错误与实践意志的薄弱，这种不智是必须自我负责的。

另如“孟子曰：‘伯夷，圣之清者也；伊尹，圣之任者也；柳下惠，圣之和者也；孔子，圣之时者也。孔子之谓集大成。集大成也者，金声而玉振之也。金声也者，始条理也；玉振之也者，终条理也。始条理者，智之事也；终条理者，圣之事也。智，譬则巧也；圣，譬则力也。由射于百步之外也，其至，尔力也；其中，非尔力也。’”②（《万章下》）孟子认为孔子集伯夷、伊尹、柳下惠三圣之大成，故曰“集大成”，并用“金声而玉振”来类比。其中，先敲钟声，是节奏条理的开始，也正是“智”之事；对比于用玉磬声结尾，是节奏条理的终结，属“圣”之事。“智”好比技巧，“圣”犹如力气，比如百步以外的射箭，箭射到了（达到某个距离），是因为力气，是“圣”；射中目标，就不是因为力气而是技巧，属于“智”。

二、“仁且智”的道德人格

“《论语》书中‘智者’是与‘仁者’并举作为两种主要的道德人格；‘知’（智）与‘仁’被视作两种相关但有别的主要德行。”③《孟子》一书也是如此，由此可见孟子继承孔子思想之处。整理分析如下：

（一）道德人格的特点是仁智并举

孟子追求的理想人格是仁智并举的圣人。从这里可以看到孔子思想对孟子思想的影响。

（1）（公孙丑）宰我、子贡善为说辞，冉牛、闵子、颜渊善言德行。孔子兼之，曰：“‘我于辞命，则不能也。’然则夫子既圣矣乎？”曰：“恶！是何言也？昔者子贡、问于孔子曰：‘夫子圣矣乎？’孔子曰：‘圣则吾不能，我学不厌而教不倦也。’子贡曰：‘学不厌，智也；教不倦，仁也。仁且智，夫子既圣矣！’夫圣，孔子不居——是何言也？”④（《公孙丑上》）

孔子谦称“圣则吾不能，我学不厌而教不倦也”，但按照子贡的理解，“学不厌”即“智”的表现，“教不倦”即“仁”的情操⑤，这与我们的一般认知也相符。孔子仁且智，当然是个圣人，只是孔子谦虚，并不自居为圣。

---

① 杨伯峻．孟子译注［M］．北京：中华书局，2005：264-265.

② 杨伯峻．孟子译注［M］．北京：中华书局，2005：233.

③ 肖群忠．智德新论［J］．道德与文明，2005（3）：14-19.

④ 杨伯峻．孟子译注［M］．北京：中华书局，2005：63.

⑤《论语·述而》也有类似记载：“子曰：若圣与仁，则吾岂敢？抑为之不厌，诲人不倦，则可谓云尔已矣。”公西华曰：“正唯弟子不能学也。”

（2）孟子曰：“矢人岂不仁于函人哉？矢人唯恐不伤人，函人唯恐伤人。巫匠亦然。故术不可不慎也。孔子曰：‘里仁为美。择不处仁，焉得智？’夫仁，天之尊爵也，人之安宅也。莫之御而不仁，是不智也。不仁不智，无礼、无义，人役也。人役而耻为役，由弓人而耻为弓，矢人而耻为矢也。如耻之，莫如为仁。仁者如射：射者正己而后发；发而不中，不怨胜己者，反求诸己而已矣。”①（《公孙丑上》）

此章孟子以矢人（制造箭的人）、函人（制造盔甲的人）等职业（术）之人做比喻，说明行仁由己，不必假于他人。文中引述孔子“里仁为美，择不处仁，焉得智？”（《论语·里仁》）之言，强调“仁”是“天之尊爵也，人之安宅也”，并进一步说明在无人阻挡、阻碍的情况下，还不去行仁，就是不智。换言之，一个不仁的人（不去行仁的人），就很难说他是“智者”。这里就显示出孟子依循孔子以“仁”显“智”的思想基调，也认为“智”（实践智慧）与“仁”（道德）两者密切相关，“智”必须通过“仁”之有无来衡定。“仁”“智”两者的关系呈现：“仁”为“智”的必要条件。这也说明了“智”在儒家哲学中是与道德伦理相关，是“德性之知”，是一种实践智慧，堪称是一种“德行”。

（二）“智”作为一种实践智慧，以“仁”显“智”

（1）燕人畔。齐宣王曰：“吾甚惭于孟子。”陈贾曰：“王无患焉。王自以为与周公孰仁且智？”王曰：“恶，是何言也？”曰：“周公使管叔监殷，管叔以殷畔；知而使之，是不仁也；不知而使之，是不智也。仁智，周公未之尽也，而况于王乎？贾请见而解之。”见孟子，问曰：“周公何人也？”曰：“古圣人也。”曰：“使管叔监殷，管叔以殷畔也，有诸？”曰：“然。”曰：“周公知其将畔而使之与？”曰：“不知也。”“然则圣人且有过与？”曰：“周公，弟也；管叔，兄也，周公之过，不亦宜乎？且古之君子，过则改之；今之君子，过则顺之。古之君子，其过也，如日月之食，民皆见之；及其更也，民皆仰之。今之君子，岂徒顺之，又从为之辞。”②（《公孙丑下》）

此章孟子借由说明古人与今人处理自己过错的不同，用以责备齐国大夫陈贾的文过饰非。其中讨论了“周公使管叔监殷，管叔以殷畔”一事。陈贾的推论如下：如果周公知道管叔会叛变而故意派他去，就是“不仁”；如果周公并不知道管叔会叛变而派他去，就是“不智”。因此，周公不是“不仁”就是“不智”。在这里，我们看到“仁不仁”与动机相关，“智不智”与“知人”③相关。孟子既然说周公是“古圣人也”，那么“圣人且有过与？”孟子回答：周公是弟弟，管叔是哥哥，弟弟如何疑心哥哥？因此，周公的过错是合情合理的④。关键在于面对过错的态度，“古之君子，过则改之；今之君

① 杨伯峻. 孟子译注［M］. 北京：中华书局，2005：81.

② 杨伯峻. 孟子译注［M］. 北京：中华书局，2005：101.

③《论语·颜渊》记载：“樊迟……问知（智），子曰：知人。樊迟未达。子曰：“举直错诸枉，能使枉者直。”《论语·卫灵公》也记载：“可与言而不与之言，失人；不可与言而与之言，失言。知者不失人，亦不失言。”老子《道德经·第三章》言“知人者智，自知者明”，与此义通。

④《孟子·离娄上》“……故君子可欺以其方，难罔以非其道。彼以爱兄之道来，故诚信而喜之，奚伪焉？”

子，过则顺之。”据此，君子、圣人犯错是可能的，重点在于犯错之后如何面对过错？以前的君子（真君子）一有过错，立即改正；现在的君子（伪君子）有过错则顺着过错，一错到底。以前的君子，他的过错好像日蚀月蚀一样，民众都会看到，等到君子更改了错误的时候，民众都会敬仰他。如今的所谓君子，岂止是顺从自己的错误，还会为他的过错辩护掩饰呢！

（2）孟子曰：故曰，为高必因丘陵，为下必因川泽；为政不因先王之道，可谓智乎？是以惟仁者宜在高位。不仁而在高位，是播其恶于众也①。（《离娄上》）

此章谈到治国之道。治国必须因先王之道，即施行仁政，而仁政首要在于“惟仁者宜在高位”。如果不如此，孟子会质疑：“可谓智乎？”因此，“智”作为一种实践智慧或明智之德，必须以“仁”德为思想的中心。这也是一种以“仁”显“智”的思想基调。

三、作为四德之一的“智”德

孔子把“智、仁、勇”并称为“君子道者三”②。《中庸》称“天下之达德也”③ 后世统称为“三达德”。到了孟子，虽然继承了孔子贵仁尚义的思想，却也有所创新与发明，他首次提出仁、义、礼、智四德，“智”是其中之一。

（一）孟子首倡仁、义、礼、智四德

孟子在孔子思想的基础之上，首次提出四德。

（1）不仁、不智、无礼、无义，人役也④。（《公孙丑上》）

孟子极其重视仁、义、礼、智四德，指出如果不仁、不智、无礼、无义，这种人只能做别人的仆役。本应该是仆役却自以为耻，正好比造弓的人以造弓为羞耻，造箭的人以造箭为耻一般。如果真以为耻，不如好好地去行仁。只有具备仁、义、礼、智四德的人才是真正意义的道德主体，遇事才能发挥自己的主观能动性。

（2）孟子曰：仁之实，事亲是也；义之实，从兄是也；智之实，知斯二者弗去是也；礼之实，节文斯二者是也；乐之实，乐斯二者，乐则生矣；生则恶可已也，恶可已，则不知足之蹈之手之舞之⑤。（《离娄上》）

在孟子看来，儒家的仁、义、礼、智四德中，核心是仁、义，而仁即对父母孝顺、义即尊敬兄长，即“悌”。智德主要内容是明白仁义的道理而坚持下去；礼的主要内容是对仁义既能够适宜地加以调节，又能够适当地加以修饰；乐的主要内容是从行仁义中得到快乐，快乐就会发生。虽然仁义是核心的道德规范，但是，智德的作用不可小觑，智德可以让行仁义的意志坚定地走下去。

---

① 杨伯峻．孟子译注［M］．北京：中华书局，2005：162.

② 《论语·宪问28》：子曰“君子道者三，我无能焉，仁者不忧，知者不惑，勇者不惧。”

③ 《中庸·20章》也记载：“哀公问政。子曰‘……知、仁、勇三者，天下之达德也。所以行之者一也。’”

④ 杨伯峻．孟子译注［M］．北京：中华书局，2005：81.

⑤ 杨伯峻．孟子译注［M］．北京：中华书局，2005：183.

（二）天赋四心外化为四德

孟子认为人性本善，人生而具有恻隐之心、羞恶之心、恭敬之心和是非之心，四心外化为四德。

（1）孟子曰：乃若其情，则可以为善矣，乃所谓善也。若夫为不善，非才之罪也。恻隐之心，人皆有之；羞恶之心，人皆有之；恭敬之心，人皆有之；是非之心，人皆有之。恻隐之心，仁也；羞恶之心，义也；恭敬之心，礼也；是非之心，智也。仁义礼智，非由外铄我也，我固有之也，弗思耳矣。故曰，“求则得之，舍则失之。”或相倍蓰而无算者，不能尽其才者也①。（《告子上》）

这章的意思是说人的性情确实是天生就善良的，每个人生而具有同情心、羞耻心、恭敬心和是非心。四心外在表现为仁、义、礼、智，它们都不是外界赋予的，而是人本身所固有的，至于有人会作恶，则不是天性的过错，而是没有去努力探索本来的人性。有些事或许人力所不及，求不可得，如孟子所谓之“挟泰山以超北海”（《梁惠王上七》），是不能也不为也；但“用其力于仁（义、礼、智）”则“未见力不足者”“求则得之，舍则失之”，这正如孟子所谓“折枝之类”（同上），是不为也不能也。因此道德实践（统称“行仁”或“践仁”）是任何人不可推诿的，在道德实践上，孔孟儒家都强调道德主体人本身的意愿。

（2）孟子曰：广土众民，君子欲之，所乐不存焉；中天下而立，定四海之民，君子乐之，所性不存焉。君子所性，虽大行不加焉，虽穷居不损焉，分定故也。君子所性，仁义礼智根于心，其生色也睟然，见于面，盎于背，施于四体，四体不言而喻②（《尽心上》）。

此章指出君子之“所欲”“所乐”“所性”之不同，而以“所性”为最重要的一项，且是“分定故也”（所得于天的性分固定之故），无可损益。孟子进一步肯定君子所性之“仁、义、礼、智”四德乃“根于心”。“广土众民”“中天下而立，定四海之民”虽君子欲之、乐之，但这皆属于人间的普通幸福，非人性之所本有。而人性之本有者，只有自心依照仁义礼智而行，这个与人的现实境况无关，所谓“大行不加”“穷居不损”“分定故也”。“分定故也”就是指：人是理性存在，即先天地有一种义务与职责养成自由意志而依仁义礼智而行，这是必然而定然的。除非你不是人这种理性存在，或者造化另作一番安排，使这个宇宙间出现另一种理性存在，是否亦有如此这般之义务与职责，不得而知。现在，这个宇宙间的理性存在以人这种姿态出现，则这义务与职责也是先天赋予的。

四、智德的养成

接着，我们不禁要问：“智”作为一种德行——智德，是天生即有？还是靠后天培育？

---

① 杨伯峻. 孟子译注［M］. 北京：中华书局，2005：259.

② 杨伯峻. 孟子译注［M］. 北京：中华书局，2005：309.

虽然孔子提出四种“知”：“生而知之”（上也）、“学而知之”（次也）、“困而学之”（又其次也）和“困而不学”（下矣）；但孔子看重的是“学而知之”和“困而学之”，这学而后得的广大中间层次，强调仁之学与知之学。因此，基本上以为智德是靠后天学习、培育而得的①。孟子在这个问题上似乎与孔子有不同的思维及解释。孟子说过“仁义礼智，非由外铄我也，我固有之也，弗思耳矣”（如前述），又说“人之所不学而能者，其良能也；所不虑而知者，其良知也。孩提之童无不知爱其亲者；及其长也，无不知敬其兄也。亲亲，仁也；敬长，义也；无他，达之天下也。”②（《尽心上》）智德生而具有的本性，是固有的，与外在或后天无涉。智德的实质正是“知斯二者（亲亲之仁、敬畏之义）弗去是也”，即“良知”“良能”的内涵。智德既是本性固有的，那么，为什么有人缺乏智德，也就是不智呢？孟子认为这是由于小人（庶民）“弗思耳矣”。孟子指出“大人”（君子）与“小人”的区别在于“大人”乃“从其大体之人”，而“小人”乃“从其小体之人”。“大体”指的是“心之官”，“小体”指的是“耳目之官”。孟子将心官看作是与耳目官能相对立的一种官能，心官与耳目之官最大的不同在于心官能“思”而耳目之官不能“思”③。事实上，如果一个人不能善用先天所拥有的心官去思考反省，就不可能是明智的，也就难以具有智德了。因此，即使天生即有智德之端，仍须后天的培育，只是按照孟子的说法是依赖“扩充”与“存养”两种工夫。

何为“扩充”？钱穆先生解曰：“孟子言‘为’。又言‘充’，充者即为之之方也。”④扩充什么？“‘充’者，充此人人之所固有也。”⑤孟子曰：“凡有四端于我者，知皆扩而充之矣，若火之始然，泉之始达。”⑥（《公孙丑上》）扩充我本有的四端，而且“知皆扩而充之”，正是智德的具体表现。扩充四端的成效如何？必能获致小则“事父母”、大则“足以保四海”⑦及仁义（礼智）“不可胜用”“无所往而不焉”⑧的功效。能如此行四德者，就是所谓的君子、大人、圣贤了；反之，如果不能将本心本性之善后而充之，则连侍奉父母这种最基本的德行都难以办到，遑论其他，这种人也只能是从其小体的小人了。至于“存养”，按照孟子所说，就是“存其心，养其性，所以事天也”（《尽心上》），简言之，就是“存心养性”。这是一种道德主体的修养工夫。孟子认为

---

① 潘小慧．弘扬中华“智德”文化：以先秦孔、孟、荀儒家为据的讨论［J］．长安大学学报（社会科学版），2013（02）：6-12.

② 杨伯峻．孟子译注［M］．北京：中华书局，2005：307.

③ 《告子上》：“公都子问曰：“均是人也，或为大人，或为小人，何也?”孟子曰：“从其大体为大人，从其小体为小人。”曰：“均是人也，或从其大体，或从其小体，何也?”曰：“耳目之官不思，而蔽于物。物交物，则引之而已矣。心之官则思，思则得之，不思则不得也。此天之所与我者。先立乎其大者，则其小者不能夺也。此为大人而已矣。”

④ 钱穆．孟子研究［M］．上海：开明书店，1948：85.

⑤ 钱穆．孟子研究［M］．上海：开明书店，1948：86.

⑥ 杨伯峻．孟子译注［M］．北京：中华书局，2005：80.

⑦ 《公孙丑上》：“苟能充之，足以保四海；苟不充之，不足以事父母。”

⑧ 《尽心下》：“人皆有所不忍，达之于其所忍，仁也；人皆有所不为，达之于其所为，义也。人能充无欲害人之心，而仁不可胜用也；人能充无穿逾之心，而义不可胜用也；人能充无受尔汝之实，无所往而不为义也。”仁、义如此，“礼”“智”之德亦然。

颇有助于道德实践的进行与完成。朱熹注云："存，谓操而不舍；养，谓顺而不害。"[①]存其心，是说操持本心之良而不舍弃。孟子说："君子所以异于人者，以其存心也。君子以仁存心，以礼存心。仁者爱人，有礼者敬人。"[②]（《离娄下》）按照孟子思想的一贯性，还可以加上（君子）"以义存心，以智存心……智者知人。""存心"是君子与一般人的不同之处，孟子所提倡的"存心"，就是保有那原本人人具有的良心或四端之心；若一旦放失，则求其放心而已矣[③]！至于养其性，是说顺其天性之善而不去戕害。孟子曰："故苟得其养，无物不长；苟失其养，无物不消。孔子曰：'操则存，舍则亡，出入无时，莫知其乡。'惟心之谓与？"[④]（《告子上》）由于孟子"即心言性""尽心知性"，故养其性其实就是养其心。具有四德之端之心就好比"仁德种子"，种子需要培养（如灌溉、阳光等滋养）才能长成大树或开花结果，仁德种子也需要存养才能完成仁德。同理，作为智德之端的"是非之心"——"智德种子"，也需要存养才能完成智德。养心亦即养大体，人的生命由生理生命（身）及精神生命（心）组成，两者均不可忽略，均富兼所爱、兼所养。孟子虽将身视为小体，将心视为大体；大体为贵，小体为贱；然而无鄙薄耳目口体之意。孟子要人们注意的是："无以小害大，无以贱害贵"[⑤]。一个人是否善养则有赖于其是否养大体之心，大人、小人之别也就在于此了。养心之道，最要紧的在于"寡欲"，即减少嗜欲。心之大体本灵明，故能省思；耳目之小体不能思，只能使人产生感性欲望，为声色物欲之相引而蒙蔽沉沦，故养心的第一步工作即寡欲[⑥]。人若能存其心、养其性，就等于是顺应天命而不逆、勤于事天而不懈了。因此，存心养性除了作为人的修养工夫、作为四德（包括智德）的养成工夫，也是事天之道呢！

总之，孟子虽私淑孔子[⑦]，并且以学孔子为所愿[⑧]，《孟子》一书也多"述仲尼之意"[⑨]；然而在"智"德思想上，孟子一方面继承了孔子的智德思想，另一方面又独创性地提出了自己的智德思想，从而体现了儒家思想在智德思想上的一脉相承又有所创新。

---

① 朱熹. 四书集注·孟子集注［M］. 济南：齐鲁书社，1992：186.

② 杨伯峻. 孟子译注［M］. 北京：中华书局，2005：197.

③ 《孟子·告子上》："仁，人心也；义，人路也。舍其路而弗由，放其心而不知求，哀哉！人有鸡犬放，则知求之；有放心而不知求。学问之道无他，求其放心而已矣。"

④ 杨伯峻. 孟子译注［M］. 北京：中华书局，2005：263.

⑤ 《孟子·告子上》："人之于身也，兼所爱。兼所爱，则兼所养也。无尺寸之肤不爱焉，则无尺寸之肤不养也。……体有贵贱，有小大。无以小害大，无以贱害贵。养其小者为小人，养其大者为大人。"

⑥ 《孟子·尽心下》："养心莫善于寡欲。其为人也寡欲，虽有不存焉者，寡矣；其为人也多欲，虽有存焉者，寡矣。"

⑦ 《孟子·离娄下》："孟子曰：……予未得为孔子徒也，予私淑诸人也。"

⑧ 《孟子·公孙丑上》："皆古圣人也，吾未能有行焉；乃所愿，则学孔子也。……圣人之于民，亦类也。出于其类，拔乎其萃，自生民以来，未有盛于孔子也。"

⑨ 司马迁. 史记·孟子荀卿列传第十四［M］. 北京：中华书局，1959：23-43.

时代学风与宋儒通经致用的经典诠释取向
——以“三礼”诠释为中心的考察①

潘斌

“三礼”是《周礼》《仪礼》和《礼记》三部古典文献的统称，属于儒家“十三经”，在中国思想文化史上占有重要地位。“三礼”所记之内容，涉及先秦时期的社会、历史、伦理、价值观念等各个方面的内容。由于“三礼”本身所具有的丰富的思想文化内涵，所以其从汉代开始便陆续成为官方所认定的经典文献，并成为科考的重要科目。“三礼”亦受到宋代统治者和学人的普遍重视，相关著述宏富。据笔者统计，尚可考见的宋代《周礼》类文献有一百零六种，《仪礼》类文献有六十六种，《礼记》类文献有二百七十余种②。若加上文集中关于“三礼”之篇章，宋代“三礼”学文献的数量会更大，由此可见宋代“三礼”学之盛。今人结合宋代学风探讨宋儒于“三礼”诠释的方法和价值取向，对于认识“三礼”在宋代文化中的地位、扮演的角色以及发挥的作用等都有重要意义，对于研究宋代理学、经学等亦有参考价值。本文拟重点结合宋代学风探讨宋儒“三礼”诠释与通经致用之间的关系，至于宋儒利用“三礼”从事理学思想体系建构的内容与方法，笔者将另辟专文述之③。

---

① 原刊于《史林》2017 年第 3 期。

② 在宋代，“三礼”不仅受到士人的重视，还受到最高统治者的青睐。据《宋史·选举志》《宋会要辑稿·选举》和《续资治通鉴长编》等史书记载，可知北宋开宝年间到嘉祐年间，殿试赐进士及第、赐进士出身以及赐学究出身者，“三礼”所占的比例很大。比如开宝六年（公元 973 年）殿试进士及第，其中“三礼”及第者达三十六人，为诸经中最多。开宝八年（公元 975 年）“三礼”及第者甚至达三十四人。通过比较，可知宋代习“三礼”者众多，出现这种状况的根本原因，是“三礼”之学受到了宋代科举考试的重视。此外，宋代有些皇帝还以“三礼”中的部分篇卷赐进士和文臣。如据《宋会要辑稿·选举》之记载，可知淳化三年（公元 992 年）三月初九日，宋太宗赐新及第进士御制诗、《儒行箴》各一首，十五日，诏新及第进士及诸科贡举人《儒行篇》各一轴。又据《宋史·职官八》记载，大中祥符年间，宋真宗以《礼记·儒行篇》赐亲民厘务文臣。

③ “三礼”与宋代理学思想体系之建构有密切的关系。如有些宋儒据《周礼》《仪礼》之记载，从而抑道辟佛，弘扬儒家伦理。如张载通据《周礼》天官职掌，认为《周礼》天官布局与佛教所言天地之“大”不相涉，二者不具有可比性。在此基础上，张载扬儒批佛。（见张载著、张锡琛点校：《经学理窟·周礼》，见《张载集》，中华书局 1978 年版，第 248-249 页）又如魏了翁认为，士人若致力于《仪礼》之研读，则有益于“变化气质”“复性情之正”。（见（宋）魏了翁：《鹤山集》卷五十二《横渠礼记说序》，《文渊阁四库全书》第 1172 册，第 585 页）此外，《礼记》中的《大学》《中庸》《乐记》中的概念、命题，为宋儒构建理学思想体系提供了资源，故受到宋儒的高度重视。朱熹的《四书章句集注》是理学的代表作，其中的《大学章句》和《中庸章句》的文本依据就是《礼记》的《大学》和《中庸》。

一、宋儒“三礼”诠释与修身齐家、移风易俗

赵宋王朝建立之初，所面对的是五代“礼废乐坏”之残局，不少人“忘君臣之分，废父子之亲，失夫妇之道，绝兄弟之好”①，以至于“以众暴寡，以智欺愚，以勇威怯，以强陵弱……昏冠丧祭，宫室器用，家殊俗异，人自为制，无复纲纪”②。鉴于道德陵夷、世风坏乱之社会现实，不少人希望在经典中获得资源，从而解决时代所面临的问题。由于“三礼”关乎伦理纲常，故受到宋儒的青睐。宋儒利用“三礼”来修身齐家、移风易俗，可以从以下三个方面来看。

第一，宋儒以《礼记·大学》为据阐发内圣外王的人格理想。

宋儒对天人关系的论述，对伦理道德的设定，落脚点皆在理想人格之塑造上。所谓理想人格，是指“一个社会、一个民族文化中人们最推崇的人格范型，这种人格范型最典型地体现了该社会文化的基本特征和价值标准”③。笼统地说，儒家的理想人格就是“内圣外王”。内圣是指人通过心性修养，从而达到高尚的境界；外王是指高尚的境界在现实社会的外化和彰显。这种理想人格，集中地反映于《礼记·大学》中“修齐治平”之论述上。

宋儒重视《大学》所倡导的内圣外王之道，并做了新的诠释。如司马光据《大学》“大学之道在明明德，在亲民，在止于至善”，认为君子应具备“修身”和“治天下”之志，才能至于“尽善”。他说：“明明德所以修身也，亲民所以治天下国家也。君子学斯二者，必至于尽善然后止，不然不足谓之大学也。定者能固执于至善也，静者不为纷华盛丽之所移夺也，安者悦而时习之也，虑者专精致思以求之也，得者入于圣人之道也。”④ 司马光于此言君子应“修身”“治天下”兼备，实际上是“内圣外王”的另一种说法。宋人邵甲亦据《大学》此语曰：“夫始于明明德，已而新其民，复继之曰在止于至善，何也？盖至善即明德新民极致之地，明德而未极于至善，则其明为未周，新民而未极于至善，则其化为尚浅。”⑤ 邵氏认为，明明德乃自身道德修养之事，德为本心所有，非外在所能增益，自己当作的就是使此德外化；新民乃成就他物者，具体地说，就是以方导民、以渐化民；明德、新民有程度深浅之不同，只有当明德、新民达到“极致”，方可称为至善。邵氏于此所言，亦是对《大学》所言内圣外王之道所作之阐释。

《礼记·大学》又言“自天子以至于庶人，壹是皆以修身为本”。叶适认为，《大学》此章极体用而言之。他说：“天下之人悦其外而忘其内，安其末而不思其本，莫知其所以致知者，何也？故敛其用以反其本，收其远而归于近，则明明德于天下者，必先

① 郑居中等撰：《政和五礼新仪序》，载《政和五礼新仪》卷首，《文渊阁四库全书》第647册，第2页。

② 郑居中等撰：《政和五礼新仪序》，载《政和五礼新仪》卷首，《文渊阁四库全书》第647册，第2页。

③ 朱义禄：《儒家理想人格与中国文化》，辽宁教育出版社1991年，绪论第7页。

④ 卫湜：《礼记集说》卷一百四十九，《文渊阁四库全书》第120册，第575页。

⑤ 卫湜：《礼记集说》卷一百四十九，《文渊阁四库全书》第120册，第579页。

治其国，治其国者，必先齐其家，以至于正心诚意，敛之无余力，用之无余功。”① 在叶适看来，人应该从格物致知开始，以见大道之本，再到齐家、治国，以至于明明德于天下。张载亦据《大学》此语云：“一国一家一身皆在处其身，能处一身则能处一家，能处一家则能处一国，能处一国则能处天下。心为身本，家为国本，国为天下本。心能运身，心所不欲，身能行乎？”② 在张载看来，“处其身”是齐家、治国之前提，能处一身则能齐家，能齐家则可治国、平天下。

《大学》中“三纲领”“八条目”所讲的内圣外王之道，实际上有着本末先后的关系，修身为本，齐家、治国、平天下为末。司马光、邵甲、叶适、张载等人从事《大学》诠释时强调内圣，认为外王只不过是内圣的自然外化，这与儒家传统的人格理想是一致的。

至于儒家理想人格之要素，“三礼”亦有记载，义、敬、中庸等皆此类也。宋儒还以“三礼”为据，对理想人格的构成要素做了阐释。如宋儒讲礼、崇礼，认为礼乃圣贤必备的要素。《礼记·曲礼》言“礼不逾节，不侵侮，不好狎”，宋人周行己据此认为：“礼者，分而已矣。居下而犯上，则逾上之节，不知下之分也。居上而偪下，则逾下之节，不知上之分也。侵侮者失人，不知人之分也。好狎者失已，不知已之分也。君子明礼而知分，故居上不骄，为下不乱，与人不争，处已必敬。此所以作事可法，容止可观，而为万夫之望者也。”③ 周氏认为《曲礼》“不逾节”“不侵侮”“不好狎”，意在使人明上下之分，与人不争，处已必敬。又如《礼运》言“礼，先王以承天之道，以治人之情，故失之者死，得之者生”，宋人刘执中据此曰：“先王正心诚意，动必如礼者，欲盛厥德，以配天地也，不曰承天之道乎？”④ 刘氏认为“失之者死”即失礼则悖于中道，灾祸及身；“得之者生”即有礼则行动协调，合乎中道；“天下国家可得而正”即天地得礼则阴阳和顺，鬼神得礼则生以时，诸仪得礼则君臣、父子、兄弟、夫妇、朋友各有职分而不及乱。

宋儒重视义利之辨，故义亦是宋儒理想人格之要素。如《大学》主张“国不以利为利，以义为利也”，宋人叶梦得释之曰：“聚人者财，理财者义。务财用，求所以聚人也；不务财用，求所以为义也。小人不知所以聚人，而务在于聚财，此灾害所以并至也。”⑤ 叶氏认为，聚敛财富之根本目的是聚人，不聚敛财富之目的是求义；小人专事聚财而不知求义，遂招致灾害；专事聚敛财富者不义，是小人之事；以义为目标，不专事聚敛财富者则是君子之事。朱熹引陆贽和吕希哲之语，亦认为聚敛财富乃小人之事，伤民心，伤国本；人主敛财，令智昏而不知害。朱熹曰：“怨已结于民心，则非一朝一夕之可解矣。圣贤深探其实，而极言之，欲人有以审于未然，而不为无及于事之悔也。以

---

① 卫湜：《礼记集说》卷一百五十，《文渊阁四库全书》第 120 册，第 596-597 页。

② 卫湜：《礼记集说》卷一百四十九，《文渊阁四库全书》第 120 册，第 582 页。

③ 周行己：《经解》，《全宋文》第 137 册，2006 年，第 123 页。

④ 卫湜：《礼记集说》卷五十四，《文渊阁四库全书》第 118 册，第 127 页。

⑤ 卫湜：《礼记集说》卷一百五十三，《文渊阁四库全书》第 120 册，第 668 页。

此为防人，犹有用桑弘羊、孔仅、宇文融、杨慎矜、陈京、裴延龄之徒，以败其国者。”① 朱熹认为君子不应以聚财为务，如此方能利国利民。

第二，宋儒以“三礼”为据从事家庭伦理道德建设。

中国古人认为家庭是社会稳定、人民福祉的基础，而伦理道德建设又是家庭兴旺繁荣、长盛不衰的前提。由于五代时期的战乱和破坏，北宋时期的家庭礼仪，以及与之相关的婚、葬、祭诸礼皆存在很大问题。如司马光批评当时的婚俗曰：“今世俗之贪鄙者将娶妇，先问资装之厚薄，将嫁女，先问聘财之多少。至于立契约，云某物若干某物若干，以求售某女者。亦有既嫁而复欺绐负约者，是乃驵侩鬻奴卖婢之法，岂得谓之士大夫婚姻哉。”② 据司马光所言，可知北宋中前期的婚姻普遍看重物质利益，而忽视婚礼神圣之本义。鉴于社会风俗坏乱的现实，有些宋儒希望通过编撰礼书，从而为家庭家族的伦理道德建设提供支持。众多的礼书中，司马光的《书仪》和朱熹的《家礼》最具有代表性，两者是在结合当时的社会风俗，并参考《仪礼》和《礼记》所记冠、婚、丧、祭诸礼的基础之上从而制定的士庶人通礼。

司马光《书仪》所记诸礼仪节之展开，是以《仪礼》为依据，并以《周礼》《礼记》之记载为佐证。如《书仪》所记冠仪的筮日、筮宾、戒宾、宿宾、三加、宾字冠者、冠者见诸父诸兄、拜赞者、见诸母姑姊诸仪节，与《仪礼·士冠礼》所记冠礼仪节皆相合。南宋朱熹认为《书仪》“大概本《仪礼》”③，准确道出了《书仪》与《仪礼》的密切关系。不过也应看到，司马光并非照搬《仪礼》之记载，他以变通的眼光，结合历代礼仪和当时的社会风俗，对《仪礼》所记诸礼加以改造，从而更好地满足当时社会之需要。如关于男女的嫁娶年龄，《周礼·地官·媒氏》认为“男三十而娶，女二十而嫁”，《礼记·内则》认为“（男子）三十而有室，始理男事”“（女子）十有五而笄，二十而嫁”。司马光认为，古书所言男女嫁娶年龄仅是理想之记载，而非事实之反映。他结合宋代的风俗，认为顺天地之道、合人情之宜的嫁娶年龄，是“男子年十六至三十，女子十四至二十”④，而不必男子三十、女子二十。

司马光还以宋代熟悉的事物代替《仪礼》所记之礼器和行礼场地，于《仪礼》所记仪节亦有变通。如冠礼筮日，《仪礼》必决于卜筮，灼龟曰卜，揲蓍曰筮。司马光则认为“卜筮在诚敬，不在蓍龟，或不能晓卜筮之术者，止用杯珓亦可也”⑤，甚至“取大竹根判之，或止用两钱掷于盘，以一仰一俯为吉，皆仰为平，皆俯为凶”⑥。又如《仪礼》所记冠礼有醴礼，而宋代私家无醴，司马光遂主张“以酒代之，但改醴辞‘甘醴惟厚’为‘旨酒既清’耳，所以从简”⑦。又如《仪礼》所记丧礼有为尸沐浴仪节，

---

① 卫湜：《礼记集说》卷一百五十三，《文渊阁四库全书》第120册，第668-669页。
② 司马光：《书仪》卷三，《文渊阁四库全书》第142册，第475-476页。
③ 永瑢：《四库全书总目》卷二十二《经部·礼类四》，中华书局1965年影印本，第180页。
④ 司马光：《书仪》卷三，《文渊阁四库全书》第142册，第473页。
⑤ 司马光：《书仪》卷二，《文渊阁四库全书》第142册，第467-468页。
⑥ 司马光：《书仪》卷二，《文渊阁四库全书》第142册，第467-468页。
⑦ 司马光：《书仪》卷二，《文渊阁四库全书》第142册，第469页。

司马光则认为古今堂室建置有异，古人沐浴和饭含皆在牖下，今则可在所卧之床前，“以从宜也”①；古人沐浴设床袒箦，袒箦者去席，盖水便也，今籍以簟，不设毡褥，“亦于沐浴便”②。《书仪》对《仪礼》所记诸礼所作之变通，意在守礼之意的同时，方便今人之实施。

朱熹认为司马光《书仪》“无所折衷”“遗其本而务其末”“缓于实而急于文”，遂损益《书仪》而成《家礼》。在冠、婚、丧、祭礼仪框架方面，《家礼》与《书仪》大致相同。不过在礼仪操作方面，《家礼》对《书仪》作了很多简化。比如《书仪》引经据典者颇多，朱熹认为正文太繁使礼之实施者难得其要，遂将《书仪》的不少正文变为注文。《书仪》的注释繁冗，《家礼》则大量简化。此外，《家礼》对《书仪》的部分仪节亦有剪裁，如《书仪》于公文、表奏、家书的撰写格式有详尽之说明，《家礼》则略而不言。《书仪》所记冠礼有筮宾仪节，朱熹认为筮宾仪节“今不能然，但择朋友贤而有礼者一人可也”③。《书仪》所记婚礼有问名和纳吉仪节，朱熹认为这两种仪节已为宋代所不尽用，遂主张“止用纳采、纳币，以从简便”④。由于朱熹《家礼》更简练和更具有操作性，因此对宋代以及宋代以后的家庭家族礼仪建设远较《书仪》深远。

第三，宋儒还通过“三礼”诠释，从而移风易俗。

北宋建立后，民生凋敝，礼乐不兴。鉴于民风凋敝之社会现实，不少士人从各个角度对移风易俗提出了自己的主张。其中不少士人试图通过“三礼”之诠释，从而移风易俗。

如程颐撰《婚礼说》，对婚礼中的“六礼”有简要之解释。如于“纳吉”，程颐曰：“纳吉，谓壻氏既得女名，以告神而卜之，得吉兆，又往告女氏，犹今之言定。使辞曰：‘吾子有贶命，某加诸卜，占曰吉，使某也敢告。’”⑤“六礼”的最后一个仪式是“亲迎”，程颐称之为“成婚”。其曰：“期日，壻氏告迎于庙。初昏，壻受命于所尊，出乘，前引妇车。”程颐自注曰：“受命而出，乘马前引妇车，迎妇之车也。今或用担子。”⑥ 程颐用宋代常用的仪节或事物与《仪礼》相比况，如其用宋代的“言定”以释《仪礼》的“纳吉”，用宋代的“担子”以释《仪礼》亲迎婿引妇车所乘之马。透过程颐对《仪礼》所记婚礼六礼之诠释内容，可知程颐对《仪礼》所记礼仪之尊崇态度，还可见其与时俱进的变通精神。

至于移风易俗之具体举措，宋儒积极从《仪礼》等书中获取资源，并加以阐释。如不少宋儒主张恢复乡饮酒礼，希望借此醇化风俗，有益教化。孙何上真宗书，希望推行

---

① 司马光：《书仪》卷五，《文渊阁四库全书》第 142 册，第 485 页。

② 司马光：《书仪》卷五，《文渊阁四库全书》第 142 册，第 485 页。

③ 朱熹：《家礼》卷二，见朱杰人等编：《朱子全书》（修定本）第 7 册，上海古籍出版社、安徽教育出版社 2010 年，第 890 页。

④ 朱熹：《家礼》卷三，见朱杰人等编：《朱子全书》（修定本）第 7 册，上海古籍出版社、安徽教育出版社 2010 年，第 897 页。

⑤ 程颐. 婚礼说》，《全宋文》第 80 册，上海辞书出版社、安徽教育出版社 2006 年，第 316 页。

⑥ 程颐. 婚礼说》，《全宋文》第 80 册，上海辞书出版社、安徽教育出版社 2006 年，第 317 页。

《仪礼》所记之乡饮酒礼。孙何曰："孝悌立而人伦厚，教化行而邦本固。古先哲王知宇宙之广，不可家督而户劝也，故率之以仁义；知亿兆之众，不可丁诲而口授也，故示之以礼乐。……盖乡饮酒之礼，由是而行于天下，欲其观尊卑之叙而孝慈其父子，见长幼之节而友恭其兄弟，见宾主之仪而肃其宗族邻里。自乡而率邑，自邑而率都，自都而率国，而达四海，薰然而大和，巍然而至治，因此术也。"① 何氏认为，仁、义、礼、乐乃不可斯须去身者，若乡饮酒之礼行，那么家庭宗族由此而知礼；乡饮酒礼之推行，可由乡到邑，由邑到都，以至于国家、四海，从而实现天下之大治。

在士人们的推动下，宋代有乡饮酒礼之实践。如据蒋汝通于绍定五年（1232 年）所撰《乡饮酒记》，可窥当时地方行乡饮酒礼之概况。蒋氏记载道："礼废乐缺，迨今百年，往往视为迂阔，而念不到此也。郡侯史榷院之笃意举行，遣辞喻指，命乡之耆秀参订异同，润色绵蕝，修废典而新之。……是日也，冠带班列，豆笾有楚，主宾之揖逊逾再，歌笙之升间以三。济济跄跄，雍容和乐，献酬交错，情文粲然，燕席序登，爵乐无算，纯音缛礼，皆畴昔耳目之所未接，礼义之心，油然以生。"② 据蒋氏所言"礼废乐缺……往往视为迂阔"，可知乡饮酒礼之实践在宋代并不普遍；据蒋氏所言"遣辞喻指……修废典而新之"，可知绍定所行乡饮酒礼并非完全恪守《仪礼》所记之仪节，而是根据社会实际需求有所变通。对于宋人来说，乡饮酒礼已算是古董，然而宋人怀着"好古"心态去探寻、阐释、实践之，希望藉此使宋代社会拥有良善美俗。

二、宋儒"三礼"诠释与议政论政

北宋庆历时期以后，土地兼并日益严重，官僚和地主占有大片土地，而贫者无地可耕作。此外，冗员、冗兵也给政府带来很大的财政压力。鉴于当时社会存在的各种问题，不少士人希望通过改革从而缓解社会矛盾。在中国古代，社会改革的前提无疑是要得到统治者的支持。这种支持之获得，除了改革的主张要符合社会实际以外，还要有经典依据。在中国古人的意识中，经典具有神圣意义，经典之记载是学说或治国理政措施具有合理性与合法性的最基本的依据。为了获得宋代统治者的支持，不少士人积极著书立说，从古老的经典中寻找理论依据和制度资源，从而议政论政③。如李觏以《周礼》为主，兼取《礼记》等儒家经典，从而阐发致太平思想。熙宁变法期间，王安石从《周礼》等经典中寻找制度和思想思源，为变法的合理性和合法性提供依据。张载、叶时、

---

① 孙何：《上真宗请复乡饮礼》，《全宋文》第 9 册，上海辞书出版社、安徽教育出版社 2006 年，第 182 页。

② 蒋汝通：《乡饮酒记》，《全宋文》第 341 册，上海辞书出版社、安徽教育出版社 2006 年，第 203-204 页。

③ 在中国，利用经典议政论政是古老的传统，中国古人"以《禹贡》治河，以《洪范》察变，以《春秋》决狱，以三百五篇当谏书，治一经得一经之益"。（见皮锡瑞：《经学历史》，中华书局 2012 年版，第 56 页）由于"三礼"所记载的礼仪制度和蕴含的礼学思想对于人的道德提升以及社会秩序整合有积极意义，所以受到历代统治者的高度重视。如王莽效法《周礼》推行改制，北周宇文泰命苏绰、卢辩仿《周礼》置六卿官。虽然王莽、宇文泰据《周礼》从事社会改革都走向失败，但是这并没有影响宋人采用《周礼》从事政治经济制度改革的热情。

郑伯谦等人亦据《周礼》从而阐发自己的经略思想。此外，不少士人还通过“三礼”之诠释，从而阐发社会理想、规劝当政者。

第一，宋儒据“三礼”之记载从而阐发社会政治理想。

中国古代的“理想国”思想，集中地体现于《礼记·礼运》。《礼运》认为，大同社会尽善尽美，天下为全体人民所公有，应该选举有贤德有才能的人来管理；讲求诚信，致力友爱；人们不只是爱自己的双亲，不只是疼爱自己的子女，而且能博爱世人。宋儒在从事《礼运》之诠释时，将他们的社会理想表达了出来。如宋人刘执中认为，五帝时代世风质朴、人民纯洁，“是以选贤与能，讲信修睦，不必自于朝廷，而族党人人公共推让，不敢以为己私也。虽以天下让于人，而人不以为德；虽以天下外于子，而人不以为疏。故不谨于礼而人无作伪以逾于中，不由于乐而人无纵精以失其和”[①]。宋人陈祥道认为，尧、舜之世为大同，而禹、汤、文、武、成王、周公之世为小康，“大道之行为大同，大道之隐为小康，以道之污隆升降系乎时之不同而已。盖大道者，礼义之本，礼义者，大道之末。……此尧舜所以为大同，而禹、汤、文、武、成王、周公所以为小康也”[②]。

此外，《礼记·王制》有不少理想化的政治制度之记述。有些宋儒对《王制》所记政治制度的评价甚高，如永嘉徐自明认为“《王制》一书，叙次三王四代之制度，盖圣王所以经纶天下之大经，而为万世法程者也”[③]，高文虎认为“《王制》一篇皆先王治天下之规模，而本末先后未尝无定序也”[④]。不少宋儒还据《王制》所记之政治制度，阐发自己的社会政治理想。如徐自明曰：“《王制》……推明班爵制禄之法、祭祀养老之义，其立国之纪纲制度，讲若画一而不相逾越。三代所以享国长久，虽有辟王而维持者不乱，盖得其道矣。周衰，上无道揆，下无法守，诸侯坏乱法纪，以隳先王之制多矣。”[⑤] 在徐氏看来，三代能行《王制》所记先王之道，故能享国长久；周代以来，由于上无道为准，下无成法可守，先王制度坏乱，诸侯恣意妄为，周遂走向衰微。又如高文虎认为，王者之制莫重于设官分职、班爵制禄、分地建国，因为这些制度“为斯民之极，故必使内外相维，上下相制，井然有不可逾越之法，是诚立国之本也。……虽然欲使人君尽行古制，天下尽从王者之制，其本又在于人伦天理之不失，此所以终之以六礼七教八政欤”[⑥]。

宋儒通过《礼运》和《王制》之诠释，从而描绘了自己心中的理想社会。宋儒心中的理想社会是“三代”盛世，最好的社会治理途径是“法先王”。这些理想体现了宋儒企图改变积弊颇深的社会现实之强烈愿望，是理想主义与现实批判相结合的政治学说。

---

① 卫湜：《礼记集说》卷五十四，《文渊阁四库全书》第118册，第119页。
② 卫湜：《礼记集说》卷五十四，《文渊阁四库全书》第118册，第119页。
③ 卫湜：《礼记集说》卷二十四，《文渊阁四库全书》第117册，第479页。
④ 卫湜：《礼记集说》卷二十四，《文渊阁四库全书》第117册，第476页。
⑤ 卫湜：《礼记集说》卷二十四，《文渊阁四库全书》第117册，第479页。
⑥ 卫湜：《礼记集说》卷二十四，《文渊阁四库全书》第117册，第476页。

第二，宋儒还通过“三礼”之诠释，从而提出治国的方略和政策。

针对北宋时期土地兼并之社会现实，北宋李觏、张载，以及南宋叶时等人通过《周礼》之诠释，从而为土地制度改革提供依据，并提出了改革的具体方案。

北宋李觏以《周礼》为据，兼取其他儒家经典的相关内容，成《周礼致太平论》一书。在该书的《国用》十六篇中，李觏根据《周礼·大司徒》《遂人》《载师》之记载，主张土地的分配应该多元化。他说：“载师‘以宅田、士田、贾田任近郊之地；以官田、牛田、赏田、牧田任远郊之地’。宅田，致仕者之家所受田也。士田，仕者亦受田。……若余夫、致仕者、仕者、贾人、庶人在官者、畜牧者之家，皆受田，则是人无不耕。无不耕，则力岂有遗哉？一易再易，莱皆颁之，则是地无不稼。无不稼，则利岂有遗哉？”① 李觏认为，《周礼》所记宅田、士田、贾田、官田、牛田、赏田、牧田等，皆可为宋代统治者划分土地时所效法。此外，余夫、致仕者、仕者、贾人、庶人在官者、畜牧者之家，也应分得土地，由此人人有其田之愿景就不难实现。

北宋张载在《经学理窟·周礼》中主张恢复周代之井田制。在张载看来，“仁政必自经界始。贫富不均，教养无法，虽欲言治，皆苟而已。世之病难行者，未始不以亟夺富人之田为辞，然兹法之行，悦之者众，苟处之有术，期以数年，不刑一人而可复，所病者特上未之行尔”②。张载认为，北宋社会的主要问题是土地分配不均，时下紧要的是推行西周井田制，从而改变土地分配不均的现状。张载还据《周礼》，对井田制推行之具体措施有所阐述。如他说：“百五十亩，田百亩，莱五十亩。《遂人职》曰：‘夫廛，余夫亦如之。’廛者，统百亩之名也。又有莱五十亩，可薪者也。野曰莱，乡曰牧，犹民与氓之别。”③“二百亩，田百亩，此在二十而三与十二之征之间，必更有法。”④ 张载于此所言“廛”“莱”“牧”，皆源自《周礼》。

宋儒还据《周礼》，从而提出财税制度改革方案。如李觏以《周礼》《礼记》为据，对国家收入以及获得收入的途径作了阐述，所论及的有农业、手工业、器用、赋税、财贿、燕私之物、水旱灾之防御、任民、钩考等各个方面。如李觏据《周礼·天官·大府》记大府所掌有关市、邦中、四郊、家削之赋、邦甸、邦县、邦都、山泽、币余之赋，认为《周礼》赋税种类划分如此之细有特定的意义。他说：“凡其一赋之出，则给一事之费。费之多少，一以式法。如是而国安财阜，非偶然也。”⑤ 在李觏看来，赋税是为了应对某类事件之花费，赋税的征收要据花费而定，如此才能实现国泰民安。

北宋儒学功利派的代表人物王安石亦是通过对《周礼》等儒家经典加以诠释，从而阐发自己的经略思想。熙宁变法时期，王安石所撰《周官新义》乃变法的经典依据之一。在此书中，王安石以《周礼》的《泉府》《膳宰》等职官之职掌为据，从而阐发自己的财税改革思想。如王安石以《周礼·地官》泉府职掌为据推行青苗法，希望藉此改

---

① 李觏：《周礼致太平论·国用第四》，《李觏集》卷六，中华书局 2011 年，第 82 页。

② 吕大临著、张锡琛点校. 横渠先生行状》，《张载集》附录，中华书局 1978 年，第 384 页。

③ 张载著、张锡琛点校. 经学理窟·周礼》，《张载集》，中华书局 1978 年，第 252 页。

④ 张载著、张锡琛点校. 经学理窟·周礼》，《张载集》，中华书局 1978 年，第 252 页。

⑤ 李觏. 周礼致太平论·国用第一》，《李觏集》卷六，第 80 页。

变北宋农民和手工业者遭受富商大贾高利贷盘剥之现实，从而增加政府的收入。《泉府》言“敛市之不售货之滞于民用者，以其贾买之，物楬而书之，以待不时而买者”，王安石据此认为，“善为国者，不取于民而财用足”①，“泉府所言国之财用，凡以赊贷之息供之”②，“周人国事之财用，取具于息钱”③。凡此诸言，皆是为青苗法抑豪强、平物价、广积蓄诸主张提供经典依据。

王安石还以《周礼》为据陈述变法的合理性、反击反对派。如有官员上书宋仁宗指斥安石所推青苗法、市易法“言补助则为虚名，言敛散则为徒扰”④“上以欺罔圣听，下以愚弄天下之人”⑤，有人甚至指斥青苗法、市易法“非圣人之意”⑥。针对这些指责和攻击，王安石屡次称引《周礼》泉府之记载以驳之。王安石认为，与《周礼》泉府所记借贷利率相比，青苗法的二分息已经很低。王安石还以《周礼》为据力陈推行青苗法、市易法之合理性，他说：“政事所以理财，理财乃所谓义也。一部《周礼》理财居其半，周公岂为利哉？奸人者，因名实之近而欲乱之，以眩上下，其如民心之愿何？”⑦既然出自圣人周公的《周礼》是如此重视理财，那么重视理财的青苗法、市易法不可能不合圣人之意。

第三，宋儒据“三礼”之记载议政、规劝当政者。

宋儒喜据“三礼”议政。如有人据《礼记》，认为当政者应以礼治国。《礼运》云“治国不以礼，犹无耜而耕也”，宋人蒋渊据此，认为圣人制礼以教天下，繁文缛节，意义详备，功用周遍，就如人进太仓，饮食随取，从而“使人相安相养于其中，而不知若服田足食之喻，其亦本于养人之意与”⑧。宋人叶氏据《礼运》此语，认为圣人于人情深有体察，故有以礼治国之主张；受人情之影响，性之本善可变为恶，以礼治国可防人情对人性的负面影响，以臻“人情治，人性明，而人道立矣”⑨。

又如有人据《礼记》，力主官员七十而致仕。《礼记·曲礼》云“大夫七十而致仕”，然而北宋时期，年满七十仍在位的官员不在少数。曹修古于天圣四年（1026年）上奏，力主七十当致仕。在此上奏中，曹氏据《礼记》以论七十致仕之必要性。其理有

① 程元敏：《三经新义辑考汇评（三）—<周礼>》上编《地官司徒二》，台湾编译馆1987年，第213页。

② 程元敏：《三经新义辑考汇评（三）—<周礼>》上编《地官司徒二》，台湾编译馆1987年，第212页。

③ 程元敏：《三经新义辑考汇评（三）—<周礼>》上编《地官司徒二》，台湾编译馆，1987年，第212页。

④ 徐松辑、舒大刚等点校：《宋会要辑稿》第10册，上海古籍出版社2014年，第6058页。

⑤ 韩琦：《上神宗论条例司画一申明青苗事》，赵汝愚编：《宋名臣奏议》卷一百十二，《文渊阁四库全书》第432册，第385页。

⑥ 刘颁：《彭城集》卷二七《与王介甫书》，《文渊阁四库全书》第1096册，第272页。

⑦ 王安石：《临川文集》卷七十三《答曾公立书》，《文渊阁四库全书》第1105册，第608页。

⑧ 卫湜：《礼记集说》卷五十八，《文渊阁四库全书》第118册，第231-232页。

⑨ 卫湜：《礼记集说》卷五十八，《文渊阁四库全书》第118册，第232页。

三，一是“七十致仕载在礼经”[①]；二是年老者体力、心力渐衰，不能胜任职务；三是年老者多作身后之计，易导致腐败。包拯于皇祐三年（1051年）上奏亦认为“七十致仕著在礼经，卓为明训”[②]，年老而不致仕，既不符合朝廷待士大夫之本意，亦不符合士大夫之礼。在曹修古等人的努力下，真宗年间，七十而致仕者较前代稍多。

宋儒还以“三礼”之记载为据，规劝当政者勤于朝政、懂得节俭、重视礼教。如宋真宗信“天书封禅”，他大兴土木，建玉清昭应宫以供奉“天书”。对于真宗此举，群臣无人敢言，只有王曾上《乞罢营玉清昭应宫疏》，极力劝说真宗以邦国大计为重，不要大兴土木、伤民力。王曾曰：“臣谨按：《月令》：‘孟夏无发大众，无起土工，无伐大木。’今肇基卜筑，冲冒郁蒸，俶扰厚坤，乖违前训。矧复旱暵卒痒，雷电迅风，拔木飘瓦，温沴之气，比屋罹灾，得非似未承天地之明効欤?”[③] 王曾据《礼记·月令》，认为建玉清昭应宫是不遵时令、失于物宜之举。

又如英宗时，禁中遣使泛至诸臣之家为颍王择妃。韩维据《礼记·坊记》“诸侯不下渔色，故君子远色以为民纪”，认为颍王家室之择取，首先“宜历选勋望之家”“不宜苟取华色而已”[④]。其次应注意“矫世励俗”之效应，因为“近世简弃礼教，不以为务。婚娶之法，自朝廷以达民庶，荡然无制，故风俗流靡，犯礼者众”，所以英宗应“考古纳采问名之义，以礼成之”[⑤]。韩维认为英宗应据古代纳采、问名之仪式，遵从《仪礼》婚礼之程序，从而劝民向善、有益风化。

综上所述，可知宋儒据“三礼”议政论政，有着现实主义与理想主义的双重特质。对于王安石、曹修古、包拯等统治阶层的实权派来说，他们据“三礼”议政论政的现实主义成分要多些，而对于李觏、张载、叶时等士人来说，理想主义的成分则更明显。王安石、曹修古、包拯等人借经典以推行自己的改革主张，获得了统治者的支持，并获得了一定的成效。而李觏、张载、叶时等人借经典提出的改革主张，没有得到当权者的重视。不过从士人理想的文化价值角度来看，李觏、张载、叶时等人所提出的带有复古色彩的改革主张并非毫无其价值，比如他们倡导的井田制就是如此。《周礼》所记井田制，是夏、商、周时期的土地国有制度，是夏、商、周时期社会结构稳定的经济保障。但是宋代主要实行土地私有制，土地国有制只占很小比例。面对土地兼并成风的社会现实，土地均平的主张看似有其合理性，实际上却行不通。然而我们不能简单地否定李觏、张载、叶时等人所提出的井田制主张之意义。在中国古代，士人理想除了修身、齐家，还

---

① 曹修古：《内外官七十并令致仕奏》，《全宋文》第16册，上海辞书出版社、安徽教育出版社，2006年，第192页。

② 包拯：《论百官致仕奏》，《全宋文》第25册，上海辞书出版社、安徽教育出版社，2006年，第321页。

③ 王曾：《乞罢营玉清诏应宫疏》，《全宋文》第15册，上海辞书出版社、安徽教育出版社，2006年，第382-383页。

④ 韩维：《上英宗乞不泛于诸臣家为颍王择妃》，《全宋文》第49册，上海辞书出版社、安徽教育出版社，2006年，第137页。

⑤ 韩维：《上英宗乞不泛于诸臣家为颍王择妃》，《全宋文》第49册，上海辞书出版社、安徽教育出版社，2006年，第137页。

要治国、平天下，张载甚至主张“为天地立心，为生民立命，为往圣继绝学，为万世开太平”①。中国古代的士人往往带有理想主义气质，他们所绘的理想蓝图往往与社会现实有一定的差异，甚至是难以实现的梦想。不过他们的出发点却是善意的，他们的用心是良苦的。李觏、张载、叶时等人的井田梦想，有着古典理想主义的特质，是中国古代士人价值追求之体现。

三、宋儒“三礼”诠释与议礼制礼

宋人对“三礼”所记之礼制颇为重视，他们依据“三礼”议礼制礼，涉及学术、政治、伦理等各个方面。宋儒议礼制礼的内容，或以专著、文章、笔记的形式予以表达，或以上奏的形式予以陈述。宋儒据“三礼”议礼制礼的例子，最典型的莫过于濮议和郊礼之争。今拟通过对濮议和郊礼之争的探讨，以见宋儒据“三礼”议礼制礼之一般特点。

北宋仁宗无嗣，濮安懿王允让之子赵曙继位，是为宋英宗。英宗即位的第二年，诏议崇奉生父濮王典礼。侍御史吕诲、范纯仁、吕大防、司马光、王珪等人力主称仁宗为皇考，称濮安懿王为皇伯。中书韩琦、欧阳修等人则主张称濮安懿王为皇考。围绕英宗生父濮王之称谓，以司马光、王珪为首的台谏派与欧阳修为首的中书派发生了激烈的争论。论辩双方皆引经据典，力证自己的观点符合经义，不违古制。

司马光、王珪等人据《丧服》认为，既然为人后者为所后者服斩衰三年，为本生父服齐衰期，那么濮王于英宗是亲生父亲而非所后者，故英宗对于濮王的称谓要体现降服之义，不得称父，而应以“皇伯”代之。如王珪曰：“先王制礼，尊无二上，若恭爱之心分于彼，则不得专于此故也。”② 程颐亦认为，台谏派以英宗称亲，此“亲”字的涵义模糊，然而不管是确指父，还是不确指父，皆与降服之义不符，徒乱大伦。

欧阳修则力主英宗称亲，他说：“为人后者所承重，故加其服以斩，而所生之亲恩有屈于义，故降其服以期。”③ 欧阳修认为，圣人制礼，情义兼尽，符合人之常情，乃礼仪之要义；英宗于濮王称亲符合人情，不称亲则有悖于人情。与欧阳修立场相同的韩琦亦认为，古礼固然重要，却需“以义制事”“因时适宜”④，英宗对其生父称亲，既是对古礼之尊崇，又是“因宜称情”⑤。

司马光、程颐对《仪礼·丧服》本义之关注，与其一贯的政治文化立场是相同的。针对王安石提出的“天命不足畏，祖宗不足法，人言不足恤”⑥，司马光认为“祖宗之

---

① 黄宗羲著、全祖望补：《宋元学案》卷十七《横渠学案》，中华书局，1986年，第664页。

② 脱脱：《宋史》卷二百四十五《列传第四》，中华书局1977年点校本，第8709页。

③ 欧阳修著、李逸安点校：《欧阳修全集》卷一百二十一《濮议卷二》，中华书局，2001年，第1858页。

④ 欧阳修著、李逸安点校：《欧阳修全集》卷一百二十二《濮议卷三》，中华书局，2001年，第1861页。

⑤ 欧阳修著、李逸安点校：《欧阳修全集》卷一百二十二《濮议卷三》，中华书局，2001年，第1861页。

⑥ 脱脱：《宋史》卷四十二《本纪第四十二》，中华书局1977年点校本，第822页。

法不可变”①，程颐亦主张“复先代明王之法治”②，司马光、程颐所持的是趋于保守的文化政治立场，他们主张恪守《丧服》之义，正是他们所持政治文化立场之反映。以欧阳修为首的中书派之关注点，更多是现实需要。欧阳修认为，自己主张英宗于濮王称亲，意在“追崇以彰圣君之孝而示天下也”③，韩琦上奏亦曰：“庶几上以彰孝治，下以厚民风”④。欧阳修、韩琦的深层动机，是他们对当政者动机之省察。英宗被立为太子之前多年在濮王府生活，其对生父濮王的感情要比对仁宗的感情深厚得多。英宗继位后，其对濮王之感念需要借尊号得以表达。欧阳修等人看到了英宗的真实需要，他们从现实人情的角度出发，力辩英宗称亲的合法性。在论辩过程中，欧阳修等人对于《丧服》并非视而不见，然其诠释并非恪守经义，而是变通甚至不惜曲解经义，从而满足当朝皇帝之需要。欧阳修的主张与其政治文化立场亦是密切相关的。庆历时期前后，不少士人以救时行道的价值追求代替了以往固陋守旧的价值取向，而在由古典理想主义向现实主义学风转变的过程中，欧阳修起到了关键性的作用。欧阳修在《丧服》诠释中表现出的变通精神，体现了其现实主义的政治文化立场。

郊礼之争亦是宋代礼制史和政治史上的大事，许多士人都曾参与讨论。据《周礼·春官·大司乐》《周礼·春官·典瑞》之记载，可知郊礼是天子祭天地的大礼。历代统治者皆重视郊祭，宋代亦如此。宋人曰：“国莫重于祭，所以作民恭之先。礼无大于郊，所以报物生之始。”⑤ 赵宋开国以后，关于郊祭之内涵一直有争议。宋初的皇帝实行天地合祭，然而元丰年间有人提出合祭有违古制。宋神宗遂罢合祭而分皇地祇于方泽北郊，南郊只祭昊天上帝。不过到了元祐年间，合祭又得以恢复。祭天祀地，争议不断，分分合合，贯穿了整个宋代历史。

不少宋儒参与了郊祭之争，如北宋苏轼等人主张天地合祭。苏轼撰《上圆丘合祭六议札子》《请诘难圆丘六议札子》，向当朝皇帝陈述合祭之理由。苏轼认为，天地合祭是有经典依据的，他说：“《书》曰：‘肆类于上帝，禋于六宗，望于山川，遍于群神。’……《诗》之序曰：‘昊天有成命，郊祀天地也。’……《春秋》书：‘不郊，犹三望。’……臣以《诗》《书》《春秋》考之，则天地合祭久矣。”⑥ 苏轼主张合祭天神、地祇，故其征引持合祭之说的《书》《诗》和《春秋》，而不取持分祀之说的《周礼》。苏轼还认为，合祭天地更符合现实需要，因为分祭程序过于复杂，仪节过于繁多，对于行礼之天子以及辅助之百官皆带来极大不便。除了苏轼，权户部侍郎李琮亦主张天地合祭，他认为“乘舆出郊，而暑雨不常，理难预

---

① 脱脱：《宋史》卷三百三十六《列传第九十五》，中华书局 1977 年点校本，第 10764 页。

② 程颐：《周易程氏传》卷三《周易下经上》，见王孝鱼点校：《二程集》，中华书局，1981 年，第 901 页。

③ 欧阳修著、李逸安点校：《欧阳修全集》卷一百二十一《濮议卷二》，中华书局，2001 年，第 1854 页。

④ 韩琦：《濮安懿王合行典礼议》，《司马光集》卷三三，四川大学出版社，2010 年，第 784 页。

⑤ 宋绶子孙编：《宋大诏令集》卷一百二十一《熙宁十年南郊赦天下制》，《典礼六·南郊四》，中华书局，1962 年，第 415 页。

⑥ 苏轼：《上圆丘合祭六议札子》，《苏轼文集》卷三十四，见曾枣庄、舒大刚编：《三苏全书》第 12 册，语文出版社，2001 年，第 188-189 页。

度，六军仪卫、百官车服势难减损，三代典礼或难全复，则合祭权宜，亦难轻罢”①。李琮所言，亦是出于现实之考虑。

刘安世、王子韶、朱熹等人则主张天地分祀。如王子韶曰：“《周礼》，夏日至祭地于方泽。圣人制礼，垂训万世，不易之典。元丰六年（公元××年）修定皇帝亲祠北郊祭皇帝祇于方丘，并上公摄事等仪，已在有司，望举而行之。”② 王子韶以《周礼》为据，认为冬至应祭昊天上帝，夏至应祭皇帝祇。朱熹据《周礼》《仪礼》和《书》，认为古代天地并不合祭。他说：“《礼》‘郊特牲而社稷太牢’，《书》‘用牲于郊，牛二’及‘社于新邑’，此明验也。本朝初分南北郊，后复合而为一。《周礼》亦只说祀昊天上帝，不说祀后土，故先儒言无北郊，祭社即是祭地。古者天地未必合祭，日月、山川、百神亦无一时合祭共享之礼。古之时，礼数简而仪从省，必是天子躬亲行事，岂有祭天却将上下百神重沓累积并作一祭耶？”③ 在朱熹看来，既然天子是通过郊祭向天神表达敬意，那么就不可能将所有神合在一起祭祀。

礼部郎中崔公度希望借经典之记载平息各家之争议，他说：“《周颂》合祭，礼之情也。《周礼》特祀，礼之文也。文必有情，情必有文，然则祭祀天地，或合或特，系于时君，而礼则一也。今特祀难行，即当依旧合祭，并依祖宗旧仪，为圣朝万世不刊之典。”④ 崔氏认为，《诗》之记载乃合祭天地之礼，为礼之情，《周礼》之记载乃分祀天地之礼，为礼之文；时下当行合祭，天地分祀难行。崔氏试图通过调和经典之记载，从而平息分祭与合祭之争议。

从郊祭论辩各方所作之论证，可知论辩双方皆重视经典依据，都试图证明自己的观点符合古礼古制，如苏轼认为自己的观点是“上合三代六经”⑤，孔武仲认为冬至祀天、夏至祭地乃“先王之制”⑥。在论证过程中，论辩双方亦皆引经据典，如苏轼以《书》《诗》《春秋》为据，刘安世、王子韶、朱熹、崔公度等人则以《周礼》为据。苏轼于《周礼》祭天祀地之内容不可能不知，然而其在论证时舍之，是因为《周礼》主张分祀，与《书》《诗》《春秋》所记合祭的观点相反。由此可见，苏轼有先入为主之见，若经典之记载与自己观点相合则取之，不符则去之。苏轼等人所列合祭之理由，更多的是出于现实之考量，如分祀天地可能导致人、财、物的消耗。现实之需要，使苏轼等人考虑更多的是如何简化礼仪，方便天子和百官。为了论证合祭乃正确的选择，苏轼甚至断言“今所行皆非周礼”⑦。“周礼”在中国历代儒者的心目中有着崇高的地位，苏轼主张后世所行并非要尽合于周礼，其现实主义精神体现得再明显不过了。王子韶、朱熹等

---

① 徐松辑、刘琳等校点：《宋会要辑稿·礼三》，上海古籍出版社，2014年，第549页。

② 徐松辑、刘琳等校点：《宋会要辑稿·礼三》，上海古籍出版社，2014年，第548-549页。

③ 脱脱：《宋史》卷一百《志第五十三·礼三》，中华书局，1977年点校本，第2456页。

④ 徐松辑、刘琳等校点：《宋会要辑稿·礼三》，上海古籍出版社，2014年，第540页。

⑤ 苏轼：《请诘难圜丘六议札子》，《苏轼文集》卷三十四，见曾枣庄、舒大刚编：《三苏全书》第12册，语文出版社，2001年，第194页。

⑥ 徐松辑、刘琳等校点：《宋会要辑稿·礼三》，上海古籍出版社，2014年，第542页。

⑦ 苏轼：《上圜丘合祭六议札子》，《苏轼文集》卷三十四，见曾枣庄、舒大刚编：《三苏全书》第12册，语文出版社，2001年，第194页。

人以苏轼未曾征引的《周礼》为据，得出了与苏轼截然相反的观点。王氏和朱氏现实成分的考虑要少一些，他们更多的是关注郊祭与经典记载之吻合程度，至于现实行礼之繁文缛节，在他们看来正是郊祭的应有内容。平心而论，关于郊祭中的分合问题，《周礼》的记载较为翔实和准确，而《诗》《书》《春秋》的记载既零散，又模糊不清。苏轼与王子韶、朱熹等人的郊祭之争，皆反映了宋代士人通经致用的经典诠释取向，只不过在现实的面前，苏轼等人选择了游离于经义之外，而王子韶、朱熹等人选择了恪守经之本义。

四、结语

北宋建立以后，统治者采取了偃武修文的政策，政府重视并大量选用文人治国理政。此外，宋代的政治氛围也比较宽松，臣民上书言事、民间自由讲学蔚然成风。在这样的社会文化背景下，宋代实现了文化的高度繁荣。而自汉代提倡儒学以来，包括宋代在内的历代统治者皆是以儒学为官方哲学，儒家经典俨然成为立身行事之依据、判断是非之法典。在学风较为自由、学术高度发达的宋代，通经致用更是当时士人从事经典诠释的学术价值诉求。苏轼曾说："宋兴七十余年，民不知兵，富而教之，至天圣、景祐极矣；而斯文终有愧于古。士亦因陋守旧，论卑气弱。自欧阳子出，天下争自濯磨，以通经学古为高，以救时行道为贤，以犯颜纳说为忠。长育成就，至嘉祐末，号称多士。"① 据苏轼所言，可知北宋庆历以后，以往固陋的价值观被士人抛弃，通经致用逐渐成为士人的主流观念。宋儒的"三礼"诠释，正好印证了这一经典诠释观念之演变。北宋欧阳修、司马光、李觏、王安石、张载、二程，南宋朱熹、叶时、郑伯谦，以及其他很多的两宋士人，都积极从事"三礼"之诠释。他们从事"三礼"诠释之初衷是解决现实社会所存在的各种问题，这些问题涉及社会制度层面，也涉及社会教化层面，还有人的伦理道德和心灵归宿层面，即使是实学色彩较浓的《仪礼》诠释，也不乏通经致用取向②。如朱熹编撰的《仪礼经传通解》所言冠、婚、丧、祭诸礼部分皆是关乎修身，所言王朝礼部分皆是关乎社会秩序的整合。总而言之，宋代宽松的氛围、自由的学风、士大夫的担当精神使宋儒的"三礼"诠释有着鲜明的通经致用取向，而宋儒"三礼"诠释的价值取向，也反过来印证了宋代的学风和士人精神。

---

① 苏轼：《六一居士集叙》，《苏轼文集》卷八十三，见曾枣庄、舒大刚编：《三苏全书》第 13 册，语文出版社，2001 年，第 466 页。

② 从"三礼"诠释的体式，亦可窥宋儒经典诠释的方法和旨趣。据笔者统计，可知的宋代"三礼"学文献总数的三分之二是解体、义体、疏体和说体等诠释体式，这几种经典诠释体式皆重在阐发经文大义和经典思想。

明清之际的学风与张尔岐的《仪礼》诠释[①]

潘　斌

张尔岐（1612—1678年），字稷若，号蒿庵，又号汗漫，山东济阳人。其学问广博，谙熟经史，兼及诸子百家，旁及太乙、奇门之学。晚年精研“三礼”，在《仪礼》学方面造诣尤深。其所撰《仪礼郑注句读》（以下简称《句读》）十七卷，在《仪礼》学史上有深远影响，受到顾炎武等人的大力表彰。张尔岐言撰《仪礼郑注句读》之心路历程曰：“愚三十许时，以其周、孔手泽，慕而欲读之，读莫能通。旁无师友可以质问，偶于众中言及，或阻且笑之。闻有朱子《经传通解》，无从得其传本。坊刻《考注》《解诂》之类，皆无所是正，且多谬误。……注文古质，而疏说又漫衍，皆不易了，读不数繙辄罢去。至庚戌岁，愚年五十九矣，勉读六阅月，乃克卒业焉。于是取经与注，章分之，定其句读。疏则节录其要，取足明注而止，或偶有一得，亦附于末，以便省览。”[②]此外，尔岐所撰《仪礼监本正误》（以下简称《监本正误》）、《仪礼石本误字》（以下简称《石本误字》），对清代《仪礼》学文献之校勘，亦有开风气之先的意义。本文拟在清代学术史的大背景下，对张尔岐《仪礼》诠释的内容和特色加以阐述，以见其《仪礼》学成就及在思想史上的意义。

一、郑《注》、贾《疏》之辨析

《仪礼》文字古奥、典制繁冗，令人望而生畏。东汉末年，通儒郑玄集汉代《仪礼》学之大成，成《仪礼注》一书。此书一出，汉代《仪礼》其他诸家注释皆亡。魏晋南北朝时期，治《仪礼》者多本郑《注》而立说，期间郑《注》之义疏频出，蔚为大观。唐人贾公彦集南北朝《仪礼》义疏学之大成，撰《仪礼疏》五十卷。此书一出，南北朝《仪礼》学如万流归海，唐代治《仪礼》者皆宗之。宋儒疑古惑经，视汉学为土埂，郑《注》、贾《疏》皆被重新审视，轻则疑之，重则弃之。元、明学人步宋代疑经改经之老路，治《仪礼》者于郑《注》、贾《疏》鲜有发明。

明末清初，宋学仍有极大的影响力，然汉唐注疏重新回到了学人治经学的视野。在《仪礼》学方面，安徽人姚际恒撰《仪礼通论》一书，既重视征引宋学系统的敖继公、郝敬解义，还于汉学系统的郑《注》、贾《疏》多有辨析。张尔岐与姚际恒乃同时代

---

① 原刊于《古籍整理研究总刊》2017年第3期。

② 张尔岐：《仪礼郑注句读序》，《文渊阁四库全书》第108册，上海古籍出版社，1992年，第3页。

人，其早年读《仪礼》时所守者唯郑《注》、贾《疏》。到了晚年撰《句读》时，则取《仪礼》经文和郑《注》章分之，定其句读，并录贾《疏》可明郑《注》者。张尔岐《句读》一书，对于郑《注》、贾《疏》的处理方式主要有如下几个方面。

一是于每段经文之下直接征引郑《注》，甚至仅引郑《注》而不及贾《疏》。如《士冠礼》："宰自右少退，赞命。"张尔岐曰："宰，有司主政教者也。自，由也。赞，佐也。命，告也。佐主人告所以筮也。《少仪》曰：'赞币自左，诏辞自右。'"① 张尔岐于此仅引郑《注》，而于贾《疏》无征引。

二是将贾《疏》与自己的见解融为一体。如《士冠礼》"摈者玄端负东塾"，张尔岐曰："摈者立此，以待传命。《疏》谓别言玄端，不言如主人服，则与主人不同可知。当衣冠同而裳异也。下文赞者别言玄端亦然。"② 案贾《疏》云："摈者不言如主人服，别言玄端，则与主人不同可知。主人与兄弟不同，故特言玄端，与下赞者玄端从之同言玄，则此摈者是主人之属中士若下士也，故直举玄端，不言裳也。"通过比较，可知张氏此之解义源自贾《疏》，然而张氏并非照搬贾《疏》，而是将贾《疏》与自己的理解融为一体。

三是补郑《注》、贾《疏》之未备。如《士冠礼》"乃易服，服玄冠、玄端……奠挚见于君，遂以挚见于乡大夫、乡先生"，张尔岐曰："见君、见乡大夫、先生，非必是日，因见兄弟等类言之耳。"③ 关于见君、乡大夫和乡先生之具体时间，郑《注》、贾《疏》皆未言及。张氏此之解义，可补郑《注》、贾《疏》之未备也。

四是申贾《疏》而驳他人之说。如《士昏礼》："祝盥，妇盥于门外。妇执笲菜，祝帅妇以入。祝告，称妇之姓，曰：'某氏来妇，敢奠嘉菜于皇舅某子。'"贾《疏》："云'某子'者，言若张子、李子也。"张尔岐云："《疏》云盥于门外，此亦异于常祭；云某子者，言若张子、李子也。顾炎武云：妇人内夫家，无称其舅为张子、李子者。某子云者，或谥或字之称。愚谓《疏》之意或以妇新入门，称姓以告，故亦以姓称其舅与。"④ 案贾《疏》认为经文称"某子"，是以姓称其舅也。顾炎武认为此不应称姓，而应称谥或称字。张尔岐认为，贾《疏》以姓称其舅是顾及新妇入门当称姓以告，不当如顾炎武所云称谥或称字。

五是以"愚意""愚案"的方式质疑郑《注》、贾《疏》。张尔岐《句读》对于郑《注》和贾《疏》大体上是认可的，这从《句读》大量征引郑《注》、贾《疏》即可知晓。然《句读》对郑《注》和贾《疏》亦不乏有异议者。兹举数例，以见张氏疑郑《注》、贾《疏》之具体内容。如于《士冠礼》之仪节，张尔岐曰："以上士冠礼正经，颇疑数事。……见于母，而不见于父，见赞者，而不见宾，《疏》以为冠毕已见，似矣，然醴毕即见于母，仪节相承，则见父见宾当于何时？岂在酌醴定祥之前与？又言归俎，

① 张尔岐：《仪礼郑注句读》卷一，《文渊阁四库全书》第108册，第5页。
② 张尔岐：《仪礼郑注句读》卷一，《文渊阁四库全书》第108册，第8页。
③ 张尔岐：《仪礼郑注句读》卷一，《文渊阁四库全书》第108册，第11页。
④ 张尔岐：《仪礼郑注句读》卷二，《文渊阁四库全书》第108册，第23页。

而不言载俎，其牲未闻，《注》已陈之，要皆文不具也。"① 案贾《疏》认为，《士冠礼》有冠者见母而无见父见宾之仪节，原因是冠者冠毕已见父和宾，故此不再言。张氏驳贾《疏》，认为此并非不言，而是文不具也。

又如《乡饮酒礼》："乡，朝服而谋宾、介，皆使能，不宿戒。"郑《注》："乡，乡人，谓乡大夫也。"贾《疏》："以乡大夫为主人，故知乡大夫。"张尔岐曰："乡谓乡饮酒之礼，《注》指人，恐义不尽。"② 案郑玄认为，经文此"乡"字乃乡大夫之义；张氏认为，此"乡"字并非指人，而是乡饮酒之义。

明末清初，兵荒马乱，社会失序，不少人从经世济民的角度对先前学术做了反思，顾炎武、黄宗羲、王夫之乃其中之杰出者。他们认为社会失序之根源，是学术风气之陵夷。明代王学末流束书不观、怪诞狂妄正是学术风气坏乱之表征。鉴于此，不少人抨击王学末流之弊，主张通过经学求义理，从而经世致用。其中最响亮的口号，就是顾炎武提出的"经学即理学"。与顾炎武的学术思想接近，张尔岐亦注重在治经中寻得圣人之意。他所撰《句读》，以发明郑《注》、辨析贾《疏》为宗，一反宋明以来不少人轻视汉唐注疏之治学理路。

二、《仪礼》学文献之校勘

张尔岐花费了不少心力从事《仪礼》学文献之校勘。除了《句读》于《仪礼》文字有校勘外，其所撰《监本正误》和《石本误字》还对《仪礼》石本和监本做了校勘。

据《玉海》和《宋史》之记载，所谓北宋监本就是北宋咸平、景德年间所刊《五经正义》和《七经正义》本。南宋绍兴年间，朝廷下令重刊诸经义疏，故有南宋监本。由于出自众手、校勘不严，监本文字讹脱者不在少数。张尔岐对《仪礼》监本做了校勘，他说："《十三经》监本，读书者所考据，当时较勘非一手，疏密各殊。至《仪礼》一经，脱误特甚，岂以罕习故忽不加意耶？《易》《书》《诗》《春秋》《论语》《孟子》《礼记》充满天下，固不容或误。《周礼》《孝经》《尔雅》《三礼》，人间犹多善本，即有误，亦易见。《仪礼》既不显用于世，所赖以不至坠地者，独此本尚在学宫耳，顾不免脱误至此。"③ 张氏认为，由于监本校勘非出自一手，故监本《十三经》有脱误；此外，由于《仪礼》不像《周礼》等经典那样显用于世，故鲜受人关注，脱误亦较多。鉴于此，张氏在撰《句读》后，乃取《仪礼》唐石经本、吴澄本与监本对勘，摘《仪礼》监本脱者、误者、羡者、倒置者、经注互淆者录之。在《监本正误》之末，张尔岐对《仪礼》监本之讹误做了统计，他说："共脱八十字，误八十八字，羡十七字，倒置者六处，计十三字，经文误细书一字，注文误大书，混经文二字，误隔一圈。"④ 兹举数例，以见张氏于《仪礼》监本校勘之状况。

---

① 张尔岐：《仪礼郑注句读》卷一，《文渊阁四库全书》第108册，第11页。
② 张尔岐：《仪礼郑注句读》卷四，《文渊阁四库全书》第108册，第43页。
③ 张尔岐：《仪礼监本正误》，《文渊阁四库全书》第108册，第244页。
④ 张尔岐：《仪礼监本正误》，《文渊阁四库全书》第108册，第249页。

如《士昏礼》，张尔岐曰：

“‘妇说服于室，御受’，‘受’误作‘授’。”（第二十七纸）

“‘毋违命’，‘毋’误作‘母’。”（第五十纸）

“‘视诸衿鞶’，下脱‘壻授绥，姆辞曰：未教，不足与为礼也’十四字。”（第五十一纸）

“主人对曰：‘某以得为外昏姻之数。’‘昏’从‘女’，误。”（第五十三纸）

“‘某得以为昏姻之故’，作‘某以得为昏姻之故’。”（第五十三纸）[①]

案：张氏认为监本《仪礼·士昏礼》字误者有三处，分别是“御受”的“受”字误作“授”，“毋违命”的“毋”字误作“母”，“外昏姻之数”的“昏”字从“女”；有脱者一处，即“视诸衿鞶”下脱“壻授绥姆辞曰未教不足与为礼也”十四字；有倒者一处，即“某得以为昏姻之故”作“某以得为昏姻之故”。

又如《士虞礼》，张尔岐曰：

“‘箪巾在其东’，‘巾’误作‘布’。”（第五纸）

“‘祝飨’，‘飨’误作‘响’。”（第九纸）

“‘卒彻，祝佐食，降，复位’，脱‘复’字。”（第二十八纸）

“‘适尔皇祖某甫，飨’，‘飨’误作‘响’。”（第三十一纸）

“‘尸即席坐，唯主人不哭’，‘唯’误作‘帷’。”（第三十四纸）

“‘尸受，振祭’，‘受’误作‘授’。”（第三十四纸）

“‘无尸则不饯，犹出，几席设如初，拾踊三’，下脱‘哭止告事毕宾出’七字。”（第三十七纸。唐石经剥蚀，尚有“宾出”二字脚可辨，补字缺，或亦承监本之误。）[②]

案：张氏认为监本《仪礼·士虞礼》字误者有五处，分别是“箪巾”的“巾”误作“布”，“祝飨”的“飨”误作“响”，“适尔皇祖某甫飨”的“飨”误作“响”，“尸受”的“受”误作“授”；有脱者两处，分别是“祝佐食降复位”脱“复”字，“几席设如初拾踊三”下脱“哭止告事毕宾出”七字。

张尔岐于此虽未明言校勘之依据，然从《监本正误序》中，可知其所据者或是唐石经，或是吴澄本。如《士昏礼》“妇说服于室，御受”，此“受”字，唐石经作“受”[③]，张氏认为监本误“受”字为“授”，可知其于此是以唐石经为校勘依据。又如《士虞礼》“卒彻，祝佐食降，复位”，此“复”字，唐石经有之[④]，张氏认为监本于此脱“复”字，可知张氏于此是以唐石经为校勘依据。

张尔岐还对《仪礼》石经做了校勘。他说：“唐石经，当时学者以为芜累，至于今日已为老成典型矣。乃《仪礼》亦不免多误，逮补字承讹，则又鲁鱼莫辨。”[⑤] 张氏于《仪礼》石经所作之校勘，大致可以从以下几个方面来看。

---

① 张尔岐：《仪礼监本正误》，《文渊阁四库全书》第108册，第244页。

② 张尔岐：《仪礼监本正误》，《文渊阁四库全书》第108册，第247页。

③ 《景刊唐开成石经（附贾刻孟子严氏校文）》第1册，1997年，第672页。

④ 《景刊唐开成石经（附贾刻孟子严氏校文）》第2册，第856页。

⑤ 张尔岐：《仪礼石本误字》，《文渊阁四库全书》第108册，第249页。

首先，张尔岐以监本、吴本为据，认为石经有脱误者，如《士昏礼》“某得以为昏姻之故”，监本作“某以得为昏姻之故”，张氏曰：“监本似长。”① 又如《燕礼》“小臣又请媵爵者二大夫，大夫媵爵如初”，张氏曰：“监本、吴本俱不再出‘大夫’二字。”② 张氏据监本、吴本，认为《燕礼》石经本的第二个“大夫”有重复之嫌。

其次，张尔岐有不言依据而直接下结论者，如《士丧礼》石经，张氏曰：“‘祭服不倒’，‘倒’误作‘到’。”③ 又如《士丧礼》石经，张氏曰：“‘若不从卜，择如初仪’，‘择’误作‘宅’。”④ 又如《少牢馈食礼》石经，张氏曰：“‘明日朝服筮尸’，脱‘服’字。”⑤

以上诸例，张尔岐皆未明言其校勘依据，而是直接得出结论。

张尔岐于《仪礼》学文献之校勘，在《仪礼》学史上有承先启后的意义。宋代张淳所撰《仪礼识误》，是继郑玄后《仪礼》校勘方面又一部力作。元、明时期，《仪礼》学式微，《仪礼》校勘方面亦无重要著作。清代《仪礼》学大盛，《仪礼》校勘力作数量之多可谓空前，如卢文弨《仪礼注疏详校》、金日追《仪礼经注疏正讹》、胡培翚《仪礼正义》、阮元《十三经注疏校勘记》、孙诒让《十三经注疏校勘记》等，皆于《仪礼》经、注、疏有全面之校勘。通过清代文人的校勘工作，《仪礼》经、注、疏的很多问题都得到了解决，从而极大地方便了后世学人于《仪礼》之研究。张淳于《仪礼》之校勘，依据主要是刻本，而于石经无涉。张尔岐生于明末清初，其将监本和石经皆纳入校勘之依据，从而突破了前人仅以刻本作为《仪礼》校勘依据的做法。张尔岐之后，卢文弨、金日追、胡培翚、阮元、孙诒让等人从事《仪礼》校勘时，特别重视以石经作为校勘之资，此校勘方法，可以追溯到张尔岐。张尔岐于《仪礼》校勘的内容并不多，然其影响却是深远的，其价值主要是方法论层面的。清代不少学人正是在张尔岐的影响下，将《仪礼》之校勘水平推向更高。

三、《仪礼》学文献之辨伪

清初有《仪礼考注》流传于世，作者相传为元人吴澄。据目录之记载，吴澄确实撰有《仪礼考注》。张尔岐撰《吴氏仪礼考注订误》，认为清初世上所传《仪礼考注》乃伪书，而非吴澄所撰。张氏曰：“《考注》一书，前人已判其为伪，而犹流传至今者，以此经习之者鲜，人不及深考，遂致坊贾流布不已耳。愚为拈出，庶不使后学受其疑误。将以暇日准吴氏所序次第，订为一书，亦当礼家之巨观也。”⑥ 尔岐此书已佚，内容不得全见。今借《蒿庵闲话》所载《仪礼考注》数则辨伪文字，以窥张氏于《仪礼考注》辨伪之原则和方法。

---

① 张尔岐：《仪礼石本误字》，《文渊阁四库全书》第108册，第249页。
② 张尔岐：《仪礼石本误字》，《文渊阁四库全书》第108册，第250页。
③ 张尔岐：《仪礼石本误字》，《文渊阁四库全书》第108册，第251页。
④ 张尔岐：《仪礼石本误字》，《文渊阁四库全书》第108册，第251页。
⑤ 张尔岐：《仪礼石本误字》，《文渊阁四库全书》第108册，第251页。
⑥ 张尔岐：《蒿庵闲话》卷二，《续修四库全书》第1136册，上海古籍出版社，2002年，第125页。

张尔岐认为，从《仪礼考注》的解经内容和征引郑《注》、贾《疏》的方式，可知该书非吴澄所撰。张氏曰："愚读《仪礼》，自郑、贾《注》《疏》外，偶得吴氏《注》，稍一涉目，辄掩卷置庋阁。以其注皆采自郑、贾，往往失其端末，至其自为说，则大违经意故也。……唯《少牢篇》'尸入正祭'章补出'尸受祭肺'四字为有功于经，余皆支离之甚，不须剖击，疵病立见。疑其书殆庸妄者托为之，不然草庐名宿岂应疏谬至此?"① 张氏认为，《仪礼考注》引郑《注》、贾《疏》"失其端末"，解经"大违经意""支离之甚"，这些疏谬可证该书不可能出自名宿吴澄之手。

张尔岐还将所传《仪礼考注》的内容与吴澄《仪礼考注序》进行比较，指出世传《仪礼考注》至少有三个方面的内容与吴《序》不合。

一是与吴《序》所言《仪礼·记》文的编排方式不同。张尔岐曰："《序》云：'忘其僭妄，辄因朱子所分礼章重加伦纪，其经后之《记》依经章次秩序其文，不敢割裂，一仍其旧，附于篇终。'今此书则割裂《记》文，散附经内矣。"② 张氏认为，吴氏《序》言《仪礼·记》文附于篇末，且不会割《记》文，然世传《仪礼考注》中的《仪礼·记》文被割裂，且散附于经内，与吴《序》迥然有异。

二是与吴《序》所言《逸经》《传》的篇目不合。张尔岐曰："《序》又云：'二戴之《记》中有经篇，离之为《逸经》，礼各有义，则经之《传》也，以戴氏所存，兼刘氏所补，合之而为《传》，《传》十五篇。'今此书十五篇则具矣，《士相见》《公食大夫》二篇但采掇《礼记》之文以充数，求所谓清江刘氏之书，无有也。至于《逸经》八篇，《序》则又详列其目矣，《公冠》《迁庙》《衅庙》取之《大戴》，《奔丧》《投壶》取之《小戴》，《中霤》《禘于大庙》《王居明堂》取之郑氏《注》。《逸经》虽曰八篇，实具其书者五篇而已，其三篇仅存篇题，非实有其书也。"③ 张尔岐认为，世传《仪礼考注》中的《传》，与《序》所言《传》之篇目不尽合；此外，《仪礼考注》的《逸经》八篇中，三篇仅存篇题，实仅五篇，与《序》所言篇目又不合。

三是与吴《序》所言篇卷安排有异。张尔岐曰："《序》有云：'正经居首，《逸经》次之，《传》终焉，皆别为卷而不相紊。此外悉以归诸戴氏之《记》，朱子所辑及黄氏《丧礼》、杨氏《祭礼》，亦差伍以去其重复，名曰《朱氏记》，而与二戴为三。'草庐本书次第略见于此数言，今此书朱《记》了不可见，而又杂取二戴之书名为《曲礼》者八篇，庞杂萃会，望之欲迷，与草庐所云'此外悉以归诸戴氏之《记》'者又不合矣。何物妄人谬诬先儒至此，真可恨也。"④ 张尔岐认为，吴《序》言经在前，《逸经》次之，《传》在后；此外吴《序》以朱子所辑与黄榦《丧礼》、杨复《祭礼》合为《朱子记》，与大、小戴合而为三；而世传《仪礼考注》无《朱子记》，而有取大、小戴书名为《曲礼》者，此又与吴《序》不合。

① 张尔岐：《蒿庵闲话》卷二，《续修四库全书》第 1136 册，第 124 页。
② 张尔岐：《蒿庵闲话》卷二，《续修四库全书》第 1136 册，第 124 页。
③ 张尔岐：《蒿庵闲话》卷二，《续修四库全书》第 1136 册，第 124-125 页。
④ 张尔岐：《蒿庵闲话》卷二，《续修四库全书》第 1136 册，第 125 页。

清初学界，群经辨伪之风盛行，黄宗羲、陈确、毛奇龄、胡渭、阎若璩、姚际恒等皆是当时的群经辨伪学大家。清初学人辨伪之动机，是希望通过对经典文本的重新审查，从而复兴晚明以来积衰之经学，进而经世致用。林庆彰先生云："明末清初，经学逐渐复兴。而所谓经学复兴的面相又如何？即从事辨伪。因为流传两千年左右的经学，已如黄河之挟沙，附会、伪托不一而足，今欲从经学中求圣人之道，自应将经学中非圣人所传的部分加以厘清。这种清除污染的工作，就是清初学者研究经学的重点所在。"① 张尔岐于《仪礼考注》之辨伪，属于清初辨伪学风潮的一部分。张氏之后，清代不少经学家从辨伪学的角度对《仪礼》的作者、成书年代等问题做了更加深入的研究，将《仪礼》正本清源的工作推向了更高的水平。

四、张尔岐《仪礼》诠释之地位和影响

张尔岐的《仪礼》诠释受到了当时和后世学人的高度推崇。与张尔岐情谊甚笃的一代大儒顾炎武曾云："济阳张尔岐稷若笃志好学，不应科名，录《仪礼》郑氏注，而采贾氏、陈氏、吴氏之说，略以己意断之，名曰《仪礼郑注句读》。又参定监本脱误凡二百余字，并考《石经》之误五十余字，作《正误》二篇，附于其后，藏诸家塾。时方多故，无能板行之者。后之君子，因句读以辨其文，因文以识其义，因其义以通制作之原，则夫子所谓以承天之道而治人之情者，可以追三代之英，而辛有之叹，不发于伊川矣。如稷若者，其不为后世太平之先倡乎？"② 又云："有济阳张君稷若，淹通礼学，著《仪礼郑注句读》一书，立言皆有原本。"③ "独精'三礼'，卓然经师，吾不如张稷若。"④ 四库馆臣亦云："盖《仪礼》一经，自韩愈已苦难读，故习者愈少，传刻之讹愈甚。尔岐兹编，于学者可谓有功矣。"⑤ 由此可见，清代学人对张尔岐《仪礼》学评价之高。

从《仪礼》学发展史来看，张尔岐的《仪礼》诠释可谓有清一代《仪礼》学之先声。清人从事《仪礼》诠释时，对张尔岐的《仪礼》解义颇为重视，并时有征引。如盛世佐撰《仪礼集编》时，曾大量征引张尔岐的《仪礼》解义。如《士冠礼》"若不吉，则筮远日，如初仪"，贾《疏》曰："云'如初仪'者，自'筮于庙门'已下，至'告吉'是也。"张尔岐曰："愚案：《少牢》云：'若不吉，则及远日，又筮日如初。'……其云'如初仪'，止从'进受命于主人以下'至'告吉'而已，不自筮于庙门也。"⑥ 张氏认为，此"如初仪"应是从"进受命于主人以下"至"告吉"，而不自筮于庙门。盛世佐曰："案：《疏》说士筮远日之法……当以张子及张氏尔岐之说为正。俱

---

① 林庆彰：《清初的群经辨伪学》，文津出版社，1990 年版，第 6 页。
② 顾炎武：《仪礼郑注句读序》，《顾炎武全集》第 21 册，上海古籍出版社，2011 年，第 82 页。
③ 顾炎武：《答汪苕文》，《顾炎武全集》第 21 册，第 249 页。
④ 顾炎武：《广师》，《顾炎武全集》第 21 册，第 197 页。
⑤ 永瑢：《四库全书总目》，中华书局，1965 年，第 162 页。
⑥ 张尔岐：《仪礼郑注句读》卷一，《文渊阁四库全书》第 108 册，第 6 页。

见《士冠礼》。"[①] 又如《士冠礼》"蒲筵二，在南"，郑《注》："筵，席也。"张尔岐曰："一为冠子，一为醴子也。在南，在三服之南。通指缺项、纚笄、组栉等，不专言蒲筵。"[②] 盛世佐曰："案：张说得之，敖谓筵在箪南，非。"[③] 案敖继公认为经文"在南"，义即筵在箪之南。张尔岐则认为，此所谓"在南"，义即在所加冠者的三套服装之南，与下文所言"侧尊一甒醴在服北"相对应。盛世佐以张氏之说为是，以敖氏之说为非。在《仪礼集编》中，盛世佐肯定张尔岐解义者还有多处。此外，方苞也十分重视张尔岐的《仪礼》解义，据笔者统计，方氏所撰《仪礼析疑》征引张氏《句读》达二十七次。秦蕙田撰《五礼通考》时，亦大量征引张尔岐的《仪礼》解义。明末清初的《仪礼》学，北有张尔岐，南有姚际恒，两人共同成为清代《仪礼》学研究之先导。在他们之后，清代《仪礼》研究蓬勃地开展起来，到乾嘉时期的胡培翚和凌廷堪那里而臻于鼎盛。

张尔岐《句读》一书，若仅从经典诠释的角度来看，无非就是经典诠释史上一部重要著作而已。若我们将张氏《句读》放到明末清初的思想史背景下来考察，其意义和地位便可以得到进一步的凸显。

明末清初，学界于王学末流空谈心性、流于狂禅之弊已有清醒的认知。学人们认为，即使谈心性亦应从经学中获得，而不应师心自说。如焦竑说："经者性命之奥，政治之枢，文章之祖也。"[④] 黄宗羲亦云："受业者必先穷经，经术所以经世，方不为迂腐之学。"[⑤] 与其他经典研究不甚一致，礼学研究向来讲究考据，实学色彩更浓，经世致用效能更直接。因此，从事礼学研究对于扭转晚明学风空疏之弊有着重要意义。清初学人陆嘉淑曾说："名物器数之繁，莫备于经。考覈形状制度，比类指象，探赜穷变，莫详于汉唐诸儒。盖虽草木禽鱼工人祝史所创述方名，经述所载列，无不竭智毕虑，尽其纤微曲折而后止。呜呼！名物器数，先王礼乐之本，而治天下之具之所托也。"[⑥] 陆氏认为，名物器数研究乃礼乐之根本，治理天下的道理蕴含于其中。陆氏所言，可谓明末清初经学家之共同心声。张尔岐学宗程朱，然其更强调从经学中获取圣人之意。张氏在《仪礼郑注句读序》云："方愚之初读之也，遥望光气，以为非周、孔莫能为已耳，莫测其所言者何等也。及其矻矻乎读之，读已又默存而心，历之而后，其俯仰揖逊之容，如可睹也，忠厚蔼恻之情，如将遇也。周文郁郁，其斯为郁郁矣，君子彬彬，其斯为彬彬矣。虽不可施之行事，时一神往焉，彷佛戴弁垂绅从事乎其间，忘其身之乔野鄙僿，无所肖似也。"[⑦] 张氏认为，《仪礼》所记之礼仪，乃周、孔圣人奥义之体现。寻求圣人之意以济时用，这是张尔岐从事《仪礼》诠释之根本动机。张氏《仪礼》诠释崇实黜虚，顺应了明末清初反王学末流学术之大势，成为清代实学之先声。

---

① 盛世佐：《仪礼集编》卷三十四，《文渊阁四库全书》第111册，第517页。
② 张尔岐：《仪礼郑注句读》卷一，《文渊阁四库全书》第108册，第8页。
③ 盛世佐：《仪礼集编》卷一，《文渊阁四库全书》第110册，第89页。
④ 朱彝尊：《经义考》卷二百九十七，中华书局，1998年影印本，第1529页。
⑤ 全祖望：《鲒埼亭集》卷十一《梨洲先生神道碑文》，《续修四库全书》第1429册，第51页。
⑥ 朱彝尊：《经义考》卷二百五十一，中华书局，1998年影印本，第1268页。
⑦ 张尔岐：《仪礼郑注句读序》，《文渊阁四库全书》第108册，第3-4页。

清儒对《中庸》的遵从、辨疑及应用①

潘　斌

《中庸》是《礼记》的单篇，由于其记载了与心性相关的内容，所以在流传过程中受到格外的重视。宋代二程、朱熹等人对《中庸》推崇备至，朱熹还将《中庸》从《礼记》中抽离出来，并为之作章句。朱熹《中庸章句》为《四书》之一，元、明、清时期被悬为功令。由于程朱理学在清代仍为官方哲学，所以作为程朱理学经典依据的《中庸》受到清代学人的高度重视，相关文献十分丰富。清人的《中庸》诠释，既见诸当时专门的《中庸》解义，亦见诸清人的《四书》解义。考察清代的《中庸》诠释情况，对于辨析清代理学与宋明理学之间的关系，以及认识清人经典诠释的特点及价值取向等皆有重要意义。

一、《中庸》的属性：圣贤之书还是佛老之言

东汉郑玄认为《中庸》是“孔子之孙子思伋作之，以昭明圣祖之德”②。宋代二程认为《中庸》是孔门心法，“子思恐其久而差也，故笔之于书，以授孟子”③。此说为朱熹等人所承袭。由此可见，《中庸》为子思所作是汉唐和宋代学人之共识。

清代不少人亦以《中庸》为子思所作。如康熙帝认为“《学》《庸》皆孔子之传，而曾子、子思独得其宗”④。李光地说：“(《中庸》)既尊德性矣，而又必要道问学；既致广大矣，又必要尽精微；既极高明矣，又必要道中庸；既温故敦厚矣，又必要知新崇礼”，因此《中庸》“本末相资，内外交养”，“为圣学之全”⑤，与佛氏有根本的区别。即使不宗程朱理学者，亦多认为《中庸》为子思所作。如李塨撰认为“子思恐道之岐也，不得已作《中庸》，明性天之正，以杜群妄见”⑥；汉学家惠栋认为《中庸》为“子思传其家学，着为此书”⑦；刘师培认为“《中庸》……书出子思，业兴秦汉，礼家入录，不亦宜乎”⑧。

---

① 原刊于《Monthly Review of Philosophy and Culture》2019年第46卷第8期。

② 阮元校刻：《十三经注疏》，中华书局，1980年，第1625页。

③ 朱熹：《四书章句集注》，中华书局，1983年，第17页。

④ 朱彝尊：《经义考》，中华书局，1998年，第19页。

⑤ 李光地：《榕村续语录》，《榕村全书》第7册，福建人民出版社，2013年，第37页。

⑥ 李塨：《中庸传注》，《续修四库全书》第159册，上海古籍出版社，2002年，第357页。

⑦ 惠栋：《易大义》，《续修四库全书》第159册，上海古籍出版社，2002年，第431页。

⑧ 刘师培：《中庸问答》，《刘申叔遗书》下册，凤凰出版社，1997年，第1351页。

清代有些学人认为《中庸》与儒家其他经典的义理相通，皆为圣贤之书。比如惠栋认为《中庸》与《易》相通，刘师培认为《中庸》与《春秋》相通。惠栋曰：“此（《中庸》）仲尼微言也。子思传其家学，着为此书，非明《易》不能通此书也。”[①] 在《易大义》中，惠氏处处以《易》与《中庸》相比附。如《干》为《周易》的第一卦，初九爻又为《干》卦的第一爻，有起始之义；《既济》为《周易》的第六十三卦，此卦表示目的已达到，有结束、成功之义。惠栋以《干》卦初九爻、《既济》卦与《中庸》相比附。如《中庸》曰：“是故君子戒慎乎其所不睹，恐惧乎其所不闻，莫见乎隐，莫显乎微，故君子慎其独也。”惠栋认为，“戒慎”“恐惧”为诚，“隐”“微”为始，“君子慎独”，不诚则不能独，而“隐微，《干》初爻也。初《干》为积善，慎独之义，不诚则不能独，故终以至诚”[②]。惠氏于此以《干》卦初九爻释《中庸》“隐”“微”之义，认为《干》初九爻为“积善”阶段，有“慎独”之义，而“诚”是“慎独”之前提。惠栋将《易》看作是解《中庸》最重要的经典，不明《易》就不能解《中庸》，这种观点是前所未有的。周中孚在介绍惠氏《易大义》时所说“稍觉其创”[③]，是就此而言也。

刘师培则认为《中庸》是子思赞述《春秋》之书。比如郑玄为《中庸》解题时云：“以其（《中庸》）记中和之为用也。庸，用也。”郑玄释《中庸》“君子中庸”时云：“庸，常也，用中为常道也。”刘师培据此认为“中为中和，庸谓用，为常道，中与《春秋》异名同实”[④]。刘师培认为《春秋》大义有三，即“约周礼”“孔子为素王”“经制王法”，这三者在《中庸》皆有体现。比如《中庸》说“大哉圣人”，刘师培认为此是“据素王为说”[⑤]。

清代也有人对《中庸》文本的可信度提出质疑，持这种观点的代表人物是姚际恒。姚氏认为《中庸》是伪书，并从多个角度作了论证。比如姚氏认为《中庸》与佛老二氏之义理相近。他说：“大抵佛之与老，其形迹似同，而指归实别。伪《中庸》之言，旁趋于老氏，预启夫佛氏，故其言有类老者，有类佛者。有一言而以为老可者，以为佛可者，则从其形迹而论也。”[⑥]又如姚氏认为《中庸》“喜怒哀乐之未发谓之中，发而皆中节谓之和”一语与禅义相同。他说：“予谓不谓之中，谓之空可也。此释氏心空法，对竟不起，湛如止水，天台三止观，空、不空、空不空之说亦如是。”[⑦]姚氏还认为《中庸》与孔子及其后学的思想不合。他说：“圣人教人，举而近之；伪《中庸》教人，推而远之。举而近之者，只在日用应事接物上，如孝弟忠信以及视听言动之类是也；推而

---

① 惠栋：《易大义》，《续修四库全书》第 159 册，上海古籍出版社，2002 年，第 431 页。

② 惠栋：《易大义》，《续修四库全书》第 159 册，上海古籍出版社，2002 年，第 431 页。

③ 周中孚：《郑堂读书记（附补逸）》第 3 册，商务印书馆 1959 年，第 75 页。

④ 刘师培：《中庸说》，《刘申叔遗书》下册，凤凰出版社，1997 年，第 1348 页。

⑤ 刘师培：《中庸说》，《刘申叔遗书》下册，凤凰出版社，1997 年，第 1349 页。

⑥ 杭世骏：《续礼记集说》卷八十六，《续修四库全书》第 102 册，上海古籍出版社，2002 年，第 508 页。

⑦ 杭世骏：《续礼记集说》卷八十六，《续修四库全书》第 102 册，上海古籍出版社，2002 年，第 516 页。

远之者，只在幽独自处静观参悟上，如以不睹不闻起，以无声无臭终是也。”① 姚氏认为《中庸》教人“推而远之”，与《论语》中孔子教人不离迎接事物之记载不符。《论语》记载孔子“出则事公卿，入则事父兄，丧事不敢不勉，不为酒困”，孔子称颜子之好学曰：“不迁怒，不贰过”，姚氏据此，认为“圣人平日以此自省者，不离应事接物上见也”②，而“以《中庸》较之，有片言只字之合否？然则即使果为子思之言，宁有不信颜曾而反信子思者，又宁有不信孔子而反信子思者？”③

对《中庸》的认识可以反映出学人的学术立场。汉宋之争贯穿整个清代学术发展历程，只不过在不同的历史阶段，两者互有消长。持汉学或宋学立场者皆多认为《中庸》出自圣门，可知清代的汉宋之学并非截然对立，即便是在治学方法上以考据见长的汉学家惠栋，仍以《中庸》为孔子的微言大义。当然，持汉学或宋学立场者对于《中庸》所含孔门义理的理解是不同的。在惠栋的眼里，《中庸》所含孔门义理即《易》理，而在李光地等人的眼里，《中庸》所含孔门义理即天道性命之学。不过，仅从汉宋之学的角度来理解清代学人于《中庸》文本的认识是不够的。比如在明末政治腐败和农民起义大风暴引起的社会危机以及清朝入关所产生的民族危机面前，清初的一些思想家从迷梦中惊醒，他们从社会危机和民族危机中滋生出强烈的批判意识，在学术上提出了一系列具有突破传统的新思想。姚际恒等人对人们不敢越雷池一步的理学进行了釜底抽薪似的批判。其力斥作为程朱理学理论根基的《中庸》，并对程朱理学的核心理论大加批判。姚际恒对于《中庸》的批判，就像清初陈确对《大学》的批判一样，与明清之际的文化变异和辨伪学风，以及其对世道人心的体察密切相关。不过需要指出的是，认为《中庸》是伪书并非清初学者才有，宋代杨慈湖、日本人伊藤仁斋亦有类似主张。《中庸》讲“道不远人，夫妇之愚可及此”，又言“天下国家有九经……来百工”，等等，姚际恒将这些内容说成是佛教，太过牵强。

二、对《中庸章句》之态度：遵从与质疑

对于朱熹《中庸章句》，不少清朝人并非一味地肯定或者否定。干嘉学派的皖派代表人物戴震晚年所撰《中庸补注》一反前人解《中庸》之举措，他所补《中庸》之“注”，并非朱熹之章句，而是郑玄之注。戴震于《中庸》经文之后先征引郑注，再对郑注加以补充。其所补者有郑玄所无注文者，也有郑玄有注文而释义不够深入明晰者。值得注意的是，戴震在《中庸》不少经文之后仅征引郑注而不写己意，说明戴震对于郑注有极大的信任。而在《中庸补注》中，戴震对朱熹解义无征引，在补注中也不言及。戴震思想历程的前期，其对宋儒持肯定的态度，在其中后期则对宋儒持批判的态度。戴

① 杭世骏：《续礼记集说》卷八十六，《续修四库全书》第102册，上海古籍出版社，2002年，第508页。

② 杭世骏：《续礼记集说》卷八十六，《续修四库全书》第102册，上海古籍出版社，2002年，第508页。

③ 杭世骏：《续礼记集说》卷八十六，《续修四库全书》第102册，上海古籍出版社，2002年，第508页。

震的《中庸》诠释，与其晚年对汉学的肯定，以及对宋明理学的批判态度是完全一致的。

王夫之在《四书章句》《四书稗疏》《四书考异》《四书笺解》《读四书大全说》等著作中，是从《四书》学的视域来看待《中庸》的。王夫之认为朱子《中庸章句》"一出于心得，而深切着明，俾异端之徒无可假借，为至严矣"①，可见其对于朱子《中庸》解义的推崇达到了很高的地步。郭嵩焘《中庸章句质疑》亦意在补朱熹《中庸章句》之"不足"。在《读四书大全说》等著作中，王夫之在阅读朱熹《中庸章句》的基础上，再阐发己说。郭嵩焘亦非全然质疑朱熹《中庸章句》，他说："《中庸》一书，则自汉以来儒者多能明其义，而其辨之明而析之精，亦始自程子。而朱子所以阐发疏通之，其功尤深。"②又说："《中庸章句质疑》大端一依《章句》，而辨证其所疑。盖朱子表章《中庸》之功至矣。汉以来儒者传注旨趣各不同，自程子出而后圣学之精微有以知其本末条理之所在，昭示学者，使知所从入。"③ 由此可见郭嵩焘对于朱子《中庸章句》大体上是认可的。他对朱子《中庸》解义提出异议，是借驳朱子以"尊经也"，"亦即所以尊朱子也"④。

不少清人对朱熹《中庸章句》提出质疑，他们的批驳意见可从以下三个方面来看。

一是驳朱熹《中庸章句》之分章。

朱熹将《中庸》分为三十三章，内容分为三部分。清代部分学人如颜元、毛奇龄认为朱熹于《中庸》分章不合理。《中庸》"故至诚无息"部分属于朱熹所划分的第二十六章。颜元认为"故至诚无息"是紧承上节"故时措之宜也"而来，"章分则理悖，不惟失《中庸》本旨，虽朱先生训诂文法，岂有开口用'故'字之理乎？"⑤颜氏指出，《中庸》"自'天命之谓性'至'至矣'，原总一篇，未尝有章节之分也"⑥。颜氏是从《中庸》文句搭配的角度以驳朱熹分章之不可从。又如《中庸》"诚者非自成己而已也"至"合外内之道也"，朱熹划为第二十五章，"故至诚无息"至"无为而成"，朱熹划分为第二十六章。毛奇龄却说："自'自诚明'始，其分性、教，分天道、人道，祗在'能尽其性'与'其次致曲'两节下皆合言之。故此章三'诚'者，皆性，皆天道，惟'诚之'二字属教，属人道，则诚者成己，诚者成物，正尽己性、尽人性，'故曰性之德'，岂可与'至诚无息'分作两截？"⑦ 毛氏是从《中庸》思想的角度以驳朱熹分章之不可从。

清代有的学人为《中庸》重新分章。比如李光地将《中庸》划分为十二章，"首一章全起，一章全结。中间前五章，申明性道教之源流。后五章，申明致中和之功用。第

---

① 王夫之：《礼记章句》卷三十一，岳麓书社，1998年，第1245页。
② 郭嵩焘：《中庸章句质疑序》，《续修四库全书》第159册，上海古籍出版社，2002年，第462页。
③ 郭嵩焘：《中庸章句质疑》卷下，《续修四库全书》第159册，上海古籍出版社，2002年，第502页。
④ 郭嵩焘：《大学章句质疑序》，《续修四库全书》第159册，上海古籍出版社，2002年，第240页。
⑤ 颜元：《四书正误》，《颜元集》上册，中华书局，1987年，第170页。
⑥ 颜元：《四书正误》，《颜元集》上册，中华书局，1987年，第170页。
⑦ 毛奇龄：《四书改错》，华东师范大学出版社，2015年，第291页。

六章则承上起下，为全篇之枢纽。"[1] 虽然李光地驳朱熹《中庸》所作分章，但是其意在完善朱熹之理学。他认为自己"于章段离合之间，虽颇有所连断，然其义所自来，则皆窃取朱子平生之意"[2]。

二是驳朱熹《中庸章句》中的文字训诂。

有的清朝人从文字训诂的角度以驳朱熹的《中庸章句》。如颜元认为朱熹的《中庸》训诂有自相矛盾处。如《中庸》"致中和，天地位焉，万物育焉"，朱熹曰："致，推而极之也。……自戒惧而约之，以至于至静之中，无少偏倚，而其守不失，则极其中而天地位矣。自谨独而精之，以至于应物之处，无少差缪，而无适不然，则极其和而万物育矣。"[3] 颜氏驳曰："夫推者，用力扩拓去，自此及彼、自内而外、自近及远之辞也。推而极之，则又无彼不及、无外不周、无远不到之意也。曾可云'约之'乎？曾可云'精之'乎？曾可以至静之守不失，应物之处无差，而谓之'致中和'乎？《中庸》何以称天下之'大本'、天下之'达道'乎？"[4]颜氏认为朱熹所言"推"与"约之""精之"之义自相矛盾。

王夫之也对朱熹《中庸章句》的文字训诂作了辨析。如《中庸》"罟擭陷阱"，朱熹以罟为网，擭为机槛，陷阱为坑坎。王夫之曰："实则四字各为一义。罟，兽网也。擭，揉竹木施机设绳于兽往来之径，以罥其足。陷，槛也，植木交加为之，如牛豕圈，置羊犬其中，诱虎狼入，机发楗闭以生致之。阱则坑也。"[5]《中庸》的"庸"字，朱子以"平常"释之。王夫之据《说文》所言"庸，用也"，《易》所言"庸行""庸言"，以及《书》之言"庸"者，认为朱熹以前无人以"平常"释"庸"，"盖以庸为日用则可，而于日用之下加'寻常'二字，则赘矣。道之见于事物者，日用而不穷，在常而常，在变而变，总此吾性所得之中以为之体而见乎用，非但以平常无奇而言审矣。"[6] 王夫之认为，若以"平常"释"庸"，不但文句累赘，还与文本原义不合。

三是驳朱熹《中庸章句》之义理。

清朝人还从义理的角度驳朱熹《中庸章句》。如在颜元看来，《中庸》的内容平实，与现实密切相关，即使其言之有理，也无玄虚蹈空；然而后人在从事《中庸》之诠释时，"全翻了孔门本案，却强拉'无声无臭'去混掩禅宗"[7]。颜元举例以明朱熹从事《中庸》诠释时有阴袭释老之处。如《中庸》"致中和，天地位焉，万物育焉"，此"致"字，朱熹曰："致，推而极之也。……自戒惧而约之，以至于至静之中，无少偏倚，而其守不失。"[8] 颜元认为，朱熹使用的"至静"等概念是受到了禅宗的影响，他

---

① 陶成：《四书解义发凡》，《榕村全书》第 3 册，福建人民出版社，2013 年，第 12 页。
② 陶成：《四书解义发凡》，《榕村全书》第 3 册，福建人民出版社，2013 年，第 38 页。
③ 朱熹：《四书章句集注》，中华书局，1983 年，第 18 页。
④ 颜元：《四书正误》，《颜元集》上册，中华书局，1987 年，第 166 页。
⑤ 王夫之：《四书稗疏》，《船山全书》第 6 册，岳麓书社，1998 年，第 22 页。
⑥ 王夫之：《读四书大全说》，《船山全书》第 6 册，岳麓书社，1998 年，第 454 页。
⑦ 颜元：《四书正误》，《颜元集》上册，中华书局，1987 年，第 173 页。
⑧ 朱熹：《四书章句集注》，中华书局，1983 年，第 18 页。

说："世有至静之中不失其守而天地便位者乎？有应物无差缪而万物便育者乎？几何而不以吾道之至诚等于仙释之空寂妄诞也！"[①]"主静"概念由周敦颐提出，被二程、朱熹递相阐发，成为理学的重要概念。在颜元看来，"主静"概念体现的是禅宗精神，朱熹以"主静"释《中庸》，与圣人之道相背离。

毛奇龄认为，《大学》诚意，《中庸》率性，皆以慎独为入手工夫，并无二学。而《中庸》所言"戒慎""恐惧"只是慎，"不睹""不闻"只是独。而朱熹的章句"抄变其文，巧作比配，自戒惧慎独、隐见微显、大本达道、中和位育，无不以动静、存察分配到底"[②]，以至于《中庸》文义破碎。

清朝人对朱熹《四书章句》的肯定或否定，与他们的学术立场是息息相关的。颜元是康熙年间提倡实学的代表人物，猛烈抨击宋明理学是颜元学术的显著特点。比如颜元认为"朱熹学术只是禅宗、训诂、文字、乡原四者集成一种人"[③]。颜元批驳朱熹的《中庸章句》，正是其反理学的学术立场之体现。毛奇龄对朱熹的《中庸章句》极力批驳。然而学界对其评价也呈现两极分化，誉之亦极，毁之亦甚。凌廷堪站在汉学的立场上，认为毛氏《四书改错》"如医家之大黄，实有立起沉屙之效，为斯世不可无者"[④]，而朱派学人戴大昌、严可均皆认为毛氏撰《四书改错》心术不正，有以巧言欺世之嫌疑。由此可见，通过对清人于朱熹《中庸章句》态度之考察，可窥清人的学术立场。

三、《中庸》之应用："礼""实政"与人生理想

清代一些学人利用《中庸》阐发实学思想[⑤]。可从以下几个方面来看。

一是颜元、李塨、戴震、郭嵩焘、王先谦等人以礼释《中庸》。

以颜元、李塨为代表的颜李学派十分重视礼乐，习礼是他们经常性的科目。颜元、李塨等人承袭郑玄以礼释《中庸》的传统，并作了申论。如颜元说："圣人之道，大而无外，至于'发育万物，峻极于天'，何等样极口赞扬！下面又说'待其人而后行'，又说'苟不至德，至道不凝'，何等样极力推重！而其中指实处则惟'礼仪三百，威仪三千'，可见礼便是圣人之道，便是至道。君子之尊、道、致、尽、极、道、温、知，皆所以'敦厚以崇此礼'也。其效至'上不骄''下不倍''有道足兴''无道足容'，皆谓能循此礼也。"[⑥]颜元认为，《中庸》所言"礼仪"、"威仪"，与其所言"至道"相合；《中庸》所言君子之"尊""道""致""尽""极""道""温""知"，与其所言"敦厚以崇此礼"相合。颜氏以礼统摄《中庸》所言人的道德修养、为人行事的准则，意在通过彰显具有实践意义的礼，从而达到排斥理学、显扬经世实学之目的。

---

① 颜元：《四书正误》，《颜元集》上册，中华书局，1987年，第165-166页。

② 毛奇龄：《四书改错》，华东师范大学出版社，2015年，第371页。

③ 颜元：《朱子语类评》，《颜元集》上册，中华书局，1987年，第278页。

④ 凌廷堪：《与阮中丞论克己书》，《凌廷堪全集》第3册，黄山书社，2009年，第231页。

⑤ 此所谓"实学"主要是指"经世实学"和"考据实学"。持"实学"立场者主张学有根柢或有益身心国事，反对空泛无用之学。

⑥ 颜元：《四书正误》，《颜元集》上册，中华书局，1987年，第171页。

李塨亦重视以礼释《中庸》。如《中庸》“知者过之，愚者不及也”一语，郑玄云：“罕知其味，谓愚者所以不及也。过与不及，使道不行，唯礼能为之中。”李塨继承郑玄之说，并申之曰：“此言最得《中庸》要领，故后文言武周君子皆以礼乐，盖礼乃道之实也。”①又如《中庸》“子曰：无忧者其惟文王乎”一段，李塨曰：“孔子宪章文武，而言武周定业不过一礼，后文言居上为下，亦总归于礼乐，以此知《中庸》之身不出一礼。礼者，喜、怒、哀、乐，子、臣、弟、友之天则也。”②李塨指出，孔子所言《中庸》之要义在礼，这与朱熹等人从理学的角度释《中庸》判然有别。

干嘉学人戴震亦以礼释《中庸》。如《中庸》中的“中”“大本”等概念含“喜怒哀乐”，且是“礼之所由生、政教自此出”，“礼”由“中”而生，且用来制“中”。在《中庸补注》中，戴震以四百余字对“序昭穆”“序爵”“序事”的各种情况一一考证。如于“序昭穆”，戴震曰：“‘序昭穆’，据子孙之昭穆。无爵者在阼阶前西面北上，昭为一，穆为一，凡二列。昭与昭齿，穆与穆齿，以次而南。”③ 又如“序爵”，戴震曰：“‘序爵’，据族与宾之有爵者。《文王世子》篇论公族朝于公曰：‘内朝以齿，外朝则以官。’‘其在宗庙之中，则如外朝之位’。此序爵兼同姓、异姓之明证。”④ 戴震于此是从考据角度立言，其继承了郑玄和清初学人以礼释《中庸》的取向，是其重视实学的学术价值之体现。

晚清学人郭嵩焘、王先谦等亦重视以礼释《中庸》。如郭嵩焘认为《中庸》一书之大旨是礼，他说：“圣人修道之教，立一中以尽天理之节文，礼而已矣。政刑者皆统于礼之中。《中庸》说道尽大而实以礼为之宗主。”⑤ 又曰：“《中庸》一书，大端言礼之精意，所以裁其过，辅其不及，以复其性之善而归于中。”⑥王先谦亦认为《中庸》的要义是礼。他说：“先王所以为教，原于天而赋于人，君臣、父子、兄弟、夫妇、朋友之交，有分以相临，有情以相接，因其知觉而为之节文，莫之能外，则莫之能易也。非礼不动，以为修身之基，而尊亲之等杀，又礼所从出也。推其义，极于广大高明；谨其微，先在喜怒哀乐。是故由困知勉行，以几于知、仁、勇，由慎独以进于至诚无息，惟崇礼而已。……此《中庸》教人之微意也。”⑦

明末清初，学界于王学末流空谈心性、流于狂禅之弊已有清醒的认知。学人们认为，即使谈心性亦应从经学中获得，而不应师心自说。如黄宗羲云：“受业者必先穷经，经术所以经世，方不为迂腐之学。”⑧ 在这样的背景下，一大批对礼学有较深造诣的学者

---

① 李塨：《恕谷中庸讲语》，《续修四库全书》第159册，上海古籍出版社，2002年，第377页。

② 李塨：《恕谷中庸讲语》，《续修四库全书》第159册，上海古籍出版社，2002年，第381页。

③ 戴震：《中庸补注》，《戴震全集》第1册，清华大学出版社1991年，第131页。

④ 戴震：《中庸补注》，《戴震全集》第1册，清华大学出版社1991年，第131~132页。

⑤ 郭嵩焘：《中庸章句质疑》卷上，《续修四库全书》第159册，上海古籍出版社，2002年，第464页。

⑥ 郭嵩焘：《中庸章句质疑》卷下，《续修四库全书》第159册，上海古籍出版社，2002年，第492页。

⑦ 王先谦：《中庸章句质疑序》，《续修四库全书》第159册，上海古籍出版社，2002年，第461~462页。

⑧ 全祖望：《鲒埼亭集》卷十一，《梨洲先生神道碑文》，《续修四库全书》第1429册，上海古籍出版社，2002年，第51页。

开始出现，具有实践意义的礼学开始兴起。清代部分学人以礼释《中庸》，体现了他们对礼学的重视，也反映了清代重实学之风气。当然，以礼释《中庸》并非清人首创，汉代郑玄已涉及之。只不过在新的社会文化背景下，清人将郑玄以礼释《中庸》之举发扬光大，从而成为清代《中庸》诠释史上别开生面的一页。

二是颜元、李塨、戴震、康有为等人以《中庸》为资源谈论人生修养和社会理想。

清代一些学人通过《中庸》诠释从而阐发人生和社会理想。如颜元认为圣人之道的真谛在于讲实学、实政和实用，从而有利于民生。他说："学习躬行经济，吾儒本业也；舍此而书云书云，讲云讲云，宋明之儒也，非唐、虞、三代之儒也。"① 这种思想贯穿了他的《中庸》诠释。颜元曾南游中州，友人好以《中庸》"博学之，审问之，慎思之，明辨之，笃行之"为谈柄。颜元曰："问，问其所学也。思，思其所学也。辨，辨其所学也。行，行其所学也。自汉、宋来，学字已误，况博乎？况问、思、辨、行乎？"又曰："学，学礼，学乐，学射、御、书、数等也。博学之，则兵、农、钱、谷、水、火、工、虞、天文、地理，无不学也。以多读为学，圣人之学所以亡也。"②颜元以实践性较强的"学"统《中庸》所言"问""思""辨""行"，这是他主张学人不空谈心性，而要重视实践的学术取向的体现。

李塨认为《中庸》与《大学》所言修齐治平是如出一辙的。他说："戒惧是正心，慎独是诚意、致中和，则修、齐、治、平皆在内矣。特其入手在下文明善之知，而欲求知须好学，是致知格物也，《大学》一篇，正与此璧合。"③又如《中庸》"哀公问政"章，李塨曰："此章全是《大学》道理。'柔远人''怀诸侯'是平天下，'尊贤''敬大臣''体群臣''子庶民''来百工'是治国，'亲亲'是齐家，'盛服非礼不动'是诚意、修身，'齐明'是正心，'明善'是致知，'学问思辨'是格物。欲治民获上信友，豫先顺亲，欲顺亲，豫先诚身，欲诚身，豫先明善，豫明善在学问思辨，即格、致、诚、正、修、齐、治、平，递有先后之说。好学择善，所以诚身，顺亲以下，是由诚身而推，故下文直接诚字发明之，即修身为本之意，古今学术无出此矣。"④李塨认为《中庸》是通过另外一种方式将《大学》所言修、齐、治、平的内容表达了出来，此体现出李塨是主张从人生和社会理想的角度去释读《中庸》。

戊戌变法失败之后，康有为在避难期间撰《中庸注》。康氏认为，《中庸》系孔子之大道，关生民之大泽，义理精微，值得发掘。孔子甚爱古迹，尤好新法，所以时人应"戒守旧之愚害，而亦不可为灭古之卤莽也"⑤。戊戌变法失败，对康有为的内心世界造成很大的冲击。其《中庸注》调和佛儒，既是为了安顿自己的身心，也是为了寄予对未来的希望。如《中庸》曰："在上位不陵下，在下位不援上，正己而不求于人，则无怨。"康氏曰："知正己，则不尤人，易免于祸矣。庄子曰'知其无可奈何而安之若

---

① 颜元：《习斋记余》，《颜元集》下册，中华书局，1987 年，第 519 页。
② 颜元：《四书正误》，《颜元集》上册，中华书局，1987 年，第 169 页。
③ 李塨：《恕谷中庸讲语》，《续修四库全书》第 159 册，上海古籍出版社，2002 年，第 376 页。
④ 李塨：《恕谷中庸讲语》，《续修四库全书》第 159 册，上海古籍出版社，2002 年，第 383 页。
⑤ 康有为：《中庸注》，《康有为全集》第 5 集，中国人民大学出版社，2007 年，第 386 页。

命’，释氏之坚忍证阿那含者也。孟子曰‘顺受其正’，罗汉之随喜顺受也。子思之无入不自得，菩萨之地狱天宫皆成佛土也。释氏舍弃一切，弃家学道，以出烦恼，而生天成佛者。然孔子于明伦教物，实倡此义，令天下人人乐其境遇，不复苦恼。”① 《中庸》：“知、仁、勇三者，天下之大德也，所以行之者一也。”康氏曰：“佛氏亦贵智慧、慈悲、勇猛三者，具天下之达德也。”② 康氏于此据佛学以释《中庸》，以表达自己在挫折中应该持有的人生态度。又如《中庸》曰：“国有道，其言足以兴；国无道，其默足以容。”康氏曰：“后人若无改制之大事，而托于明哲默容，则为怯懦偷生之小人耳。”③ 康氏不甘于失败，他一方面鞭挞偷生之小人，另一方面继续寄希望于改制。

章太炎说：“清代学术，方面甚广。”④ 一方面，中国古典学到了清代已成百川归海之气象；另一方面，明清之际“天崩地解”般的社会大动荡给后来的学者们留下了不少学术思考的空间，以至于清代学术呈现出多样的态势。就儒学而言，汉、宋、今、古之学在清代皆有广泛的影响，不同阶段的学者，以不同的学术立场和治学方法活跃在清代的学术舞台上。清代《中庸》诠释的角度多样且新颖，既有作者成篇过程之探讨，又有文字和名物之考证；既有哲学意蕴之发掘，又有人生社会理想之表达。面对同样的问题，学人们所持的观点又不尽一致，甚至针锋相对。比如对于《中庸》文本和朱熹的《中庸章句》，既有持完全肯定之论者，亦有持否定之说者，还有调和折衷者。清代的《中庸》诠释，正是清代学术多样态势的写照。清代的《中庸》诠释未完全步宋明理学之后尘，而是转变了诠释角度和方法，拥有与宋明理学不尽一致的价值诉求，这也正好体现了清代学术对宋、元、明时期学术的超越。

① 康有为：《中庸注》，《康有为全集》第5集，中国人民大学出版社，2007年，第375页。

② 康有为：《中庸注》，《康有为全集》第5集，中国人民大学出版社，2007年，第380页。

③ 康有为：《中庸注》，《康有为全集》第5集，中国人民大学出版社，2007年，第386页。

④ 章太炎：《清代学术之系统》，《章太炎全集》第2辑·演讲集上，上海人民出版社，2015年，第423页。

论宋儒“理欲观”之异同及本质[①]

潘　斌

《礼记·乐记》（以下简称《乐记》）通过对以前的“理”“天理”“欲”等概念进行整合，从而明确地提出“天理”“人欲”概念，并对两者的关系作了说明。其云：“人生而静，天之性也。感于物而动，性之欲也。物至知知，然后好恶形焉。好恶无节于内，知诱于外，不能反躬，天理灭矣。夫物之感人无穷，而人之好恶无节，则是物至而人化物也。人化物也者，灭天理而穷人欲者也。”[②] 此所谓“天理”“人欲”主要是从礼乐之功能的角度而言。宋儒据《乐记》的“天理”“人欲”概念，积极构建自己的“理欲观”，并以之作为各自思想体系的有机组成部分。长期以来，人们大多孤立地探讨宋儒的“理欲观”，而于各家观点之关系则疏于辨析。此外，目前仍有不少思想文化史著作受清代戴震“以礼杀人”一说之影响，对于宋儒的“理欲观”还存在误解[③]。本文通过考察宋儒张载、二程、朱熹、胡宏、张栻、陆九渊等人的“理欲观”，以揭示各家观点之异同及本质。

一、张载的“理欲观”

张载是北宋最早谈“天理”与“人欲”关系的思想家。他对“天理”“人欲”概念作了界定，说：“所谓天理也者，能悦诸心，能通天下之志之理也。能使天下悦且通，则天下必归焉；不归焉者，所乘所遇之不同，如仲尼与继世之君也。‘舜禹有天下而不与焉’者，正谓天理驯致，非气禀当然，非志意所与也；必曰‘舜禹’云者，余非乘势则求焉者也。”[④]“天下之理无穷，立天理乃各有区处，穷理尽性，言性已是近人言也。既穷物理，又尽人性，然后能至于命，命则又就己而言之也。”[⑤]“‘在帝左右’，察天理

① 原刊于《Monthly Review of Philosophy and Culture》2018年第45卷第11期。

② 阮元校刻：《十三经注疏》，中华书局，1980年，第1529页。

③ 戴震认为，宋明理学家将与“欲”对立的“理”应用于社会时，“理”便具有了杀人的功能和作用。他说：“所谓理者，同于酷吏之所谓法。酷吏以法杀人，后儒以理杀人，浸浸乎舍法而论理，死矣，更无可救矣。”（戴震：《与某书》，《孟子字义疏证》卷上，中华书局，1982年，第174页。）戴震将后儒“以理杀人”与酷吏“以法杀人”相等同，可见其对于宋儒“理欲观”的极度不满。他又说：“人死于法，犹有怜之者；死于理，其谁怜之！”（戴震：《理》，《孟子字义疏证》卷上，中华书局，1982年，第10页。）

④ 戴震：《孟子字义疏证》卷上，中华书局，1982年，第10页。

⑤ 张载：《横渠易说》，《张载集》，中华书局，1978年，第235页。

而左右也，天理者时义而已。君子教人，举天理以示之而已；其行己也，述天理而时措之也”① 据此，可知张载的“天理”观主要包括三方面内容：首先，天理乃天下之公理。此理能悦天下人之心，能通天下人之志，能通天下之理，天下之人必须归服。因此，此天理既是客观事物之理，又是人的共同价值取向。其次，天下万物之理林林总总，不可胜数，而真正意义上的天理只有一个。天理在不同事物上有不同的表象，即所谓“立天理乃各有区处”。最后，天理虽不以人的意志为转移，却与时相宜。张载认为，即使有舜禹之圣，也当顺从天理，由天理驯致而有理想人格，此非舜禹的个人气质禀赋所可以改变的。不过，“天理者时义而已”，时过境迁，天理也当有新的内涵。

张载于“人欲”无明确界定，不过据其论述，可依稀见其于“人欲”之理解。张载云：“口腹于饮食，鼻舌于臭味，皆攻取之性也。”② 此“攻取之性”即“气质之性”，亦即“人欲”。张载认为，只要不过度，“欲”就是合理的。他说：“‘子之不欲，虽赏之不窃。’欲生于不足则民盗，能使无欲则民不为盗。……故为政者在乎足民，使无所不足，不见可欲而盗可息矣。”③ 张载认为，人有基本生存之需要，为政者若能使百姓饱足，自然就无盗窃之事。

张载继承了《乐记》“天理”“人欲”对举之模式，他说：“今之人灭天理而穷人欲，今复反归其天理。古之学者便立天理，孔孟而后，其心不传，如荀扬皆不能知。”④ 张载将古今学人的天理人欲观作了比较，认为古之学人所立天理，自孔孟以后此心不传，荀子、扬雄等人已不能知，今之学人则是灭天理而穷人欲。张载认为，古人且耕且学，故能安心，而“后人则多欲，故难能”⑤。后人不仅为了生存，还要满足奢求好利之心，遂堕入“穷人欲”之境地。张载据《乐记》“人化物也者，灭天理而穷人欲者也”，云：“徇物丧心，人化物而灭天理者乎！”⑥ 意即人若被物欲左右，就会失去理智，天理遂不能明。

与《乐记》相比，张载的“理欲观”更具有思辨性，内容也更丰富。首先，张载是在“天地之性”和“气质之性”的前提下，从而探讨“天理”与“人欲”之关系。相对于《乐记》以“天理”“人欲”论礼乐之功能，张载“理欲观”的思辨性更强。其次，张载以“天理”为天下之公理，是不以人的意志为转移的存在，且又与时相宜；正常的欲望应得到满足，过度就是“人欲”。这比《乐记》“理欲观”的内涵更丰富。宋代理学背景下提出“理欲观”，张载是第一人。此后，二程、朱熹、胡宏、张栻、陆九渊等人无不重视理欲之辨，而各家之论述，皆可见张载“理欲观”之影响。

---

① 张载：《正蒙》，《张载集》，中华书局，1978 年，第 23-24 页。
② 张载：《正蒙》，《张载集》，中华书局，1978 年，第 22 页。
③ 张载：《正蒙》，《张载集》，中华书局，1978 年，第 47 页。
④ 张载：《经学理窟》，《张载集》，中华书局，1978 年，第 273 页。
⑤ 张载：《经学理窟》，《张载集》，中华书局，1978 年，第 266 页。
⑥ 张载：《正蒙》，《张载集》，中华书局，1978 年，第 18 页。

二、二程和朱熹的“理欲观”

二程在《乐记》和张载“天理”“人欲”对举模式之基础上，赋予理欲更丰富的内涵。二程认为，个体的感官欲求与道德理性是对立的，天理不明，是人的欲望遮蔽使然。二程云：“甚矣欲之害人也。人之为不善，欲诱之也。诱之而弗知，则至于天理灭而不知反。故目则欲色，耳则欲声，以至鼻则欲香，口则欲味，体则欲安，此皆有以使之也。”① 二程认为人受情欲的蒙蔽，天理遂不能明，天理与人欲似如冰炭，两者截然对立。二程俨然有禁欲主义之倾向。实际上，通过通盘考察，可知二程的“理欲观”在继承张载之说的基础上，还赋予了更丰富的内涵②。此可从以下两个方面来看。

第一，二程并不反对人的正当欲求，只是反对过度的欲求。二程认为，喜怒哀乐等情欲，饮食宫室等奉养欲，以及国家刑罚征伐之欲，都不违天理；若取消人的这些需求，才是不明天理，“人之有耳目口鼻，既有此气，则须有此识；所见者色，所闻者声，所食者味。人之有喜怒哀乐者，亦其性之自然，今强曰必尽绝，为得天真，是所谓丧天真也。”③ 正当欲求是本，过分欲求是末，若在本的基础上产生了末，即超越人的正当欲求，则违天理。因此，二程指出：“先王制其本者，天理也；后人流于末者，人欲也。”④人要做的，就是“损人欲以复天理而已”⑤。

第二，二程的“理欲观”关涉公与私的问题。二程认为“理者天下之至公”⑥，与理一样，人之情欲本来亦是公，只是在个体流行中才有了私。程颐认为，父子之爱本来是公欲，“才著些心做，便是私也”⑦，意即有意去维持父子之情，公就变成了私。二程所说的天理是公欲，“道心天理，故精微。灭私欲则天理明矣。”⑧ 二程所说的人欲是个体之欲，“夫民……合而听之，则大同之中有个秉彝在前，是是非非无不当理，故圣。散而听之则各任私意，是非颠倒，故愚。盖公义在，私欲必不能胜也”⑨。由此可见，二程所说的理与欲，既是道德理性与情感欲求的关系，又是公与私的关系⑩。

二程强调公与私的对立，这种对立是由道德理性与情感欲求转化而来的。有学者指出，如果在理论上把理欲关系的重点由道德理性与感性欲望转向公私关系，那么理欲之间的互相依存、互相包容就可能转化为相互对立的关系。理欲主要是自身的道德良知与感性欲求之关系，是在同一个体中进行的，而公与私则一定是在自己与他者、社会之间

---

① 程颢、程颐：《伊川先生语十一》，《二程集》，中华书局，1981 年，第 319 页。

② 先秦儒家认为“欲”是中性的，并非一概排斥。程子斥“欲”之言，并不是说程子不知“欲”之价值，之所以如此，是程子多少受到了佛老禁欲主义的影响。

③ 程颢、程颐：《二先生语二上》，《二程集》，中华书局，1981 年，第 24 页。

④ 程颢、程颐：《周易下经上》，《二程集》，中华书局，1981 年，第 907 页。

⑤ 程颢、程颐：《周易下经上》，《二程集》，中华书局，1981 年，第 907 页。

⑥ 程颢、程颐：《周易下经上》，《二程集》，中华书局，1981 年，第 917 页。

⑦ 程颢、程颐：《伊川先生语四》，《二程集》，中华书局，1981 年，第 234 页。

⑧ 程颢、程颐：《邹德久本》，《二程集》，中华书局，1981 年，第 312 页。

⑨ 程颢、程颐：《鲍若雨录》，《二程集》，中华书局，1981 年，第 310 页。

⑩ 冯友兰即主张从公私关系的角度来认识宋儒的理欲之辨。冯友兰：《中国哲学大纲》，中国社会科学出版社，1982 年，第 445-466 页。

的关系，只能在异体之间展开。二程正是通过将理欲问题归结为公私问题这一十分重要的思维认识途径，顺理成章地推衍出天理人欲互不兼容、形同水火的对立关系①。在此基础上，二程强调存理灭欲，“‘人心’，私欲也；‘道心’，天理也。”②“不是天理，便是私欲。人虽有意于为善，亦是非礼。无人欲即皆天理。”③ 二程明确将“人心”“人欲”与“私欲”相提并论，亦将“道心”“天理”等同。二程所说的“道心”指人的道德理性，所说的“人心”指人生存的种种欲求。二程认为“天理”就是“道心”，“人欲”就是“人心”，道心是公心，人心是私心。

张载的“理欲论”强调道德理性与感性欲求之对立，二程则在此基础上引出公私关系。从公私的角度来认识理与欲之关系是理学“理欲观”的重要内容，二程是此认识之首创者，意义之大，不言而喻。

与张载、二程一样，朱熹首先突出了理的形上意义，他说：“道者，天理之当然，中而已矣。”④“性者，人所受之天理；天道者，天理自然之本体，其实一理也。”⑤ 朱熹认为，天理是道、中，具有规律性；人之本性来自天理，天道是天理之本体，二者实为一理。朱熹所言天理亦有伦理意义，“所谓天理，复是何物？仁、义、礼、智岂不是天理？君臣、父子、兄弟、夫妇、朋友岂不是天理？”⑥“浑然天理便是仁，有一毫私欲便不是仁了”⑦ 朱熹认为，儒家所倡导的“四德”和“五伦”皆属于天理之内涵。

朱熹认为人欲中含天理，他说：“有个天理，便有个人欲。盖缘这个天理须有个安顿处，才安顿得不恰好，便有人欲出来。”⑧ “天理本多，人欲便也是天理里面做出来。”⑨ 朱熹认为有天理便有人欲，如果天理之事处理不当，人欲就产生了。朱熹还认为“人欲中自有天理”⑩，言下之意，天理存于人欲。张岱年将朱熹所言“人欲”分为“公共之欲”和“私意之欲”，朱熹所反对的仅是人欲中的“私意之欲”⑪。张先生不仅指出了朱熹所云人欲的层次，还彰显了程朱对于人欲认识上的分歧。二程以公私来界定天理与人欲，天理为公，而人欲为私。朱熹则将人欲分为公私两个层面，从公欲的层面来

---

① 王育济：《论二程的“天理人欲之辨”》，《山东大学学报》1991 年第 2 期。

② 程颢、程颐：《伊川先生语五》，《二程集》，中华书局，1981 年，第 256 页。

③ 程颢、程颐：《伊川先生语一》，《二程集》，中华书局，1981 年，第 144 页。

④ 朱熹：《中庸章句》，朱杰人等编，《朱子全书》第 6 册，上海古籍出版社、安徽教育出版社，2010 年，第 34 页。

⑤ 朱熹：《论语集注》，《朱子全书》第 6 册，上海古籍出版社、安徽教育出版社，2010 年，第 103 页。

⑥ 朱熹：《答吴斗南》，《朱子全书》第 23 册，上海古籍出版社、安徽教育出版社，2010 年，第 2837 页。

⑦ 黎靖德辑：《朱子语类》，《朱子全书》第 15 册，上海古籍出版社、安徽教育出版社，2002 年，第 1029 页。

⑧ 黎靖德辑：《朱子语类》，《朱子全书》第 14 册，上海古籍出版社、安徽教育出版社，2002 年，第 388 页。

⑨ 黎靖德辑：《朱子语类》，《朱子全书》第 14 册，上海古籍出版社、安徽教育出版社，2002 年，第 388 页。

⑩ 黎靖德辑：《朱子语类》，《朱子全书》第 14 册，上海古籍出版社、安徽教育出版社，2002 年，第 388 页。

⑪ 张岱年：《中国哲学大纲》，中国社会科学出版社，1982 年，第 458 页。

说，人欲就是天理，值得提倡的；从私欲的层面来说，人欲是恶，应该遏止。

朱熹所云人欲中的“私意之欲”，即二程所说的“人欲”，具体地说，就是人对物欲情欲无节制的追求。有人问朱熹：“饮食之间，孰为天理，孰为人欲?”朱熹云：“饮食者，天理也；要求美味，人欲也。”① 又有人问：“饥食渴饮，冬裘夏葛，何以谓之天职?”朱熹曰：“这是天教我如此。饥便食，渴则饮，只得顺他。穷口腹之欲，便不是。盖天只教我饥则食，渴则饮，何曾教我穷口腹之欲。”② 人的正当欲求，属于“公共之欲”，与天理相合；而人无节制地追求美味佳肴，穷口腹之欲，这属于“私意之欲”，与天理相对立，应摒弃。朱熹云：“不为物欲所昏，则浑然天理矣。”③ “只为嗜欲所迷，利害所逐，一齐昏了”④。朱熹认为，人欲就像热病，若不能遏止，任其滋蔓，“循之则其心私而且邪。”⑤

在很多时候，朱熹并不明确区分“公共之欲”与“私意之欲”，而是以“人欲”即“私意之欲”。因此，在朱熹的著作中，“天理”与“人欲”对举之处甚多，二者近似水火不容。朱熹云：“天理人欲不容并立”⑥ “天理人欲之间每相反而已矣”⑦ “天理人欲常相对”⑧，此所言“人欲”，皆指人欲中的“私意之欲”。

朱熹认为，人欲中的“私意之欲”与天理不仅是对立的，而且是此消彼长的。朱熹曰：“人只有个天理人欲，此胜则彼退，彼胜则此退，无中立进退之理。凡人不进便退也。”⑨ “天理人欲相胜之地。自家这里胜得一分；他那个便退一分，自家这里退一分，他那个便进一分。”⑩ “克得那一分人欲去，便复得这一分天理来；克得那二分已去，便复得这二分礼来。”⑪ 在朱熹看来，天理、人欲是一方战胜另一方的关系。人若寡欲，那么天理多而人欲少，反之就是天理少而人欲多。

朱熹在继承张载、二程学说的基础上，对“天理”“人欲”概念做了新的诠释。朱

---

① 黎靖德辑：《朱子语类》，《朱子全书》第 14 册，上海古籍出版社、安徽教育出版社，2002 年，第 389 页。

② 黎靖德辑：《朱子语类》，《朱子全书》第 17 册，上海古籍出版社、安徽教育出版社，2002 年，第 3250 页。

③ 黎靖德辑：《朱子语类》，《朱子全书》第 14 册，上海古籍出版社、安徽教育出版社，2002 年，第 389 页。

④ 黎靖德辑：《朱子语类》，《朱子全书》第 14 册，上海古籍出版社、安徽教育出版社，2002 年，第 280 页。

⑤ 朱熹：《延和奏札二》，《朱子全书》第 20 册，上海古籍出版社、安徽教育出版社，2010 年，第 639 页。

⑥ 朱熹：《孟子集注》，《朱子全书》第 6 册，上海古籍出版社、安徽教育出版社，2010 年，第 310 页。

⑦ 朱熹：《论语集注》，《朱子全书》第 6 册，上海古籍出版社、安徽教育出版社，2010 年，第 186 页。

⑧ 黎靖德辑：《朱子语类》，《朱子全书》第 14 册，上海古籍出版社、安徽教育出版社，2002 年，第 389 页。

⑨ 黎靖德辑：《朱子语类》，《朱子全书》第 14 册，上海古籍出版社、安徽教育出版社，2002 年，第 389 页。

⑩ 黎靖德辑：《朱子语类》，《朱子全书》第 16 册，上海古籍出版社、安徽教育出版社，2002 年，第 1924 页。

⑪ 黎靖德辑：《朱子语类》，《朱子全书》第 15 册，上海古籍出版社、安徽教育出版社，2002 年，第 1454 页。

熹所说的天理包括道德理性和对等级秩序的设定，其所云人欲既涵盖了二程所说的“私欲”，还包括“公共之欲”。在天理与人欲的关系上，朱熹认为人欲中的“公共之欲”与天理紧密相关，二者本为一体，“私意之欲”与天理相对立，二者此消彼长。在前人之基础上，朱熹赋予《乐记》“天理”“人欲”以新的内容和深刻内涵，从而成为程朱理学“理欲观”的集成者。

三、胡宏和张栻的“理欲观”

湖湘学派代表人物胡宏反对将“天理”“人欲”作绝对划分，他说：“天理人欲同体而异用，同行而异情。进修君子宜深别焉。”① “同体异用”乃胡宏于“天理”“人欲”关系之基本认识。今人朱汉民认为，胡宏“理欲观”在内容上包括“体”与“用”两个方面。所谓“体”，即本体，也就是说理欲在“未发”的道德本原中的地位和关系；所谓“用”，即功用，也就是说是理欲在“已发”的道德实践中的地位和关系②。从胡宏“理欲观”体用的角度，既可以见其同一性，又可以见其差异性。

胡宏认为性本体涵摄伦理原则，他说：“好恶，性也。小人好恶以己，君子好恶以道。察乎此，则天理人欲可知。”③ 在胡宏看来，天理、人欲同出于性，两者并非针锋相对，而是在形而上的道德本体中合二为一。朱熹明确反对胡宏天理人欲“同体异用”之命题。朱熹云：“今以天理人欲混为一区，恐未允当。”④ 朱熹认为，“本体实然只一天理，更无人欲”⑤，天理是先天存在的，“其在人，则生而有之矣；人欲者，梏于形，杂于气，狃于习，乱于情，而后有者也”⑥。在朱熹之思想世界，“天理”“人欲”乃对立之存在。

胡宏以性为体，以心为用，性为未发，心为已发，天理、人欲在“体”的层面属于未发阶段，而在已发阶段两者已有不同。胡宏曰：“人欲盛，则于天理昏。理素明，则无欲矣。处富贵乎，与天地同其通。处贫贱乎，与天地同其否。安死顺生，与天地同其变，又何宫室、妻妾、衣服、饮食、存亡、得丧而以介意乎？”⑦ 胡宏认为，人欲过盛则天理不明，以至于心学失传。因此，胡宏与程、朱一样主张存理去欲，他说：“是故察天理，莫如屏欲。”⑧“天理人欲，莫明辨于《春秋》。圣人教人清人欲，复天理，莫深切于《春秋》。”⑨ 胡宏认为，明天理的最好办法就是摒除人欲。胡宏推崇《春秋》的原因之一，是因为该书有“清人欲”“复天理”之内容。

与程朱一样，胡宏亦不反对正当的欲求，他说：“夫妇之道，人丑之者，以淫欲为

① 朱熹：《胡子知言疑义》，《胡宏集》附录一，中华书局，1987 年，第 329 页。
② 朱汉民：《湖湘学派史论》湖南大学出版社，2004 年，第 136 页。
③ 朱熹：《胡子知言疑义》，《胡宏集》附录一，中华书局，1987 年，第 330 页。
④ 朱熹：《胡子知言疑义》，《胡宏集》附录一，中华书局，1987 年，第 330 页。
⑤ 朱熹：《胡子知言疑义》，《胡宏集》附录一，中华书局，1987 年，第 330 页。
⑥ 朱熹：《胡子知言疑义》，《胡宏集》附录一，中华书局，1987 年，第 329 页。
⑦ 胡宏：《知言》，《胡宏集》，中华书局，1987 年，第 24 页。
⑧ 胡宏：《书》，《胡宏集》，中华书局，1987 年，第 83 页。
⑨ 胡宏：《知言》，《胡宏集》，中华书局，1987 年，第 28 页。

事也；圣人安之者，以保合为义也。接而知有礼焉，交而知有道焉，惟敬者为能守而勿失也。《语》曰‘乐而不淫’，则得性命之正矣。谓之淫欲者，非陋庸人而何？”① 胡宏认为，男女性事，若仅为满足淫欲，则是丑陋之事；圣人赋予其以保合之义，并以此知礼明道、得性命之正。胡宏反对人欲中的私欲，他说：“释氏之学，必欲出死生者，盖以身为己私也。天道有消息，故人理有始终。不私其身，以公于天下，四大和合，无非至理，六尘缘影，无非妙用，何事非真，何物非我？生生不穷，无断无灭，此道之固然，又岂人之所能为哉？夫欲以人为者，吾知其为邪矣。”② 胡宏认为，人不应只看重己身，而应以公于天下。胡宏提倡“公共之欲”，他说：“老子曰：‘不见可欲，使心不乱。’夫可欲者，天下之公欲也，而可蔽之使不见乎？”③ 胡宏认为，老子所云“不见可欲”之“欲”，乃“天下之公欲”，此欲符合天理，不可掩蔽。

湖湘学派另一代表人物张栻的“理欲观”深受胡宏之影响。张氏认为天理来源于性，“理本具于性，贵于充之而已。”④ 张栻又曰：“人受天地之中以生，仁义礼知皆具于其性，而其所谓仁者，乃爱之理之所存也。唯其有是理，故其发见为不忍人之心。皆有是心，然为私欲所蔽，则不能推而达之，而失其性之所有者。‘先王有不忍人之心，斯有不忍人之政’者，则以其私欲既亡，天理纯备，故能尽其用于事事物物之间也。”⑤ 又曰：“盖如饥食渴饮、手持足履之类，固莫非性之自然，形乎气体者也。形乎气体，则有天理，有人欲；循其自然，则固莫非天理也。然毫厘之差，则为人欲乱之矣。”⑥ 张栻认为，仁爱之理源于仁，仁、义、礼、智源于性，由此推知性是仁爱之理的终极依据。因为有仁爱之理，所以有怜恤之心，然而怜恤之心为私欲掩蔽，遂难推致开去，性所本有的仁爱之理因此丧失；饮食之味本属于天下普遍之理，然而饥渴时所感受到的不是正味，因为正味已受损害；同样，好恶是非本存于人心，然而受私欲之影响，人生愤怒、恐惧、好乐、忧患之情，心所具有之正理遂暗昧不彰。

与胡宏一样，张栻亦不反对人的正当欲求。对于遮蔽天理之私欲，张栻亦明确表示反对，“若汩于利害，而失夫天理之所存，则虽舜亦何以治天下哉？”⑦ “若夫不仁之人，咈理而徇欲，一身将不能以自保，而况于其他乎？”⑧ 张栻认为，受私欲之牵引，人就会失去本有之天理，其后果是个人难以保身，圣人不能治天下。张栻认为人欲是私、天理是公，他说：“心不违仁，私欲不萌，天理长存也。”⑨ 又说：“原人之所以反身而未诚者，由其有己而自私也。诚能推己及人，以克其私，私欲既克，则廓然大公，天理无蔽

① 胡宏：《知言》，《胡宏集》，中华书局，1987 年，第 7 页。
② 胡宏：《知言》，《胡宏集》，中华书局，1987 年，第 4 页。
③ 胡宏：《知言》，《胡宏集》，中华书局，1987 年，第 9-10 页。
④ 张栻：《孟子说》卷七，《张栻全集》中册，长春出版社，1999 年，第 511 页。
⑤ 张栻：《孟子说》卷二，《张栻全集》上册，长春出版社，1999 年，第 289-290 页。
⑥ 张栻：《孟子说》卷七，《张栻全集》中册，长春出版社，1999 年，第 472 页。
⑦ 张栻：《孟子说》卷七，《张栻全集》中册，长春出版社，1999 年，第 486 页。
⑧ 张栻：《孟子说》卷二，《张栻全集》上册，长春出版社，1999 年，第 287 页。
⑨ 张栻；《论语解》卷三，《张栻全集》上册，长春出版社，1999 年，第 109 页。

矣。"[1] 张栻以"公""私"来区分天理和人欲，与程朱的思路是一致的。

张栻主张存理灭欲，他说："养心莫善于寡欲，此言寡欲为养心之要也。然人固有天资寡欲者、多欲者。其为人寡欲，则不存焉者寡；多欲，则存焉者寡。以是知养心莫善于寡欲也。……若学者以寡欲为要，则当存养扩充，由寡欲以至于无欲，则其清明高远者为无穷矣。"[2] 张栻认为，人养心莫善于寡欲，寡欲则天理得以扩充，才能最终实现无欲。张栻还主张以孟子"求放心"的方式存理去欲，他说："所以谓'仁，人心'者，天理之存乎人也；'义，人路'者，天下之所共由也。仁义立而人道备矣。舍其路而弗由，放其心而不知求，则人亦何以异于庶物乎?"[3] 张栻认为，面对随时而"放"的心，君子应时刻持守，做到视、听、言、动合礼，惟有如此，才能明理去欲。

湖湘学派与程朱理学一样，是宋代非常著名的学术派别。胡宏、张栻等湖湘学人在学术思想体系之建构时，与朱熹等人交流切磋，且吸收了程朱理学的不少思想成分。由于胡宏、张栻等湖湘学人与程朱理学的本体论不同，导致他们的"理欲观"与程朱理学亦有异，然通过辨析，仍可看到他们与程朱理学"理欲观"的关联之处和一致性。

四、陆九渊的"理欲观"

陆九渊是南宋心学的代表人物，他以心为本体，为主宰，心即理，心、理不二，"人心""道心"无分别。陆九渊认为，《古文尚书》所云"人心""道心"实为一心，"人安有二心？自人而言，则曰惟危；自道而言，则曰惟微"[4]，从人的角度来看是"人心"，从道的角度来看是"道心"。

陆九渊认为，程朱以人心为人欲，实际上是贬低了心的本体地位，以道心、人心推衍出的天理人欲之分也是错误的。《乐记》认为，人初生之时是禀天之静和善之性，可是人受物欲的牵引，遂产生了贪欲，人性亦因此由善而恶。陆九渊驳曰："谓人欲天理，非是。人亦有善有恶，天亦有善有恶（日月蚀，恶星之类），岂可以善皆归之天，恶皆归之人？此说出于《乐记》，此说不是圣人之言。"[5] 陆氏认为，《乐记》将天理之善归之于天，将人欲之恶归诸于人，此非圣人之言，故可置之不理。陆氏此说，否定了程朱"理欲观"之根基。

陆九渊认为，《乐记》的"天理""人欲"观源于道家。他说："天理人欲之言，亦自不是至论。若天是理，人是欲，则是天人不同矣，此其原盖出于老氏。……《乐记》之言亦根于老氏。且如专言静是天性，则动独不是天性耶?"[6] 陆氏认为，道家老子言"动静相分"，《乐记》亦言之，《乐记》后出，故知《乐记》之说源自老子。陆氏认为

---

① 张栻：《孟子说》卷七，《张栻全集》中册，长春出版社，1999 年，第 467 页。
② 张栻：《孟子说》卷七，《张栻全集》中册，长春出版社，1999 年，第 514 页。
③ 张栻：《孟子说》卷六，《张栻全集》中册，长春出版社，1999 年，第 439 页。
④ 陆九渊：《语录上》，《陆九渊集》，中华书局，1980 年，第 395-396 页。
⑤ 陆九渊：《语录下》，《陆九渊集》，中华书局，1980 年，第 463 页。
⑥ 陆九渊：《语录上》，《陆九渊集》，中华书局，1980 年，第 395 页。

动静互相渗透，不分彼此，他说：“‘萧萧马鸣’，静中有动矣；‘悠悠旆旌’，动中有静也。”① 陆九渊所言“自《礼记》有此言，而后人袭之”，此所谓“后人”，即程朱。陆氏以动静统一为理论基础，反对《乐记》“天理”“人欲”相分说，进而驳程朱的“理欲观”。

陆九渊还从天人合一的角度对理欲关系作了辨析。他说：“宇宙便是吾心，吾心即是宇宙。”② 陆氏认为，宇宙与己不必两分。而《乐记》主张天人相分，陆九渊驳曰：“因言庄子云：‘眇乎小哉！以属诸人；謷乎大哉！独游于天。’又曰：‘天道之与人道也相远矣。’是分明裂天人而为二也。”③ 陆氏认为，庄子以渺小属人，而以謷大属天，可见其主张天人相分。陆氏认为道家的天人相分说不足取，《乐记》的“理欲观”亦不足辨，他从天人合一的角度否定了《乐记》的“理欲观”，抽离了程朱理学之根基。

陆九渊反对“天理”“人欲”之分，然于“天理”“人欲”又并提，且有颇多论述，比如他说：“夫所以害吾心者何也？欲也。欲之多，则心之存者必寡，欲之寡，则心之存者必多。故君子不患夫心之不存，而患夫欲之不寡，欲去则心自存矣。然则所以保吾心之良者，岂不在于去吾心之害乎？”④ 又说：“功赞化育而不居，智协天地而若愚，消彼人欲而天焉与徒，谦冲不伐，而使骄盈之气无自而作，则凡不言而信，不怒而威者，乃所以为德也。”⑤ 陆九渊认为，欲有害人心，欲越多，本心所存就越少，欲越少，本心所存就越多；“天理”“人欲”互相排斥、此消彼长，人需要通过涵养，从而“消彼人欲”。

陆九渊既反对“天理”“人欲”相分，又于二者作为对立的存在，对于此，今人张立文主张从陆九渊哲学逻辑结构来考察，才能有清楚之认识。张氏认为，反对“天理”“人欲”之分比较符合陆氏思想逻辑顺序，而讲“天理”“人欲”之分，则是其思想演变过程中被放弃的观点⑥。而笔者认为，陆氏所言“人欲”，是与“天理”相对应的“人欲”，此“人欲”与“天”相关，具有本体意义，而非欲望层面之“人欲”。事实上，陆氏于“天理”“人欲”并提之时多言“欲”，而非“人欲”，此“欲”即形下之“欲望”，因此陆氏“理欲观”并非有矛盾。尽管陆氏与程朱在本体论和认识论上有很大的差异，然陆氏以倡导孟子之学为己任，其在恪守儒家伦理方面与程朱一样，不容有半点马虎。因此，陆氏心学与程朱理学并非水火不容，两者互相影响之痕迹时时可见，这就是陆氏“理欲观”看似矛盾的原因所在。

五、结语

根据以上所作之论述，我们得出以下结论：

---

① 陆九渊：《语录上》，《陆九渊集》，中华书局，1980 年，第 427 页。
② 陆九渊：《语录上》，《陆九渊集》，中华书局，1980 年，第 483 页。
③ 陆九渊：《语录上》，《陆九渊集》，中华书局，1980 年，第 396 页。
④ 陆九渊：《养心莫善于寡欲》，《陆九渊集》，中华书局，1980 年，第 380 页。
⑤ 陆九渊：《程文》，《陆九渊集》，中华书局，1980 年，第 337 页。
⑥ 张立文：《走向心学之路——陆象山思想的足迹》，中华书局，1992 年，第 310 页。

第一，宋儒各家的本体论不同，由此导致他们对《乐记》“天理”“人欲”之诠释亦有异。各家所言“天理”“人欲”，意非还原《乐记》之本义，而是利用《乐记》达到“注我”之目的。

理学家们的“理欲观”与各自的思想体系密切相关：程朱以理为本体，因此程朱的“理欲观”以天理为最高追求，而以人欲为应当摒除者；胡宏、张栻以性为本体，天理、人欲同出于性，两者是“同体”，而从已发之伦理道德来看，两者是“异用”，因此胡宏、张栻主张存理灭欲；陆九渊以心为本体，心即理，故不存在道心人心之别，也就没有“天理”“人欲”之分。理学家们对《乐记》“天理”“人欲”关系的认识，表明他们是以《乐记》为资源阐发自己的思想，而不是探寻《乐记》之思想。这也是宋学与汉学经典诠释之不同向度，即汉学以名物训诂、探求文本原意为学术价值取向，而宋学以义理解经、利用文本“注我”为学术价值取向。

第二，无论是张载、二程、朱熹，还是胡宏、张栻、陆九渊，他们最终都是从人文教化、修身养心的角度来谈“天理”与“人欲”的关系，他们的“理欲观”透显出的是良苦用心和悲悯情怀。

后世学人如戴震等批评宋儒“以理杀人”、扼杀人性，可能是出于对宋儒“理”的精神的遗忘，或出于对“理”的过度形式化的反叛，而并非合于宋儒之原意。若一定要认为宋儒是“以理杀人”，则是偏颇之见。比如程颐那句“饿死事极小，失节事极大”①的名言，成了明清时期不提倡妇女再嫁的理论来源。自“五四”以来，程颐此言受到了激烈的批判。直到今天，不少思想史论著还是认为程颐这番话反映了理学家提倡禁欲主义的残酷本质。对于程颐的这番话，若放到二程的“理欲观”中进行考察，会得出与批判者截然不同的看法。程颐之本意，是指人生有比生命和生存更重要的价值，即具有普遍道德意义的“公欲”，这实际上是孔子“克己复礼”、孟子“舍身取义”的另一种表达。正如贺麟所言：“他（程颐）所提出的‘饿死事小，失节事大’这个有普遍性的原则，并不止限于贞操一事，若单就其为伦理原则论，恐怕是四海皆准、百世不惑的原则，我们似乎仍不能根本否认，因为人人都有其立身处世而不可夺的大节，大节一亏，人格扫地。”② 当门人抛出“守节”还是“饿死”的问题时，程颐从舍身取义的公欲角度出发，从而肯定既有的守节规范。贺麟所言“四海皆准”“百世不惑”的原则，就是普遍的伦理原则，也就是程颐所言的“公欲”。

不可否认的是，由于程朱等人过分强调天理对人欲的主宰，所以在后来的社会实践环节，一定程度上限制了人的自由发展，也很容易让人误认为天理与人欲是绝对对立、水火不容的。由于元明清统治者的利用和后人的曲解，宋儒带有良苦用心和悲悯情怀的“理欲观”，成为后来社会实践中压抑人性和压制人基本需求的理论根据。

---

① 程颢、程颐：《伊川先生语八下》，《二程集》，中华书局 1981 年，第 301 页。

② 贺麟：《宋儒的新评价》，商务印书馆 1988 年，第 192 页。

清代《大学》诠释的内容及特色[①]

潘　斌

《大学》是《礼记》的第四十二篇，论述了个人的道德修养、为学次第与治国平天下的关系。中唐以前，作为《礼记》的单篇，《大学》并没有引起人们的特别注意。自从韩愈、李翱以及北宋二程表彰《大学》以来，《大学》的地位得到很大提升。朱熹在前人的基础上撰《四书章句集注》，并将《大学》与《中庸》《论语》《孟子》合编为"四书"，《大学》遂成为理学重要的思想资源。元仁宗延祐年间恢复科举，朱子《大学章句》被列为举业必修必考之书。明清沿元代科举旧制，朱子《大学章句》仍为科举考试的重要内容。由于《大学》与理学思想体系的建构有极为密切的关系，所以自宋代以后，《大学》解义除了见诸于"四书"学文献，还见诸于专门的《大学》著述。清代是继宋代之后思想文化发展的又一重要阶段，作为清代官方哲学的程朱理学依然兴盛，然而除了理学以外，汉宋、今古、中西之学也颇为流行，以至于清代文化呈现出极为多元的状态[②]。在此文化背景下，清代的《大学》诠释亦有诸多著述。本文拟从四个方面考察清代的《大学》诠释，以窥清人经典诠释的理路和特色。

一、《大学》可信与否之争

程朱理学十分重视《大学》，并将其置于"四书"之首。朱子据《大学》文本提出"三纲领""八条目"，从而构建起理学的认识论、工夫论和人生理想论。陆九渊、王阳明对程朱理学加以批判，如王阳明以"知行合一"说以驳程朱的"格物致知"论，以"致良知"以驳程朱的"正心诚意"。尽管理学与心学有巨大的分歧，但是两派对于《大学》文本皆格外重视。程颐说："《大学》乃孔氏遗书，须从此学则不差。"[③] 朱熹将格物致知当作《大学》工夫之起始，并以《大学》作为理学修养论和方法论的基础，他说："愚谓致知格物，大学之端，始学之事也。"[④] 陆九渊对《大学》和王阳明对于

---

① 原刊于《社会科学研究》2018 年第 1 期。

② 清代统治者高度重视理学，并将朱子的《四书章句集注》被悬为功令。《清史稿》曰："有清科目取士，承明制用八股文。取《四子书》及《易》、《书》、《诗》、《春秋》、《礼记》五经命题，谓之制义。"（赵尔巽等撰：《清史稿》卷一百八《选举三・文科》，中华书局 1977 年，第 3147 页。）所谓"四子书"即"四书"。

③ 程颢、程颐：《河南程氏遗书》卷二上，《二程集》上，中华书局 2004 年，第 18 页。

④ 朱熹：《晦庵先生朱文公文集》卷七十二《吕氏大学解》，《朱子全书》第 24 册，上海古籍出版社、安徽教育出版社，2002 年，第 3493 页。

《大学》的认识不同于程朱，如王阳明并不认为“格物致知”《大学》之端，而是认为“《大学》之要诚意而已矣”①。尽管理学与心学于《大学》之认识有很大差异，然而两派并不否定《大学》文本本身，而是皆多以《大学》为据，从而构建自己的理学思想体系。

从整体上来看，清朝人对《大学》文本的态度可以分为两派，即信从者和批驳者。绝大部分人受宋明以来程朱理学和陆王心学的影响，对《大学》文本表示肯定，即使是对朱子的《大学》改本持有异议者，亦不疑《大学》文本本身的可靠性。如康熙帝认为“《学》《庸》皆孔子之传，而曾子、子思独得其宗”②，借这两部书，“明、新、止至善，家、国、天下之所以齐、治、平也，性、教、中和、天地、万物之所以位育，九经达道之所以行也”③。清初学人李颙认为《大学》是“孔门授受之教典，全体大用之成规”④，“吾人自读《大学》以来，亦知《大学》一书为明体适用之书，《大学》之学乃明体适用之学。”⑤ 李光地认为《大学》是“自夫子传之曾子、子思、孟子，言之若一，实古昔圣人教人之法，而孔子承之也”⑥，“此书者，曾、思相与衍绎成篇，名曰《大学》”⑦，李塨认为“《大学》载道甚正，自是孔门弟子所传述”⑧。刘光蕡认为，“礼者，人事之纲纪，王者之政，所以纲纪人事也。欲王政之行，必须人材。《大学》培养人材，以为立纲陈纪之用，则《大学》尤为诸礼之本”⑨。以上所列各家之说，或认为《大学》成于曾子和子思，或不明言《大学》的作者而只是认为其乃孔门弟子所传述，或为圣人教人之法，或为孔氏之遗书。透过这些观点，可知诸家皆认可自宋代以来理学家们所赋予《大学》文本的神圣性。

清代大多数学人认为《大学》文本的神圣性是不言而喻的，所以他们在从事《大学》诠释时，对于《大学》文本本身的可靠性并无太多证明。不少“四书”学文献即是如此。如吴昌宗的《四书经注集证》、戚学标的《四书偶谈内外编》、翟灏的《四书考异》、颜元的《四书正误》等皆以疏通或补正旧注为目的，而于《大学》文本本身并无异议。此外，专门的《大学》诠释文献，如胡渭的《大学翼真》、王澍的《大学困学录》、惠士奇的《大学说》、张文檒《大学偶言》、宋翔凤《大学古义说》虽然于朱子《大学章句》颇有异议，然于《大学》文本则表示信从。有清一代，对于《大学》文本持肯定意见者占主流，这与理学的传播以及清代学人的尊经意识密切相关。

---

① 王阳明：《大学古本序》，《王阳明全集》卷七，上海古籍出版社，2014年，第270页。

② 张廷玉等编：《日讲四书解义序》，《圣祖仁皇帝御制文集》卷十九，文渊阁《四库全书》第1298册，第185页。

③ 张廷玉等编：《日讲四书解义序》，《圣祖仁皇帝御制文集》卷十九，文渊阁《四库全书》第1298册，第185页。

④ 李颙：《四书反身录·大学》，《二曲集》卷二十九，中华书局，1996年，第401页。

⑤ 李颙：《四书反身录·大学》，《二曲集》卷二十九，中华书局，1996年，第401页。

⑥ 李光地：《大学古本说》，文渊阁《四库全书》第210册，第4页。

⑦ 李光地：《大学古本说》，文渊阁《四库全书》第210册，第4页。

⑧ 李塨：《大学辨业》卷一，《续修四库全书》第159册，第126页。

⑨ 刘光蕡：《大学古义》，《续修四库全书》第159册，第272页。

清代否定《大学》文本者不多，其中的代表人物是陈确和姚际恒，两人都生活在经典辨疑思潮盛行的明末清初。

陈确认为《大学》并非圣人之言、孔曾之书。他说：“《大学》首章，非圣经也。其传十章，非贤传也。”① 又说：“嗟乎！五六百年来，大道既沈，言学之家，分崩离析，孰执其咎乎！语曰‘止沸者抽其薪’，此探本之论也，姚江之合知行，山阴之言一贯，皆有光复圣道之功，而于《大学》之解，终落落难合。”② 因此，陈氏决意“辨《大学》之决非圣经，为孔、曾雪累世之冤，为后学开荡平之路”③。

陈确首先从言辞的角度对《大学》的作者作了探讨。他认为《大学》的言辞“游而无根”“趋罔而终困”“支离虚诞”④，故不可能为子游、子夏所言，亦不可能为先秦儒者所作。此外，陈确认为孔子、孟子皆不曾言及《大学》，可证《大学》非圣经。陈氏曰：“孔、孟之言《春秋》，不一而足，而未尝一及所谓《大学》也。……子所雅言，《诗》《书》、执《礼》，而绝不及《大学》，何也？即《中庸》一书，世儒皆言是子思所作，吾亦未知其真伪何如。然‘中庸’二字，夫子亦每言之，而独不及《大学》，何也？岂孔、孟诸弟之贤皆未足以语此乎？”⑤ 此外，陈氏认为从春秋到宋代，诸儒皆将《大学》看成是《礼记》的一部分，即使是推崇《大学》的朱子，亦没有将《大学》归于孔子。陈氏认为，宋仁宗表彰《大学》之后，《大学》才为学者所推崇。他说：“宋仁宗特简《中庸》《大学》篇赐两新第，上有好者，下必有甚焉，学者辄相增加附会，致美其称，非有实也。”⑥ 言下之意，《大学》并无神圣性，即使有神圣性也是后人所附会。

陈确还从思想内容的角度以证《大学》非圣贤之书。如《大学》“知止而后意诚”一语，陈确驳之曰：“‘知止’云云者，则愈诬矣。辟适远者未启行，而遥望逆旅以自慰曰‘吾已知所税驾也’，知止则知止矣，而止故未有日矣。故未至而知止，如弗知而已，而何遽定、静、安、虑、得之可易言乎？且吾不知其所谓知止者，谓一知无复知者耶，抑一事有一事之知止，事事有事事之知止；一时有一时之知止，时时有时时之知止耶？……《大学》之所谓知止，必不然也。必也，其一知无复知者也。一知无复知，惟禅学之诞有之，圣学则无是也。”⑦ 陈氏认为，知止是相对的，今所谓知止，明则是无知，故《大学》所言“知止”是不可从的。

姚际恒驳《大学》的方法和内容与陈确很相近⑧。姚氏认为《大学》与禅学义理相

---

① 陈确：《大学辨一》，《陈确集·别集》卷十四，中华书局，1979年，第552页。

② 陈确：《大学辨二》，《陈确集·别集》卷十五，中华书局，1979年，第567页。

③ 陈确：《大学辨二》，《陈确集·别集》卷十五，中华书局，1979年，第567页。

④ 陈确：《大学辨一》，《陈确集·别集》卷十四，中华书局，1979年，第552页。

⑤ 陈确：《大学辨一》，《陈确集·别集》卷十四，中华书局，1979年，第563页。

⑥ 陈确：《大学辨一》，《陈确集·别集》卷十四，中华书局，1979年，第562页。

⑦ 陈确：《大学辨一》，《陈确集·别集》卷十四，中华书局，1979年，第554页。

⑧ 姚际恒并没有见过陈确的《大学辨》。姚氏说：“海昌陈乾初有驳《大学》书，惜予未之见。”（杭世骏：《续礼记集说》卷九十七，《续修四库全书》第102册，第703页。）

同或相通，他说："前一篇全杂后世禅学，其用字义更有牵强失理处。"①其将《大学》的内容与佛学加以比较，如《大学》"明明德"，姚际恒曰："按德，《释名》：'得也，得事宜也。'是德乃人生躬行所自得之善。《帝典》'峻德'，赞其大也。德在天下也。故史臣以是赞尧，而《康诰》亦同其文焉。是德犹本体，明犹功用之谓。今云'明明德'，于'德'上加'明'字，又别以'明德'上加'明'字，则以明德为本体，明明德为功用，便堕入空虚，同于释氏，如释氏所云妙明直心妙觉明性元明明觉等义矣。"②姚氏认为，《大学》"明明德"与佛教空寂之说如出一辙。又如《大学》"止于至善"，姚际恒曰："禅家以戒定慧三者为关键，经云因戒生定，因定发慧，因戒生定。知止而后有定也，因定发慧，由定以至静，安而虑也，生与发，即而后义也。"③ 姚氏认为，《大学》"止于至善"与禅宗止观之义相同。

在明末清初的社会危机以及满清入关所产生的民族危机面前，一些思想家从迷梦中惊醒，他们从社会危机和民族危机中滋生出强烈的批判意识，而这些批判意识又有诸多面向。王夫之、顾炎武、黄宗羲等人为了挽救阳明后学所带来的虚浮学风，开始对理学加以反思，并有意识地将学术方向扭转到修己治人之道的实学上。如顾炎武提出"经学即理学"，意在复兴经学，并"以经学济理学之穷"，将经学引导至经世致用的道路上去。张尔岐等人则注重在治礼学中改变虚浮学风，其所撰《仪礼郑注句读》以发明郑《注》、辨析贾《疏》为旨趣，一反宋明以来轻视汉唐注疏的学术取向。陈确、姚际恒是众多具有批判意识的思想家中的杰出代表，然而二人对传统之批判，与王夫之、顾炎武、黄宗羲等人颇有不同。王夫之等人所批判的主要是王学末流，而对于程朱理学还是多有尊崇，比如王夫之于《大学》文本并无异议，于朱子《大学》解义多有申说。陈确所撰《大学辨》、姚际恒所撰《九经通论》既驳程朱，又驳陆王，其要颠覆的是程朱和陆王皆奉《大学》为经典的观念④。虽然理学和心学对于《大学》的诠释理路不同，但是两派对于《大学》皆持肯定态度。陈确、姚际恒对《大学》文本的否定，实际上是希望通过批判《大学》，进而瓦解理学与心学之争的理论基础。既然两派所共同认可的《大学》文本没有价值，那么两派以《大学》为理论资源所建构的思想体系也是靠不住的，两派争议不断的问题也失去了价值。

二、《大学》古本与改本之争

汉代至宋初的学人遵《大学》的郑玄校本，此校本即后人所说的"古本"。理学和心学皆重视《大学》，然而两派对于《大学》的诠释路径各异。理学的代表人物朱熹为了构建自己的理学思想体系，对《大学》文本作了新的调整和诠释。比如其延续程颐改"亲"为"新"的批注，在解释"亲民"时，主张改"亲"为"新"，释"新"为"革

---

① 杭世骏：《续礼记集说》卷九十七，《续修四库全书》第102册，第702页。

② 杭世骏：《续礼记集说》卷九十七，《续修四库全书》第102册，第704页。

③ 杭世骏：《续礼记集说》卷九十七，《续修四库全书》第102册，第704页。

④ 姚际恒的《礼记通论》已佚，今赖杭世骏《续礼记集说》所征引者，可知该书之概略也。杭氏《礼记通论》是其所撰《九经通论》之一，其于《大学》之辨伪，属于《礼记通论》的一部分。

新”。朱熹还在二程改本之基础上，对《大学》分经别传，并“窃取程子之意”以补“格物致知传”。而王阳明推崇《大学》古本，其通过对《大学》的诠释，从而构建心学思想体系。王阳明否定程朱改《大学》“亲民”为“新民”，在阳明看来，“亲民”可涵“新民”，而“新民”不能涵纳“亲民”。此外，阳明认为古本《大学》释“诚意”的内容是在经文之后、传文之首，因此《大学》既无阙文，亦无错简。阳明心学以“诚意”为本体，“格致”为工夫，“诚意”在逻辑上优先于“格致”，此与朱熹强调“格致”之说有根本的区别。阳明推崇《大学》古本，意在驳朱子的“格致”之说，并为所谓“诚意”工夫寻找依据。

宋代以后，《大学》古本与改本之争从未停息过，正如清人郭嵩焘所云：“朱子辑‘四书’，首列《大学》。……元世定为科举甲令，学者尊其说八百余年。其要义所系，尤在‘格物致知’一传，攻之者亦用是为射者之的。姚江之说行，聚讼纷纷，讫明之终，其说交胜。而朱子切己之学，循序渐进之功，于学者为有据依，老师大儒，笃信谨守，无敢失坠。雍乾之交，朴学日昌，博文强力，实事求是，凡言性理者，屏不得与于学，于是风气又一变矣。乃至并《大学》《中庸》之书蔑视之，以为《礼运》《学记》之支言绪论。”① 概而言之，清人于《大学》有尊古本和尊改本两派。王夫之、胡渭、李塨、惠士奇等人尊崇《大学》改本，而毛奇龄、李光地、刘沅、宋翔凤、郭嵩焘等人尊崇《大学》古本。

由于“四书”包括《大学》，所以部分清代尊朱熹学的“四书”学文献提倡朱子的《大学》改本。如王夫之的《读四书大全说》《四书稗疏》的《大学》部分就是以朱子改本为据。此外，一些清代学人还通过专门的《大学》著作，从而维护或驳难程朱理学。比如清初胡渭的《大学翼真》、李塨的《大学辨业》、惠士奇的《大学说》等皆是尊《大学》改本之作，就具有代表性。胡渭《大学翼真》大旨以朱子为主，力辟王学古本之误。胡渭认为，宋代以后形成的《大学》古本和改本两派，“如庐山之横看成岭，侧看成峰，远近高低，所见各异，而《大学》之真面目几不可识矣”②。对于阳明遵古本之说，胡氏驳之曰：“按古本《大学》，即今《礼记》所载《大学》篇是也。‘此谓知本’‘此谓知之至也’二句，的是错简，无论其位置当在何处，即此二句之内，其义已有不可通者。……于不可从者而笃信之，且曲为之解，是郢书而燕说也，恶乎可？”③ 胡氏认为《大学》古本有错简、义有不可通者，故《大学》古本不可从也。胡氏认为朱子划分《大学》经传“确不可易”④。胡渭认为朱子改本并非尽善，但在总体上对于朱

① 郭嵩焘：《大学章句质疑》，《续修四库全书》第159册，第239页。
② 胡渭：《大学翼真凡例》，《大学翼真》卷首，文渊阁《四库全书》第208册，第907页。
③ 胡渭：《大学翼真》卷三，文渊阁《四库全书》第208册，第949页。
④ 胡渭：《大学翼真凡例》，《大学翼真》卷首，文渊阁《四库全书》第208册，第908页。

子改本是认同的①。他撰《大学翼真》，意在通过羽翼朱子《大学》改本，从而为朱子学张目。

清代毛奇龄、李光地、刘沅、宋翔凤、郭嵩焘等人推崇《大学》古本，而反对朱子改本。在清代的《大学》诠释史上，这一派学者的观点格外引人注目。归纳起来看，他们推崇《大学》古本的原因主要有以下几点。

一是认为朱子改移《大学》文本不合汉儒校经之例。如毛奇龄说："特汉儒校经，首禁私易。即《礼记》子贡问乐一章，明知错简，而仍其故文，并不敢增损一字。而《周书·武成》所谓无今文有古文者，即简编错互，未尝敢擅为动移，而但为之参注于其下，以为校经当如是耳。向使《大学》果有错误，苟非万不能通，亦宜效汉儒校经之例，还其原文，而假以辨释，况其所为错误者，则又程改而朱否，兄改而弟否者也。……因搜列旧文，略证诸说，而全列四改文于其后，曰《大学证文》。"② 毛氏认为，汉人校经极为慎重，即使文本有义不可通或有错简者，仍只参注其下，不敢擅自移改；朱子不仅疑改《大学》，且凭己意增"格物致知传"，与汉人校经原则相去甚远。

二是认为朱子划分《大学》经传之举不可从。毛奇龄以《周易》《论语》《孝经》早期称传而不称经以证《大学》不应分经分传。毛氏曰："《大学》不分经传，虽夫子出言成经，然在汉以前多以传称，如《易系辞》称大传，《彖辞》《象辞》称彖传、象传。汉武谓东方朔曰：'《传》曰：时然后言，人不厌其言。'则《论语》称传。即《孝经》已称经，而成帝赐翟方进册书云：'《传》曰：高而不危，所以长守贵也。'亦称为传可见。"③ 李光地亦认为"《大学》初无经传，乃一篇首尾文字"，言下之意，朱子划分《大学》经传是多余之举。李光地还说："《大学》之宗归于诚意、格物、明善者，其开端择术事耳。朱子亦既言之，而不能无疑于离合整散之间，是以有所更缉。今但不区经传，通贯读之，则旧本完成，无所谓缺乱者，若大义一惟程朱是据，污不至阿其所好，或以为习心入之先者，不知言者也。"④ 李氏认为，《大学》古本意义完整，并无缺乱，无需移易改动。宋翔凤亦认为《大学》古本"首尾完具，脉络贯通，无经传之可分"⑤，其遂撰《大学古义说》以明《大学》之"古义"。

三是认为朱子补《大学》"格物致知传"是多余之举。毛奇龄认为，《大学》古本完备，程朱所言"格物致知"在前人那里早已有精当的解释。毛氏曰："予读《大学》，以为'格物致知'安有如后儒之纷纷者乎？既而读'此谓知本''此谓知至'之文，亦恍然曰：格致之义，前圣自解之矣！"⑥ 李光地亦反对朱子补"格物致知传"，他说：

---

① 胡氏亦指出朱子《大学》改本有不尽可靠者，如"康诰"章已释"明明德"，而"盘铭"一节复与上章相连，"邦畿"章始释"止至善"，而"盘铭"章之末节又与下章相连，以至于"界限未清，学者疑之"。胡氏遂合"康诰""盘铭"为一章以释经，以至"界限亦更分明，虽与朱子分章小异，亦无嫌也"。（胡渭：《大学翼真凡例》，《大学翼真》卷首，文渊阁《四库全书》第208册，第908页。）

② 毛奇龄：《大学证文》卷一，文渊阁《四库全书》第210册，第280页。

③ 毛奇龄：《四书賸言》卷一，文渊阁《四库全书》第210册，第209页。

④ 李光地：《大学古本私记序》，《榕村集》卷十，文渊阁《四库全书》第1324册，第673-674页。

⑤ 宋翔凤：《大学古义说序》，《大学古义说》卷首，《续修四库全书》第159册，第213页。

⑥ 毛奇龄：《大学证文》卷一，文渊阁《四库全书》第210册，第280页。

“《大学》一书，二程、朱子皆有改订，若见之果确，一子定论便可千古，何明道订之，伊川订之，朱子又订之？朱子竟补格物传，尤启后人之疑。若格物应补，则所谓诚意在致其知，正心在诚其意，皆当补传矣。”① 李氏认为，若“格物”补传，那么“诚意”“正心”亦当补传。言下之意，朱子补“格物致知”传是多余之举。郭嵩焘认为解《大学》的关键在“致知”“诚意”，而非“格物致知”，他说：“郑《注》以‘致知在格物’别为一节，格物即是致知，故直曰在，而不曰先。自诚意章以下，首言‘所谓修身在正其心’，齐家、治国诸章并同此例。疑此云‘致知在格物’，而结之以‘此谓知本’‘此谓知之至也’，即朱子所补‘格物致知’一章之义，经文本自无缺也。”② 郭氏认为，“格物”即“致知”，朱子所言“格物致知”之义，《大学》本身已有，不需再补。

四是认为朱子《大学》改本的义理文气不如古本深厚完足。如刘光贲认为朱子《大学》改本“义理文气不如古本之深厚完足”③。刘氏举例曰：“如释‘明明德’传三引《书》而结，以皆自明也，为释明德之本体乎？抑释明德之功夫乎？明德为己所得于天之物，人岂不知？而待于传者特释之乎？意味已同嚼蜡，而以诚意后各传文气较之，则各传结构完密，与此大不相类。取古本读之，则知因诚意后实有明德于中，即能形著于外，故引‘淇澳烈文’之诗证之。然前王没世，民不能忘，非求之民也。能自明其明德而已。由周及商，以至唐虞，圣王无不如是。自古为学，政无不从诚意做起，文意何等深厚完足，此首章释明明德之传，不如古本之善也。”④刘氏认为朱子《大学》改本不如古本文从字顺、意义丰富。

五是认为朱子的《大学》解义不通，以证古义可靠。如《大学》“在亲民”，孔颖达曰：“‘在亲民’者，言大学之道，在于亲爱于民。”朱子认为此“亲”当作“新”，与“旧”相对。宋翔凤驳曰：“大学取士之法，以明明德为基，与‘克明峻德’之理无异。故‘克明峻德’者，尊贤也。又言‘以亲九族’者，亲亲也。《书》古文说九族为上自高祖，下至玄孙，所谓同姓从宗，合族属也。又言‘平章百姓’，人含五常之性，发为五声，五五二十五，转而相杂，故姓有百。平读为辨，辨别章明也，所谓异姓主名，治际会，名著而男女有别也。盖行亲九族之法于百姓，则人无不亲。有虞氏之官百，因生以赐姓，故百姓亦为百官，有官则有姓，有姓则有族，有族则有亲，百官无不明亲亲之义，而协和万邦，黎民于变时雍，则人人亲其亲，长其长，而天下平。《大学》继明明德而言亲民者以此，故王道之易易，亦基于用人而已矣。”⑤ 宋氏从孔氏之说，以“亲”作本字解，而驳朱子以“新”释“亲”。宋氏指出，“明明德”与《书》“克明峻德”同有尊贤之义，“亲民”与“以亲九族”同有亲亲之义。宋氏还据“平章百姓”推导出百官皆明亲亲之义。在宋氏看来，从“明明德”到“亲民”是有内在逻辑的，前者为尊贤，后者为亲亲，《大学》所言王道之易易皆以用人为始基。郭嵩焘亦认为朱子

① 李光地：《榕村语录》卷一《大学》，中华书局1995年，第11页。
② 郭嵩焘：《大学章句质疑》，《续修四库全书》第159册，第243-244页。
③ 刘光贲：《大学古义》，《续修四库全书》第159册，第271页。
④ 刘光贲：《大学古义》，《续修四库全书》第159册，第271页。
⑤ 宋翔凤：《大学古义说》上篇，《续修四库全书》第159册，第215页。

的《大学》解义有不可靠者。比如朱子将《大学》分为经传两部分，经“盖孔子之言而曾子述之”，传“则曾子之意而门人记之”①。郭嵩焘据贾逵等人之言，认为“朱子分经传，而以曾子传孔子之言为经，门人所述曾子之言为传，似属以意拟之”②。此外，朱子以古人为学次第者，独赖《大学》之存，而《论》《孟》次之。郭嵩焘驳曰：“《论》《孟》是圣贤立教大旨，修己治人之术赅备。其中《大学》自是一篇整段工夫，子思之传圣学具见于此，以是见为学次第可也，似未宜与《论》《孟》比校次第”③。

六是认为朱子改本的负面影响甚巨。毛奇龄认为朱子移改《大学》，使后世于《大学》文本的认知出现混乱。毛氏指出：“二程所改之仅存于二程全书之中，不必强世之皆为遵之，而元明两代则直主朱子改本，而用以取士，且复勒之令甲，敕使共遵一如汉代今学之所为设科射策劝以利禄者，而于是朱子有《大学》，五经无《大学》矣。……明则取士从同，校文从异，故科目士子并不知朱本之外别有旧本。而一二学古者则又更起而施易之，或以彼易此，或以此易彼，尔非我是，竞相牴牾，而沿习既久，忽有伪造为古本，献之朝廷，以为石经旧文，所当颁学宫，而定科目者。夫祗一改经，而相沿祸烈至于如此，此不可不为之辨也。”④ 毛氏认为，后世学人或轻《大学》古本，或混淆古本，或伪造古本，究其根源皆是朱子改本所致。李光地指出，宋元以来《大学》古本虽受尊用，然而诸儒“皆不能允于心，而重有纂置为异论者，又无足述也”⑤，甚至钦定《礼记义疏》亦认为“自宋儒之说盛行，遂庋注疏于高阁，君子未尝不深惜之”，“考朱子《章句》，去小戴删定之年千有余岁矣，中间异学争鸣，群言淆乱”⑥。宋翔凤亦指出，自宋代程朱等人订《大学》改本、元代悬为令甲后，《大学》“古义日湮，师传渐失，众家之说，转即岐途”⑦。

宋、明学人于《大学》古本和改本的态度，乃是各自学术立场之反映。追随程朱理学者，其《大学》诠释则从朱子改本；而奉阳明心学者，其《大学》诠释则从古本。而清代学人于《大学》古本和改本的态度反映的学术立场则十分复杂。如认可阳明心学的毛奇龄和褒奖程朱理学的李光地皆推崇《大学》古本而驳朱子改本。钦定《礼记义疏》在文本上以《大学》古本为据，而在解义上又以朱子为宗。既不法程朱、又不宗陆王的今文家宋翔凤推崇《大学》古本，强调“微言大义”和经世致用。刘光贲推崇《大学》古本，既尊奉阳明心学，亦强调经世效用。郭嵩焘通过驳《大学》改本，从而维护朱子学。由此可见，清代学人对于《大学》古本和改本的态度，不可简单地以理学或心学的立场去加以概括。事实上，清人热衷于《大学》文本之考察，乃是受宋明以来学界重视《大学》之风气使然。然而时过境迁，清代与宋明学术已有很大的不同，学术

---

① 朱熹：《四书章句集注》，中华书局，1983 年点校本，第 4 页。
② 郭嵩焘：《大学章句质疑》，《续修四库全书》第 159 册，第 242 页。
③ 郭嵩焘：《大学章句质疑》，《续修四库全书》第 159 册，第 242 页。
④ 毛奇龄：《大学证文》卷一，文渊阁《四库全书》第 210 册，第 278-280 页。
⑤ 李光地：《大学古本私记序》，《榕村集》卷十，文渊阁《四库全书》第 1324 册，第 673 页。
⑥ 乾隆十三年敕撰：《钦定礼记义疏》卷六十七，文渊阁《四库全书》第 124 册，第 230-231 页。
⑦ 宋翔凤：《大学古义说序》，《大学古义说》卷首，《续修四库全书》第 159 册，第 213 页。

派别和内在理路渐趋复杂，以至于清儒对待《大学》古本和改本的态度透显出与前人不同的学术旨趣。今人若仅以清人对待《大学》古本和改本的态度，就将其归为理学或心学的阵营，就犯了简单化的错误。

三、利用《大学》批判或阐发理学思想①

宋代以来，“五经”让位于“四书”系统，《大学》由《礼记》的单篇转而成为“四书”之首，受到宋、元、明时期学者们的高度重视。继宋、元、明之后，不少清代学者仍借《大学》来维护或阐发理学思想。此可从以下几个方面来看。

第一，王夫之、李塨等人通过《大学》诠释从而批判心学或理学思想。

在王阳明看来，格物所获得的知，若不去行，则毫无意义，因此他主张知行合一，知中即有行，行中即有知。王夫之在从事《大学》诠释时批评王学的“知行合一”说，认为“姚江王氏知行合一之说得借口以惑世，盖其旨本诸释氏，于无所可行之中，立一介然之知曰悟，而废天下之实理，实理废则亦无所忌惮而已矣”②。王夫之认为由行而有知，行在知先，知在行中逐渐形成。他说：“盖天下之事，固因豫立，而亦无先知完了方才去行之理。使尔，无论事到身上，繇你从容去致知不得；便佀有暇日，揣摩得十余年，及至用时，不相应者多矣。”③ 王夫之还以习棋艺为例以明行对于知的重要性，他说：“格致有行者，如人学弈棋相似，但终日打谱，亦不能尽达杀活之机；必亦与人对弈，而后谱中谱外之理，皆有以悉喻其故。且方其迸著心力去打谱，已早属力行矣。”④ 王夫之指出，若只停留在理论上，则不可能真懂棋艺；与人对弈，理论与实践相结合，则棋艺可知。

李塨曾撰《大学辨业》，对《大学》作了与程朱和陆王不同的诠释。程朱和陆王重视本体，二者所言之“理”或“心”，在逻辑上优先于“事”。李塨则认为理与事不可分，离事不可言理。他说：“六艺，《大学》之实事也。今云入大学便不甚学事，只理会理，何不观《内则》为学之序乎？且理与事亦何可分也？”⑤ 李塨以“学”为切入点从事《大学》之诠释，对其师颜元之说予以纠偏。李塨认为，《大学》的关键是讲为学，若只强调读书，或只强调力行，则皆有偏颇⑥。在此前提下，李塨对《大学》“格物致知”作了新的解释，他说：“朱子亦知格物是学文，但认圣学未甚确，故言有离合，如

---

① 狭义的“理学”指程朱理学，而广义的“理学”包括程朱理学和陆王心学。南宋陆九渊曰：“惟本朝理学，远过汉、唐，始复有师道。”（见陆九渊：《与李省幹》，《陆九渊集》，中华书局 1980 年，第 14 页。）孙奇逢《理学宗传》言“谨守程、朱之训，然于陆、王亦甚喜之”。（见孙奇逢：《寄张蓬轩》，《孙奇逢集》，中州古籍出版社，2003 年，第 721 页。）陆氏和孙氏于此所言“理学”皆包括理学和心学。笔者于此标题所言“理学”，是从广义的角度来界定的，即包括理学和心学，而在此部分的具体论述中则是从狭义的角度言理学和心学，从而展现不同学派学人观点之间的差异。

② 王夫之：《礼记章句》卷三十一，《船山全书》第 4 册，岳麓书社，1998 年，第 1256 页。

③ 王夫之：《读四书大全说》卷一，《船山全书》第 6 册，岳麓书社，1998 年，第 411 页。

④ 王夫之：《读四书大全说》卷一，《船山全书》第 6 册，岳麓书社，1998 年，第 411 页。

⑤ 李塨：《大学辨业》卷三，《续修四库全书》第 159 册，第 138 页。

⑥ 李塨：《大学辨业》卷三，《续修四库全书》第 159 册，第 142 页。

以穷至性天为格物，则是上达知天命之事，非成童入学事也。以读书讲论文字为格物，则后世文墨之学，非古《大学》之物也。应接事物、存心省身为格物，则又力行之功，非格物也。以力行为格物，是行先于知矣，倒矣。"① 李氏认为，知先于行，而《大学》所言格物与力行有别，以力行为格物，是以行先于知，是将知行关系倒置。李氏证之以《中庸》《易》《中论》，认为学与行不可混而为一。具体到"格物致知"，即"格物致知，学也，知也"②；"诚意、正心、修身、齐家、治国、平天下，行也"③。李氏认为，格物致知属于"知"的范畴，而诚意、正心、修身、齐家、治国、平天下属于"行"的范畴；若知与行为一，《大学》只言格物致知即可，不必再言诚意、正心、修身、齐家、治国、平天下。李氏此说，是对王阳明"知行合一"说的批判。

第二，毛奇龄、刘光贲等人通过《大学》诠释从而继承并发展心学思想。

王阳明言"致良知"，从而建构起一套道德修养论体系。刘宗周认为，王阳明言致良知不如言慎独简易明白，且易流入禅学，刘氏遂将慎独、格致看成是诚意的工夫，诚意则是格致、慎独的旨归。毛奇龄亦强调诚意的重要性，他说："格物以修身为本，而修身则又以诚意为本。……是以诚意二字，为圣门下手第一工夫，假使意发而不善，则必知其不善，一如恶臭之在前，而恶而去之。其知不善者，知也，不欺也。"④"是必诚意之功，切磋以为学，琢磨以修身，而后为盛德至善，所谓明德于此，新民亦于此也。"⑤"修身者，明德之本，诚意者，又修身之本也。此圣功也。"⑥ 毛氏认为诚意是道德修养的"第一工夫"，知与行皆统摄于诚意之下；诚意为明德、新民之本，明德、新民乃诚意之工夫。毛氏此说，是对刘宗周心学思想的继承和发展。

刘光贲在阳明心学的基础上对《大学》"格物致知"作了新的诠释。他说："阳明以为善去恶训格物，则格字有方格、扞格两义。'方格'为善也，'扞格'去恶也。"⑦此所谓"善""恶"，皆是从道德伦理的层面来讲，而其所言格物之"物"则是从社会层面来看。在刘氏看来，诚、正、修、齐、治、平及所对应的身、心、意、家、国、天下皆是物，因此《大学》全篇皆是言格物，朱子补"格物致知传"乃多余之举。刘氏认为，凡所言者皆物，因此其格物说消弭了主体与客体之界限。刘氏甚至以格物与致知为一，他说："万物皆吾性所固有，然谓之万数，实不止于万。则纷而难理，繁而易忘，必使人有一大方格、中界无数小格，使物各就其格，则各就理而不忘，则物格而知亦致矣。……致知即是格物，非两事两候也。"⑧ 刘氏认为，万物皆存于吾性，格物本身即致知。刘光贲对《大学》"格物致知"的诠释与心学的立场是一致的，其将格物之"物"

① 李塨：《大学辨业》卷三，《续修四库全书》第159册，第136页。
② 李塨：《大学辨业》卷三，《续修四库全书》第159册，第137页。
③ 李塨：《大学辨业》卷三，《续修四库全书》第159册，第137页。
④ 毛奇龄：《大学知本图说》，《续修四库全书》第159册，第95页。
⑤ 毛奇龄：《大学知本图说》，《续修四库全书》第159册，第95页。
⑥ 毛奇龄：《大学知本图说》，《续修四库全书》第159册，第95页。
⑦ 刘光贲：《大学古义》，《续修四库全书》第159册，第264页。
⑧ 刘光贲：《大学古义》，《续修四库全书》第159册，第264页。

限定在社会层面，并消弭格物与致知的界限，赋予了格物致知以新的内涵。

第三，李颙、李光地等人通过对《大学》的诠释从而会通理学和心学思想。

朱子的“格物”论是通过反观博览而归之于约，而李颙认为“格物”并不需要外求，他说：“身、心、意、知、家、国、天下，皆物也，而知为主。炯炯于心目之间，具众理，应万事，与天地合德，与日月合明，通乎昼夜而知，即章首所谓‘明德’也。”① 在李氏看来，“知”在逻辑上优先于家、国、天下，为家、国、天下的根据；而知并非客观之存在，而是存于主体，因此“格物”就是“明善”。所谓“明善”，即明主体“身、心、意、知之则”②，此乃家、国、天下之根本。由此可见，李颙在采纳程朱“即物穷理”概念的同时，还承袭了陆王“发明本心”的内涵。在“格物”的次序上，李颙走了一条折衷理学与心学的道路。李氏认为，要先格“为物不贰之物”，此“物”乃本体，格此物则大本立；不采用朱子“今日格一物，明日格一物”的渐进法，而是“扫除廓清”，以至于“脱洒极而性光自朗”③，与心学反躬内省而豁然贯通的修养方式如出一辙。在“大本”已立之后，李氏强调通过“由内而外”，从而实现修齐治平。他说：“此物未格，则主人正寐，借‘格物’以醒主；此物既格，则主人已醒，由主人以‘格物’。识得‘格物’者是谁，便是洞本彻原，学见其大。”④ 此将程朱和陆王的修养认识论结合了起来，正是“由工夫达本体”“由本体开工夫”⑤。

李光地借《大学》之诠释，以调和程朱理学与陆王心学。朱子以理在逻辑上优先于万事万物，理为事物之本体。而王阳明以心在认识主体之中，心为事物之本体。李光地则以“性”为本体，其认为《大学》所言“明德”就是“性”，为气禀所拘，人欲所蔽，故需明之。此外，李氏还强调性体“纯粹至善”⑥，是人伦事物的依据。由此可见，李氏将朱子所言的“理”变换为“性”，论证的思路与朱子并无二致。不过李氏所言性本体并不等同于朱子所言理本体，他说：“程朱以理言性，惧夫混于气质以言性者也。别而言之，理散于事物，性统乎人心。知之者以为万物皆备于我，则性与理一也。”⑦ 李氏认为性既源自天地，又出自人本身。究其意，乃是欲弥合朱子与阳明之分歧。又如《大学》：“知止而后有定，定而后能静，静而后能安，而而后能虑，虑而后能得。”朱熹认为此“止”者，乃“所当止之地，即至善之所在”⑧，当人知至善之所在则志有定向，心不妄动，所处而安，处事精详，得其所止。王阳明认为至善之在吾心，而不假外求，则志有定而无支离决裂错杂纷纭之患，心由此不妄动能静，静则能安，安则能虑，虑则有得。李光地则曰：“子静、阳明辈攻驳格物，就是‘知止’节头路未清。‘知止’

---

① 李颙：《南行述》，《二曲集》卷十，中华书局，1996年，第80页。
② 李颙：《四书反身录·大学》，《二曲集》卷二十九，中华书局，1996年，第405页。
③ 李颙：《锡山要语》，《二曲集》卷五，中华书局，1996年，第40页。
④ 李颙：《四书反身录·大学》，《二曲集》卷二十九，中华书局，1996年，第406页。
⑤ 房秀丽：《追寻生命的全体大用——李二曲理学思想及其教育价值》，齐鲁书社，2010年，第111页。
⑥ 李光地：《大学古本说》，文渊阁《四库全书》第210册，第2页。
⑦ 李光地：《榕村集》卷一《观澜录》，文渊阁《四库全书》第1324册，第536页。
⑧ 朱熹：《四书章句集注》，中华书局，1983年，第3页。

若如《章句》说，何须又用‘定’‘静’‘安’‘虑’许多字面来赞他？圣贤等闲不轻易说出‘定’‘静’等字，‘定’‘静’是为学根基，只是有此根基，却又要件件理会。‘尊德性’是‘道问学’之基，只是‘尊德性’又不可不‘道问学’。”① 阳明认为朱子言“至善”的源头不清，而朱子认为不事事皆体察则难知“至善”源头之所在。在李氏看来，朱子和阳明之说皆有长，若将朱子的“道问学”与阳明的“尊德性”结合起来，则可达到全面的认识。

钱穆先生论清代理学曰：“清儒理学既无主峰可指，如明儒之有姚江；亦无大脉络大条理可寻，如宋儒之有程、朱与朱、陆。”② 从清儒的《大学》诠释可窥他们对于理学和心学思想的阐发多是守成而少创获。除了像王夫之等人将《大学》纳入“四书”系统做全面的阐释，尚有体系脉络可寻之外，其他如李塨、毛奇龄、李光地、刘光蕡等人皆是对程朱理学或陆王心学小有补缀或略有阐发，皆难以与宋代理学的开派者或集成者的二程、朱子相比肩，也无法与明代发展陆九渊心学的王阳明相比拟。

四、利用《大学》阐发实学思想

实学批判释老的“虚无寂灭之教”，而强调“实体”与“达用”，具体内容多涉及考据、经世、启蒙和科技等。实学在北宋时期开始兴起，在清代达到高峰。明清之际出现了顾炎武、黄宗羲、王夫之、颜元等著名的实学家，他们反对理学、心学的空泛无用成分，而主张“经学即理学”和经世致用；清代还出现了阎若璩、毛奇龄、江永、惠栋、戴震、段玉裁、王引之、王念孙等以考据见长的学者，他们以“实事求是”“无征不信”为治学理念，对古籍加进行整理、考证、校勘和辑佚；清代中晚期还出现了推崇经世致用的今文经学，以及推广西方科技的“格致”之学。清代的实学精神，在清朝人的《大学》诠释中得到了集中的体现。

第一，颜元等人利用《大学》驳理学“不切实用”。

清初颜元反对理学和心学的空谈成分，他说：“试观两宋及今五百年学人，尚行禹、益、孔、颜之实事否？徒空言相续，纸上加纸，而静坐、语录中有学，小学、大学中无学矣；书卷两庑中有儒，小学、大学中无儒矣。圣道之衰，毋乃已极与！”颜元对于理学多有批判。如《大学》“明德”“亲民”“止于至善”，朱子曰：“明德者，人之所得乎天，而虚灵不昧，以具众理而应万事者也。”③ 朱子此说有明显的理学色彩。颜氏认为，“明明德”之“明”即“以道治吾身”④，“亲民”之“亲”即“以道治他们”⑤，“止于至善”即“明亲到十分满足”⑥；所谓“大人之学”，并非相对于小人而言，而是人人皆当做的，也是人人有能力去做的。颜氏于此释《大学》是经验的而非理学的。又如颜氏

① 李光地：《榕村语录》卷一，中华书局1995年，第8页。
② 钱穆：《〈清儒学案〉序》，《中国学术思想史论丛》（八），安徽教育出版社，2004年，第362页。
③ 朱熹：《四书章句集注》，中华书局，1983年，第3页。
④ 颜元：《四书正误》卷一，《颜元集》上，中华书局，1987年，第158页。
⑤ 颜元：《四书正误》卷一，《颜元集》上，中华书局，1987年，第158页。
⑥ 颜元：《四书正误》卷一，《颜元集》上，中华书局，1987年，第158页。

认为《大学》“格物”的“格”，义同于“格杀”的“格”，其强调不脱离实际的习性才可获得真知。颜元说：“今之言‘致知’者，不过读书、讲问、思辨已耳，不知致吾知者，皆不在此也。辟如欲知礼，任读几百遍礼书，讲问几十次，思辨几十层，总不算知。直须跪拜周旋，捧玉爵，执币帛，亲下手一番，方知礼是如此，知礼者斯至矣。辟如欲知乐，任读乐谱几百遍，讲问、思辩几十层，总不能知。直须搏拊击吹，口歌身舞，亲下手一番，方知乐是如此，知乐者斯至矣。是谓‘物格而后知至’。”① 颜元还以《大学》为据阐发义利观。自汉代董仲舒提出“正其谊不谋其利，明其道不致其功”以来，不少人将义与利相对立，或重义而轻利。颜元认为义与利并非绝然对立，利是义的基础，义中有利。比如《大学》“国不以利为利，以义为利也”，颜元曰：“以义为利，圣贤平正道理也。尧舜‘利用’，《尚书》明与‘正德’‘厚生’并为三事。利贞，利用安身，利用刑人，无不利。利者，义之和也。《易》之言‘利’更多。孟子极驳‘利’字，恶夫剖剋聚敛者耳。其实，义中之利，君子所贵也。后儒乃云‘正其谊，不谋其利’，过矣。宋人喜道之，以文其空疏无用之学。予尝矫其偏，改云‘正其谊以谋其利，明其道而计其功’。”② 颜元于此对“利”的肯定，是对汉代以来义利观的翻转，也是颜李学派实学精神之体现。

第二，王夫之、阎若璩、毛奇龄、江永等人于《大学》及旧注的文字、所记的名物制度皆有考证。

清朝人在从事《大学》诠释时，于《大学》及旧注的文字有所辨析。如《大学》“寔能容之，以能保我子孙黎民”，此“寔”字，前儒往往以“实”字解之。王夫之认为，“寔，丞职切，读如植，止也，与实字音义俱异。‘寔能容之’，言止此能容之一德，遂可以保子孙黎民，勿须他技。郑氏谓楚人混读寔、实，非也”③。

由于先秦旧籍去今久远，所以《大学》及旧注所涉及的地理、人物、掌故、概念等往往会造成后人的误读。清代学人于《大学》及旧注所记名物制度皆有考证，如阎若璩《四书释地》《四书释地续》《四书释地又续》《四书释地三续》于《大学》及旧注所涉及的山川形势、州郡沿革皆有考证。毛氏的初衷是“释地”，后来扩展至人、物和掌故，故一续再续。江永《四书典林》《四书古人典林》是为举业而作，其体例则仿《北堂书钞》。《四书典林》《四书古人典林》除《论语》《孟子》《中庸》以外，于《大学》所涉及人物、典制以及朱子《章句》所涉及的人或事需要常备者多予以收录，引典据颇为赅备。其他如宋翔凤《四书释地辨证》、赵敬襄《四书集注引用姓氏考》、戴清《四书典故考辨》、凌曙《四书典故覈》、周柄中《四书典故辨正》《四书典故辨正续》等，皆有于《大学》名物制度考证的内容。如《大学》之“大学”一词，郑玄读为“泰”，程子改读如字，朱子认为“大学”乃“大人之学”，与小子之学相对。王夫之则认为大与小、太与少，古代通用，小学与少学、大学与太学皆是相对而言。他说：“按大小、太

① 颜元：《四书正误》卷一，《颜元集》上，中华书局，1987年，第159页。
② 颜元：《四书正误》卷一，《颜元集》上，中华书局，1987年，第163页。
③ 王夫之：《四书稗疏·大学》，《船山全书》第6册，岳麓书社，1998年，第21页。

少古通用，如大宰一曰太宰、小宰一曰少宰之类，不以老稚巨细分也。”① 毛奇龄据《尚书大传》《汉书》《大戴礼记》《白虎通义》，认为“大学”乃学之大者，并不取决于年齿。李光地亦认为“大学”应读“太学”，“今人于《周官》小司马、小司空等，皆知读小为少，却不知大司马、大司空等，亦当读大为太也。如大宰之为太宰，小宰之为少宰，其显然者。则大学之为太学，小学之为少学，明矣。”② 从以上诸例，可知清儒于“大学”一词之释义并非恪守朱子之说，而是另有新见。

第三，宋翔凤利用《大学》阐述政教关系。

宋翔凤撰《大学古义说》，主张从政治和教育关系的角度从事《大学》之诠释。如朱子认为此所谓“大学”是相对于“小学”而言，其强调的是学之内容，而非学士之宫。宋翔凤认为“大学”既涵教化的具体内容，又是学士之所、君王布政施教之处。宋翔凤还将大学等同于古代的明堂、辟雍，实际上是对于古代政教关系的认知③。宋翔凤在从事《大学》诠释时，时时体现其政教观念。如《大学》：“所谓治国必先齐其家者，其家不可教而能教人者无之，故君子不出家而成教于国。”宋氏曰：“古者立大学以教于国，而《大学》一篇至此始言教者，以诚意之功未密，则修身之事不至是不足以言教也。……此明堂之法即大学之法也。”④ 宋氏将教化之事与齐家治国之道相结合，强调前者对于后者的重要性。宋氏认为，《大学》所记明堂制度、立学取人标准，以及格物、治平，皆应根据古之记载以“实事求是”⑤，进而获得“微言大义”⑥，对于理学义理则应弃而不从。宋氏的释义已游离于《大学》文本之外，他所关注的并非《大学》文本的原义，而是《大学》的“微言大义”，此“微言大义”就是宋氏的社会理想和政治哲学，具有很大的主观性。宋翔凤从政教关系的角度从事《大学》之诠释，并开掘《大学》的“微言大义”，与其学术风格是一致的。宋氏治学崇尚今文经学，他说：“今文家传《春秋》《论语》，为得圣人之意。今文家者，博士之所传，自七十子之徒递相授受，至汉时而不绝。”⑦ 宋氏继承今文经学家经世致用的学术旨趣，从而在《大学》之诠释时，力图论证古代的政治实践和道德理想是互相关联的，政治与教化合而不分。

第四，刘光贲利用《大学》阐述经济思想。

刘光贲藉《大学》阐发经世致用思想。如《大学》言“财聚则民散，财散则民聚”，强调治国之道在贵德贱财。刘光贲曰：“以人情物理言之，其为人人所欲为之事，需财用必多，其非人人所欲为之事，则无所用财者。人之生机，即天之动机，无财用，

---

① 王夫之：《四书稗疏·大学》，《船山全书》第6册，岳麓书社，1998年，第19页。

② 李光地：《榕村语录》卷一，中华书局，1995年，第6页。

③ 惠栋有《明堂大道录》一书，在该书《明堂总论》部分，惠氏认为明堂为天子大庙，是天子禘祭、宗祀、朝觐、耕藉、养老、尊贤、飨射、献俘、望气、告朔之所，明堂为“大教之宫”。在该书《明堂大学》部分，惠栋广征博引，以证明堂与大学有密切关系。

④ 宋翔凤：《大学古义说》下篇，《续修四库全书》第159册，第226-227页。

⑤ 宋翔凤：《大学古义说序》，《大学古义说》卷首，《续修四库全书》第159册，第213页。

⑥ 宋翔凤：《大学古义说序》，《大学古义说》卷首，《续修四库全书》第159册，第213页。

⑦ 宋翔凤：《论语说义》卷一，《续修四库全书》第155册，第270页。

则人事绝，天理灭矣。”[①]刘光贲认为财用是人的正常欲求，能否生财和散财是圣人区别于小人与暴君的标准。刘氏说：“小人聚财，君子散财，圣人生财，唐虞之世，众圣人聚集一堂，而其所为乃杂工虞水火，其开创草昧之艰难在物，而不在民，及至汤武之世，纣、桀聚财以遏天下之生机。汤武起而散之，而天下平矣。汤武之经营在民，其实亦在财。除民之害，使民各安生业，即为民生财也。民之质矣，日用饮食，财乃日用饮食之资，所以遂民生也。自古至今，安有不善生财而可以称圣人哉！”[②]刘氏从财之聚、散、生的角度界定君子与小人、圣人与暴君，在其看来，圣人重财生财、以给民用，而小人和暴君聚财而不能生财，以至天下乱。刘光贲还以《大学》为据以明工商业对于强国富国的重要意义。其认为《大学》“生财有大道”一节已指出“圣人参赞化育，大作用止是生财，财既生，仁者理之，不偏重于一而周流焉，则家给人足，天下长享，太平之福矣”[③]。若执掌国家者不能生财，不知理财，而惟务聚财，则“天怒民怨，天下永无太平之日矣”[④]。

战国以来，主流的经济思想是以农业为本、工商为末，商业、手工业被认为是社会离乱之根源。然而在刘光贲生活的时代，西方的工业文明对中国已造成巨大的冲击，重本抑末思想与时势已相背离。刘光贲在古老的经典中寻找资源，并结合时代的需要以明工商之重要性。孔子所言“来百工”“工欲善其事，必先利其器”，子夏所言“百工居肆以成其事，君子学以致其道”，《礼》所称“火化之功”，以及《易》所述十卦之制作等，刘氏皆予以征引，并认为“圣门论财用未尝斤斤于理之而不能生之也”，义即前贤并非虚言财用，而是以务实态度待之。刘氏甚至认为近代机器生产之效能也在孔子的预料之中，他说：“今外洋机器，一人常兼数人之功，一日能作数日之事，则真生众食寡，为疾，用舒矣。《易》称黄帝尧舜之治归之制器，《大学》论生财，未必不见及此。故吾反覆此节，而知外洋机器之利。夫子必已见及，而时未至，不能遽兴，故露其机于此，以待身逢其时者之取而用之也。”[⑤]刘氏以近代机器生产与《大学》“生财”“用财”相印证，意在肯定机器生产，提倡工业。

第五，一些清人利用《大学》“格物”一词与博物相附会或提倡西方科技。

郑玄训《大学》“格物”之“格”为“来”，“物”为“事”，且曰：“其知于善深则来善物，知于恶深则来恶物。”[⑥]此所言“善”“恶”皆是道德价值判断，以此为标准去界定事物，可知郑玄乃是将道德意识融入“格致”一词。在程朱那里，“格致”的意义既有知识论层面的，亦有道德层面的。然而朱子所言“格致”意涵并不限于通过事物之探究从而获得知识，而是通过“内圣”，从而实现“外王”理想。清人对“格致”一词亦颇为重视，除了前已述及的理学意义，还有博物和提倡西方科技的意义。

① 刘光贲：《大学古义》，《续修四库全书》第159册，第279页。
② 刘光贲：《大学古义》，《续修四库全书》第159册，第278-279页。
③ 刘光贲：《大学古义》，《续修四库全书》第159册，第279页。
④ 刘光贲：《大学古义》，《续修四库全书》第159册，第279页。
⑤ 刘光贲：《大学古义》，《续修四库全书》第159册，第279页。
⑥ 阮元校刻：《十三经注疏（附校勘记）》，中华书局，1980年，第1673页。

明末清初的儒生常用“格致”来指称传教士带来的西方科技，如熊明遇的《格致草》就是集西方天文历算学之作。明末清初儒生用“格致”来指称传教士带来的西方科技，既包括广义理论知识如天文、数学、物理，也涵盖经世所需的实用知识，如各种技艺，甚至是水文和博物。“格致”既指科学，也指技术；既指涉自然科学，也不排除历史、地理、政治和经济知识①。

康熙朝实行文字狱等文化政策，学人们遂埋头考据，而辨识了解各种事物也是这种学风的一大表现。康熙、雍正年间，陈元龙撰《格致镜原》一百卷，该书是一部博物百科全书。作者之所以将书定名为“格致”而非“博物”，是因为此书除记录事物之外，还对各类事物的原委有细致的考订，即所谓“镜原”。陈氏将清代以前典籍所记事物分为乾象、坤舆、身体、谷、蔬、木、草、花、果、鸟、兽、水族、昆虫等三十类。“专务考订，以助格致之学。每纪一物，必究其原委，详其名号，疏其体类，考其制作，以资实用”②。《格致镜原》之“格致”，主要是从知识层面来说，近似清初指称西方科技的“格致”之义，而与理学道德、知识兼具的意涵已有很大不同。

晚清习科技、办洋务的士大夫多将“格致”与实用技术和制造之理相等同。如19世纪70年代英国人麦华陀在上海建立格致书院，当年的《申报》如此报道：“其意欲华人得悉泰西各学之门，且冀彼此较相亲近，勿视为远方不识之人也。凡西书之翻为汉文者，皆备置院中，机器等亦各供列。”③ 格致书院筹办之初，董事会向英国发函曰：“设立格致书院，其意欲令中国便于考究西国格致之学、工艺之法、制造之理。”④ 格致书院的考课内容以讲求科学知识为主，所出考题也以科学和时事为主。19世纪末20世纪初之际，不少人将“格物”与其他新名词加以组合。如梁启超曰：“西人一切格致制造之学，衣被五洲，震轹万国，及推原其起点，大率由目前至粗极浅之理，偶然触悟，遂出新机。”⑤ 又曰：“倍根常曰格致之学，必当以实验为基础；又曰一切科学，皆以数学为其根。实为后世实验家之祖。”⑥ 此所谓“格致”，仍是与制造学相关的物理。不过当时“科学”一词也逐渐被人们用作与西方科技相对应的词汇，如康有为的《日本书目志》中的《科学之原理》《科学入门》是“最早在现代意义上使用‘科学’一词的”⑦。当“科学”一词被频繁使用后，“格致”一词逐渐淡出了人们认识科技的视野。

清朝人从事《大学》之诠释时，重视回应时代之需求。其中既有重视考据以驳理学虚浮成分的王夫之、毛奇龄、阎若璩、江永，又有强调经世致用的颜元、宋翔凤、刘光贲。颜元、宋翔凤、刘光贲等人对《大学》表示推崇，且将《大学》的地位抬得很高，由此可见他们对于古典文化颇为认同；同时他们将对《大学》的诠释与对西方科技、博

---

① 金观涛、刘青峰：《观念史研究：中国现代重要政治术语的形成》，法律出版社，2009年，第339页。
② 陈元龙：《格致镜原凡例》，《格致镜原》卷首，文渊阁《四库全书》第1031册，第2页。
③ 《申报》1873年3月25日。
④ 《万国公报》第357卷，1875年10月9日。
⑤ 梁启超：《湖南时务学堂学约》，《梁启超全集》第1册，北京出版社，1999年，第107页。
⑥ 梁启超：《格致学沿革考略》，《梁启超全集》第2册，北京出版社，1999年，第951页。
⑦ 金观涛、刘青峰：《观念史研究：中国现代重要政治术语的形成》，法律出版社，2009年，第339页。

物以及政教关系的认识相结合，展现了具有时代特色的经典诠释风格。如刘光贲藉《大学》“亲民”一词的解释阐发民本思想，借“生财有大道”之说肯定工商业，宋翔凤借《大学》力证古代政治与道德理想互相关联、政治与教化合而不分，既有学理层面的意义，又有现实社会层面的考量。他们所言《大学》的“古义”，并非意在通过训诂以求文本之原义，而是在古典文献基础之上开新义。这种借经典诠释从而经世致用的做法在中国古代源远流长，汉代的董仲舒、宋代的王安石、清代的康有为等皆是结合时代的需要，在经典的诠释中从事阐发并进而实现自己的经世理想。

秦蕙田《五礼通考》探论[①]

潘　斌

秦蕙田（1702—1764年）字树峰，号味经，江苏金匮（今江苏无锡）人。乾隆元年（1736年）进士第三，授翰林院编修，入直南书房。累官礼部侍郎，工部、刑部尚书。乾隆二十九年（1764年）给假南旋就医，卒于途。赐葬如例，予谥文恭。时年六十有三。秦氏治经深于礼，曾修纂《五礼通考》二百六十二卷。此外还有《周易象日笺》《味经窝类稿》传世。

在《五礼通考序》中，秦蕙田对纂修该书之缘由有说明，其曰："'三礼'自秦汉诸儒抱残守阙，《注》《疏》杂入谶纬，轇轕纷纭。《宋史》载子朱子当日尝欲取《仪礼》《周官》《二戴记》为本，编次朝廷、公卿、大夫、士民之礼，尽取汉唐以下诸儒之说，考订辨正，以为当代之典。今观所著《经传通解》，继以黄勉斋、杨信斋两先生修述，究未足为完书。是以'三礼'疑义至今犹蔀乃于《礼经》之文，如郊祀、明堂、宗庙、禘尝、飨宴、朝会、冠昏、宾祭、宫室、衣服、器用等，先之以经文之互见错出足相印证者，继之以《注》《疏》诸儒之抵牾訾议者，又益以唐宋以来专门名家之考论发明者，每一事一义，辄集百氏之说而谛审之，审之久，思之深，往往如入山得径，榛芜豁然。又如掘井逢源，溢然自出，然犹未敢自信也。"[②] 在《凡例》中，秦氏又曰："五礼之名，肇自《虞书》，五礼之目，著于《周官》。《大宗伯》曰吉、凶、军、宾、嘉，《小宗伯》掌五礼之禁令与其用等。孔子曰：'周监于二代，郁郁乎文哉，吾从周。'所以经纬天地，宰制万物，大矣，至矣。自古礼散轶，汉儒掇拾于煨烬之余，其传于今者惟《仪礼》十七篇、《周官》五篇、《考工记》一篇，文多残阙。《礼记》四十九篇，删自《小戴》及所存《大戴礼》，间有制度可考，而纯驳互见，附以《注》《疏》及魏晋诸家，人自为说，益用纷岐。唐宋以来，惟杜氏佑《通典》、陈氏祥道《礼书》、朱子《仪礼经传通解》、马氏端临《文献通考》言礼颇详。今案《通解》所纂王朝、邦国诸礼，合'三礼'诸经传记，荟萃补辑，规模精密，第专录《注》《疏》，亦未及史乘，且属未成之书。礼书详于名物，略于传注，《通典》《通考》虽网罗载籍，兼收令典，第五礼仅二书门类之一，未克穷端竟委，详说反约。《宋史·礼志》载朱子尝欲取《仪礼》《周官》《二戴记》为本，编次朝廷、公卿、大夫、士民之礼，尽取汉晋而下及

---

① 原刊于《经学文献研究集刊》2017年第2期。

② 秦蕙田：《五礼通考自序》，《五礼通考》卷首，文渊阁《四库全书》第135册，台湾商务印书馆，1986年，第60页。

唐诸儒之说，考订辨正，以为当代之典，未及成书。至近代昆山徐氏乾学著《读礼通考》一百二十卷，古礼则仿《经传通解》，兼采众说，详加折衷。历代则一本正史，参以《通典》《通考》，广为搜集，庶几朱子遗意，所关经国善俗，厥功甚巨。惜乎吉、嘉、宾、军四礼，属草未就。”① 秦氏认为，“三礼”所记载的名物、礼制纷乱淆杂，秦汉诸儒以及历代《注》《疏》未能廓清疑云。鉴于此，秦氏在考察经文记载以及历代解义、论说之基础上，希望将礼学疑难问题做进一步的梳理和考辨，遂有《五礼通考》之纂修。

《五礼通考》一书二百六十二卷，卷首以《礼经作述源流》及《历代礼制沿革》二篇，又有《总目》二卷不入卷数。该书非秦蕙田一力所成，今可考见者有戴震、王兰泉、方观承等。是书之体例前后如一，风格前后一致。由于出自众手，各卷水平参差不齐。《五礼通考》的成就及特色可从以下几个方面来看。

一、《五礼通考》的编纂体例

徐乾学《读礼通考》专注于丧礼，其通过广泛征引礼学经典、诸史杂记，从丧期、丧服、丧仪节、葬考、丧具、变礼、丧制、庙制八个方面，分门别类地对与丧礼相关的名物、制度等加以诠释。徐氏晚年拟在丧礼之基础上，将纂修规模扩展到吉、宾、军、嘉诸礼，然书未成而人已殁。因此，《读礼通考》之“礼”，特指丧礼，而非五礼也。

秦蕙田《五礼通考》乃通贯群经之作，其发凡起例直接受徐乾学《读礼通考》的启发。秦氏曰：“丁卯戊辰，治丧在籍，杜门读礼，见昆山徐健庵先生《通考》规模义例具得朱子本意，惟吉、嘉、宾、军四礼尚属阙如。惜宸锡大年相继徂谢，乃与学士吴君尊彝陈旧箧，置抄胥，发凡起例，一依徐氏之本。并取向所考定者分类排辑，补所未及。服阕后再任容台，遍览典章，日以增广。”②《五礼通考》之体例源自《读礼通考》，然在纂修时，秦蕙田结合实际，在体例上有所调整。

《五礼通考》在《读礼通考》之基础上，将纂修之内容扩展到“五礼”。所谓“五礼”，即吉、凶、军、宾、嘉诸礼，称谓最早见于《周礼》。吉礼是祭祀典礼，凶礼是哀悯吊唁忧患之礼，军礼是师旅操练、征伐之礼，宾礼是接待宾客之礼，嘉礼是合和人际关系、沟通联络感情之礼。徐乾学《读礼通考》所纂修者，丧礼也，尽管其所搜集丧礼名物制度之资料颇为详备，体例也完善，然而丧礼仅为五礼之一，故《读礼通考》为未完之书也。秦蕙田曰：“近代昆山徐氏乾学著《读礼通考》一百二十卷……惜乎吉、嘉、宾、军四礼，属草未就。是书因其体例，依《通典》五礼次第，编辑吉礼如干卷，嘉礼如干卷，宾礼如干卷，军礼及凶礼之未备者如干卷。”③《五礼通考》二百六十二卷，吉

① 秦蕙田：《五礼通考凡例》，《五礼通考》卷首，文渊阁《四库全书》第135册，台湾商务印书馆，1986年，第62页。

② 秦蕙田：《五礼通考自序》，《五礼通考》卷首，文渊阁《四库全书》第135册，台湾商务印书馆，1986年，第61页。

③ 秦蕙田：《五礼通考凡例》，《五礼通考》卷首，文渊阁《四库全书》第135册，台湾商务印书馆，1986年，第62页。

礼一百二十七卷，宾礼十三卷，嘉礼九十二卷，军礼十三卷，凶礼十七卷。

《五礼通考》特别重视吉礼。秦氏于《凡例》曰："吉礼为五礼之冠，《记》曰：'礼有五经，莫重于祭。'唐虞伯夷典三礼，《周官》大宗伯掌天神、地祇、人鬼之礼第，两郊七庙，遗文缺微；《仪礼》所传特牲、少牢皆大夫士之祭，故《汉志》有推士礼而致于天子之讥。矧谶纬繁兴，康成杂入经注，辨难滋起，如天帝有六，地祇为二，明堂之五室九室，祈穀之建子建寅，禘郊不分，地社莫别，宗庙六祭淆于禘祫分年，昭穆祧迁紊于兄弟继序。他如服冕、牲牢、乐舞、器数，岐说益纷，几千年间废兴创革，往往莫之适从。兹编于经传搜集无遗，冀以补缀万一，至先儒论说，及累朝奏议，亦广为采取，较之《通典》《通考》，详略悬殊，卷帙亦独多于他礼。"① 由此可见，秦氏重视吉礼，一是因为吉礼于五礼中最重，二是因为吉礼辩难于五礼中最多。

至于其他诸礼，《五礼通考》亦在前人之基础上做了调整。如于宾礼，秦蕙田曰："《大宗伯》以宾礼亲邦国，是时天下封建，故诸侯于天子有朝、宗、觐、遇、会同、问视之礼，诸侯邻国亦相朝聘，自罢侯置守，无复古仪。杜氏《通典》采摭古今，分为四条，《通志》但存三恪二王后一则，《通考》竟全删去，以藩国朝贡附见于朝仪。今辑经文天子诸侯觐聘之礼以存古仪，录史传藩国朝贡及遣使迎劳诸仪以昭近制，而士庶人相见礼终焉。"② 秦氏在《通典》《通志》之基础上，对宾礼纂修体例做了重新安排。又如大射、乡射二礼，郑玄认为属于嘉礼，而《通典》《开元礼》认为属于军礼。秦氏曰："《仪礼》十七篇，依郑《注》，嘉礼居其七。《通典》从《开元礼》以大射、乡射属军礼，《宋史》仍属嘉礼。夫古者射以观德，贯革非所尚也。今从郑氏。"③ 秦氏以郑玄之说为是，将大射、乡射二礼归诸嘉礼。

需要特别指出的是，由于徐乾学《读礼通考》于丧礼部分的体例和修纂已较为完善，所以《五礼通考》于凶礼部分仅补以赈襘。秦氏曰："《大宗伯》以凶礼哀邦国之忧，其礼之别有五。《论语》曰所重民食丧祭，丧固凶礼一大端也，已详徐氏《读礼通考》。兹特以赈襘补其缺云。"④ 由此可见，秦蕙田对徐乾学于丧礼纂修之信任，亦可见《五礼通考》与《读礼通考》之渊源关系。

二、《五礼通考》征引经文和解义之原则

《五礼通考》于所征引的经文和历代解义，均按一定的规则进行排列。此可从以下几个方面来看。

---

① 秦蕙田：《五礼通考凡例》，《五礼通考》卷首，文渊阁《四库全书》第 135 册，台湾商务印书馆，1986 年，第 63-64 页。

② 秦蕙田：《五礼通考凡例》，《五礼通考》卷首，文渊阁《四库全书》第 135 册，台湾商务印书馆，1986 年，第 64 页。

③ 秦蕙田：《五礼通考凡例》，《五礼通考》卷首，文渊阁《四库全书》第 135 册，台湾商务印书馆，1986 年，第 64 页。

④ 秦蕙田：《五礼通考凡例》，《五礼通考》卷首，文渊阁《四库全书》第 135 册，台湾商务印书馆，1986 年，第 64 页。

一是征引解义宏富，经、传、说、记以及历代史书记载无不涉及。

与徐乾学《读礼通考》一样，秦惠田《五礼通考》亦大量征引经、传、说、记以及史书之记载。秦氏曰："五礼各门，经文之后，二十二史纪、志、列传，搜择颇广。……全文概从摘略一徐书，上自王朝，下逮民俗，古礼今制，靡弗该载。是编六籍而外，后世典章始于秦汉，讫于前明。"① 如吉礼的《圜丘祀天》部分共二十卷。其中前五卷皆是关于圜丘祀天的场地、仪节，包括郊名义、四代郊正祭、四代告祭、郊坛、配帝、日月从祀、朝践王三献宗伯四献、祝号、享牲，荐熟、馈献王三献宗伯四献、荐黍稷、馈食王五献宗伯六献诸臣七献、祀神之乐、送尸、彻、告事毕、代祭、丧不废祭；后十五卷是秦代到明代的圜丘祀天制度。在每一小类，秦氏皆大量征引历代文献之相关内容。如于"郊名义"，秦氏所征引之文献，经部有《易》之《益卦》《涣卦》《鼎卦》，《书》之《召诰》，《周礼》之《春官》，《礼记》之《曲礼》《王制》《礼运》《礼器》《郊特牲》《祭义》《中庸》，《诗》之《周颂》，叶时之《礼经会元》，陈祥道之《礼书》。史部有《汉书》之《郊祀志》，罗泌之《路史》。又如吉礼之"社稷"，秦氏所征引者，经部有《书》之《禹贡》《召诰》，《诗》之《大雅》《周颂》，《韩诗外传》，《周礼》之《地官》《春官》《夏官》《秋官》《考工记》，《礼记》之《月令》《郊特牲》《礼运》《祭法》《王制》，《左传》《穀梁传》《孟子》《孝经》，以及《白虎通义》、郑玄之《礼记注》、孔颖达之《礼记正义》、贾公彦之《周礼疏》《仪礼疏》，陈祥道之《礼书》，王与之的《周礼订义》。史部有《汉书》《后汉书》《晋书》《宋书》《南齐书》《隋书》《魏书》《周书》《旧唐书》《新唐书》《宋史》《金史》《元史》《明史》《通典》《文献通考》。此外还有郑兴、郑众、郑玄、赵岐、马希孟、方悫、刘彝、陈傅良、郑锷、易祓、薛季宣、应镛、丘濬、项安世、王昭禹、林之奇、朱熹、蔡德晋等人的解义。由此可见《五礼通考》文献征引之宏富。

二是在解义的排比方面，经传优先于史籍和文集。

秦惠田曰："作者谓圣，述者谓明，圣则经，而贤则传。《汉·艺文志》言礼者十三家，洎及魏晋，师传弟受，抱残守阙，厥功伟焉。至宋元诸大儒出，粹义微言，元宗统会，而议礼始有归宿。兹编考订，专以经传为权衡。"② 秦氏认为，从可信度来看，经优于传，传优于汉代以后说礼诸家之解义。故《五礼通考》在"五礼"的小类之下，皆先征引经传说记，再征引史书和子书。

如吉礼《圜丘祀天》部分，秦蕙田曰："礼莫重于祭，祭莫大于天。天为百神之君，天子为百姓之主，故惟天子岁一祭天。《周礼》冬日至，祀昊天上帝于圜丘。冬至，取阳生。南郊，取阳位。圜丘，取象天。燔柴，取达气。其玉币、牲牢、尊俎、乐舞、车旗之属，各以象类，虽一名一物之微，莫不有精意存于其间。故曰郊所以明天道，又曰

---

① 秦蕙田：《五礼通考凡例》，《五礼通考》卷首，文渊阁《四库全书》第135册，台湾商务印书馆，1986年，第64-65页。

② 秦蕙田：《五礼通考凡例》，《五礼通考》卷首，文渊阁《四库全书》第135册，台湾商务印书馆，1986年，第63页。

明乎其义，治国其如示诸掌乎。自《礼经》不明，章句之儒群言淆乱，朝堂之上议论纷拏。六天始于康成，合祭起于新莽，排击者不遗余力，然行之数千百载而未已。大都沿《注》《疏》者失之愚，因前代者失之陋，乐简便者失之怠，皆非所以交于旦明之义也。兹辑祀天门，以经为断，以史为案，经传为之纲领，疏解为之条贯，正其纰缪，一其异同，而历代典礼之得失，廷臣建议之是非，洞若观火，议礼家可考览焉。"① 秦氏于此对圜丘祀天的名义、渊源等做了陈述，对历代于圜丘祀天礼的问题亦做了揭示。对于所征引的文献，秦氏"以经为断""以史为案""经传为之纲领""疏解为之条贯"。由此可见秦氏将经的地位抬得很高，经为判断是非得失之标准，经传之记载统领全部之材料；经传之外，史书和各家解义仅为佐证。

三是于有争议之解义兼收并蓄。

由于时代湮远，书阙有间，历代学人于名物礼制之认识产生了很多分歧，礼学史上的公案多不胜举。与徐乾学《读礼通考》一样，《五礼通考》对于有分歧的解义兼收并蓄。秦氏曰："考制必从其朔，法古贵知其意，而议礼之家，古称聚讼，权衡审度，非可臆决。徐本于经文缺略、传注纠纷之处，必详悉考订，定厥指归。兹特兼收异说，并先儒辨论，附于各条之后，以备参稽。或并存阙疑，于治经之学，不无补裨。"② "兼收异说""并存阙疑"皆是从文献征引之态度来说的，前者体现了秦氏征引之全面，后者体现了秦氏治学之严谨。如于"朝践王一献、宗伯二献"部分，秦氏征引《通典》之记载，并附案语曰："案：祀天献酒之礼，经无明文。《通典》据注疏补之。今仍其说，以俟考。"③ 经无祀天献酒礼之记载，而《通典》有之，秦氏征引《通典》以俟考。又如堂室屋宇之制中的宇、荣、溜，秦氏征引《诗》《仪礼》《礼记》《春秋》，以及陈祥道的《礼书》、李如圭的《仪礼释宫》、以及吴绂的解义，并附案语曰："案：以上宇、荣、溜，吴氏解'荣'，与旧不同，存参。"④ 此所谓"以俟考""存参"者，透显出秦氏对于前人解义之谨慎态度。

四是在杜佑《通典》、马端临《文献通考》之基础上遍采纪传、参校志书。

杜佑《通典》和马端临《文献通考》所载历代史事专据志书，而本纪、列传不加搜采。秦蕙田曰："史家记事，彼此互见，且二十二史体例各殊，有详于志而不登纪传者，亦有散见纪传而不登于志者，举一废一，不无挂漏。又其采辑之法有时全载，议论一事而辨析千言，有时专提纲领千言而括成一语，详略不均，指归无据。"⑤ 秦氏认为，由于正史记事有见于纪传而不见于志，故仅据正史之志，于史料肯定有遗漏；此外，

---

① 秦蕙田：《五礼通考》卷一，文渊阁《四库全书》第135册，台湾商务印书馆，1986年，第131-132页。

② 秦蕙田：《五礼通考凡例》，《五礼通考》卷首，文渊阁《四库全书》第135册，台湾商务印书馆，1986年，第62-63页。

③ 秦蕙田：《五礼通考》卷五，文渊阁《四库全书》第135册，台湾商务印书馆，1986年，第216页。

④ 秦蕙田：《五礼通考》卷六十一，文渊阁《四库全书》第136册，台湾商务印书馆，1986年，第412页。

⑤ 秦蕙田：《五礼通考凡例》，《五礼通考》卷首，文渊阁《四库全书》第135册，台湾商务印书馆，1986年，第63页。

《通典》《文献通考》采辑“详略不均”，以至于“指归无据”。鉴于此，秦氏“特遍采纪传，参校志书，分次时代，详加考核。凡诸议礼之文，务使异同并载，曲直具存，庶几后之考者，得以详其本末。”[①] 由于秦氏遍采史书纪传之内容，故《五礼通考》之材料远较《通典》《文献通考》丰富。

秦蕙田《五礼通考》在陈祥道《礼书》、杜佑《通典》及马端临《文献通考》之基础上，对吉、凶、军、宾、嘉五礼做了进一步的调整和细化。此外，其广泛征引先秦至明代的各类文献，编排在诸仪礼类别之下。《五礼通考》征引文献之多，令人叹为观止。可以说，极尽可能征引各类文献，是《五礼通考》的学术价值之重要体现。梁启超曾说：“依我看，这书是一部很好的类书，价值在《文献通考》上。或者也可以说是中国礼制史的长编。”[②] 借助于《五礼通考》，经传所记名物礼制，各家解义之损益，以及历代王朝对于古礼之改造和应用，皆可尽收眼底，这极大方便了后人于历代礼制之研究。

三、《五礼通考》于前人解义之辨析

《五礼通考》中有纂修者精到的案语，故其并非完全意义上的类书。该书在征引一段或数段文献记载之后，往往就会以“蕙田案”“观承案”的形式附一段案语。如在吉礼的《圜丘祀天》部分，纂修者所下案语多达一百七十余条。这些案语或对所征引内容之大义进行概括，或对所征引内容中之名物制度加以解释，或对前人有分歧之解义加以评析。《五礼通考》的解义体现了秦蕙田等人对于古礼的认知水平，是我们认识该书学术价值的重要参考数据。下面将从三个方面对秦氏、方氏等人之案语加以分析，以见纂修者对于前人解义之态度，以及对于古代名物礼制认识之水平。

第一，《五礼通考》的纂修者力图化解郑、王之分歧，或驳郑而申王。

东汉末年，郑玄编注群经，在汉代经学走向衰微之时，郑学却大行于世。“于是经生皆从郑氏，不必更求各家。郑学之盛在此，汉学之衰亦在此”[③]。魏代王肃攀附司马氏，其亦遍注群经，然不好郑学，处处与郑学为异。在清朝人马国翰所辑《玉函山房辑佚书》中的《礼记王氏注》等文献中，可知郑、王之分歧主要在礼制。对于郑、王之分歧，后人有颇多讨论，不少人从动机的角度对郑王之争加以探讨，往往申郑而抑王，清代的皮锡瑞即此方面之代表。亦有人认为王肃之说未必非，郑玄之说未必是，宋代陈祥道《礼书》即持此论。

在《礼书通考》中，纂修者力图化解郑氏和王氏之分歧。如《周礼·春官·大宗伯》：“以禋祀祀昊天上帝。”郑玄认为天有六，即至上帝名曰天皇大帝耀魄宝，其下有五天帝，分别是灵威仰、赤熛怒、含枢纽、白招拒、汁光纪。郑玄认为，此五帝乃王者之先祖感太微五帝之精以生，故五帝又称感生帝。王肃否认郑玄的“六天说”和“感生

---

① 秦蕙田：《五礼通考凡例》，《五礼通考》卷首，文渊阁《四库全书》第135册，台湾商务印书馆，1986年，第63页。

② 梁启超：《中国近三百年学术史》，上海三联书店，2006年，第175页。

③ 皮锡瑞：《经学历史·经学中衰时代》，潘斌编：《皮锡瑞儒学论集》，四川大学出版社，2010年，第19页。

说”，其认为天唯一而已，不得有六，五帝乃五行之神，其乃天地之佐，而不得称天。方观承曰：“案：天即帝也，帝即天也。天一而已，何得有六？然帝既有五，天亦何尝不可有六？此如心君然，心一而已，本无两心，然分而言之，有恻隐、羞恶、辞让、是非之不同，岂可以恻隐、羞恶、辞让、是非之心不为心哉！康成天神之解所以不可据者，以其溺于纬书，既附会星垣，又强立耀魄宝及灵威仰、赤熛怒、含枢纽、白招拒、汁光纪等名目，其大病尤在混禘于郊，渎祖宗于明堂，所以王肃诸儒力辨其非耳。若谓五帝不为帝，六天不为天，则分为四时，何不可曰春天、夏天、秋天、冬天？列于五方，何不可曰东天、西天、南天、北天也哉？然是就一时一方言之，虽同曰帝，同曰天，而不得谓之统体之天也。即如程子谓乾坤外甚的是六子，诚哉六子即统于乾坤也，然须知八卦成列，乾坤外原有六子，但既同体而异形，则不得仍谓之乾坤矣。故统观诸儒之说，自当以冬至、元日、孟夏、季秋四祭为祀天之正，而五帝之祀第为四时迎气，而不混于祭天之中，斯可廓清历来之聚讼也已。”① 方氏认为，天与帝本为一，然从另外的角度来看，既然帝可为五，天亦未尝不可为六；郑玄解义的问题在于信奉谶纬，故荒诞缪悠，不可信。方氏指出，若以一年四祭为祭天之正，而以五帝之祭为四时迎气，则可化解祭天与祭五帝之矛盾。方氏此说，实际上是走了一条中间路线，其既部分承认郑玄以天有六、帝有五之说，又认为天、帝本质上为一，祭天与祭五帝之异乃形式上的，本质上却为一。

郑玄还认为，圜丘祀天与郊天不同，前者祭天皇大帝（即昊天上帝），后者祭五天帝。而王肃认为“天体无二”，郊即圜丘，圜丘即郊，犹王城之内与京师，异名而同处。在王肃看来，郊天与圜丘祀天的关系，不过是于郊筑泰坛象丘之形以祀天。秦蕙田曰：“案：郊丘非二，地无二祭。王肃谓郊即圜丘，圜丘即郊。马氏谓郊者圜丘之地，圜丘者郊之坛，盖王者于国之南郊，因吉土以筑坛。郭璞曰地有吉气，土随而起。《礼器》云因吉土以享帝于郊是也。《尔雅》非人为谓之丘，吉土必高，故曰丘。筑坛象天之圜，故曰圜。丘亦曰泰坛，泰坛即圜丘，圜丘即吉土，故曰至敬不坛。盖以自然之丘为坛，为高必因丘陵，而非谓祭天无坛也。《记》曰于郊故谓之郊，则举一郊而圜丘泰坛统之，是无二地矣。《周礼》冬日至祭天于圜丘，《郊特牲》周之始郊日以至，则非二祭矣。乃《注》《疏》于《大宗伯》《大传》《祭法》《郊特牲》《大司乐》误以郊丘为二地、二祭，于是所祀之帝则有天皇大帝及感生帝之异。岂知天一而已，无二天，安有二帝？至感生帝之说，尤属不经，王肃已非之。所配之帝遂有帝喾、后稷分配之异。夫《大传》所云禘也，宗庙之大祭，非祭天也，乃郑氏误以禘为郊天，于是遂有帝喾配天之说，不知郊是祭天，配者稷也，非喾也。然郑氏所以分郊丘为二地、二祭者，孔疏《大宗伯》云苍璧礼天，《典瑞》云四圭有邸以祀天，是玉不同。考苍璧、四圭，非两玉也，苍言其色，璧言其质，四圭言其制。四圭，四面各一圭，苍以象天之色，璧以象天之圆，四圭以象天之四时，尺有二寸以象天之十有二月。圭之本著于一璧，亦以象乾元统

① 秦蕙田：《五礼通考》卷一，文渊阁《四库全书》第135册，台湾商务印书馆，1986年，第142-143页。

天也。本不必分为二玉，又何缘为两祭之证耶？又徐邈曰璧以礼神，圭以自执，故曰植璧秉圭，非圜丘与郊各有所执。杨信斋曰于苍璧言礼，于四圭有邸言祀，说者谓礼神在求神之初，祀神在荐献之初，盖一祭而两用。即如是说，则亦足以破郑氏两祀之谬矣。孔《疏》又云《大宗伯》牲币各放其器之色，则牲用苍，《祭法》云用骍犊，是牲不同。杨信斋曰天道浑全，阴阳五行具备，不比五方遍主一色，远望则其色苍，纯阳则其色赤，故《说卦》曰乾为大赤，周为赤色，用骍犊，又何以苍璧为疑？夫玉以礼天，至敬也，故取象天之色。牲则各从所尚，如玄牡、白牡之类。若玉必用赤，则且混于赤璋之色矣，何玉与牲必同色耶？孔《疏》又云冬日至圜钟为宫，祀天神乃奏黄钟、歌大吕，是乐不同。陆佃曰圜钟降神之乐也，故曰凡乐圜钟为宫。冬日至，于圜丘奏之，天神皆降。黄钟，祀神之乐也，故曰乃奏黄钟以祀天神。所用之乐虽不同，不害其为同祭，斯亦理之可信者。据此，则郑《注》之所拘泥者可以尽破，而帝天之殊号，配祭之异帝，尤为惑于谶纬而不足辨者矣。”① 秦氏于此驳郑申王。秦氏据郭璞《尔雅注》《礼记·礼器》，认为郊、丘为一地也；又据《周礼》《礼记》，认为郊祀、圜丘之祀非二祭。此外，秦氏驳孔《疏》，认为《周礼·大宗伯》和《典瑞》所记苍璧、四圭并非两玉，此亦是郊祀、圜丘之祀非二祭之证。孔《疏》以郊祀、圜丘之祀用牲不同以回护郑《注》二祭之说，秦氏则据杨复之说，认为牲与玉不同，玉取法天之色，而牲则各从其尚。孔《疏》又以冬日至圜钟为宫，祀天神乃奏黄钟、歌大吕，遂认为乐不同，秦氏则借陆佃之说，认为奏圜钟乃降神之乐，奏黄钟以祀天神，圜钟、黄钟各有用处，并不妨碍郊祀、圜丘之祀为一。

第二，《五礼通考》的纂修者对郑玄和王肃以外其他各家解义亦多有辨析。

《五礼通考》征引历代经学家的解义十分丰富，然其并非停留于文献征引层面，而是以案语的方式对各家解义进行辨析。兹举一例以见之。

宋人胡宏乃合祭地、祭社二者而一之，杨复、章如愚驳胡氏，认为社乃地示之属而非地，祭地与祭社并非为一。秦蕙田曰：“案：祭地不同于祭社，经有明文。《曲礼》：‘天子祭天地，诸侯祭社稷。’今考其礼之不同者十有三：《周礼·大司乐》‘夏日至，于泽中之方丘奏之’，又凡以神仕者，以夏日至致地示，此祭非诸侯所得与，其不同，一也。《诗·周颂·载芟序》‘春藉田而祈社稷’，《良耜序》‘秋报社稷’，《丰年序》‘秋冬报’，《月令》‘孟冬之月大割，祠于公社’，或以春，或以秋冬，从未有以夏至者，是祭之时不同，二也。《月令》‘仲春之月，择元日命民社’，《郊特牲》‘日用甲，用日之始也。夏日至阴生，日之甲阳始’，是祭之日不同，三也。方丘在泽中，社稷在库门内，是祭之地不同，四也。《仪礼》‘祭地瘗’，《周礼》‘以血祭祭社稷’，是祭之名不同，五也。《礼器》‘瘗埋于泰折，用骍犊’，《郊特牲》‘社稷太牢’，是牲不同，六也。《郊特牲》‘器用陶匏，象天地之性，牺尊疏布幂’，《周礼·鬯人》‘社壝用大罍’，是祭器不同，七也。祭地用衮衣，祭社稷希冕，是祭服不同，八也。祭地七献，

① 秦蕙田：《五礼通考》卷二，文渊阁《四库全书》第135册，台湾商务印书馆，1986年，台湾商务印书馆，1986年，第153-155页。

祭社三献，是献不同，九也。祭地以后稷配，祭社以句龙配，是配不同，十也。地为大祀，社为次祀，是秩不同，十一也。《周礼》或言大示，或言地示，或言土示，大示则地之大者，地示则凡地之示与焉，土示则五土之示而已，是祭之称示不同，十二也。《周礼·大司乐》五变而致土示，八变而致地示，是乐之致示不同，十三也。经传所载，祭地、祭社之不同如此。乃胡五峰谓祭地即祭社，杨氏、章氏非之，极是。夫天子一岁祭天有四，而地则唯夏至一祭者。《诗·载芟》良耜丰年，《月令》割祠公社，凡军旅会同、田猎灾眚皆有事焉。祭社稷皆所以祭地，而夏至方丘之正祭，不嫌于一举矣。正祭不嫌于一举，而社又无乎不祭，此社之祭所由，与郊并称，《书》之郊社不修，《中庸》郊社之礼，《礼记》郊社之义，皆对举以言，而地之正祭反有时不及。胡氏之误，所由自来。若明乎天子所祭者，地唯方泽一祭，则社之祭土不得混于祭地矣。胡氏之云，岂足以紊先王之大典哉？"① 秦氏旁征博引，将祭地与祭社之十三大不同点一一列举。此外，秦氏认为胡宏之误乃渊源有自，即《礼记》等文献言郊社对举，而于地之正祭反而有时不及。秦氏于此对祭社与祭地关系之探讨，皆持之有据，而非向壁虚造。

第三，《五礼通考》的纂修者对于史书之记载有申有驳。

历代正史对于王朝礼制皆有记载，《五礼通考》对于这些记载有申有驳。兹举数例以见之。

《史记·封禅书》曰："今上初至雍，郊见五畤。后常三岁一郊。……亳人薄谬诱忌奏祠泰一方，曰'天神贵者泰一'……天子令太祝立其祠长安东南郊，常奉祠如忌方。其后人上书言'古者天子三年一用太牢祠三一：天一，地一，泰一'。天子许之，令太祝领祠之于忌泰一坛上，如其方。"秦蕙田曰："案：《高帝纪》祠天地、四方、上帝、山川，则祭天与祭上帝有别也。《封禅书》文帝郊见五畤，《索隐》注祭天、祭五畤亦各不同。是祭天之坛场、时日、仪文、珪币虽无可考，不足以为郊祀之典要。然祭天之礼，固未尝竟废。自谬忌创为泰一之说，立祠于长安东南郊，则俨然仿佛圜丘之意矣。复增三一之祠，又别泰一于天一、地一之上，后遂专郊拜泰一，立泰畤坛，不经甚矣。"②《高帝纪》将祭天与祭上帝相分别，《封禅书》祭天、祭五畤各不同，秦氏则认为天、帝为一，《高帝纪》和《封禅书》所记祭天之礼不合古制，不可作为祭天之常法。秦氏还指出，谬忌创为泰一之说，立祠于长安东南郊，后遂演变为专郊拜泰一和立泰畤坛，更与古制相去甚远。

《史记·封禅书》曰："初，天子封泰山。泰山东北趾，古时有明堂处，处险不敞。上欲治明堂奉高旁，未晓其制度。济南人公玉带上黄帝时明堂图。明堂图中有一殿，四面无壁，以茅盖，通水，圜宫垣，为复道，上有楼，从西南入，命曰昆仑，天子从之入，以拜祀上帝焉。"秦蕙田曰："案：明堂制度见于经传者，明矣。从未有如公玉带所

① 秦蕙田：《五礼通考》卷三十七，文渊阁《四库全书》第 135 册，台湾商务印书馆，1986 年，第 953–954 页。

② 秦蕙田：《五礼通考》卷六，文渊阁《四库全书》第 135 册，台湾商务印书馆，1986 年，第 230–231 页。

图四面无壁，通水，圜宫垣，上有楼，而命曰昆仑者也。明堂之室，皆有户牖夹窗，无壁，则安所施宫垣之外？有诸侯朝位，通水，圜之，则朝于何所？明堂四阿重檐，乃室与堂之栋宇分为两层，上圆下方，以合崇效卑法之义，非楼也。方士者流以黄帝有登仙之说，又有仙人好楼居之说，遂附会穿凿，造为此图，荒诞极矣。后世异议纷纭，违戾经典，皆作俑于此。"① 秦氏认为，明堂制度，当遵经传之记载；《封禅书》所记公玉带图之事，经传无明文，故不可信。此外，秦氏还从经验的角度对《封禅书》所记明堂建置一一提出质疑。秦氏认为，若明堂无壁，则不能施宫垣之外；既然有诸侯朝位，若通水、圜之，则诸侯无朝之处；明堂分为两层，上圆下方，有崇效卑法之义，然明堂并非一般之楼宇。在秦氏看来，《封禅书》此记载乃是受方士之影响，故荒诞缪悠，不可信据。

《汉书·郊祀志》曰："后四岁，天下已定，诏御史令长安置祠祀，官女巫，其梁巫祀天地，晋巫祀五帝，九天巫祀九天。"秦蕙田曰："案：梁巫祀天地，晋巫祀五帝，则天与五帝明有不同矣。乃复有九天之祀，何其谬耶？"② 秦蕙田认为，天与五帝为一，故《汉书》分祀天地与五帝，不合古之礼制；此外，《汉书》还有九天之祀，更与古制不符。

《新唐书·礼乐志》曰："自周衰，礼乐坏于战国，而废绝于秦。汉兴，六经在者皆错乱、散亡、杂伪，而诸儒方共补缉，以意解诂，未得其真。而谶纬之书出，以乱经矣。自郑玄之徒号称大儒，皆主其说，学者由此牵惑，没溺而时君不能断决。……玄以为天皇大帝者北辰耀魄宝也，又曰兆五帝于四郊，此五行精气之神也。玄以为青帝灵威仰，赤帝赤熛怒，黄帝含枢纽，白帝白招拒，黑帝汁光纪者，五天也。由是有六天之说，后世莫能废焉。"秦蕙田征引此段文字，并附案语曰："案：郊丘之论，自汉以后纷然矣。此《志》叙述原委，简括详明，至是人始知六天之谬。而《贞观礼》所定冬至圜丘、孟春祈谷、孟夏雩祀、季秋明堂，卓然与经典合，儒者之效，遂开有唐一代制作。厥后《开元礼》成，而五典灿然明备矣。后代礼乐之得，其正实赖《贞观礼》为之权舆。"③《新唐书·礼乐志》认为郑玄六天之说乃是惑于谶纬，不可信据。秦氏认为，《新唐书·礼乐志》于郑玄六天说的判断简括详明，甚合经义；此外，唐代《贞观礼》《开元礼》所定四时之祭，亦与经典相符。

《宋史·高宗本纪》曰："建炎二年冬十一月壬寅，冬至祀昊天上帝于圜丘，以太祖配，大赦。"《宋史·礼志》曰："建炎二年，高宗至扬州，庶事草创，筑坛于州南门内江都县之东南，诏东京所属官吏奉祭器、大乐、仪仗、法物赴行在所。……是岁冬至祀昊天上帝，以太祖配。"而《文献通考》曰："高宗建炎二年，诏行郊祀之礼。冬至日，合祭天地，上自常朝殿用细仗千三百有五人，诣坛行礼。"秦蕙田曰："案：建炎以来，

---

① 秦蕙田：《五礼通考》卷十五，文渊阁《四库全书》第135册，台湾商务印书馆，1986年，第666页。

② 秦蕙田：《五礼通考》卷六，文渊阁《四库全书》第135册，台湾商务印书馆，1986年，第230页。

③ 秦蕙田：《五礼通考》卷九，文渊阁《四库全书》第135册，台湾商务印书馆，1986年，第298页。

《朝野杂记》明云是年独祭上帝，《通考》既采之于后，而此处反言合祭，盖徒见十三年以后俱合祭，而不知是年实不合也。当以《宋史》纪、志为正。”① 秦氏于此是驳《文献通考》而申《宋史》。秦氏据《宋史》之《高宗本纪》和《礼志》，认为建炎二年冬至乃独祭昊天上帝，而非天地合祭，《文献通考》以建炎十三年以后皆合祭，遂误以建炎二年亦合祭。

四、《五礼通考》的学术价值及影响

《五礼通考》全书共二百六十二卷，在通论类礼书中，其部帙之巨和征引材料之丰富可谓空前。该书面世以后，即受到学界的高度重视。前人于《五礼通考》之评价，可以从以下三个方面来看。

第一，蒋汾功、顾栋高等人对《五礼通考》极尽褒奖。

阳湖人蒋汾功认为徐乾学《读礼通考》于诸礼犹阙而未备，秦蕙田奋然继起，“合五礼而编次之，荟萃该洽，受心所是，而非以立异，于古有稽，而不敢苟同。其不可强释者，则阙疑焉”②。蒋氏还说：“予谓是惟能宿其业耳，积数十年博观闳览之资，用以搜择融洽，折诸儒之异同，而求其是，将使后之考礼者恍然如日再中，不至若扣盘扪烛也。”③ 顾栋高对《五礼通考》的评价亦颇高。顾氏曰：“少宗伯秦公味经辑《五礼通考》一书……皇哉！唐哉！此数千百年来所绝无而仅有之书也。”④ 又曰：“今读秦公书，恍然如其意所欲出，纲举而目张，州次而部居，折衷百氏，剖析同异，复举两汉以来至前明，凡郊祀、礼乐、舆服、诸志及纪传之关于五礼者，悉以类相附，详历代之因革，存古今之同然，盖举二十二史，悉贯以《周官》《仪礼》之书，细大不遗，体要备举。余谓是书如女娲之补天，视王通之续经，束皙之补亡，其大小纯杂，殆不可以里道计，至是而成周之礼始灿然大明于世。”⑤ 蒋氏、顾氏所褒奖者，包括秦氏此书深远的立意，于前人之解义广征博引，以及对于前人之解义精到的辨析。

第二，毛鸿宾、俞正燮、皮锡瑞等人对《五礼通考》持批评态度。

由于《五礼通考》部帙巨大，故体例及案语难免有欠精审之处。俞正燮、皮锡瑞等人对《五礼通考》多有批评。其批评的内容主要有以下三点。

一是认为《五礼通考》大量征引汉魏以后之经义，有舍本逐末之嫌。

毛鸿宾云：“《五礼通考》……所据者，皆宋元明以下之说，多向壁虚造，而汉魏六

---

① 秦蕙田：《五礼通考》卷十五，文渊阁《四库全书》第135册，台湾商务印书馆，1986年，第402-403页。

② 顾栋高：《五礼通考序》，《五礼通考》卷首，文渊阁《四库全书》第135册，台湾商务印书馆，1986年，第59页。

③ 蒋汾功：《五礼通考序》，《五礼通考》卷首，文渊阁《四库全书》第135册，台湾商务印书馆，1986年，第58页。

④ 顾栋高：《五礼通考序》，《五礼通考》卷首，文渊阁《四库全书》第135册，台湾商务印书馆，1986年，第59页。

⑤ 顾栋高：《五礼通考序》，《五礼通考》卷首，文渊阁《四库全书》第135册，台湾商务印书馆，1986年，第60页。

朝经师之遗言大义鲜及之。”[①] 毛氏认为，《五礼通考》多征引宋、元、明人之说，而宋、元、明人之说不及汉魏六朝经师之解义可信。

俞正燮《癸巳存稿》云：“《五礼通考》所采汉以后事皆是，惟周时书籍，广搜魏晋以后议论附于后，本康庄也。而荆棘榛芒之，可谓宋元人平话经义，与帖括经义日课陋稿，令人憎恶，不可谓之礼书也。据魏晋以后礼制多本王肃、皇甫谧，其说不可不采，然宜附所引史志后，不宜附经后。引经止存汉传注本义，魏晋以后野文皆削之。宋元平话帖括两体文，尤不当载，而制度则案年次之。《通考》之体应如此，此书体例非也。”[②] 俞氏认为，《五礼通考》不应收入宋朝人平话经义及帖括经义日课陋稿；此外，王肃、皇甫谧等人所言礼制不应放入正文，而应置于史志之后。

二是认为《五礼通考》有舍郑从王之失。

郑玄和王肃于礼制之认识上多有不同，对于郑王之争，《五礼通考》力求疏通，并往往舍郑而从王。此举受到晚清皮锡瑞等人的批评。如皮氏曰：“国朝昌明郑学，于王肃之伪撰《家语》，伪撰《古文尚书》经传，攻之不遗余力。肃之私窜《毛诗》以难郑者，亦深窥其症结。《圣证论》中所说郊庙大典，惠栋、孙星衍辨正尤详，惟秦蕙田《五礼通考》多蹈陈祥道《礼书》舍郑从王之失，似即以《礼书》为蓝本。”[③] 又曰：“《五礼通考》网罗浩博，自属一大著作。而其大书旁注，低格附载，体例诚多未善，有如俞氏所讥。舍郑从王，是宋非汉，尤为颠倒之见，恐误后学，不得不辨。”[④] 皮氏认为，《五礼通考》舍郑从王乃“颠倒之见”。

三是认为《五礼通考》的纂修体例多有未善之处。

皮锡瑞认为《五礼通考》的纂修体例存在问题，他说：“秦氏之作《通考》，以徐乾学《读礼通考》惟详丧葬，而推广为五礼。徐氏专讲丧礼，条理不繁，故详审无可议。秦氏兼及五礼，过于繁博，故体例有未善，足见‘三礼’非一人之力所能及。……惟江永《礼书纲目》本于朱子，足以补正朱子之书，治‘三礼’者，可由此入门，而《五礼通考》姑置之可也。”[⑤] 在皮氏看来，《五礼通考》“过于繁博”，其体例不及《读礼通考》完善。

第三，俞樾、梁启超等人对《五礼通考》褒贬皆有之。

俞樾认为，“汇萃成书，集礼家之大成者，则莫如秦味经氏之《五礼通考》”[⑥]。其借用曾国藩的说法曰：“曾文正公尝与余言，此书体大物博，历代典章，具在于此，‘三通’之外，得此而四，为学者不可不读之书。余读之诚然。”[⑦] 俞氏认为，《五礼通考》

---

① 毛鸿宾：《三礼通释序》，见林昌彝：《三礼通释》卷首，北京图书馆出版社，2006 年，第 4 页。

② 俞正燮：《书五礼通考后》，《癸巳存稿》卷十二，《续修四库全书》第 1160 册，上海古籍出版社，2002 年，第 136 页。

③ 皮锡瑞：《经学通论》，见潘斌编：《皮锡瑞儒学论集》，四川大学出版社，2010 年，第 185 页。

④ 皮锡瑞：《经学通论》，见潘斌编：《皮锡瑞儒学论集》，四川大学出版社，2010 年，第 185 页。

⑤ 皮锡瑞：《经学通论》，见潘斌编：《皮锡瑞儒学论集》，四川大学出版社，2010 年，第 185-186 页。

⑥ 俞樾：《礼书通故序》，《礼书通故》卷首，中华书局，2007 年，第 1 页。

⑦ 俞樾：《礼书通故序》，《礼书通故》卷首，中华书局，2007 年，第 1 页。

的价值在于其“体大物博”，乃“集礼家之大成者”。

俞樾又指出，“唯秦氏之书，按而不断，无所折衷，可谓礼学之渊薮，而未足为治礼者之艺极。”① 俞氏认为，《五礼通考》的问题在于纂修者“按而不断”“无所折衷”。言下之意，该书虽然搜罗宏富，然却缺乏个人精到之见解。

梁启超认为万斯同是《五礼通考》的主要纂修者，此外，梁启超对该书之体例亦有微词。他说：“秦味经的《五礼通考》二百六十二卷，这书为续补《读礼通考》而作，我很疑心有一大部分也出万季野手，但未得确证，不敢断言。……此书成于众手，非味经自著。分纂的人确实可考者有戴东原、王兰泉，也许钱竹汀、王西庄都在里头，其余二三等哲学当更不少。所以全书各篇价值不同，有很好的，有较次的，不如《读礼通考》之画一谨严。”② 梁氏认为《五礼通考》主要由万斯同所修，然其没有确证。此外，梁氏认为《五礼通考》出自众人之手，故部分篇目很好，部分篇目较次，体例上亦不及《读礼通考》严谨。

梁启超认为《五礼通考》亦有其价值。他说：“秦味经的《五礼通考》二百六十二卷……曾涤生大佩服此书，说他‘体大物博，历代典章具在；三礼之外，得此而四’。……依我看，这书是一部很好的类书，价值在《文献通考》上。或者也可以说是中国礼制史的长编。‘按而不断’，‘无所折衷’，固然是它的毛病，但我总觉得‘折衷’这句话是空的，自己以为折衷，别人看来不过多一重聚讼的公案。所以按而不断，或者也是此书的最好处理。”③ 在梁启超看来，《五礼通考》的最大价值，是分门别类地著录了礼之名物制度。对于俞樾所言“按而不断”“无所折衷”之评语，梁启超则有另一番理解。梁氏认为，“折衷”是相对的、主观性很强的，自己以为是折衷，别人却可能认为是一家之言，故所谓“折衷”，很可能是徒增一桩学术公案。因此，梁氏认为《五礼通考》“按而不断”的做法是处理前人争议最理想的办法。

笔者认为，前人对《五礼通考》之评价，有切中肯綮之见，亦有偏颇之说。

虽然“千百年来所绝无而仅有之书”“是书如女娲之补天”有溢美之嫌，但是不可否认《五礼通考》在通论类礼书中占有十分重要的地位。通论类礼书在汉代已有之，然大多已亡佚。可见者，如唐代杜佑《通典》之礼制部分，宋人陈祥道的《礼书》、朱子的《仪礼经传通解》，清人徐乾学的《读礼通考》等，然各家皆各有局限。《通典》非专门礼书，故门类并不齐全，材料的收集有限；《礼书》则重在会通“三礼”，而于史籍记载绝少涉及；《仪礼经传通解》征引材料丰富，然分类有淆乱之嫌；《读礼通考》体例虽善，然仅载丧礼。在新的历史条件下，秦蕙田通过参考前人通论类礼书纂修之经验，从而扬前人之长，而避前人之短。总的来看，不管是在体例上，还是在征引文献的丰富程度上，抑或礼制之考证上，《五礼通考》皆取得了超越前代礼书的卓越成就，可谓通论类礼书集大成之作。

---

① 俞樾：《礼书通故序》，《礼书通故》卷首，中华书局，2007年，第1页。
② 梁启超：《中国近三百年学术史》，上海三联书店，2006年，第175页。
③ 梁启超：《中国近三百年学术史》，上海三联书店，2006年，第175页。

皮锡瑞驳秦蕙田“舍郑从王”，此是皮锡瑞囿于郑学情节而得出的论断，故算不得公允之见。平心而论，王肃的“三礼”解义并非一无是处。从今天所能见到的王肃解义，可知其对于郑玄解义实有补益之功。由于皮氏囿于对郑学之好感，故其对王肃解义的看法未免偏颇①。秦蕙田疏通郑、王解义，并适时舍郑从王，从今日之角度来看，此并非“失”，而是秦氏独到之见也。此外，俞樾认为《五礼通考》“按而不断”“无所折衷”，很可能是俞氏对该书未能深究。实际上，《五礼通考》所附案语，多有于名物制度之判断，态度明朗，是非分明，并非“按而不断”“无所折衷”。

---

① 皮锡瑞服赝郑学，他说：“郑君生当汉末，未杂玄虚之习、伪撰之书，笺注流传，完全无缺，欲治汉学，舍郑莫由。”（皮锡瑞. 经学历史·经学分立时代［M］//潘斌. 皮锡瑞儒学论集. 成都：四川大学出版社，2010：22）

朱子《家礼》的编撰及现代启示[①]

潘 斌 屈永刚

南宋时期出现的《家礼》是一部十分重要的礼书，其对宋元明时期的士庶礼仪产生了极为深远的影响。元代至正以前，人们普遍相信朱子是《家礼》的作者。元代至正年间，应氏开始怀疑朱子不是《家礼》的作者，明人王懋竑更是直接指陈《家礼》非朱子之书。清乾隆年间，四库馆臣支持王懋竑之说，《家礼》乃伪托之书似成定论。然而近代以来，一些学者对《家礼》的作者问题做了更加深入地考证。如钱穆《朱子新学案》、陈来《朱子〈家礼〉真伪考议》、束景南《朱子〈家礼〉真伪辨》、蔡方鹿《朱熹经学与中国经学》皆力证《家礼》不伪。《家礼》为朱子所作逐渐成为今天学界的主流观点。钱穆、陈来、束景南、蔡方鹿等人论证朱子为《家礼》作者的文章，论据充分，结论可靠。本文拟对《家礼》的编撰缘由和体例加以探讨，并对其现代意义加以阐释。

一、《家礼》的编撰缘由

唐宋以后，士族和庶族之间的门第界限逐渐被打破，门阀等级观念逐渐淡漠，社会结构和等级制度发生了很大变化。特别是隋代实行的科举制度，让很多士庶人通过科举考试跻身于统治阶层。士庶人地位的提升，导致以前意在区别门第高下的礼仪已不能满足现实的需要。此外，五代时期的战乱和分裂，加剧了社会危机，宋王朝“承五季礼废乐坏，大乱之后，先王之泽竭，士弊于俗，学人溺于末习，忘君臣之分，废父子之亲，失夫妇之道，绝兄弟之好，至以众暴寡，以智欺愚，以勇威怯，以强凌弱，庶人服侯服，墙壁被文绣，公卿与皂吏同制，倡优下贱，得为后饰，昏冠丧祭，宫室器用，家殊俗异，人自为制，无复纲纪，几年于兹，未之能革”[②]。司马光的《书仪》、徽宗时的《五礼新仪》，以及朱子《家礼》，皆是应宋代礼仪的世俗化和士庶礼仪的需要而产生的。

司马光《书仪》对《仪礼》做了剪裁，并根据现实需要作了一些变通。二程（程颢和程颐）对古礼的应用亦有颇多论说。在撰《家礼》之前，朱子对司马光的《书仪》和二程的论说做了全面考察。朱子曰：“二程与横渠多是古礼，温公则大概本《仪礼》，

---

① 本文原刊于《孔子研究》2015年第5期。

② 陆心源：《皕宋楼藏书志》卷三十五《政书类》，中华书局，1990年，第399页。

而参以今之可行者。要之，温公较稳，其中与古不甚远，是七八分好。”① 又曰：“读者见其节文度数之详，有若未易究者，往往未见习行，而已有望风退怯之意。又或见其堂室之广，给使之多，仪物之盛，而窃自病其力之不足，是以其书虽布，而传者徒为箧笥之藏，未有能举而行之者也。”② 朱子对《书仪》的评价颇高，原因是《书仪》“与古不甚远”，其所谓“古”，即《仪礼》等礼典所记载之仪节。不过朱子亦指出，虽然《书仪》的仪节较《仪礼》已有减省，然而《书仪》中的名物制度仍显繁多，让人望而生畏，故未能在社会上普遍推行。

此外，宋徽宗组织人员编撰的《五礼新仪》在推行中受阻，亦是朱子编撰《家礼》的原因之一。《五礼新仪》意在打破“礼不下庶人”的传统，将庶人礼仪正式纳入国家礼典的范畴。不过由于《五礼新仪》没有顾及民俗，故在推行中遇到了一系列麻烦。宋徽宗不得不下诏令曰：“顷命官修礼，施之天下，冠婚丧祭，莫不有制。俗儒胶古，便于立文，不知达俗。闾阎比户，贫富细民，无厅寝房牖之制，无阶庭升降之所。礼生教习，责其毕备，少有违犯，遂底于法，至于巫卜媒妁，不敢有行，冠婚丧葬，久不能决。立礼欲以齐民，今为害民之本。开封府申请《五礼新仪节要》，并前后指挥，及差礼直官、礼生并教行人公文指挥，可更不施行。”③《五礼新仪》未考虑民间礼俗的实际需要，故在推行中遇到了很大的阻力，最后不得不取消。

《书仪》和《五礼新仪》在推行中受到的冷遇，使如何编纂士庶通礼成为学人不得不反思的问题。朱子在《家礼序》中指出：“三代之际，《礼经》备矣。然其存于今者，宫庐器服之制、出入起居之节皆已不宜于世。世之君子，虽或酌以古今之变，更为一时之法，然亦或详或略，无所折衷。至或遗其本而务其末，缓于实而急于文，自有志好礼之士，犹或不能举其要，而困于贫窭者，尤患其终不能有以及于礼也。”④ 此所谓“世之君子”，即作《书仪》的司马光以及《五礼新仪》编撰者。朱子认为，《仪礼》所记礼仪虽备，却不合时宜；司马光等人编撰的礼书“或详或略”“无所折衷”，甚至“遗其本而务其末”“缓于实而急于文”。

朱子试图在《书仪》的基础上编撰一部具有较强实用性的士庶礼仪著作。他说：“是以尝独究观古今之籍，因其大体之不可变者而少加损益于其间，以为一家之书。大抵谨名分、崇爱敬以为之本，至其施行之际，则又略浮文、务本实，以窃自附于孔子从先进之遗意。诚愿得与同志之士熟讲而勉行之，庶几古人所以修身齐家之道、谨终追远之心犹可以复见，而于国家所以崇化导民之意，亦或有小补云。”⑤ 此所谓“因其大体之不可变者”，即沿袭古礼的基本框架和重要仪节；“少加损益”，即省略与宋代风俗难

① 黎靖德：《朱子语类》卷八十四，《朱子全书》第 17 册，上海古籍出版社、安徽教育出版社，2002 年，第 2883 页。

② 朱熹：《跋三家礼范》，《晦庵先生朱文公文集》卷八十三，《朱子全书》第 24 册，上海古籍出版社、安徽教育出版社，2002 年，第 3920 页。

③ 司义祖：《宋大诏令集》卷一百四十八《政事一·礼乐上》，中华书局，1962 年，第 548 页。

④ 朱熹：《家礼序》，《朱子全书》第 7 册，上海古籍出版社、安徽教育出版社，2002 年，第 873 页。

⑤ 朱熹：《家礼序》，《朱子全书》第 7 册，上海古籍出版社、安徽教育出版社，2002 年，第 873 页。

以结合、又无关礼义大旨的内容，有些礼仪还可根据宋代社会的实际需求稍加变通。

二、《家礼》对《书仪》的损益

不少学人在从事《家礼》与《书仪》的比较研究时，认为《家礼》大量减省《书仪》的仪节。笔者认为，《家礼》减省《书仪》仪节固然是事实，然而所减省的是不关大旨的具体仪节。《家礼》基本遵循《书仪》冠、婚、丧、祭诸礼重要仪节之安排，其基本框架与《书仪》无太大的差异。如《书仪》所记冠礼仪节，包括筮日、筮宾、戒宾、宿宾、三加、宾字冠者、酬宾及赞者、拜见诸父诸兄、拜赞者、见诸母姑姊、见乡先生及父之挚友。《家礼》所记冠礼仪节，包括主人告于祠堂、戒宾、宿宾、三加、宾字冠者、主人以冠者见于祠堂、见尊长、礼宾、见乡先生及父之挚友。又如《书仪》所记丧礼仪节，包括初终、复、易服、讣告、沐浴、饭含、铭旌、魂帛、吊酹赙襚、小敛、大敛、闻丧、奔丧、饮食、丧次、卜宅兆葬日、穿圹、碑志、明器、下帐、苞筲、祠版、启殡、朝祖、亲宾奠赙赠、陈器、祖奠、遣奠、在塗、及墓、下棺、祭后土、题虞主、反哭、虞祭、卒哭、祔、小祥、大祥、禫。《家礼》所记丧礼仪节，包括初终、沐浴、袭、奠、为位、饭含、灵座、魂帛、铭旌、小敛、大敛、成服、朝夕哭奠、上食、吊、奠、赙、闻丧、奔丧、治葬、迁柩、朝祖、陈器、祖奠、遣奠、发引、及墓、下棺、祠后土、题木主、成坟、反哭、虞祭、卒哭、祔、小祥、大祥、禫。通过比较，可知《家礼》基本遵循《书仪》于冠、丧二礼仪节的安排，《家礼》减省《书仪》所记仪节并不多。

《家礼》对《书仪》仪节的损益，可从以下几个方面来看：

一是《家礼》对《书仪》的内容做了调整。如《书仪》卷二《冠仪》后附“深衣制度”，《家礼》则将“深衣制度”附于卷首《通礼》后。《书仪》卷四《婚仪》后附“居家杂仪”，《家礼》则将“司马氏居家杂仪”附于《通礼》后。此外，《书仪》之《婚仪》分为上下两卷，《家礼》则将其合为一卷；《书仪》之《丧仪》分为六部分，丧、祭合于《丧仪》之中，《家礼》则将丧礼合为一卷，祭礼别为一卷。《家礼》还将《书仪》所记仪节的顺序做了调整，如“五服”的规定，《书仪》安排在吊、酹、赙、遂、饮食、丧次诸仪节之后，《家礼》则安排在吊、酹、赙、遂诸仪节之前。

二是《家礼》将《书仪》的不少正文变为注文。比如冠礼戒宾仪节，《书仪》征引《仪礼》，并将其作为正文，曰：“乃遣人戒宾曰：‘某有子某，将加冠于其子首，愿吾子之教之也。’宾对曰：‘某不敏，恐不能供事，以病吾子，敢辞。’主人曰：‘某愿吾子之终教之也。’宾对曰：‘吾子重有命，某敢不从。’”① 《家礼》于此之正文仅“戒宾”二字，上所列《书仪》之正文全部变为注文。又如冠礼宿宾仪节，《书仪》征引《仪礼》，并将其作为正文，曰：“前一日，又遣人宿宾曰：‘某将加冠于某之首，吾子将莅之，敢宿。’宾对曰：‘某敢不夙兴。’”② 《家礼》于此之正文仅“前一日宿宾”

① 司马光：《书仪》卷二，《文渊阁四库全书》第142册，第468页。
② 司马光：《书仪》卷二，《文渊阁四库全书》第142册，第468页。

五字，上所列《书仪》之正文全部变为注文。又如丧礼中的复礼，《书仪》正文曰："侍者一人以死者之上服，左执领，右执腰，就寝庭之南，北面招以衣，呼曰：'某人复！'凡三呼，毕，卷衣入复于尸上。"①《家礼》于此之正文仅"复"字，上所列正文作为注文附于"复"字之后。

三是《家礼》大量删减《书仪》的注释。《书仪》在正文之后，往往征引《仪礼》《礼记》中的内容作为注释。《家礼》则大量删减《书仪》之注释，如《书仪·冠仪》正文"男子年十二至二十皆可冠"之下，司马光征引《礼记·冠义》作为注释。《家礼》则删去《书仪》所引《冠义》的内容。又如于丧礼讣告仪节，《书仪》征引《檀弓》作为注释，《家礼》则删去《书仪》所引《檀弓》的内容。又如于丧礼的沐浴仪节，《书仪》征引《丧大祭》作为注释，《家礼》则删去《书仪》所引《丧大祭》的内容。又如祭礼中的禫祭，《书仪》征引《仪礼·士虞礼》及郑注作为注释，《家礼》则删去《书仪》所引《士虞礼》及郑注的内容。

四是《家礼》减省了《书仪》的部分仪节。尽管《家礼》在大体上是遵循《书仪》的仪节安排，但是对《书仪》所记仪节仍有删减。如《书仪》卷一记载的是表奏、公文以及家书的格式，《家礼》则全部略去。《书仪》所记冠礼有筮宾仪节，《家礼》则略去。朱子曰："古礼筮宾，今不能然，但择朋友贤而有礼者一人可也。"②《书仪》于婚礼有"问名""纳吉"仪节，《家礼》亦略去。朱子曰："古礼有问名、纳吉，今不能尽用，止用纳采、纳币，以从简便。"③

五是《家礼》大量采择宋人之说。由于司马光是北宋中期人，故《书仪》采择宋人之说并不多。朱子生当南宋，能遍览宋人著述，故《家礼》大量采择宋人之说。明人魏堂云："故冠礼则多取司马氏，婚礼则参诸司马氏、程氏，丧礼本之司马氏后，又以高氏之书为最善。及论祔、迁，则取横渠；遗命、治丧则以《书仪》疏略而用《仪礼》祭礼，兼用司马氏、程氏，而先后所见又有不同。节祠则以韩魏公所行者为法。"④除了采择司马光的观点，《家礼》还大量征引二程、高氏之说。如仅丧礼之"治丧"仪节，《家礼》征引程子之说就多达三处。

六是《家礼》对《书仪》的观点有所修正。如《家礼》正文"造明器，下帐，苞，筲，罂"之下，司马光自注云："自明器以下，俟宝土及半，乃于其旁，穿便房以贮之。"朱子云："愚按，此虽古人不忍死其亲之意，然实非有用之物，且脯肉腐败，生虫聚蚁，尤为非便，虽不可用也。"⑤司马光主张采用明器，并以变通的眼光看待之；朱子认为明器虽有意义，然非实用之物，且会带来不便，故主张弃之不用。又如丧仪制作神主，《书仪》曰："府君夫人只为一匣。"⑥朱子曰："愚按，古者虞主用桑将练，而后易之以

① 司马光：《书仪》卷五，《文渊阁四库全书》第142册，第483-484页。
② 朱熹：《家礼》卷二，《朱子全书》第7册，上海古籍出版社、安徽教育出版社，2002年，第890页。
③ 朱熹：《家礼》卷三，《朱子全书》第7册，上海古籍出版社、安徽教育出版社，2002年，第897页。
④ 马端临：《文献通考》卷一百八十八《经籍十五》，杭州，浙江古籍出版社，1988年，第1602页。
⑤ 朱熹：《家礼》卷四，《朱子全书》第7册，上海古籍出版社、安徽教育出版社，2002年，第917页。
⑥ 司马光：《书仪》卷七，《文渊阁四库全书》第142册，第504页。

栗。今于此便作栗主，以从简便。或无栗，止用木之坚者。椟用黑漆，且容一主，夫妇俱入祠堂，乃如司马氏之制。”[①]《书仪》于椟之制作语焉不详，朱子对椟之制作则有具体说明。

七是《家礼》进一步强化了《书仪》中的宗法思想。据古礼，帝王、诸侯、大夫、士都有自家的祭祀场所。《王制》曰：“天子七庙，与大祖之庙而七。诸侯五庙，二昭二穆，与大祖之庙而五。大夫三庙，一昭一穆，与大祖之庙而三。士一庙。庶人祭于寝。”宗法制的基本信条是“尊祖敬宗”，宗庙的作用就是维护宗法制。所谓“尊祖”，即尊奉共同的祖先；所谓“敬宗”，即宗子掌握祭祀的特权，庶子需要服从宗子。周代宗法制意在确立和维护贵族的等级制度，解决统治者内部的继承权问题。到了后来，宗法观念逐渐渗透到家族和家庭，族长和家长拥有支配家族或家庭其他成员的权力，成为宗法制的重要内容。由于唐末五代的战乱，家族或家庭祭祀场所的家庙遭到破坏，于是北宋时期替代家庙的祭祀场所便出现了。如司马光《书仪》以影堂代之。《书仪》云：“影堂门无事常闭，每旦，子孙诣影堂前唱喏，出外归亦然。出外再宿以上，归则入影堂，每位各再拜。将远适及迁官，大事则盥手焚香，以其事告，退各再拜。有时新之物，则先荐于影堂。遇水火盗贼，则先救先公遗文，次祠版，次影，然后救家财，归胙于所尊书。”[②]《书仪》所言影堂是家族或家庭成员共有的祭祀场所，内置先祖遗文、祠版、影等物。影堂的设置，意在通过祭祀共同的先祖，从而增强家族的凝聚力。

受《书仪》的启发，《家礼》主张设“祠堂”，并置于《家礼》卷首。《家礼》曰：“此章本合在《祭礼》篇，今以报本反始之心，尊祖敬宗之意，实有家名分之守，所以开业传世之本也。故特著此冠于篇端，使览者知所以先立乎其大者。”[③]“报本反始”“尊祖敬宗”是《家礼》用意之所在。《家礼》规定：“祠堂之内，以近北一架为四龛，每龛内置一卓。大宗及继高祖之小宗，则高祖居西，曾祖次之，祖次之，父次之。继曾祖之小宗，则不敢祭高祖而虚其西龛一。继祖之小宗，则不敢祭曾祖而虚其西龛二。继祢之小宗，则不敢祭祖而虚其西龛三。”[④]祠堂之建置，可使大宗、小宗秩序井然。《家礼》强调嫡长子的主导地位，其曰：“非嫡长子，则不敢祭其父。若与嫡长同居，则死而后其子孙为立祠堂于私室，且随所继世数为龛，俟其出而异居乃备其制。若生而异居，则预于其地立斋以居，如祠堂之制，死则因以为祠堂。”[⑤]《家礼》规定，只有嫡长子才有祭父的权利，其目的在于敬宗收族。宗子不但主持祭祀，还拥有支配家族公共财产的特权。如于“置祭田”，《家礼》曰：“初立祠堂，则计见田，每龛取其二十之一以为祭田，亲尽则以为墓田，后凡正位祔者，皆放此，宗子主之，以给祭用。”[⑥]祭田是家族公共的田产，用处在于祭祀共同的祖先。《家礼》规定宗子于祭田有处置的特权，此

---

① 朱熹：《家礼》卷四，《朱子全书》第7册，上海古籍出版社、安徽教育出版社，2002年，第918页。
② 司马光：《书仪》卷五，《文渊阁四库全书》第142册，第525-526页。
③ 朱熹：《家礼》卷一，《朱子全书》第7册，上海古籍出版社、安徽教育出版社，2002年，第875页。
④ 朱熹：《家礼》卷一，《朱子全书》第7册，上海古籍出版社、安徽教育出版社，2002年，第876页。
⑤ 朱熹：《家礼》卷一，《朱子全书》第7册，上海古籍出版社、安徽教育出版社，2002年，第876页。
⑥ 朱熹：《家礼》卷一，《朱子全书》第7册，上海古籍出版社、安徽教育出版社，2002年，第876页。

规定意在强化宗子对家族的控制。

正是由于《家礼》对《书仪》做了如此多的改进，才使得《家礼》的可操作性更强，时代特色更明显，从而能广泛满足士庶人之需要。总的来看，《家礼》的优势，主要是其避免了繁文缛节，没有连篇累牍的考证，易为普通大众所接受。此外，《家礼》的编排较《书仪》更加合理。《书仪》将丧、祭二礼合在一起，容易让人误以为《书仪》不关涉祭礼。《家礼》将丧祭礼仪分卷叙述，符合传统的冠、婚、丧、祭之划分。不过，在肯定《家礼》成就的同时，还应看到《书仪》的先导作用，《家礼》合理的编排及其所具有的可操作性，深受《书仪》之启发，《家礼》中数十处“司马公曰”，正可以说明这一点。

三、《家礼》编撰的现代启示

朱子是宋代理学的集大成者，与其他理学家一样，他提倡的理学并不脱离现实，而是尽量关照现实。朱子说：“所以礼谓之‘天理之节文’者，盖天下皆有当然之理。今复礼，便是天理。但此理无形无影，故作此礼文，画出一个天理与人看，教有规矩可以凭据，故谓之‘天理之节文’，有君臣，便有事君底节文；有父子，便有事父底节文；夫妇长幼朋友，莫不皆然，其实皆天理也。”① 朱子认为天理是万事万物存在的依据，《家礼》所规定的各种原则，乃天理之节文和天理之当然。按此逻辑，可知《家礼》是朱子将理学思想融入现实社会所做的努力和尝试。

朱子《家礼》受到后人的高度评价，如明人丘濬曰：“文公先生因温公《书仪》，参以程、张二家之说而为《家礼》一书，实万世人家通行之典也。”②《家礼》简便易行，备受后世学人的欢迎。杨复的《家礼附注》、刘垓孙的《家礼增注》、刘璋的《家礼补注》、邱濬的《家礼仪节》，皆是《家礼》之注本。元代甚至还出现了插图本《纂图集注文公家礼》。明朝洪武年间，《家礼》被编入《性理大全》，受到后世学者的普遍推崇。朱子《家礼》还传入朝鲜半岛，受到学术界和朝鲜政府的推崇。朝鲜政府命平壤府印刷《朱文公家礼》一百五十部，颁赐各司。此后，《家礼》被不断翻印，在朝鲜民间广为流传，影响十分深远。

朱子《家礼》不仅对古代家庭伦理建设有着重要影响，而且对于今天礼仪文明的重建颇有启发意义。我们如今与朱子所处的时代已有着本质的不同，不过对于儒学再诠释以求伦理重建却有着极大的相似性。由于历史的原因，今天一些人毁绝礼义而不顾，以致不文明的现象时有发生。正如《礼记·经解》所云：“以旧礼为无所用而去之者，必有乱患。”时代呼唤中华礼仪文明的重塑，而朱子所撰《家礼》对宋元明清时期士庶家族和个人的行为生活产生的深远影响，以及其所具有的变通精神，颇值得今人重塑礼仪文明时参考借鉴。

---

① 黎靖德：《朱子语类》卷四十二，《朱子全书》第 15 册，上海古籍出版社、安徽教育出版社，2002 年，第 1494 页。

② 丘濬：《家礼仪节序》，《重编琼台稿》卷九，《文渊阁四库全书》第 1248 册，第 181 页。

朱子在撰《家礼》时十分重视《仪礼》《礼记》等礼典，也十分重视《书仪》等前代礼书。正是由于其重视传统，才使得《家礼》成为经典之作。在中国古代，礼学既有学术意义，又有治术意义，受到历代统治者和学者的普遍重视。而礼学的载体是《周礼》《仪礼》《礼记》等礼典。今人在从事礼仪文明重建时，对于礼学经典《周礼》《仪礼》《礼记》等当须特别重视，因为只有清楚《周礼》《仪礼》《礼记》等所记载的礼仪制度和礼乐思想，才能知晓礼仪文明的来龙去脉，也才可避免礼仪重建陷入无源之水的境地。

此外，当今人们在礼仪文明重建的过程中，对于历代重要的礼书也要有所研究，对于前人制礼作乐的经验和教训，也要加以吸取。儒学在汉代被推为官方哲学以后，礼学得到了长足的发展。据统计，历代以来的礼学文献多达两千余种，这还不包括史书中的礼乐志和礼志典。两千多年以来，包括朱子在内的一些有远见的知识分子为了和睦家族、安定社会，积极撰修礼书，这些礼书对中国民间风俗的影响甚大。在今天的礼仪文明重建中，借鉴和吸取前人礼仪文明建设的经验和教训，是十分必要的。

朱子《家礼》之所以能为宋元明清甚至朝鲜人所接受，主要原因在于其所具有的变通精神。今天我们在重塑中华礼仪文明时，一定要重视古礼的现代转换研究。

虽然古礼对中国古代社会产生了深远而又积极的影响，但是现代人如果亦步亦趋去推行古礼，则是不合时宜之举。实际上，古礼重要，其所蕴含的意义更重要。今天，我们不必完全恪守古礼之仪文，而是要随时而变。《礼记》曰：“礼者，时也。”不同的时代，对礼的精神意蕴的理解基本一致，然而在具体仪节的安排设计上却可以有所不同。古礼必须结合当今时代，实现其现代转化，才能焕发出新的活力。

以冠礼为例，此礼是男子前十多年家庭教育的毕业典礼，也是男子的成年礼，表明该男子具有了承担家庭和社会责任的能力，并对他未来的生活提出了新的要求。《礼记》所记八礼，而冠礼居首。《礼记·冠义》曰：“冠者，礼之始也，是故古者圣王重冠。”由此可知冠礼的重要地位。《仪礼·士冠礼》记载了冠礼的仪节，包括冠礼前的各种准备，如筮日、戒宾、筮宾、宿宾、为期；行冠礼的具体过程，如始加、再加、三加、宾礼冠者、见母；还杂记冠礼的变例及宾主所致之辞，如庶子和孤子的冠礼、宾字冠者、三加之辞等。今天组织行冠礼，若按《仪礼》亦步亦趋地去实施，必然是劳民伤财而不得其要。据《仪礼》，士行冠礼当在宗庙中，然而今天人们的居所发生了很大的改变，在城市，甚至偏远的山区，人们都难寻宗庙的踪影了，在这种情况下，就需要重新考虑行冠礼的场所。比如可以将客厅做一些布置后变为行冠礼的场所。若是人员众多，还可以在公共空间比如小区广场或草坪上行礼，甚至还可以租借会堂等。这些设想皆是冠礼组织者顺应时代的变化而做出的调整。

实际上，当今人们在面对古老的礼仪条文时，重要的是理解这些条文蕴含的意义。著名的礼学专家周何曾对冠礼仪式的现代转化谈过他的看法。周何不主张今人亦步亦趋去仿效《仪礼》中的繁文缛节，而是强调成人礼的意义十分重大，他说：“到清末民初，西风东渐，冠礼全亡。如今我们时常为二十多岁的年轻人不懂事而感慨，或者为青少年犯罪率的增高而讶异，其实该感叹、该责备的应该是我们这些做父母、做长辈的人，没有尽到教育子弟的责任，终使家庭教育濒临破产，造成时下年轻人不明是非，不知分寸的行为差失。仔细想想，成人之礼的久废，应该是重要因素之一。”① 周何认为，当今有些青少年不明是非、不知分寸，其中一个原因就是成人礼的丧失。这从反面证明成人礼对于今天青少年成长的重要意义。周何并非将成人礼限定在《仪礼》所记之冠礼上，而是将冠礼的意义作了拓展。其举例曰：“古代女子年满十五岁，也有表示成人‘笄礼’的举行，如今当然也不存在了。不过有些家庭为十六七岁的女儿举办一次盛大的舞会，让女儿穿着正式的晚礼服，周旋于许多宾客之间，俨若成人。或许那是从欧美电影里学来的，仪式节目都与中国的笄礼不一样。那有什么关系，只要它确实表示成人教养的完成，无论是什么样式的庆典，都是非常可喜的事。”② 女子成人之笄礼虽不复存在，然而表示女子成人之礼的一些仪式或场合依然可以起到笄礼的效果。周何认为礼之精神意蕴是最根本的，至于古代礼仪的形式则须变通。

古礼是中国传统文化的重要组成部分，对于中国古代人心的安定、社会的稳定都有着极其重要的意义。今天的中国，特别需要一种新的伦理秩序以匡正人心，维护社会的和谐安定。而传统的礼仪文明对于道德人心和社会秩序皆有着十分重要的规范意义。在现代科技和经济高速发展、文化多元的大环境下，如何建立具有时代特色的礼仪规范，是今天人们必须认真思考的问题。而现代礼仪规范的建立，绝非要亦步亦趋地去恢复古礼。盲目回到过去，未免可悲，也注定会失败。我们要借鉴中国古代制礼作乐的成功经验，汲取历代礼俗中的有益成分，并将传统有益的成分进行现代转化，建构新的现代仪式，促使良善的美俗早日实现。

① 周何：《古礼今谈》，国文天地杂志社，1992 年，第 14 页。
② 周何：《古礼今谈》，国文天地杂志社，1992 年，第 14-15 页。

宋代《周礼》学发展的三个阶段及其特点[①]

夏 微

《周礼》详言制度，寄托了儒家关于社会政治制度的诸多理想，北宋王安石（1021—1086年）主持变法，亲撰《周官新义》以缘饰新法，变法引发了议论汹汹，《周礼》遂成为宋人议论最多的儒家经典之一。《周礼》学无疑是宋代经学之显学，极具研究价值，若对宋代《周礼》学没有清楚的认识，则于宋代经学特点难有全面的把握。但目前学界缺乏对宋代《周礼》学阶段性发展变化的研究，对宋代《周礼》学特点的认识多强调“变古”的一面，重视一些影响较大的疑经观点，存在片面化的误区。本文在梳理宋代以前《周礼》研究概况的基础上，划分了三个阶段考察宋代《周礼》学的发展变化，并从《周礼》学史承上启下的角度分析宋代《周礼》学在这三个阶段中呈现的研究特点，总结宋代《周礼》学的价值及其对元、明、清《周礼》研究的影响。

一、北宋庆历以前的《周礼》学，形成《周礼》汉学研究范式并长久因循

《周礼》始现于西汉，是儒家经典中发现最晚的一部，自发现之初不存在真伪争论。两汉学界对《周礼》真伪的认识主要有两种观点：一是尊《周礼》为经，如西汉刘歆主张“周公致太平之迹”具在《周礼》[②]，东汉郑玄赞同刘歆此说，尊《周礼》胜过《仪礼》和《礼记》，注《三礼》时以《周礼》为首；二是疑《周礼》非经，如与刘歆同时的西汉众儒对《周礼》“并出共排，以为非是”[③]，东汉林孝存斥《周礼》是“末世渎乱不验之书”[④]，何休说《周礼》是“六国阴谋之书”[⑤]。两汉学界对《周礼》作者的认识主要有三种观点：一是周公作《周礼》，郑玄持此论[⑥]；二是周成王作《周礼》，郑众持此论[⑦]；三是战国人作《周礼》，何休持此论[⑧]。

---

① 本文原刊于《哲学与文化》2017年第5期。

② 唐·贾公彦，《序周礼废兴》，清·阮元校刻《十三经注疏·周礼注疏》卷首，中华书局影印，1980年，第636页。

③ 唐·贾公彦，《序周礼废兴》，《周礼注疏》卷首，第636页。

④ 唐·贾公彦，《序周礼废兴》，《周礼注疏》卷首，第636页。

⑤ 唐·贾公彦，《序周礼废兴》，《周礼注疏》卷首，第636页。

⑥ 汉·郑玄、唐·贾公彦，《周礼注疏》卷一，第639页。

⑦ 唐·贾公彦，《序周礼废兴》，《周礼注疏》卷首，第636页。

⑧ 唐·贾公彦，《序周礼废兴》，《周礼注疏》卷首，第636页。

郑玄《周礼注》集两汉《周礼》学之大成，在训诂名物、考证制度方面取得了后世难以超越的成就。由曹魏迄隋唐，郑玄《周礼注》一直被官方奉为经典，渐成权威。郑玄尊《周礼》为经，主张周公作《周礼》，认为《周礼》西汉时再现于世，已缺《冬官》，汉人以《考工记》补之。郑玄的这些观点成为这六百多年间学界对《周礼》真伪、作者和流传认识的主要观点，仅中唐时的赵匡和陆淳怀疑《周礼》是后人附益的伪书①，但影响不大。在解经方法上，郑玄《周礼注》主要采用训诂和考证的方法解释《周礼》，侧重解释《周礼》涉及的名物制度是什么，这种解经方法被曹魏迄隋唐的学者承袭，如贾公彦《周礼疏》就主要采用训诂名物、考证制度的方法解释郑玄《周礼注》。

笔者认为，唐代前期经学统一后，以郑玄《周礼注》为中心，形成了《周礼》汉学研究范式。这一研究范式在《周礼》学观点上具有认识单一化的特点，如对《周礼》真伪的认识，主张尊《周礼》为经，对《周礼》作者的认识，主张周公作《周礼》；解释《周礼》的方法上，以训诂考证为主，重视对《周礼》文本意思的解读。《周礼》汉学研究范式形成后，在《周礼》研究上处于主流地位，这一局面持续到了北宋前期，如石介尊《周礼》为经，主张周公作《周礼》②，聂崇义的《三礼图注》虽以图注解《三礼》，但书中礼图和所附文字主要为了说明《三礼》中的名物制度是什么，这些都在《周礼》汉学研究范式的范畴内。由唐代前期到北宋前期，三百多年间的《周礼》研究一直因循《周礼》汉学研究范式，这使《周礼》研究缺乏新意，陷入呆板而固化的氛围中，《周礼》成为少有人研究的儒家经典，甚至陷入不绝如缕的境地。

二、北宋仁宗庆历至英宗治平年间，开始突破《周礼》汉学研究范式

仁宗庆历年间（1041—1048年），是北宋尝试政治变革的转折期，也是学风转变的重要时期。庆历以后，学者们对儒家经典的辨疑全面展开，《周礼》汉学研究范式主张的尊《周礼》为经的观点受到质疑，学界对《周礼》真伪的认识出现了多元化的趋势，形成了三种观点：一是尊《周礼》为经，如李觏③；二是在尊《周礼》为经的前提下怀疑，如欧阳修怀疑《周礼》官制冗滥、田制不合实用④，刘敞怀疑经文存在讹误⑤；三是怀疑《周礼》非经，如蔡襄从“奔者不禁”有碍人伦教化入手，怀疑《周礼》不堪为经⑥。

庆历以后，郑玄《周礼注》受到攻驳，开其先河的是刘敞《公是七经小传·周

① 唐·陆淳，《春秋集传纂例》卷四《盟会例第十六》，文渊阁《四库全书》第146册，上海古籍出版社，1987年，第432页。

② 宋·石介，《徂徕集》卷七《二大典》，文渊阁《四库全书》第1090册，第225-226页。

③ 宋·李觏，《盱江集》卷七《周礼致太平论·国用第十》、卷一一《周礼致太平论·官人第三》，文渊阁《四库全书》第1095册，第79、94页。

④ 宋·欧阳修，《文忠集》卷四八《问进士策三首》《南省试进士策问三首》，文渊阁《四库全书》第1102册，第366、368-369页。

⑤ 宋·刘敞，《公是七经小传》卷中《周礼》，文渊阁《四库全书》第183册，第16、18页。

⑥ 宋·蔡襄，《端明集》卷三三《奔者不禁解》，文渊阁《四库全书》第1090册，第620-621页。

礼》。刘敞学问博洽，他驳斥郑玄《周礼注》的部分观点颇有价值，如郑玄注解《牛人》中的“求牛”曰：“求，终也，终事之牛。”① 刘敞驳斥郑玄此说，云：“求读如逑，逑，配也，配神者之牛。”② 刘敞此说先被北宋陈祥道吸收，陈祥道加以引申，后得孙诒让赞赏，被采入《周礼正义》中，孙诒让赞此说“校二郑为长”③。李觏《周礼致太平论》作为此时期最重要的《周礼》学著作，开以议论解《周礼》之先河。李觏《周礼致太平论》由《内治》7 篇、《国用》16 篇、《军卫》4 篇、《刑禁》6 篇、《官人》8 篇和《教道》9 篇组成，全书不列《周礼》经文及其注解，李觏将这些浓缩为先王政治的制度资源和思想资源，服务于他纵横捭阖的议论，并落实为对时政的建议，清代四库馆臣评价此体例为“别立标题，借经抒议”④。刘敞《公是七经小传·周礼》驳斥郑玄《周礼注》，对《周礼》汉学研究范式的解经方法造成冲击；李觏《周礼致太平论》开创了新的经注体例，以议论解《周礼》，摆脱了经文束缚，自由地抒发治国思想，跳脱出《周礼》汉学研究范式在解经方法上的思维定式，可谓另辟蹊径。

仁宗庆历至英宗治平年间（1041—1067 年）的《周礼》学，打破了长久因循《周礼》汉学研究范式造成的沉滞，成为宋代《周礼》学开新之始。

三、北宋神宗熙宁至钦宗靖康年间，初步形成《周礼》宋学研究范式

神宗熙宁年间（1068—1077 年），王安石主持变法，为驳斥反对派对新法的攻击，他撰《周官新义》作为缘饰新法的经典外衣，由此引发政界、学界对《周礼》的关注。随着研究者增多，《周礼》汉学研究范式主张的周公作《周礼》的观点受到质疑，学界对《周礼》作者的认识出现了多元化的趋势，形成了五种观点：一是周公作《周礼》，王昭禹持此论⑤；二是《周礼》非周公作，但同周公关系密切，张载⑥、程颢和程颐持此论⑦；三是战国人作《周礼》，苏轼持此论⑧；四是秦或汉初人作《周礼》，苏辙持此论⑨；五是汉代人作《周礼》，晁说之持此论⑩。

此时期学界对《周礼》真伪的认识延续了庆历至治平年间趋向多元化的特点，有四种观点：一是尊《周礼》为经，如黄裳⑪、王昭禹⑫；二是尊《周礼》为经的前提下怀

① 汉·郑玄、唐·贾公彦，《周礼注疏》卷一三，第 723 页。
② 宋·刘敞，《公是七经小传》卷中《周礼》，第 18 页。
③ 清·孙诒让撰，王文锦、陈玉霞点校，《周礼正义》卷二三，中华书局，1987 年，第 925 页。
④ 清·永瑢等，《四库全书总目》卷一九《周礼注疏删翼》提要，中华书局，1965 年，第 155 页。
⑤ 宋，王昭禹，《周礼详解》卷首《周礼互注总括》，文渊阁《四库全书》第 91 册，第 201 页。
⑥ 宋·张载，《经学理窟·周礼》，章锡琛点校，《张载集》，北京：中华书局，1978 年第 248、262 页。
⑦ 宋·程颢 程颐，《河南程氏遗书》卷一八、《河南程氏外书》卷一〇，王孝鱼点校，《二程集》，中华书局，1981 年，第 230、404 页。
⑧ 宋·苏轼，《东坡全集》卷四八《天子六军之制》，文渊阁《四库全书》第 1107 册，第 678 页。
⑨ 宋·苏辙，《栾城后集》卷七《周公》，文渊阁《四库全书》第 1112 册，第 642 页。
⑩ 宋·晁说之，《景迂生集》卷一《元符三年应诏封事》，文渊阁《四库全书》第 1118 册，第 21 页。
⑪ 宋·黄裳，《演山集》卷二二《讲周礼序》，文渊阁《四库全书》第 1120 册，第 158 页。
⑫ 宋·王昭禹，《周礼详解》卷首《周礼详解序》，第 199 页。

疑，如张载怀疑盟诅之事不合周公制礼作乐本旨[①]，王安石怀疑复仇之事会造成社会混乱[②]，二程怀疑《周礼》有讹缺[③]，王开祖怀疑《周礼》经文有不合“圣人之心”处[④]，杨时怀疑盟诅非盛世事[⑤]；三是怀疑《周礼》非经，如苏轼认为“《周礼》非圣人之全书”，其间有“战国所增之文”[⑥]，苏辙认为《周礼》“秦汉诸儒以意损益之者众矣，非周公之完书也”[⑦]；四是诋《周礼》为伪书，如晁说之评价《周礼》“诞迂不切事”，不过是“适莽之嗜”的“残伪之物”[⑧]。整体而言，这时学界对《周礼》真伪的认识，怀疑开始压倒尊崇，怀疑态度占据上风。

此时期学界对郑玄《周礼注》的攻驳更为有的放矢。如二程批评郑玄《周礼注》的“六天之说”是引谶书解释《周礼》，荒谬可笑[⑨]。王安石从情理角度对郑玄《周礼注》进行驳斥，郑玄注《医师》中“全”字曰：“全犹愈也。”[⑩] 王安石驳斥其说，云：“人之疾固有不可治者，苟知不可治而信，则亦全也，何必愈。”[⑪] 从情理而言，人有些疾病是无法治愈的，医师诊断病人所患疾病是不可治愈的，后经验证无误，即便病人死亡，也算诊断正确，所以“全”的意思不一定是治愈。王安石此说赋予“全”更丰富的内涵，具有合理性。王昭禹还从义理的角度驳斥郑玄《周礼注》，郑玄注《巾车》中的“役车”曰：“方箱，可载任器以共役。”[⑫] 王昭禹认为郑玄此说狭隘，不能阐发经文大义，因为服车五乘中任何一乘不仅用来“载任器”，更重要的是彰显“参稽其德位之隆杀”而“立之等差”，如此则“上不得以偪下，下不得以僭上”[⑬]，是正名分的重要手段。

王安石《周官新义》是此时期最重要的《周礼》学著作，此书兼具政治意义与学术价值，颇具影响力。就学术价值而言，王安石《周官新义》开以义理解《周礼》之先河，使义理阐发代替训诂考证成为宋、元、明三朝注解《周礼》的主要方法，将经典解释的中心从对《周礼》文本意思的解读转移到对《周礼》文本思想、作者创作意图的解读上。兹举例说明，《膳夫》经文：“大丧则不举，大荒则不举，大札则不举，天地有灾则不举，邦有大故则不举。”郑玄用训诂的方法，解释什么是“大荒”“大札”“天灾”“地灾”和“大故”[⑭]，王安石不解释这些名词的具体意思，而是分析王为什么“不

---

① 宋·张载，《经学理窟·周礼》，《张载集》，第 248 页。

② 宋·王安石，《临川文集》卷七〇《复仇解》，文渊阁《四库全书》第 1105 册，第 578 页。

③ 宋·程颢 程颐，《河南程氏遗书》卷一八、《河南程氏外书》卷一〇，《二程集》，第 230、404 页。

④ 宋·王开祖，《儒志编》，文渊阁《四库全书》第 696 册，第 786-787 页。

⑤ 宋·杨时，《龟山集》卷一六《寄明道先生其一》、卷二〇《答胡康侯其三》，文渊阁《四库全书》第 1125 册，第 265、302 页。

⑥ 宋·苏轼，《东坡全集》卷四八《天子六军之制》，第 678 页。

⑦ 宋·苏辙，《栾城后集》卷七《周公》，第 642-643 页。

⑧ 宋·晁说之，《景迂生集》卷一《元符三年应诏封事》、卷一四《辨诬》，第 21、263 页。

⑨ 宋·程颢 程颐，《河南程氏遗书》卷二二上，《二程集》，第 287 页。

⑩ 汉·郑玄、唐·贾公彦，《周礼注疏》卷五，第 666 页。

⑪ 宋·王安石：《周官新义》卷四，文渊阁《四库全书》第 91 册，第 40 页。

⑫ 汉·郑玄、唐·贾公彦，《周礼注疏》卷二七，第 825 页。

⑬ 宋·王昭禹：《周礼详解》卷二四，第 454 页。

⑭ 汉·郑玄、唐·贾公彦，《周礼注疏》卷四，第 660 页。

举”，他认为：“王以能承顺天地，和理神人，使无灾害变故，故宜飧备味，听备乐。今不能然，宜自贬而弗举矣。”[①] 通过分析王“不举”的原因，王安石对《周礼》经文蕴涵的思想、《周礼》作者想传递给读者的思想进行了阐发。可见，郑玄是用训诂考证的方法解释《周礼》，侧重对《周礼》文本意思的解读；王安石是用阐发义理的方法解释《周礼》，侧重对《周礼》文本思想、作者创作意图的解读。伴随《周官新义》颁于学官，学子们为了科考，要熟读《周官新义》，学习从义理的角度解释《周礼》，这直接影响了熙宁以后解释《周礼》的方法，如撰写于此时期的黄裳《周礼义》[②] 和王昭禹《周礼详解》，都采用了阐发义理的方法解释《周礼》。

神宗熙宁至钦宗靖康年间（1068—1127 年）的《周礼》学，在《周礼》真伪、作者认识上突破《周礼》汉学研究范式单一化的主张，形成多元化的认识，尤其在解释《周礼》的方法上，开创以义理解《周礼》的方法，这是对《周礼》汉学研究范式解经方法的根本性突破，其学术意义在以议论解《周礼》之上。《周礼》宋学研究范式在不断突破《周礼》汉学研究范式的过程中初步形成了。

四、南宋高宗建炎至宋亡，完善并确立《周礼》宋学研究范式

在《周礼》真伪认识上，南宋接续了北宋出现的多元化的认识趋势，但争论较北宋要激烈。南宋前期怀疑、甚至否定《周礼》占据《周礼》真伪认识的主流，这主要是受政治的影响。当时秦桧等投降派的奸臣有意抬高王安石新学，借此打击政敌，由此引发政界与学界对王安石变法的批评，不少士大夫将北宋灭亡归咎于王安石变法，他们批判王安石新学，批判《周官新义》，并累及《周礼》为了论证王安石以《周礼》变法不能致太平，只能造成混乱，他们极力贬低《周礼》，如范浚怀疑《周礼》“不尽为古书”，其间缺乏周公应有的仁民爱物之心[③]，胡宏主张《周礼》是刘歆迎合王莽嗜欲伪造的，是“乱臣贼子伪妄之书”，不配称经[④]，其说影响颇大。到了南宋中期，不少学者立场鲜明，尊《周礼》为经，如郑伯熊[⑤]、张栻[⑥]、薛季宣[⑦]、吕祖谦[⑧]、楼钥[⑨]、陈

---

① 宋·王安石，《周官新义》卷三，第 34 页。

② 宋·黄裳，《演山集》卷三八至三九《周礼义》，文渊阁《四库全书》第 1120 册。

③ 宋·范浚，《香溪集》卷五《读周礼》，文渊阁《四库全书》第 1140 册，第 39-40 页。

④ 宋·胡宏，《五峰集》卷二《与彪德美》、卷四《极论周礼》，文渊阁《四库全书》第 1137 册，第 141、207-210 页。

⑤ 宋·王与之，《周礼订义》卷二一、二三引郑景望曰，文渊阁《四库全书》第 93 册，第 351-352、387 页。

⑥ 宋·张栻，《南轩集》卷一三《思终堂记》、卷四四《省墓祭文》，文渊阁《四库全书》第 1167 册，第 533、777 页。

⑦ 宋·王与之，《周礼订义》卷五七引薛氏曰，文渊阁《四库全书》第 94 册，第 183 页。

⑧ 宋·吕乔年，《丽泽论说集录》卷四《门人集录周礼说》，文渊阁《四库全书》第 703 册，第 359-360 页。

⑨ 宋·楼钥，《攻媿集》卷三一《荐黄肤卿林椅劄子》，文渊阁《四库全书》第 1152 册，第 584 页。

亮[①]、郑锷[②]、陈淳[③]、易祓[④]、叶时[⑤]、郑伯谦[⑥]、《周礼详说》作者[⑦]，还有不少学者虽对《周礼》有所怀疑，但仍持尊《周礼》为经的立场，如朱熹[⑧]、王炎[⑨]、陈傅良[⑩]、陆九渊[⑪]、叶适[⑫]、俞庭椿[⑬]，只有少数学者怀疑《周礼》非经，如洪迈[⑭]，但没有学者继踵胡宏，说《周礼》是伪书。为什么南宋中期学界出现了对《周礼》特别地尊崇呢？笔者以为，是胡宏诋《周礼》为刘歆伪造的观点引发了南宋中期学界对《周礼》有意识地维护。宋人疑经不是要打倒经典权威，而是要维护经典的神圣性，拂去混杂在经典中的"非圣"内容[⑮]，疑经是为了尊经，是为了重新确立经的权威[⑯]，胡宏说《周礼》是刘歆伪造的，此观点背离了疑经当以尊经为基础的思想，触及了宋人疑经的底线，必然招致学界的集体反对，南宋中期学界对《周礼》特加尊崇，目的就是要拨乱反正。南宋后期，学界对《周礼》真伪的认识又形成了四种观点：一是尊《周礼》为经，如真德秀[⑰]、章如愚[⑱]、阳枋[⑲]、赵汝腾[⑳]、陈汲[㉑]、李叔宝[㉒]、王与之[㉓]；二是尊《周礼》为经的前提下怀疑，如魏了翁怀疑《周礼》部分经文不合圣人之心[㉔]，《礼库》作者怀疑

---

① 宋·陈亮，《龙川集》卷一〇《经书发题》、卷二〇《丙午复朱元晦秘书书》，文渊阁《四库全书》第1171册，第579、709页。

② 宋·王与之，《周礼订义》卷一〇引郑锷曰，文渊阁《四库全书》第93册，第165-166页；卷六三引郑锷曰，文渊阁《四库全书》第94册，第256-257页。

③ 宋·陈淳，《北溪大全集》卷二七《答陈伯澡五》，文渊阁《四库全书》第1168册，第714-715页。

④ 宋·易祓，《周官总义》卷五、卷二三，文渊阁《四库全书》第92册，第327、569页。

⑤ 宋·叶时，《礼经会元》卷一上《礼经》、卷四下《诅盟》，文渊阁《四库全书》第92册，第3、177页。

⑥ 宋·郑伯谦，《太平经国书》卷首《序》、卷一《宰相》、卷六《内外下》、卷一〇《理财》和《内帑》，文渊阁《四库全书》第92册，第187、200、226、249和252页。

⑦ 宋·王与之，《周礼订义》卷一二引王氏详说曰，文渊阁《四库全书》第93册，第194页。

⑧ 宋·黎靖德编，王星贤点校，《朱子语类》卷八六，中华书局，1994年，第2204页。

⑨ 宋·王炎，《双溪类稾》卷二六《周礼论》，文渊阁《四库全书》第1155册，第734-735页。

⑩ 宋·黄震，《黄氏日抄》卷三〇引陈君举曰，文渊阁《四库全书》第707册，第835页。

⑪ 宋·陆九渊，《象山语录》卷一，文渊阁《四库全书》第1156册，第546-547页。

⑫ 宋·叶适，《习学记言》卷七，文渊阁《四库全书》第849册，第379页。

⑬ 宋·俞庭椿，《周礼复古编》，文渊阁《四库全书》第91册，第609页。

⑭ 宋·洪迈，《容斋续笔》卷一六《周礼非周公书》，文渊阁《四库全书》第851册，第531-532页。

⑮ 杨世文：《走出汉学——宋代经典辨疑思潮研究》，成都：四川大学出版社，2008年，第109页。

⑯ 杨新勋：《宋代疑经研究》，北京：中华书局，2007年，第285页。

⑰ 宋·王与之，《周礼订义》卷首《周礼订义序》，文渊阁《四库全书》第93册，第5-6页。

⑱ 宋·章如愚，《群书考索》卷四，文渊阁《四库全书》第936册，第45页。

⑲ 宋·阳枋，《字溪集》卷三《与袁泰之书》、卷七《说经》，文渊阁《四库全书》第1183册，第291-292、341-342页。

⑳ 宋·王与之，《周礼订义》卷八〇《周礼订义后序》，文渊阁《四库全书》第94册，第569-570页。

㉑ 宋·王与之，《周礼订义》卷首《论官职多寡》、卷五引陈及之曰，文渊阁《四库全书》第93册，第12-13、89页。

㉒ 宋·王与之，《周礼订义》卷首《论周礼纲目》《论官职多寡》引李景齐曰，文渊阁《四库全书》第93册，第10、13页。

㉓ 宋·王与之，《周礼订义》卷首《论周礼纲目》引诸家说，文渊阁《四库全书》第93册，第10页。

㉔ 宋·魏了翁，《鹤山集》卷一〇五、卷一〇七《周礼折衷》，文渊阁《四库全书》第1173册，第519、557页。

《周礼》部分经文不合情理[①]，方大琮怀疑《周礼》制度不合古制[②]，陈振孙怀疑《周礼》内容“繁碎驳杂”[③]，王应麟怀疑《周礼》“恐非周公之典”[④]，陈藻[⑤]和黄仲元怀疑《周礼》的传承过程[⑥]；三是怀疑《周礼》非经，如黄震怀疑《周礼》不具备经典的资格，勉强可视之为《尚书·周官》之注疏[⑦]；四是诋《周礼》为伪书，如包恢断定《周礼》是刘歆伪造的书[⑧]。此时期，黄震对《周礼》提出了多方面质疑，诋《周礼》是伪书之说又回归，反映出学界对《周礼》真伪的认识虽仍以尊崇为主，但持怀疑态度的人明显增多了。

南宋学界对《周礼》作者的认识也接续了北宋出现的多元化的认识趋势，还提出了两种新观点。南宋前期，学界出于贬损《周礼》的需要，有意识地剥离《周礼》与周公的关系，在《周礼》作者认识中，胡宏首倡刘歆伪造《周礼》说，同时无人再提周公作《周礼》了。南宋中期，周公作《周礼》说回归，王炎[⑨]、薛季宣[⑩]、易祓[⑪]、叶时[⑫]、郑伯谦[⑬]、郑锷[⑭]、《周礼详说》作者[⑮]皆主张周公作《周礼》，朱熹[⑯]和叶适[⑰]认为《周礼》非周公作，但与周公关系密切，只有洪迈主张刘歆作《周礼》[⑱]。南宋后期，学界对《周礼》作者的认识有六种观点：一是周公作《周礼》，度正[⑲]、真德秀[⑳]、朱申[㉑]、赵汝腾持此论[㉒]；二是《周礼》非周公所作，但与周公关系密切，蔡沈持此论[㉓]；

---

① 宋·王与之，《周礼订义》卷一二引《礼库》曰，文渊阁《四库全书》第93册，第194页。

② 宋·方大琮，《铁庵集》卷二六《周礼疑》，文渊阁《四库全书》第1178册，第282-283页。

③ 宋·陈振孙撰，徐小蛮、顾美华点校，《直斋书录解题》卷二，上海：上海古籍出版社，1987年，第43页。

④ 宋·王应麟撰，清·阎若璩、何焯、全祖望注，栾保群、田松青校点，《困学纪闻》卷四，上海古籍出版社，2015年，第132页。

⑤ 宋·陈藻，《乐轩集》卷六《周礼》，文渊阁《四库全书》第1152册，第86页。

⑥ 宋·黄仲元，《四如讲稿》卷四，文渊阁《四库全书》第183册，第781-782页。

⑦ 宋·黄震，《黄氏日抄》卷六八《周礼》，文渊阁《四库全书》第708册，第655页。

⑧ 清·朱彝尊，《经义考》卷一二四引刘克庄曰、吴澄曰，北京：中华书局，1998年，第660页。

⑨ 宋·王炎，《双溪类稾》卷二六《周礼论》，第732-733页。

⑩ 宋·薛季宣，《浪语集》卷三〇《遁甲龙图序》，文渊阁《四库全书》第1159册，第472页。

⑪ 宋·易祓，《周官总义》卷一、卷四、卷一〇，第278、313-314、385页。

⑫ 宋·叶时，《礼经会元》卷一上《礼经》，第2页。

⑬ 宋·郑伯谦，《太平经国书》卷二《官民》，第200-201页。

⑭ 宋·王与之，《周礼订义》卷首《序周礼兴废》引郑锷曰，文渊阁《四库全书》第93册，第8页。

⑮ 宋·王与之，《周礼订义》卷一二引王氏详说曰，文渊阁《四库全书》第93册，第194页。

⑯ 宋·黎靖德，《朱子语类》卷八六，第2203-2204页。

⑰ 宋·叶适，《习学记言》卷七，第378-379页。

⑱ 宋·洪迈，《容斋续笔》卷一六《周礼非周公书》，第531页。

⑲ 宋·度正，《性善堂稿》卷七《通刘侍郎书》、卷一四《书易学启蒙后》，文渊阁《四库全书》第1170册，第206、264页。

⑳ 宋·王与之，《周礼订义》卷首《周礼订义序》，文渊阁《四库全书》第93册，第5-6页。

㉑ 宋·朱申，《周礼句解》卷一，文渊阁《四库全书》第95册，第107页。

㉒ 宋·王与之，《周礼订义》卷八〇《周礼订义后序》，文渊阁《四库全书》第94册，第569-570页。

㉓ 宋·蔡沈，《书经集传》卷六，文渊阁《四库全书》第58册，第120页。

三是战国人作《周礼》，林希逸持此论[①]；四是秦或汉初人作《周礼》，魏了翁持此论[②]；五是西汉人作《周礼》，黄震持此论[③]；六是由周迄汉的学者编纂前代书中的典章法度汇集成《周礼》，成书可能非一时，作者也可能非一人，陈汲[④]、黄仲元持此论[⑤]。笔者以为，最后一种观点最理性，代表了两宋辨疑《周礼》作者的最高水平。

南宋还将辨疑《周礼》的范围扩展至《周礼》流传问题。南宋前期，胡宏首倡《冬官》不亡说，主张“刘歆颠迷，妄以《冬官》事属之《地官》”[⑥]。南宋中期，程大昌[⑦]和俞庭椿[⑧]赞同胡宏的《冬官》不亡说，俞庭椿作《周礼复古编》，提出《周礼》学史上第一个《冬官》补亡方案，引发学界关注。南宋后期，《冬官》不亡说流行，继俞庭椿《周礼复古编》，王与之《周官补遗》和胡一桂《古周礼补正》分别阐发了《冬官》补亡方案，《周礼》学史上的《冬官》不亡派出现了[⑨]。随着《冬官》不亡说的流行，衍生出《考工记》补亡《冬官》合理性的问题，学界探讨此问题，林希逸提出《考工记》非《周礼》附庸，而是独立古书的观点[⑩]，这促成了南宋后期《考工记》专门研究的兴起。

南宋学界对郑玄《周礼注》的批评较北宋更加系统。如陈傅良说“彼二郑诸儒，崎岖章句，窥测皆薄物细故，而建官分职，关于盛衰二三大指，悉晦弗着，后学承误，转失其真”[⑪]，真德秀指出“郑贾诸儒析名物、辨制度，不为无功，而圣人微旨终莫之睹”[⑫]，他们批评郑玄《周礼注》措意于训诂考证的细枝末节，破碎大道，欠缺对经典义理的阐发。叶时[⑬]和易祓[⑭]批评郑玄引纬书解经荒诞，陈傅良[⑮]、叶时[⑯]、郑伯谦[⑰]和易祓[⑱]批评郑玄《周礼注》引汉制解经多有不当，魏了翁还将郑玄引汉制解经问题上升

---

① 宋·林希逸，《考工记解》卷上，文渊阁《四库全书》第 95 册，第 26-27 页。

② 宋·魏了翁，《鹤山集》卷一〇八《师友雅言上》，第 570 页。

③ 宋·黄震，《黄氏日抄》卷五七、卷六三，文渊阁《四库全书》第 708 册，第 457、568 页。

④ 宋·王与之，《周礼订义》卷首《论周礼纲目》引陈及之曰，文渊阁《四库全书》第 93 册，第 10 页。

⑤ 宋·黄仲元，《四如讲稿》卷四，第 782-783 页。

⑥ 宋·胡宏，《五峰集》卷四《极论周礼》，第 209 页。

⑦ 宋·王应麟，《困学纪闻》卷四引程泰之云，第 121 页。

⑧ 宋·俞庭椿，《周礼复古编》，第 609 页。

⑨ 《冬官》不亡派一说，见于《四库全书总目》卷一九《周礼复古编》提要。清人提出的《冬官》不亡派是指在《周礼》研究上赞同《冬官》不亡说，且著书立说、进行补亡实践的所有学者。我赞同此观点，也袭用《冬官》不亡派这一说法。我认为，《冬官》不亡派出现于南宋，经历元、明，不断壮大，清代逐渐销声匿迹。

⑩ 宋·林希逸，《考工记解》卷下，第 49、76 页。

⑪ 宋·陈傅良，《止斋集》卷四〇《进周礼说序》，文渊阁《四库全书》第 1150 册，第 811 页。

⑫ 宋·真德秀，《周礼订义序》，《周礼订义》卷首，文渊阁《四库全书》第 93 册，第 6 页。

⑬ 宋·叶时，《礼经会元》卷一上《注疏》，第 5 页。

⑭ 宋·易祓，《周官总义》卷一一，第 396 页。

⑮ 宋·王与之，《周礼订义》卷一一引陈君举曰，文渊阁《四库全书》第 93 册，第 171 页。

⑯ 宋·叶时，《礼经会元》卷一上《注疏》，第 5 页。

⑰ 宋·郑伯谦，《太平经国书》卷一一《会计上》，第 254 页。

⑱ 宋·易祓，《周官总义》卷五，第 322-323 页。

到“尤害义理”的高度[①]。南宋的《周礼》学著作主要采用阐发义理、议论的方法解释《周礼》，积极发掘《周礼》经邦济世的制度资源和思想资源，讲求通经致用。如黄度《周礼说》、易祓《周官总义》、魏了翁《周礼折衷》和王与之《周礼订义》，主要以义理解《周礼》；叶时《礼经会元》和郑伯谦《太平经国书》主要以议论解《周礼》。然而，《周礼》涉及名物制度甚多，否定郑玄《周礼注》之训诂考证，一味阐发义理、托古议今，便出现了新义横生而经义反淆的问题。到了南宋后期，这一问题变得更加突出，学界出现了大量采纳郑玄《周礼注》训诂考证之说的情况，如魏了翁《周礼折衷》、朱申《周礼句解》和林希逸《考工记解》无不如此，尤其是王与之《周礼订义》，此书以采摭宋人《周礼》学说广博著称，但书中征引郑玄《周礼注》达 2 166 条，是全书征引诸家著述第二多者[②]。这表明南宋后期学界在有意识地纠正以义理、议论解《周礼》的偏颇，意图将义理、议论建立在扎实的训诂考证基础上，从而完善《周礼》宋学研究范式的解经方法，这远启了清代考据义理并重的解释《周礼》的方法。

南宋高宗建炎至宋亡（1127—1279 年）的百余年间，《周礼》宋学研究范式不断得到完善，在南宋末年得以最终确立。

五、结语：宋代《周礼》学的价值及其对后世的影响

在《周礼》学史上，宋代《周礼》学以辨疑为重要方法，突破唐代前期经学统一后形成的《周礼》汉学研究范式，建立了《周礼》宋学研究范式，其价值主要体现在三方面：一是在《周礼》真伪、作者、流传问题上提出了新的观点，从而打破《周礼》是周公致太平之书的光环，促使学界从客观而理性的角度审视《周礼》，承认《周礼》的内容和思想具有驳杂性。二是在解释《周礼》的方法上，开创以义理、议论解《周礼》的方法，重视对《周礼》文本思想、作者创作意图的解读，填补《周礼》汉学研究范式在解经方法上的欠缺，丰富并深化学界对《周礼》的理解。三是“于不疑处有疑”的创新探研精神，朱熹曾云：“程先生说，于不疑处有疑，方是长进，此不可不深念也。”[③] 宋代《周礼》学能别开生面，正是因为具有这种创新探研的精神，这是留给后世学界的宝贵财富。需指出的是，《周礼》宋学研究范式虽是在突破《周礼》汉学研究范式过程中建立起来的，但《周礼》宋学研究范式不是对《周礼》汉学研究范式的否定，而是在批判中有继承，在继承中又有创新。

宋代《周礼》学建立的《周礼》宋学研究范式，直接影响了元、明的《周礼》研究，对清代的《周礼》研究亦有启示，这主要体现在五方面：一是以义理、议论解《周礼》的方法，为元、明、清学者继承，与训诂考证并立，成为解释《周礼》的重要方法；二是打破对郑玄《周礼注》的迷信，为元、明、清学者批评、补正郑玄《周礼注》提供先导、启示方法；三是《冬官》不亡说辗转蔓延，《冬官》不亡派扩大，成为元、

① 宋·魏了翁，《鹤山集》卷一〇四《周礼折衷》，第 486 页。
② 笔者，《周礼订义研究》. 吉林人民出版社，2011 年，第 94-95 页。
③ 宋·朱熹，《晦庵集》卷五九《答窦文卿》，文渊阁《四库全书》第 1145 册，第 46 页。

明《周礼》研究的重要特点；四是《考工记》研究在元、明、清不断扩展，愈益专精，成了独立的学问；五是掀起了《周礼》辨疑之风，元、明、清学者对《周礼》真伪、作者的认识，都不再持一种观点，而是出现了多元化认识的趋势。

《中庸》与朱熹“道统”论之构建①

张 卉

一、前言：“道统”问题的本质及其关键

“道统”问题自中唐后逐渐成为与儒学命运相联系的重大议题。对“道统”内涵与本质的研讨，学界已经取得了不少成果，提出了许多具有代表性的论述②。在学界前辈的启发下，笔者认为还可以有一些补充：我们对“道统”内涵及本质的讨论需放置于其所处的学术发展阶段来讨论才有意义，超越其阶段而言“道统”便会失去立脚点。“道统”的本质问题是传“道”。“道”是中国本土文化、传统哲学之最高范畴，各家各派对“道”的诠释界定了其性质与宗旨。儒“道”的本质是天人关系及天人互动。理学内部学派众多，对哪派的拣择直接表明了其学术归旨。“道统”并不是公认的结论，只是特定历史阶段儒者对儒学本质问题、儒学发展史、儒学发展方向的讨论和认识。学界公认，朱熹拣择了程门学派的“道统”学说，并综合各家之说，成为集大成者。

朱熹认为，汉唐重视的五经系统不能找到“道统”问题的答案和复兴儒学的途径，从而他转向了有利于形上学、心性学构建的“四书”学。“四书”是朱熹跨越汉唐“道

---

① 本文原刊于《哲学与文化》2018 年第 12 期。

② 现代新儒家中，熊十力、冯友兰、钱穆、唐君毅、牟宗三等人都讨论过“道统”，其中以牟宗三的观点最具有代表性，他指出：“道统”乃“道之统绪”，是中国文化生命之疏导，代表了中国文化生命之不断发展与延续。“道统”要应中国现实和世界潮流之所需，做出回应。他从儒学史、经学史的角度将“道统”分为四个发展阶段，第一阶段：二帝三王至周公，这是前儒学阶段；第二阶段：孔孟仁义之教的阶段；第三阶段：宋明儒者内圣心性之学的阶段；第四阶段：现代新儒家由内圣开出新外王（民主政治与科学）的阶段。此外，牟宗三还讨论了“道统”“学统”“政统”之联系与区别，旨在探索儒家内圣心性之学开出科学与民主政治之可能性。具体分析可见牟宗三《道德理想主义》《历史哲学》《政道与治道》《略论道统、学统、政统》（载于《生命的学问》一书）等论著中。详见牟宗三，《牟宗三全集》第 9、10 册（台北：联经出版社，2003）。彭永捷认为，儒家“道统”哲学可从三个方面——认同意识、正统意识、弘道意识来言之。至宋代朱熹等人的发展，儒家“道统”意识对儒学产生了积极与消极的双重作用。详见彭永捷，《论儒家道统及宋代理学的道统之争》，《文史哲》2001 年第 29 期，第 36-42 页。蔡方鹿《中华道统思想发展史》一书从思想史的角度论述了“道统”思想的源与流、“道统”思想的理论构成及其基本特征、“道统”在中国文化史上的地位。详见蔡方鹿，《中华道统思想发展史》（成都：四川人民出版社，2003）。杨儒宾指出：“朱子应该是国史上首位树立明确的性理政治论体系的儒者，他将儒家一贯支持的道德政治安置在不受任何经验性因素腐蚀的性理观基盘上。……正因为这种来自理世界的另类叙述使得儒者有种超越现实政治秩序以外的立足点，使他可以建构普遍的必然的另类秩序，因而可以对现世产生强烈的批判作用。……朱子更强调历史要接受性理的指导，道统要成为现实活动的判断依据。”详见杨儒宾，《从五经到新五经》（台北：台湾大学出版中心，2016），第 50-52 页。几位先生的观点对笔者有很大的启发。

统”的“空白”，直承尧舜、孔孟之道的重要文献。朱熹受到了二程《中庸》“乃孔门传授心法”之书观点的启示①，将“道统”集中落实在《中庸》一书中，并以《尚书·大禹谟》中“十六字心传”（“人心惟危，道心惟微，惟精惟一，允执厥中”）为纲领构建“道统”体系。解读“道统”之关键就在这十六个字。从内容来看，“道统”之构建在于“心”与“中”系统的建设。《大禹谟》提出了“道心”“人心”“中”等概念，但未详细解读。而《中庸》一书的性质和内容决定了朱熹可以从哲学、逻辑的层面去探知“心”与“中”的深刻内涵以及构建“道统”体系。

需要说明的是，朱熹“道统”论之构建不仅仅依据“四书”、《尚书》文献，其《春秋》学、“三礼学”对树立“道统”也起到了一定的作用②。本文旨在通过焦点突破的方式，采用文献研究与义理分析相结合的方法，重点分析《中庸》之于朱熹“道统”构建的重大意义。

二、《中庸》之“心”范畴与“道统”论

朱熹清楚，不解决“心”的问题，就无法构建“道统”论，因为“心”是“道”的认知和体验主体。《大禹谟》首次将“心”作“人心”“道心”之分，“心”在《大禹谟》中是帝王修身和德政的范畴。朱熹论“心”显然已经突破了政治的范畴，而对“心”进行了哲学层面的分析。“心”的理论程度越高，就越能够指导如何去体验“道”，“道统”之构建就越容易。朱熹“心”论以心性问题的探讨为切入点，以《中庸》中“心”之“已发”“未发”为起点，对“心”与“性”、“心”与“情”之关系、“心”之状态、“心”之境界、“心”之内容、“心”之来源、“心”之作用等进行了全方位、深刻地解读。

朱熹心性论经历了“中和旧说”到“中和新说”的转变。“旧说”阶段（干道二年，1166 年），朱熹接受了湖湘学派“性体心用”“心为已发”的观点。但随着朱熹思想的不断深入，尤其在反复研读二程（程颢、程颐）之书后，朱熹有了新的领悟。干道五年（1169 年），朱熹指出，“心”之“已发”“未发”是同一项工夫，两者同样重要，不可偏废。缺少任何一项，都不能体验到“中道”。朱熹后来受程颐“心有体用”观点的影响，指出要把“心”作为观照“性情”“中和”“动静”的理性认知工具。“心”

---

① 宋·朱熹，《四书章句集注》（北京：中华书局，2011），第 17 页。

② 朱熹认为，《春秋》是圣人笔削的“经世之大法”和“明道正谊之书”。详见黎靖德编，《朱子语类》卷八十三《春秋》，朱杰人等主编，《朱子全书》第 17 册（上海：上海古籍出版社、合肥：安徽教育出版社，2010），第 2843、2867 页。孔子制作《春秋》之目的是为了述尧舜，彰文、武、周公之道。《春秋》体现了早期儒家的王道政治思想。朱熹还指出，要将“天理”贯穿于《春秋》之史实中，便会明白圣人之大旨，这也有利于遏制“人欲”之横流。朱熹将《春秋》学落实到了“天理”“人欲”上。他认为，只有落实到现实的层面，圣人之道的传承才有实践之可能性。朱熹三《礼》也是其树立“道统”的重要典籍。朱熹认为，三《礼》都是圣人继天道立人极的体现。后人循“礼”而行，便是遵从圣人之旨。在理学的学术话语系统下，朱熹指出，“礼”的内涵是：“天理之节文，人事之仪则。”详见朱熹，《四书章句集注》，第 51 页。“礼”之实质是“天理”，朱熹以“理”释“礼”，以“理”改造“礼”，以“理”损益“礼”是为了重构《礼》学和复兴儒学，从而进一步重建社会、政治秩序。三《礼》中，既有形下之具体礼仪作规范，又有形上之义理做理论支持，从两方面论证了圣人之“道”的合法性、合理性。

因而具有了纲领性、主宰性的意义，这可谓是一个重大突破。从理论上来说，朱熹以“心”为主导去构建“道统”体系是成功的理论尝试。同年，朱熹作《已发未发说》寄给张栻阅之①，再次声明“新说”观点。

干道六年（1170 年），朱熹作《中庸首章说》中进一步说明体验“道”的工夫：“敬义夹持，涵养省察”②，这为“道统”体系构建提供了方法论上的支持。同年，朱熹又开始质疑胡宏《知言》中“性体心用”的著名论断。朱熹开始由“已发”“未发”的讨论进一步深入到对“性情”问题的探求，提出了性善而情有恶、“性体情用”、“心统性情”（由张载首次提出，是朱熹心性论之纲领）的观点。至此，朱熹“心”与“性”“情”的关系得到了确认。“心统性情”主要包含了两个层面的内容：第一，“心兼性情”，即“心”包载、包括“性情”之意。朱熹云：“性，其理；情，其用；心者，兼性情而言；兼性情而言者，包括乎性情也。”③ 第二，“心主性情”，即“心”主宰、统摄“性情”之意，朱熹云：“性对情言，心对性情言。合如此是性，动处是情，主宰是心。”④“心”的主宰性还表现在“心”为身之主，朱子高举“性即理”，又说“性”为“心”之主。朱熹认为，人之所以为人，实乃以形上之性为主，而非自然之情欲。“心统性情”体现了“心”具备形上与形下两种属性或者说“心”能贯通形上与形下。刘述先说得好：“情是形而下的一层，性是形而上的一层，心则兼摄形上、形下二层。孟子的纵贯系统遂转变成了朱子的横摄系统。”⑤ 陈来也指出：“情是具体的，性则是某种一般原则，相对于性情而言的心则是指意识活动的总体、主体。”⑥ 干道七年（1171 年），朱熹作《尽心说》释“尽其心者知其性也，知其性则知天矣”。朱熹讲到，天为“理之自然”，“性”为“理之全体”。“心”之无限广大可与“天理”贯之、通之。说明“心”的认知对象由普遍意义的“道”变成了理学话语下的“天理”，两者本质是一样的。

淳熙元年（1174 年），朱熹作《观心说》。此文不但是朱熹与学友论辩的总结和升华，而且还由心性论的讨论开始深入到“道心”“人心”的问题。文中指出，“心”可以识得万物之理。如果要悟“道”，就必须在“心”上下功夫，即要做到尽“心”、存“心”、养“心”。具体方法是：时刻保持仁义之心。当我们存有仁义之心，何时该“发”，何时该“不发”，“心”自然能做出恰当的选择。同时，朱熹将“心”与“十六字心传”结合起来，将“心”提升至本体论高度。朱熹指出“道心”蕴含着“天理”，精微难见。需要说明的是，“心”中具“理”，而非是“理”。“人心”充满欲望，危殆难安。但“道心”“人心”都统摄于一“心”。“道心”“人心”问题映照在伦理层面就

---

① 宋·朱熹，《晦庵先生朱文公文集》卷六十七《已发未发说》，《朱子全书》第 23 册，第 3266-3269 页。

② 宋·朱熹，《晦庵先生朱文公文集》卷六十七《中庸首章说》，第 3265 页。

③ 宋·黎靖德，《朱子语类》卷二十《论语二》，《朱子全书》第 14 册，第 704 页。

④ 宋·黎靖德，《朱子语类》卷五《性理二》，《朱子全书》第 14 册，第 224 页。

⑤ 刘述先，《朱子哲学思想的发展与完成》（北京：吉林出版公司，2015），第 192 页。

⑥ 陈来，《宋明理学》（北京：生活·读书·新知三联书店，2011），第 190 页。

是“天理”“人欲”的问题。“惟精惟一”是“居正”而“返同”。“居正”就是正其心，心正可知善恶、辨是非，“返同”就是在正心基础上鉴别善恶，除恶而归善，即回到“道心”上，从而去把握尧舜之“中道”。

“心”系统的最终确立是以《中庸章句序》中对“心”众多问题的集中解答为标志。朱熹讲到，“道心”源于性命之正；“人心”源自形气之私，此来源问题同时也解答了为何要将“心”划分为“道心”“人心”，这是因为知觉者的不同。圣人得性命之正，存“道心”、明“天理”；凡俗之人因侵染了私欲而遮蔽了“天理”。存“道心”防“人欲”的最佳方法就是回到实践中去处理好“天理”“人欲”的问题，即人的道德问题。具体做法是：专一地守住善心而固执之，让“道心”主于一身、充养于一身，“道心”指导下的“人心”自然会尽性而知理。从内容来看，“心”有“道心”“人心”之分，“道心”的本质是“天理”（“道”）；从状态来看，“心”有“已发”“未发”两种状态，心之“已发”“未发”的目标是得大本、得中节；从境界来看，“心”与“道”相通会产生“中”“和”两种境界；从来源来看，“心”源自天命或形气之私（天命与“道”“天理”是同义词）；从作用来看，“心”是灵虚的知觉，是“道”的认知工具。朱熹将“道统”之“心”最后落实到了“天理”“人欲”上，“天理”“人欲”的本质问题是伦理学的问题。这就为我们认识“道统”提供了实践和道德层面的路径。由以上分析可知，朱熹“心”论系统既是哲学、逻辑的，又是现实的、可实践的。

三、《中庸》之“中”范畴与“道统”论

根据《尚书》记载，尧传授给舜的是“允执厥中”，后来舜加入“人心惟危，道心惟微，惟精惟一”并传授给禹。《尚书》的其他篇目亦有多处论“中”，从中可窥知“允执厥中”的涵义。《商书·仲虺之诰》有：“王懋昭大德，建中于民。”[①]“中”可释为标准、公正。《商书·盘庚中》讲到盘庚基于国家利益决定迁都，遭到贵族的反对，于是盘庚训导贵族们：“汝分猷念以相从，各设中于乃心。”[②]“中”可释为中正。《周书·蔡仲之命》有：“康济小民，率自中，无作聪明乱旧章。”[③]以合规章制度为“中”。《周书·君陈》有：“殷民在辟，予曰辟，尔惟勿辟；予曰宥，尔惟勿宥，惟厥中。”[④]以司法公正为“中”。《周书·君牙》有：“尔身克正，罔敢弗正，民心罔中，惟尔之中。”[⑤]以公正、正义为“中”。由此可知，“允执厥中”指的是政治、司法的公正及人心的中正。

在上古时代，“中”主要强调的是政治和司法的一般原则。到了孔子的时代，“中”则超越了政治、司法领域而引申至礼制、伦理的领域。孔子在上古“中”范畴的基础

---

① 汉·孔安国传、唐·孔颖达等正义，《尚书正义》卷八《仲虺之诰》，《十三经注疏》（上海：上海古籍出版社，2014），第161页。

② 汉·孔安国传、唐·孔颖达等正义，《尚书正义》卷九《盘庚中》，第171页。

③ 汉·孔安国传、唐·孔颖达等正义，《尚书正义》卷十七《蔡仲之命》，第227页。

④ 汉·孔安国传、唐·孔颖达等正义，《尚书正义》卷十八《君陈》，第237页。

⑤ 汉·孔安国传、唐·孔颖达等正义，《尚书正义》卷十九《君牙》，第246页。

上，提出了“中庸”范畴。至子思时，“中”继续扩充至人性、心性的领域，提出了“中和”范畴，更加丰富了“中”的内涵。子思在《中庸》中首次界定了“中和”的含义，并对孔子的“中庸”论进行了详细论说。这为朱熹分析“道统”之“中”提供了重要的文献基础。朱熹从人性论、心性论、性情论的角度论“中和”，从礼制、伦理甚至本体论的角度论“中庸”。“中和”讲人的内在之性；“中庸”更强调将内在之性充实于外。朱熹把内与外结合起来，用其理学方式构建“中”的系统。“中”又是“道”之体现，相对于抽象之“道”，“中”则更加生动化、具体化。

《中庸》曰：“中也者，天下之大本也”，朱熹释曰：“大本者，天命之性，天下之理皆由此出。”① 朱熹将“中”上升至“性”“理”等本体范畴的高度。他说：“‘中’是虚字，‘理’是实字，故中所以状性之体段。”② “和”为“情之正”③，乃“中”之发用。“中”与“和”相较，显然，“中”为更高一级的范畴。在朱熹看来，“中和”既包含着天下之定理，又将“天理”之发用表现出来了。既言了天道，又道了人事。如何才能体验到“中和”？这就需要“心”的介入。朱熹指出，要在“心”之“已发”“未发”上下功夫。“已发”“未发”一动一静，心静之时，无所偏倚，乃可得“中”；心动之时，无所乖戾，乃可得“和”。朱熹指出，“致中和”包含着“致中”和“致和”两个方面，“致中和”实际上就是“致吾心”，因为“已发”“未发”都是吾“心”之“已发”“未发”。吾心能识天地之心，天地之心是吾心之根源，故“致吾心”能体天道、育万物。

郑玄、孔颖达释“中庸”为：“用中为常道也。”④ 二程释为：“不偏之为中，不易之为庸。”⑤ 朱熹在郑玄、孔颖达、二程的基础上，将“庸”释为“平常”⑥，又释“平常”为：“事理之当然。”⑦ 具体到现实层面就是君臣父子、日用之常。程朱还界定了“庸”之实质：“庸者天下之定理。”⑧ 也就是说，“中庸”的本质就是“天理”。这将“中庸”从政治、道德、礼制的范畴提升至本体范畴，有利于“道统”体系的构建。朱熹认为，只有“平常”的事物才能久，久的事物才能贯通天地之奥义。以什么标准来衡量事物的发展是否合乎“常”呢？朱熹谈到了几个标准：第一，“天命所当然”⑨，也就是顺乎“天命”，这是合规律的体现；第二，“不偏不倚、无过不及”⑩，这是方法上的把握；第三，“君子为能体之”⑪，这是主体上的要求。也就是说，只有满足了这几个标

---

① 宋·朱熹，《四书章句集注》，第 18 页。
② 宋·黎靖德，《朱子语类》卷六十二《中庸一》，《朱子全书》第 16 册，第 2042 页。
③ 宋·朱熹，《四书章句集注》，第 18 页。
④ 汉·郑玄注、唐·孔颖达等正义，《礼记正义》卷五十二《中庸》，《十三经注疏》，第 1625 页。
⑤ 宋·朱熹，《四书章句集注》，第 18 页。
⑥ 宋·朱熹，《四书章句集注》，第 17 页。
⑦ 宋·朱熹，《四书或问. 中庸或问上》，《朱子全书》第 6 册，第 549 页。
⑧ 宋·朱熹，《四书章句集注》，第 17 页。
⑨ 宋·朱熹，《四书章句集注》，第 18 页。
⑩ 宋·朱熹，《四书章句集注》，第 18 页。
⑪ 宋·朱熹，《四书章句集注》，第 19 页。

准，才算真正传“道”。朱熹一方面将“中庸”上升至“天理”这一本体范畴；另一方面，又将“天理”与生活实践结合起来，让我们有攀登之基石。由此可见，朱熹的“中庸”范畴既是本体意义上的，又是实践、方法论意义上的。朱熹对“中庸”的阐释遵循了儒者理解世界的基本方法：天与人本一体、体与用本一体。

朱熹以“中庸”“中和”论“中”，两者既有联系又有区别。“中庸”兼有体用，“中和”主言心性、性情，但两者之本质都是“天理”。从根本言，“心”与“中庸”“中和”之关系就是“心”与“天理”的关系。“心”在“中和”论、“中庸”论中是理性认知工具，并具有主宰性意义。

四、“道统”体系的建立及“道学—道统”之辨

《中庸》一书记载了上古圣神“继天立极”之道，乃“十六字心传”之具体展开。就《中庸》内容来看，论述了尧、舜、文、武、周公等重视“执中”，孝德、礼制的思想，这些在朱熹看来都是“天理”的体现。从对《中庸章句》及其《序》的分析来看，朱熹以“天理”（“道”）为总领；以“心”为“道”之知觉者和感应者；以“执中”为“道”之实现途径；以君子为“道”之传扬者。这迎合了“道统”体系构建的需要。

朱熹“道统”体系的最终形成以淳熙十六年（1189 年）春三月修正的《中庸章句序》为标志①。《序》中完整叙述了“道统”论的主要内容。《序》的开头就直接表明主张：子思作《中庸》就是为了言明和传承“道统”。接着论述“心”之内容、作用、来源，“道统”之传授谱系以及对“十六字心传”之解释，最后表明其立场：以自觉传圣人之道为己任。

在《序》中朱熹表达的传授谱系有：尧、舜、禹、汤、文王、武王、伊尹、傅说、皋陶、周公、召公，此为圣君贤臣，思想家有：孔子、颜子、曾子、子思、孟子、程颢、程颐、朱熹。在淳熙十六年（1189 年）二月所作《大学章句序》则推至伏羲、神农、黄帝。朱熹“道统”谱系在之后还有进一步的修正。绍熙五年（1194 年）朱熹作《沧洲精舍告先圣文》，再次叙述了他心中的传“道”人。引人注意的是，此文又加入了周敦颐、邵雍、张载、司马光、李侗②。学界对司马光是否真的入朱熹“道统”尚有争议③，还可做进一步讨论。朱熹“道统”谱系上溯远古神圣，下隐自身④，实际上成就了以自身思想为中心的学术权威。

---

① 从现存文献看，朱熹在淳熙四年（1177 年）首次序定《中庸章句》时就提出了“道统”一词。后又在淳熙十六年修订了此《序》，即我们今天所见之《序》。

② 早在干道九年（1173 年），朱熹在《六先生画像赞》中，就专例周、二程、邵、张、司马光论述他们的事迹。

③ 魏涛，《朱熹缘何未将司马光纳入道学谱系》，《山西师大学报》2013 年第 4 期，第 118-112 页。

④ 朱熹弟子毫不谦虚地称颂朱熹乃“道统”之正传。黄干讲到：“由孔子而后，周、程、张子继其绝，至先生而始着。”详见宋·黄干，《朱先生行状》，曾枣庄、刘琳主编，《全宋文》第 288 册（上海：上海辞书出版社、合肥：安徽教育出版社，2006），第 453 页。陈淳讲到，朱子“集诸儒之大成，而嗣周程之嫡统，萃乎洙泗濂洛之渊源者也”。详见宋·陈淳，《北溪字义》（北京：中华书局，1983），第 77 页。

余英时在《朱熹的历史世界》中提出了“道学—道统之辨”①，他的这一提法振聋发聩，引发了学界的大讨论。根据最新研究成果②，余英时的这种提法确实有待商榷。在新成果的启发下，笔者认为还可以有所补充。朱熹虽然承认，“道统”在汉唐是“空白”的，但其依然是从儒学史、经学史来考察“道统”的“断”与“续”。而且朱熹自认为其把握的是尧舜以来相传之道，并未如余英时作两个历史阶段来看待。余英时以周公为界点，以内圣外王为标准，实则违背了朱熹“道统”的实质。在任何时代，儒家内圣外王的理念都贯之于儒学、经学的诠释中，并未因是否存于现实中而消失。《大学》就是儒家内圣外王思想的代表作。朱熹认为，《大学》乃先王之法：从格物致知入手，以修身为基础，内修圣人之德，外治天下，由内圣而达与外王。

实际上，“道统”与“道学”之关系与区别在《中庸章句序》中已经有了答案。“道统”与“道学”之关系并没有余英时所言的那么复杂，朱熹的“道学”“道统”简单而又饱含情怀与哲理。《序》中讲到，子思忧“道学”失传而作《中庸》，“道学”就是“上古圣神”“继天立极”之道。具体言之，“继天”讲的是“天道”，就是儒学本体论，“立极”就是儒家修身实践之道。“道学”实有广、狭之分。从广义的角度（儒学发展史）来看，自儒学创立之始，儒家致力于闻“道”、求“道”，“道”学是儒家之形而上学和精神内核。从狭义的角度来看，“道学”主要是指程朱学派所构建的理学系统，《宋史・道学传》所列程朱学派的理学家就是明证。朱熹将“道学”放置于整个儒学发展史中来观察其间断性与连续性、合理性与永恒性，实则在客观上建立起了自己的学术话语权。当然，我们又不能简单认为朱熹仅仅为了学术权威去构建“道统”，还应看到他在理学背景下，极富思辨性、逻辑性之哲学构思，这是儒学发展的新突破和儒者思维层次的极大提升。朱熹认为，自孟子后，“道学”经历了千余年的沉寂期和衰息期，“道学”之“空白”让“心传”论有了立论基石。从根本言，“道学”是以内圣之学为基础，由“内”而扩充至“外”的内外合一及内外互动之学。

《序》中三次出现了“道统之传”四字而非“道统”二字，可见朱熹用词之谨慎和用词之深意。第一次讲到：“盖自上古圣神继天立极，而道统之传有自来矣。”③“传”意为“传承”，“传承”之主体当然是人，“道统之传”就是人去传承自古以来的儒家文化体系，即朱熹所谓的“道学”。第二次讲到尧舜之后，圣君贤臣“接夫道统之传”④，

---

① 余英时认为，朱熹有意将历史划分为“道统”与“道学”两个阶段：“上古圣神”至周公是“道统”的时代，其最显著的特征是内圣与外王合二为一。周公以后，内圣与外王已分裂为二，历史进入另一阶段，这便是由孔子开创的“道学”时代。“道学”所保存与发明的只是“道统”之精义——“道体”。宋代周、张、二程所直接承续的是孔子以下的“道学”，而不是上古圣王代代相传的“道统”。详见余英时，《朱熹的历史世界——宋代士大夫政治文化的研究》（上）（北京：生活・读书・新知三联书店，2011），第15页。

② 赖区平根据淳熙六年、八年、十六年、绍熙四年、五年朱熹“道统”相关文献的分析提出：“道统与道学在时间、人物之界限上重合。”详见赖区平，《朱子的“道学—道统”论重探》，《中国哲学史》2016年第1期，第60-67页。江求流指出：“在朱子那里，道统是道学的传承谱系，而道学则是这一谱系之中传承的具体对象。”详见江求流，《道统、道学与政治立法》，《中国哲学史》2017年第2期，第108-114页。

③ 宋・朱熹，《四书章句集注》，第14页。

④ 宋・朱熹，《四书章句集注》，第14页。

孔子继往圣、开来学。说明从尧舜至孔子这段历史时期的传承。第三次讲到，朱熹自己沉潜反复《中庸》一书多年，于其中领会“道统”，并且非常自信地认为“道统”已经被他接续上了。同时告诫后学只有具备了“道统之传”的意识，在学术和事业上才会有所成就。由以上分析可知，“道学”重在“术”。“道统”重在“道”之“传”，是“道学”之外化，朱熹想要展现的是他所认同的儒学“正统”史。

在朱熹著述中，除了“道统”“道学”之外，还有“道体”这一范畴。在朱熹、吕祖谦编的《近思录》中，首卷就命名为《道体》。他们列举了周敦颐、二程、张载有关“无极太极”“诚”“心”“性”“理”“中”之论。朱熹常以“无精粗差别”“无穷”“浑然无所不具”等词语来说明“道体”之特征。“无精粗差别”“浑然无所不具”指的是“道体”精微而无所不包，“无穷”指的是“道体”之流行并化育万物。可见，“道体”讲的是宇宙之本体和万物生生不息之根源，是具有本体意义范畴的统称，“道学”与“道统”则更加体系化且具有强烈的学派意识、弘道意识。

五、结论

朱熹“道统”论之构建依附于儒学、经学研究的新范式。新的研究范式主要表现在研究对象、研究内容和研究方法的变化上。对照重视注疏之学的汉唐经学体系，朱熹经学之最大贡献在他顺应了儒学变革之所需，促成了汉唐以来的“五经”系统向“四书”系统的转变。他在注疏之上重视义理的表达，展现了其理学体系之思辨性、逻辑性，这较于郑玄、马融、孔颖达之解经路径无疑是在思维水平、理论构建上的极大进步。

应该说，朱熹至少从理论上出色地完成了时代交给他的任务——秩序的重建。他主要以《中庸》为其论证“道统”的主要文献，通过《中庸章句》及《序》，从理论上证明了“道统”重建之可能性。“道统”之重建还映射出经学体系之重建、政治秩序之重建、社会秩序之重建。朱熹等文人士大夫们寄希望思想（经学体系）之重建，引导政治、社会的走向和未来，修复和重塑失落的权威。他们的主要路径就是通过回溯历史、重新挖掘经典文本的深意，以系谱的方式、诉诸“道”和排斥“异端”来重建合理性、合法性。我们也看到，士大夫们对国家、社会深切的忧患意识使他们有强烈的责任感去呼唤秩序的回归。实际上，思想、政治、社会之重建往往是一致的。从中唐韩愈、李翱等人开始至整个宋代，许多思想家致力于“道统”之构建，直到南宋朱熹才真正从历史、思想、文献、理学的角度构建起了体系化的“道统”论，并决定了南宋之后“道统”理论发展的基本模式。还需说明的是，朱熹“道统”论既没有得到同时代学者（如陈亮、叶适）的普遍认同，也不完全合乎历史发展与思想史发展的实际。恰如陈荣捷所言：“道统之绪，在基本上乃为哲学性之统系而非历史性或经籍上之系列。”① 但我们不能否认其“道统”论为明“道”、弘“道”做出的积极贡献。同时，也给了士大夫们足够的信心和力量去复兴儒学。我们还应指出，“道统”理论的积极面和消极面是同一的，它严肃正统的另一面就是排斥异己，这有碍学术的正常发展，应予以摒弃。

① 陈荣捷，《朱学论集》（台北：台湾学生书局，1982），第 17 页。

推理的广义概念

——推理理论的基本问题①

吴晓静

一、引言

推理和论证是逻辑学研究的主要对象。长期以来，逻辑学将“论证（argument）”定义为一个命题、陈述或语句集合或序列，序列的末端是“结论（conclusion）”，其余部分则是“前提（premise）”。这种定义论证的方式将论证与“论证形式（argument form）”当作同一种事物，带来了诸多理论上的问题。如，形式逻辑常常被非形式逻辑学家批评其论证评价标准单一且无法应对日常生活真实论证的评价理论诉求。而以拉尔夫·约翰逊（R. H. Johnson）为主的非形式逻辑学家则从实践的角度出发，将论证看成“推论性核心+论辩性外层”（illative core + dialectical tier）集于一体的理性说服实践②。对于这一定义，非形式逻辑学家自身也存在争议，如戈维尔（Govier）指出：“对于‘何以构成论证’这一哲学问题以及逻辑思考，约翰逊的理论意味着一个实质性的概念修正。前提与结论变得不再足够，我们这么多世纪以来曾认同诸多论证，现在忽而变得不再是论证了。”③

对于“什么是论证”，学界已进行了长时间的理论建构，而对于“什么是推理（reasoning）”这个问题的哲学思考却寥寥无几。从斯坦福哲学百科全书键入“reasoning”虽可查阅关于诸多不同推理类型的文章，至今却搜不到从哲学角度对推理本身进行专门论述的文献。正如约翰逊在《展示理性》(*Manifest Rationality: A Pragmatic Theory of Argument*, 2000）一书中所指出的，我们对推理的哲学理解至关重要，而学术界急需回答的问题有：“什么是推理？它等同于或者可以划归为推论、蕴含或者衍推吗?”“推理和理性之间的关系是什么？它们是伪装在不同外表下的同一概念吗?”“在各种各样的范例推理历史的发展中是否存在一种可辨别的模式?”“什么才是一个推理理论适当的概念图式（或者架构)？推理如何最清晰地分类?”“存在普遍的推理原则吗?

---

① 本文原刊于《自然辩证法研究》2016年第8期。

② JOHNSON R H. Manifest rationality: A pragmatic theory of argument [M]. Mahwah NJ: Lawrence Erlbaum Associate, 2000: 168.

③ GOVIER T. The philosophy of argument [M]. Newport News: Vale Press, 1999: 213.

又或者推理的实质性原则总是场域依存的。”①

对于这些问题的解答，直接关系着当代非形式逻辑论证理论的推进和发展、非形式逻辑论证与认知科学“元认知（metacognition）”概念的关系、“理性（rationality/reasonableness）”的哲学讨论、批判性思维的理论梳理以及心理学相关实验结论与逻辑学冲突的理解和解读。推理本身及其相关概念得以澄清，才能使我们明确非形式逻辑、批判性思维、问题解决、元认知、论辩与推理之间的相互关系。此外，菲诺基亚罗（Maurice A. Finocchiaro）也指出推理理论研究的重要性并界定了推理理论的研究对象及研究范畴：“推理理论是指对推理的诠释、评价以及健全的推理实践之概念和原则的表达、检验、澄清以及系统化工作。我称这样定义的推理理论为合法的、可行的且重要的哲学事业。”②

由此可见，非形式逻辑研究领域遇到的诸多理论问题的根源，很大程度上来源于我们从哲学上对“推理”研究的理论空白，而这些问题又反过来制约我们对什么是“论证”和“论辩（argumentation）”做进一步研究。

此外，心理学的研究结果揭示出的与逻辑学的理论冲突该如何解读？如著名的华生“四卡片实验”任务中仅10%的正确率显示出被试具有强烈的证真倾向而容易偏离正确的逻辑规则③；而随着形式逻辑近年以来迅猛地发展，其与人工智能、计算机科学、认知心理学等结合研究了许多非经典逻辑类型，使得它在人类真实推理的规范化研究过程中迈进了一大步。对这些相关学科的新进展，如何进行哲学上的解读？它们反映了推理的哪些特性？对这些问题的回应，使得我们从非形式逻辑学和哲学领域对推理的探讨显得越发迫切与及时。

二、传统的推理概念

1. 运算性观点（operational view）

如前所述，在逻辑的领域中，推理和论证往往以相同的方式被定义为一个公式序列，其中最后一个是结论，而其他是前提。每一个公式要么是公理，要么通过推理规则来源于之前的成员。这样的观点尤其在形式逻辑中最为普遍，并且被作为一个标准定义从逻辑学引入到其他学科。也有一些观点悄然将推理规则本身当作推理，如充分条件假言推理的肯定前件式规则（modus ponens）。更为普遍的是，形式逻辑学家将推理和论证看作同一事物，而之所以采用这样的观点，是因其研究对象是“逻辑形式”，而推理和论证在形式系统中因抽离了语句的主体、具体内容和相关的语境和语用属性等，被简化处理为符号结构，变成“推理形式”和“论证形式”，因而并无太多区分的意义。

据此，推理和论证通过前提与结论之间的紧密联系程度被分为不同的类型，分别是

---

① JOHNSON, R. H. Manifest rationality: A pragmatic theory of argument [M]. Mahwah NJ: Lawrence Erlbaum Associate, 2000: 97.

② FINOCCHIARO M A. Informal logic and the theory of reasoning [J]. Informal Logic, 1984 (6): 3-7.

③ WASON P C. Reasoning about a rule [J]. Quarterly Journal of Experimental Psychology, 1968, 20 (3): 273-281.

演绎（deduction）和归纳（induction）。演绎是指推理或论证的结论所断定的范围不超越前提断定范围的必然性推理。一个演绎推理是有效的（valid），当且仅当它不可能是前提真而结论假的。一个演绎推理是可靠的（sound），当且仅当其推理形式有效且前提为真。而归纳则是指结论断定的范围超越前提断定范围的推理或论证类型，其前提与结论之间具有一种“或然性”的联系。一个归纳推理或论证是“强的（strong）”，当它的前提为真时结论“很可能”为真。一个归纳推理或论证是“有力的（cogent）”，当它是强的且所有前提为真，如图1所示。

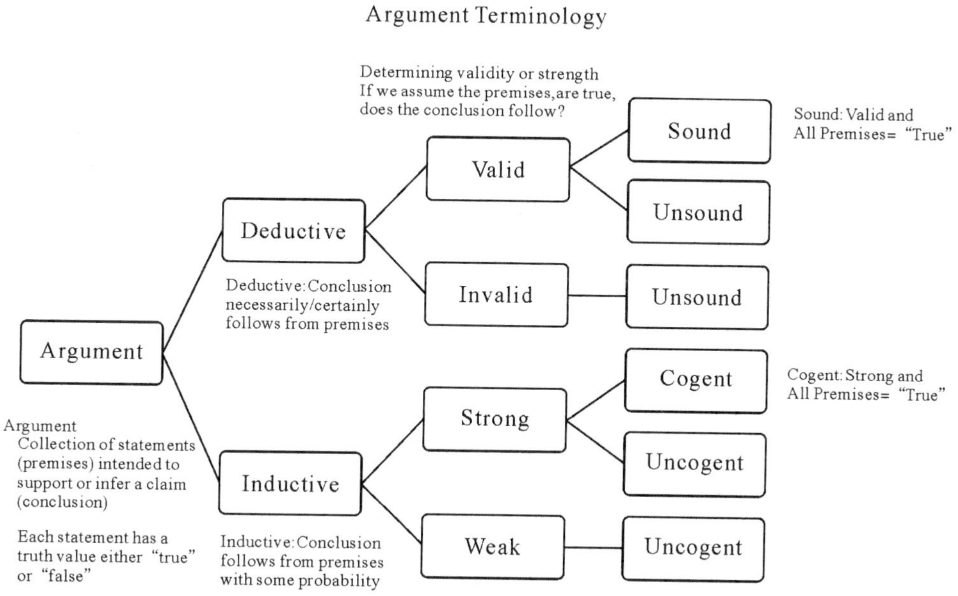

图1　演绎与归纳

（资料来源：Patrich J. Hurley“A Concise Introduction to Logic”）

统观这种观点，我们不难发现，学者们往往将推理仅仅看作一种抽象的符号运算（operation or calculation），而不计推理活动过程中所涉及的种种情境语用因素。不可否认的是，推理确与抽象运算有紧密的联系，然而在日常生活中，我们并无一种真正的推理是可以完全不考虑推理的主体和主体所在的真实环境因素而进行的。如我们可以通过系统运算完成抽象的数学证明，然而在现实生活中我们总是会出于某种原因才去这样做，可能是为了满足求知欲，可能是为了完成作业，也可能仅仅只是为了消磨时间。无论是什么原因，它们都是出于我们人类真实的实践目的。因此，以人类为主体的真实推理活动是无法与人的实践诉求相分离的，真实推理这种实践活动也是无法等同于抽象数学运算的。这也部分解释了为什么心理学实验的结果与逻辑学的规范大相径庭的原因。

2. 推论性观点（inferential view）

与形式逻辑学家关注符号系统中命题形式之间的逻辑结构转换与命题的真值运算所不同的是，非形式逻辑学家更倾向于从语用的角度出发关注推理的内容与语境。有一种非常流行的观点认为：推理即“推论（inference）”或推论序列。如鲁内斯（Runes）

认为："推理就是推论的过程；它是从已知或假定为真的某些命题出发到与它们不同却又从它们之中推出真的过程；它是一种语篇或论证，其中，一个命题从另一个命题或一组相互之间有某种共同之处的命题中被推论出。"①

沃尔顿（Walton）认为："推理就是使用或承认被称为'前提'的假设以及通过保证的方式从这些假设推移向结论（终点）的过程。"②

图尔敏（Toulmin）认为："推理这个概念将这样使用，更狭义来说，就是提出支持一个主张的理由来展示这些理由是怎样成功为其主张提供（支持）强度的核心活动。"③

这些定义似乎都强调了推论在推理活动中的核心地位，以及支持结构在推论中的重要作用。除上述学者之外，还有辛提卡（Hintikka）、汉布林（Hamblin）等学者也持有类似的观点。此类观点的流行程度可见一斑。

然而，笔者认为，仅仅将推理看作为推论或推论的叠加，这样的观点可能会遇到一些问题，使我们不得不保持审慎的态度。约翰逊认为，推论是"理智根据某些原则从一个命题到另一个命题的转变；当处在最佳情况下，是通过概率论来引导的。"④ 首先，根据这个定义，如果我们承认推理等同于推论，我们将忽略一个基本事实，即推理活动是相当有弹性的。它既可以"前提→结论"的正向推进以寻求思维产物，如问题解决中正面搜索问题空间（problem space）；还可以"结论→前提"逆向寻找满足最终思维要求的认知起始状态，如溯因推理（abductive reasoning）；有时推理甚至可以是循环进行，如逻辑学的三大基本规律之同一律"A→A"，即表达了任何事物与其本身保持同一的逻辑意义。第二，推理是可反复进行、随时停止并随时重启的。例如，在"n=m+1"这样的运算过程中，主体的推理可以从"m=1，n=2；m=2，n=3；m=3，n=4；…"这个序列中的任何位置开始，亦可在任何时候停止。在需要的时候，人也可以随时重启或者重复这样的数学运算。第三，推理既可以在语言的水平上进行，也可以在图像的水平上进行，有时图像的推理甚至快于语言和符号的操作。第四，推理可以进行自我监测和纠正，纠正现象发生在我们日常生活中的方方面面⑤。

因此，我们需要追问的是，推论是否也完全具有上述特征？即使它具有，推论和推理是否也遵循同样的过程？对上述问题的回答可能会非常棘手，也许我们应该结合相关学科的成果和进展，如认知心理学。无论如何，在这些问题得以解答之前，我们仍需对以推论定义推理的观点保持审慎。

三、概念混淆

看上去，似乎推理的概念与一系列相关概念有所关联，其中，"论证"是最常出现

---

① DAGOBERT D. Runes，dictionary of philosophy [M]. Totowa NJ：Rowman&Allanheld，1984：281.

② DOUGLAS. Walton，What is reasoning? What is an argument? [J] Journal of Philosophy，1990（87）：403.

③ Toulmin S，RIEKE，JANIK. An introduction to reasoning [M]. 2nd ed. New York：Macmillan Publishing Company，1984：14.

④ JOHNSON R H. Manifest rationality：A pragmatic theory of argument [M]. Mahwah NJ：Lawrence Erlbaum Associate，2000：94.

⑤ 吴晓静，熊明辉."纠正"的逻辑研究述评 [J]. 学术论坛，2012（10）：10-13.

的词。实际上，不仅仅是形式逻辑出于研究逻辑形式的需要将两者视为一物，非形式逻辑学也常常对论证与推理不做区分。如图尔敏在其专著《推理导论》（*An introduction to reasoning*，1984）中，在定义完“推理（reasoning）”后立即提出“论证（argument）”的概念“一个论证，从一系列推理的意义上来说，就是一个主张和理由相互连接的序列，其中，某个特定的说话者为确立某观点的内容和支持力而辩论。”① 由此我们可以看出，对于图尔敏来说，推论链构成推理链，而推理链构成论证。这个观点被许多学者所接受并且在非形式逻辑学界广泛流传。然而我们必须回答一些疑问，假如推论无法像我们所期盼的那样等同于推理的话，那么更长一些和更复杂一些的推理又如何等同于论证？假如推理的概念与论证的概念之间仅仅只是长度和复杂性有所不同的话，那么我们为什么要用不同的词来指称和描述它们？假如它们之间还有其他区分的话，那么它们两者之间的本质差别究竟是什么？

推理与论证之间概念混淆的问题无处不在，只要我们提及推理，便很少将它与论证真正做出区分。国内国外很多的逻辑学教材总是从介绍论证开始，然后立即告知读者推理可以被分为演绎的和归纳，仿佛论证和推理是同一种事物，可以相互换用。无论是形式逻辑还是非形式逻辑，推理的概念总是与论证的概念绑定在一起。然而，虽然我们常常以展示推理链的方式说服别人，这并不能代表推理和论证是同一概念。有一个很直观的经验体验即是，我们常常是先推理再论证。牛顿即使真的是因为被苹果砸中头部才顿悟出万有引力定律，他也不会以之为前提来撰写论文。相反，在论证时，我们往往会考虑听众、论域特点以及语境等因素。

此外，如果我们继续追踪这种概念混淆，我们会发现早在古希腊时代，亚里士多德虽然也对这两个概念做出过大致的区分，但仍常常在其著作中将这两个词互换交替使用。亚氏的观点或多或少也影响了我们如何看待推理和论证。

四、概念澄清

1. 回到形式逻辑

为了澄清概念的混淆，我们仍需回到形式逻辑。自 20 世纪以来，形式逻辑有效性（validity）为许多学者所诟病，指出其对日常论证的评价既不充分也不必要。然而，如果我们回到形式逻辑，无论是经典命题逻辑和谓词逻辑还是非单调逻辑，虽然它们都以数学符号的方法为研究手段，其研究对象仍然是具有各种不同特征的人类推理模式，而不是日常生活中的某个论证。更具体地说，形式逻辑的主要研究对象是抽象的推理形式（reasoning form），而符号系统的直观功能在于以数学的方法系统地模拟各具特征和规律的人类特定的推理现象。

理论上来说，任何人都可以构造一个符号系统而不考虑其任何意义。如果系统内所有的命题都在其试图刻画和模拟的语义解释下有效，那么这就意味着这个系统准确地再

---

① TOULMIN S, RIEKE, JANIK A. An introduction to reasoning [M]. 2nd ed. New York: Macmillan Publishing Company, 1984: 14.

现了它企图模拟的这种推理现象及其思维特点，即它是可靠的（sound）。反之，如果所有语义解释都能在其对应的形式系统中找到对应的命题，那就意味着这个构建的形式系统能够完全展示该系统欲模拟的所有推理现象，即它是完全的（complete）。从这个意义上来说，形式逻辑只是采用了严格的数学手段去刻画、模拟和预测各具特征的人的推理现象。而有效性一方面应作为语形系统（syntactic system）和语义模型（semantic model）之间的微观属性（micro nature）来理解——它作为一种媒介（media）连接并保证所构建的符号系统能很好地适合于它对应的语义解释。另一方面，通过有效性的微观媒介作用，可靠性（soundness）和完全性（completeness）这些概念，均应从逻辑系统的宏观性质与其形式系统对应的语义解释进行理解——它们确保了所构建的符号系统的质量：准确而全面地刻画了企图捕捉的推理现象。换言之，形式系统的研究对象主要是推理，而不是非形式逻辑学家们关注的论证。

然而，对形式逻辑评价日常论证标准之瑕疵的批评，很大程度上来源于我们将形式逻辑所关注的推理与非形式逻辑学家研究的论证之间的差别混淆了。而要看到这种差别，我们可以举个例子。如对同一律（A=A），当我们将它看成一个论证，那么无需多言它是一个循环论证（begging the question），当然不是一个成功的论证；而当我们将它看成一个推理时，则毫无疑问地它是一个重言式，没有人会怀疑它的有效性。

2. 推理的广义理解

正如约翰逊所指出的，如果我们想要澄清推理的概念，我们最好将它置于相关的概念网络进行理解。为了理解什么是推理，我们需要理解它与论证之间的关系，以及它与论辩（argumentation）之间的关系。为了将推理的概念从论证概念的绑定中解放出来，我们需要考虑以下几个要点：

（1）推理是一种心理过程

虽然逻辑学家们可能会或多或少地感到难以接受这个事实，因为它似乎已然远离逻辑学的范畴，然而我们必须要面对它。事实上我们已经在使用一种宽泛的意义来看待推理，这是源于我们对推理的理解长期以来已经显得过于狭窄，而这种狭窄性已然严重地阻碍了我们对它的认知，并同时带来另一些不同程度的概念混淆。如在推理的狭义理解下，问题解决和决策、论证和论辩之间看上去都很相似，但是我们仍然难以在一个合适的概念网络中解释它们彼此之间的关系。然而，在推理的广义理解下，这些概念均可看作获取推理产物的实践和具体应用。论证，无论是口头的还是书面的，均可看作推理过程的思维产物；而论辩，则可看作是本质上是社会活动的推理产物的应用。

（2）推理具有实践目标

正是因为推理具有实践性的目标才使得它可以在各种不同的情境中得以应用。正如我们所讨论的，在现实生活中，没有一个推理是可以不考虑实际的目的而独立存在的。对处于各种名目之下的推理的探究，可以不同于形式逻辑只关注于符号系统的性质及其对应的解释模型的模式，而是在真实推理过程中考虑更多的因素，因为对真实推理的研究仅仅只采用形式手段是不足以探索它的方方面面的。真实推理之所以是真实的，就是因为它是在非人工的环境中发生、有真实主体参与的、有目标的思维活动。正如菲诺基亚罗所提出的，“如果有什么东西能被称为推理理论的话，那么它是指对推理的诠释、评价以及健全的推理实践之概念和原则的表达、检验、澄清以及系统化等工作”①。

（3）推理寻求思维产物

无论是哪种情境下的推理活动，它总是指向一个关键的任务就是“求解”——获取思维产物，可以是某些信念、某个论证、某个决策、某个计划、某个解决方法甚至是某些声音或图像等。这也可以解释为什么人们常常喜欢用展示自己推理链的方式去说服别人的原因。推理与论证其中一个很大的区别在于，论证总是企图通过说服去改变别人的认知状态以解决意见、观点或主张的分歧，而推理本身却仅仅只是寻求思维的产品。因此当我们将同一律（A=A）看作论证时，它没有提供给我们任何可以改变我们已知信念的信息；而当我们将它看作推理时，我们更倾向于关注它的前提和结论是否一致，原因在于我们只考察它是否能从前提中获取可靠的思维产品，也就是结论。而至于这个结论是否具有说服功能则不是推理本身可以提供的信息。因此，论证的主要功能在于说服，而推理的主要功能则在于提供思维产物。从另一方面，这也解释了为什么形式逻辑在以数学手段研究推理形式时也以一致性（consistency）作为系统宏观质量的重要评价标准之一。

（4）推理是运算的

人的真实推理除了具有实践目标外，还有获取思维产品的认知目标，而这种获取过程正是通过运算来实现的。形式逻辑正是牢牢把握了推理的这一本质属性，其对推理抽象形式的数学研究模式才一直具有合法性。另外，认知心理学揭示了推理的运算不但可以在语言的水平进行操作，还可以在图像的水平进行，甚至图像运算的速度有时还超过语言运算，两者有时也可以相互影响。真实的推理虽然发生在各种不同日常生活情境下，推理的运算功能确保了主体在不同的环境下得以有规律地和稳定地获取思维产物以满足具体的实践目标。而形式逻辑正是集中于关注人的推理的运算维度并且以数学的手段加以表达、描述和刻画，以发现人推理的运算规律和规范。

究竟什么是推理？通过上述讨论我们可以试图给出一个基本的理解。在非形式逻辑推理理论的领域里，推理是一种通过心理运算获取思维产品以达到实践目标的心理过程。这个概念看上去是描述性的，然而它却有助于我们在一个推理理论中确定推理包括形式特征在内的其他属性。这个理解是广义的，它使得这个定义本身可以容纳更多真实推理无法回避的基本特性，这些特性将帮助我们在约翰逊提出的概念网络问题中确定推理自身的地位，使得推理理论的首要及核心问题得到初步探索。

五、结语

在很长的时间里，推理的概念范围十分狭窄，它很多时候仅仅指推理形式（尤其是在形式逻辑中），其他时候被冠以各种名称而被具体地谈论；而与之关联紧密的论证的概念却被运用得相当宽泛。学术界对论证概念的探讨很集中，而对推理概念的探讨却十

① FINOCCHIARO M A. Informal logic and the theory of reasoning [J]. Informal Logic, 1984 (6): 4.

分稀少。本文在这个理论空白亟待填补之时，介绍了传统的推理概念及其分类，澄清了形式逻辑与非形式逻辑之间的概念混淆，它们极有可能来源于推理概念的理论空白以及推理和论证的概念混淆。为了更好地理解推理，我们应以一种相对客观和公平的角度来看待形式逻辑，同时应尽力填补推理理论基本问题研究的理论空白。为了更好地在推理理论中理解推理本身的哲学概念，本文讨论了真实推理所具有的四种基本性质，提出并解释了一个相对宽泛的推理理论研究下推理的基本定义。

总的来说，推理理论来源于相关学科及理论发展瓶颈的哲学诉求，以及人类对真实推理所产生的机制、特征、规律的探索与规范。从这一点来看，推理理论与对形式逻辑的研究并不相悖。相反，推理理论的兴起与发展追问对真实推理本身的理解以及推理与相关概念的关系，可为形式逻辑本身的发展提供哲学思考和理论源泉；而形式逻辑反过来亦可帮助我们更好地理解推理的运算功能，两者是可以相互补充、共存发展的。

另外，非形式逻辑研究的领域也需要推理理论的补充推进其发展。只有当我们真正理解和把握了推理的基本概念及特征时，我们才能更深入地理解论证、论辩及其各种具体的名目繁多的推理现象的本质。推理的单调性（monotonicity）意味着什么？似真性（plausibility）的本质是什么？推理和理性的关系是什么……这些都是亟待我们回答的问题。而对推理理论的研究将促进我们对这些问题进行深入思考。

最后，推理理论的发展以及对推理概念的讨论，将帮助我们架起逻辑学与相关其他学科之间的桥梁，使得认知科学、认知心理学等学科的理论成果为哲学思考提供线索，也使它们反过来受益于推理理论研究的启发。

理性边界的形成与突破：
以圣彼得堡悖论演进为视角①

丁 浩 付 敏

悖论是指一种理论事实，即“从明显可接受的前提，通过明显可接受的推理，导出了一个明显不可接受的结论”②。其中，“明显可接受的推理”是逻辑上的要求，“明显不可接受的结论”是对悖论事实最直接的指认，它既可以是理论自身的矛盾性结论，也可以是理论与现实之间的明显冲突。本文考察的圣彼得堡悖论的悖论性主要体现在后一层面。“明显可接受的前提”则指向悖论得以形成的根源。既然结论不可接受，根据逻辑归谬法则，前提中必定包含了某个或某些已被接受但实际上“不应”被接受的部分。而所谓解悖，即悖论的解决或消解，就是通过去除或修正这些被误以为正确的前提，使得这样的结论不再出现。

圣彼得堡悖论存在于赌博游戏中，根据期望值理论，参与者会支付无穷多的金钱来获得游戏机会，而实际上他们愿意支付的却很少。该冲突的产生先在地依赖于人们关于理性的观念，其实质是期望值理论所把握的理性边界与实际行为理性的严重背离。为了解决这一问题，人们逐渐将注意力转向影响现实决策行为的各种主、客观因素，探讨其作用机理以及如何对其做出精致的刻画，这直接促成了决策理论的产生与发展，也推动了人们对理性边界的探索不断深入。

一、理性边界Ⅰ的形成与突破：从期望值理论到圣彼得堡悖论

由于资源的稀缺性和决策行为的非可逆性，人们往往面临着如何进行选择的问题，而选择的依据及评价标准即所谓的理性。根据环境的确定与否，决策可以分为确定条件下的决策和不确定条件下的决策。在确定条件下，人们用财富的多少来衡量收益，这一依据使得人们的决策十分简单，理性体现为对财富较多者的选择。在不确定条件下的决策问题则较为复杂，可以追溯到古老的赌博问题，对赌博问题的研究促进了概率理论的

---

① 本文原刊于《江西社会科学》2015年第12期。

② SAINSBURY. Paradoxes [M]. 2nd ed. Cambridge: Cambridge University Press, 1995.

产生和发展。在可以不断重复的赌博中，如何衡量赌局的公平①问题成为早期学者研究的主要内容。其中最著名的便是15世纪Pacioli提出的“点数”问题②。

A和B在进行一场公平的赌博游戏，该游戏分为多局，有且只有一方会在一局中获胜，获胜方增加1分，未获胜方不得分。当一方累积分值为6时，该方获得全部赌筹。现在由于某种原因，他们不得不停止游戏，此时A和B的比分为5：3，问应该如何在A和B之间分配赌筹？

在“点数”问题提出后的一个半世纪里，许多著名的学者试着给出解答，其中包括Pacioli本人以及Cardano，但他们的解答均不理想。1654年，这一问题最终由Pascal和Fermat在他们之间的通信中解决，其基本理念是假设游戏继续进行下去，那么各方预计能得到的财富将如何。假设A和B的赌博能力相当，即每一局两人获胜的概率均为1/2，那么A和B预期的收益将分别为总赌筹的7/8和1/8，即二者分配赌筹的比例应该为7：1。

在上述解答“点数”问题的过程中，Pascal和Fermat提出了“期望”这一重要概念。这实际上提供了一种判定决策理性与否的标准，为以示区分，笔者称之为“理性边界Ⅰ”，在这一边界上，采用期望值理论成为不确定条件下决策的依据。

理性边界Ⅰ（期望值理论）：理性的决策者采用财富的多少衡量收益，采用概率衡量每种结果出现的可能性，采用期望值最大化原则作为决策依据。

自期望值理论提出后，人们严格按照期望收益最大化的原则来做出决策。然而，以此来界定理性是否合理呢？Nicholas Bernoulli在1728年提出的圣彼得堡悖论（St. Petersburg paradox）将这一质疑推向极致，该悖论从讨论一个赌博游戏开始：在A和B之间进行一场赌博游戏，由A连续掷硬币直至硬币正面朝上为止。如果A在第1次掷出正面，那么B付给A硬币1枚；如果A在第2次掷出正面，那么B付给A硬币2枚；以此类推，每多掷一次，B需付给A双倍的硬币，即A在第n次掷出正面，那么B须付给A硬币2^{n-1}枚。问题是，A应该付多少钱来参加这个游戏才能保证游戏的公平？

由期望值理论可知，为保证游戏的公平，A肯付出的钱数应该等于该游戏的期望值。假设硬币是均匀的，那么第n次掷出正面的概率为$1/2^n$，该游戏的期望值为：$E=\sum_{n=1}^{\infty}(1/2^n)\times 2^{n-1}=\sum_{n=1}^{\infty}1/2=\infty$，即A肯付出的钱数为无穷大。然而，事实上，A只愿意支付很少的钱来获得这样一个游戏机会。理论与现实产生了冲突，换言之，对现实的理性决策者来说，该理论的结果是“明显不可接受的”。悖论的出现表明，期望值理论并未成功刻画人们的决策行动，更无法为后者提供依据，理性边界Ⅰ被突破了。

---

① 公平是指赌博各方的输赢金额和机会均等，期望值概念提出后，即指期望值为0的赌博，若某场赌博中，某人所赢钱的数学期望值大于0，那么此人需要先交出等于期望值的钱来参加赌博，才可以保证赌博的公平。

② 这一问题最早在Pacioli的《算术、几何及比例性质摘要》一书中记载，本文在表述时给出更详细的游戏规则说明。

二、理性边界Ⅱ的形成：期望效用理论

既然理性边界Ⅰ被突破了，那么理性的标准到底应该是什么呢？在不断反思中，人们重新思考使用财富来衡量收益是否恰当，以及在此基础上以期望值最大化为依据是否合理。

Daniel Bernoulli（下文中用 Bernoulli 特指）在详细分析圣彼得堡悖论后认为，不确定条件下的决策不应当以财富的多少来衡量收益，而应该是财富的函数，即财富给人们带来的主观满足程度的大小，他称之为“心理期望（moral expectation）”，即通常所说的“效用”。这一观点在学术界得到了广泛认同，因为人们在决策时，看重的是结果带给自身的满足程度，这种满足程度虽然与财富有关，但并非直接与财富画等号，两元钱带来的满足并不等于一元钱带来满足的两倍。效用概念的提出使得人们对收益的衡量从之前的财富的多少推进至效用的高低。

效用概念提出后，人们进一步探讨这个“财富的函数”应当具有什么样的性质以及能否确定具体的函数形式。Bernoulli 认为游戏参与者的原有财富影响着效用，在不同的原有财富状况下，增加同样的财富而相应增加的效用是不一样的，即“同样一枚金币对一个乞丐的意义远远大于对一个富翁的意义。”他主张采用对数函数来描述效用，其基本思路是，如果财富有一个微小的增量 dx，那么相应的效用函数增量应当与已积累的财富成反比，即 $dU=(b/x)dx$，b 为常数且大于0。Bernoulli 通过几何证明得出 $U(x)=a+b\ln x$，a 为常数①。定义 w 为原有财富，易知 $U(w)=0$，求解得，$a=-b\ln(w)$，由此得出效用函数的形式为

$$U(x)=-b\ln(w)+b\ln x$$

Bernoulli 采用对数函数描述效用，在某种程度上完成了对效用函数性质的初步界定，即人们普遍具有的风险厌恶属性。回到圣彼得堡游戏，第 n 次掷出正面可获得的财富为：$w+2^{n-1}$，这些财富可带来的效用为

$$U(w+2^{n-1})=b\ln[(w+2^{n-1})/w]$$

该游戏的期望效用为

$$EU=\sum_{n=1}^{\infty}b\ln[(w+2^{n-1})/w]/2^n$$

证明得出该式是有界的②，即 $EU<\infty$。这样，Bernoulli 声称借助对数效用函数解决了圣彼得堡悖论③。

Bernoulli 的努力转变了长期以来人们专注于客观财富多少的思路，将财富带给人们

① 通过求解微分方程，亦可得到相同的结果。

② 证明如下：$\ln[(w+2^{n-1})/w]=\ln(1+2^{n-1}/w)<\ln(2^n/w)=n\ln2-\ln w<n\ln2$，因此，$b\ln[(w+2^{n-1})/w]/2^n<bn\ln2/2^n$，由于 $a_n=bn\ln2/2^n$ 是正项级数，$\lim\limits_{n\to\infty}a_{n+1}/a_n=\lim\limits_{n\to\infty}(n+1)/2n=1/2<1$，故 $\sum_{n=1}^{\infty}bn\ln2/2^n$ 是收敛的，因此，$\sum_{n=1}^{\infty}b\ln[(w+2^{n-1})/w]/2^n$ 是收敛的，证毕。

③ 值得注意的是，Bernoulli 仅消除了圣彼得堡悖论期望收益无穷大这一层矛盾，并没有彻底消解该悖论，详见本文第三部分。

的主观感受（效用）引入决策理论，这是决策理论的重大飞跃。同时，他最早提出边际效用递减思想，以此作为效用函数的重要性质，并采用对数效用函数进行了具体刻画。但是，为什么要将效用和财富之间设定为对数关系，他并没有提供严格的逻辑论证或经验事实的支持。

由于上述原因，Bernoulli 的效用理论曾一度被放弃。直至 1944 年，von Neumann 和 Morgenstern 为了建立和发展博弈论，需要设定衡量不同收益大小的支付函数，他们采纳了 Bernoulli 使用效用来衡量收益的观点，但主张从一般意义上对效用函数进行界定。他们从个体的理性偏好出发，使用逻辑和数学工具建立了期望效用函数的严格公理化体系①。

von Neumann-Morgenstern 公理的出发点是一个“未定结果空间”L，它是由“确定结果空间”中的向量 x、y 等构成的组合（x，y，p）和更高层次的组合构成。组合（x，y，p）表示以概率 p 得到 x，以概率 $1-p$ 得到 y，概率 $p \in [0, 1]$。在空间 L 上定义 $\geqslant$ 为一个偏好关系，$\sim$ 为偏好无差别。

在该公理化体系中，决策者的理性由完备性、传递性、连续性和独立性四条公理来保证。如果四条公理均得到满足，则在空间 L 上存在（在至多相差一个仿射变换意义下②）唯一的期望效用函数 EU，满足：

$$x \geqslant y \text{ 当且仅当 } U(x) \geqslant U(y)$$

此时，组合的期望效用为

$$EU = U(x, y, p) = pU(x) + (1-p)U(y) \text{。}$$

von Neumann 和 Morgenstern 建立的期望效用理论公理体系解决了效用函数的存在性问题，当决策者为理性时，效用函数存在，且决策者依据期望效用最大化的原则去决策。这一标准化的理论实际上重新界定了理性的边界③：

理性边界Ⅱ（期望效用理论）：理性的决策者采用效用衡量收益，采用概率衡量每种结果出现的可能性，采用期望效用最大化原则作为决策依据。

三、理性边界Ⅱ的突破：超级、行为圣彼得堡悖论

期望效用理论的最大优点在于理论体系的严密性与完整性，但这严格取决于四个公理化假设。这些假设与人们实际的决策行为是否相符，以此为标准进行决策是否合理呢？为此，我们进一步考察其解悖功能，看原有悖论是否能消解，以及是否会出现新的悖论。

在 Bernoulli 采用对数效用函数解决圣彼得堡悖论后的 200 年里，他的方案引起了广

---

① NEUMANN J V, MORGENSTERN O. Theory of games and economic behavior [M]. Princeton: Princeton University Press, 1944.

② 通过仿射变换将效用函数 $U(x)$ 变换为 $aU(x)+b$，$a>0$，此变换不改变偏好次序，且衡量风险厌恶程度的 Arrow-Pratt 指数 $-U'(x)/U''(x)$ 保持不变。

③ 期望效用理论采用的是客观概率，Savage（1954）进一步引入主观概率，提出主观期望效用理论（subjective expected utility），该理论是对期望效用理论的补充和发展，但在总体结构上仍是一致的。

泛的争论，但直到 Menger（1934）才真正受到撼动。Menger 在 Bernoulli 的对数效用函数框架下，重构了圣彼得堡游戏。

在圣彼得堡赌博游戏中，保持其他情况不变，将第 n 次掷出正面时 B 须付给 A 的硬币枚数调整为 $e^{2^{n-1}}$，问题依然是 A 应该付多少钱来参加才能保证游戏的公平①？

若仍采用对数效用函数，新游戏的期望效用为

$$EU = \sum_{n=1}^{\infty} p_n U(x_n) = \sum_{n=1}^{\infty} (1/2^n) \ln(w + e^{2^{n-1}}) = \infty$$

期望效用再次变为无穷大，新的悖论出现，我们一般称之为“超级圣彼得堡悖论”（super St. Petersburg paradox）。

事实上，在满足 von Neumann-Morgenstern 公理化的条件下，仍然存在着效用函数 $U(x)$，使得 $x \to \infty$时，$U(x) \to \infty$。只要我们将游戏中的奖金额 w_n 设得足够大，以使得 $U(w_n) \geq 2^{n-1}$，EU 仍将趋向于无穷大，即悖论再次出现②。

Menger 进一步指出，除非效用函数有界，否则人们总是可以通过调整圣彼得堡游戏的金额，使得新游戏的期望效用为无穷大，从而产生新的悖论。而当期望函数有界时，则存在一个数值 W^*，使得任意的 $U(W)$ 均小于 W^*，在这样的假设下，$EU \leq W^*/2 + W^*/4 + \cdots + W^*/2^n + \cdots = W^*$，上述矛盾不再出现。

Menger 的贡献是巨大的，自此之后学者们的研究大都限定在效用函数有界这样一个框架之下。虽然通过有界的效用函数可以使得（超级）圣彼得堡游戏的期望效用有限，但 Menger 进一步指出，即使在这样的情况下，期望效用值仍然与游戏者实际愿意支付的财富存在较大偏差，笔者将之命名为“行为圣彼得堡悖论（behavioral St. Petersburg paradox）”。

行为圣彼得堡悖论的出现使我们不得不重新审视这一系列悖论产生的根源。理性边界Ⅰ和Ⅱ均假设决策者的完全理性（经济人理性），而期望效用理论通过四个基本假设对完全理性做出了精致刻画，在完全理性的情况下，决策者必然将最大化期望效用作为其决策依据。其直接结果是决策者能够对未来做出预测，在认知上则体现为他具有完备的知识，完全掌握决策涉及的一切信息。逻辑上完美的期望效用理论却无法消解行为圣彼得堡悖论，这似乎说明它对理性的要求太强了。由于受到客观条件、认知能力的限制，以及各种心理因素的影响，现实的决策行为并不总能达到完全理性，但这些不能达到完全理性的决策行为并不能被全部看作非理性③。因此，决策理论面对的理性行为应

---

① MENGER K. The Role of Uncertainty in Economics: Essays in Mathematical Economics in Honor of Oskar Morgenstern [M]. SCHOELLKOPEW W translate. Princeton: Princeton University Press, 1967.

② Menger 曾向 Morgenstern 介绍这一理念，Morgenstern 也成功说服 von Neumann 在《博弈论与经济行为》中注重考虑效用的规范性处理，在该书的第二版和第三版中加入了对公理化体系的严格设定，但这一设定仍未能解释此处再次产生的悖论。

③ Simon 认为，非理性代表着没有进行适当思考时对不确定性机制的条件反射，如冲动、情绪化等。Simon 关于非理性的研究，直接影响了行为经济学的代表人物 Kahneman 和 Tversky。参见 KAHNEMAN D. Maps of bounded rationality: Psychology for behavioral economics [J]. The American Economic Review, 2003, 93 (5): 1449-1475.

当比期望效用理论所处理的要宽泛得多，既包括完全理性行为，也应当包括那些不完全的但人们普遍认为合理的行为，不妨把这两类理性统称为“行为人理性”。

除行为圣彼得堡悖论外，Allais 悖论和 Ellsburg 悖论①也进一步展现了完全理性假设与现实行为之间的巨大鸿沟，而这是期望效用理论本身难以逾越的。正因为如此，Simon 认为：“从观念上讲，期望效用模型是理应在柏拉图精神乐园中占有显要地位的精美作品，但是要原原本本地用它去制定实际决策，却面临着许多无法克服的困难，因而是不可能的。”② 那么，要实现不确定条件下更加科学合理的决策，我们就应当从“柏拉图的精神乐园”中走出来，充分考虑并分析影响决策的各种主、客观因素及其作用机制。

实际上，相较于期望值理论，期望效用理论已经在这条道路上迈出了重要的一步。它所采用的“效用”概念极具主体性色彩，这标志着人们对“理性”的研究不再拘泥于财富的客观值，而转向了决策者自身。其合理性在于，决策在本质上是一种主观行动，直接作用于它的，并非财富等客观因素本身，而是决策者对这些因素的认知结果。虽然理性边界Ⅱ没有跳出完全理性的窠臼，但效用的引入却在一定程度上刻画了主体之间的差异性，可以视为对理性边界Ⅰ所要求之完全理性的弱化。同时，这也带来了一个重要的启示：要削弱理性边界的“完全性”特征，就必须对决策者的认知做更全面、更细致的分析。例如，损失恐惧心理的普遍存在，使得收益和损失对人们心理造成的冲击具有非对称性，这将直接影响决策者对未来不同结果的评价，因而是探讨理性边界所需考虑的因素。Kahneman 和 Tversky 开创的前景理论（prospect theory）③ 便是在这一背景下提出的。

四、理性边界Ⅲ的形成及解悖前瞻：前景理论

前景理论认为，人们决策的依据取决于特定状态的变化，也就是说，在偏离某一特定状态的情况下，产生的“获利”与“损失”对于决策有很大的影响。前景理论的一个核心概念是价值函数（value function），它是获利或损失的函数，即衡量获利或损失带给人的满足的大小。虽然价值函数不同于衡量财富带给人满足大小的效用函数，但本质而言，仍然是衡量人们对结果的主观感受，可以将价值函数视为效用函数的继承和发展。

在前景理论中，价值函数存在着拐点，这个拐点被称为参考点。当出现获利时，决策者遵从“风险厌恶”准则，即满足现在的获利（如卖掉持有的股票）；而当出现损失时，决策者遵从“风险偏好”准则，即当损失出现时，决策者对风险的容忍度增加，会等待情况改变（如继续持有股票）。同时，价值函数还揭示了人们对损失规避的倾向，

---

① ELLSBERG D. Risk, ambiguity, and the savage Axioms [J]. Quarterly Journal of Economics, 1961, 75 (4): 643-669.

② RADNER C B, RADNER R. Decision and organization [M]. Amsterdam: North-Holland, 1972.

③ KAHNEMAN D, TVERSKY A. Prospect theory: An analysis of decision under risk [J]. Econometrica, 1979, 47 (2): 263-291.

在面对相同幅度的损失和获利时，人们对损失的在意程度远高于获利。

那么，在依据价值函数进行决策时，如何衡量不同结果的影响呢？前景理论引入了基于决策者主观意识的“决策权重（decision weight）”概念。大量的心理学试验表明，从不可能事件到可能事件，或者从可能事件到确定事件的变化产生的作用，大于从可能事件到可能事件的同等变化而产生的作用，即决策权重存在“类别边际效应（category boundary effect）”。而且，人们往往对概率低的事件评价较高，而对概率大的事件则评价较低。这样，同客观概率没有偏差的45度线相比，决策权重曲线呈扭曲形状。

结合价值函数和决策权重函数，前景理论采用期望价值衡量决策者主观感受到的价值，即 $EV = \sum \pi(p_i)v_i(x)$ 。其中，$\pi(p_i)$ 为决策权重函数，它是客观概率 p_i 的函数，$v_i(x)$ 为第 i 种情形时的价值函数。这样，获得最大化期望价值便成为决策者的决策依据。

理性边界Ⅲ（前景理论）：决策者采用价值函数衡量收益，采用决策权重衡量每种结果出现的可能性，采用期望价值最大化原则作为决策依据。

理性边界Ⅲ充分考虑了人们决策时的主观因素，参考点反映了人们对得失的判断依据，即人们看重的不是最终结果，而是结果与参考点之间的差额，价值函数反映了人们的损失厌恶心理，决策权重则反映了人们对事件发生概率的主观判断。前景理论更加真切地描述了人们的心理，可以很好地解释传统金融工程学与经济学中的异常现象，事实上亦成为人们广泛采用的决策依据。

前景理论构成了行为金融学的核心内容，行为金融学的发展与完善又促进了行为经济学的产生与繁荣。行为经济学承认，在完全理性的假设下，期望效用理论仍然起作用，但强调不确定条件下的决策更多地为有限理性所支配，从而引领人们去建立偏离完全理性的思考方式，将理性的有限性这一长期被主流经济学忽视的问题，重新引入人们的视线。以前景理论为核心的行为金融学、行为经济学也逐渐受到主流经济学界的关注与认可，2002年，“因为将心理学研究结合到经济学中，特别是关于不确定条件下的人类判断和决策”，Kahneman 和 Smith 两位行为经济学的代表人物被授予诺贝尔经济学奖。

由于前景理论并没有考察获利为无穷大时的情形，同时不满足随机占优，Tversky 和 Kahneman 进一步提出了累积前景理论（cumulative prospect theory）以弥补这两方面的不足①。至于累积前景理论能否最终解决一系列圣彼得堡悖论，仍值得进一步探讨。

五、结论与启示

决策理论的基本任务，是以量化方法研究人们现实的理性决策行为，刻画理性边界，并为决策提供科学合理的理论依据，因此，决策理论的核心工作在于把握影响决策行为的一系列关键因素以及它们之间相互作用的机理。把握得越准确，刻画得越精致，就越接近于现实的决策理性。这些关键因素，既可能来自于客观层面，也可能来自主观

---

① TVERSKY A, KAHNEMAN D. Advances in prospect theory: Cumulative representation of uncertainty [J]. Journal of Risk and Uncertainty, 1992 (5): 297-323.

层面。在理性的决策行动中，这两个层面并非各自孤立，而是相互影响，共同发挥作用。

在期望值理论确立的理性边界Ⅰ中，决策者如何选择，取决于财富的客观值及其出现的客观概率。因而，客观因素直接作用于决策行动。而上文的分析表明，这样的作用事实上无法实现。决策在本质上是一种主观行动，制约它的并非各种客观因素本身，而是决策者对这些因素的认知结果。因此，要把握客观因素的作用机理，就必须对其进行一种主体性转化，考察决策者实际的认知状态。此时，应当进一步考虑如下差异性：其一，认知结果与认知对象实际状态的差异；其二，不同主体间的认知差异。理性边界Ⅰ片面强调财富和概率的客观性，忽视了决策行动的主观性，并以客观性作为决策的唯一标准，其结果是主体与世界被完全割裂，理论与现实难以统一，这正是圣彼得堡悖论产生的根源。

因此，悖论能否避免，取决于我们能否恰当地刻画上述主体性转化机制。期望效用理论采用具有明显主体性特征的“效用”概念来衡量收益，在客观财富与主观认知之间架起了一座桥梁，这是决策理论研究的重大突破。在此基础上，主观期望效用理论对概率也做了主体性转化，影响决策的不再是概率本身，而是决策者对概率的认知结果（即主观概率），从而更全面地体现了上述差异性。

但是，（主观）期望效用理论对该机制的刻画并不彻底。具体而言，主要表现在如下两个方面：其一，决策者被假定为全知的，因而确立的理性边界Ⅱ是一种完全理性，而现实的决策者由于认知有限，其决策行为体现为一种有限的理性；其二，对概率的主体性转化研究不够深入，决策者的理性行动并不直接依据于概率本身或他所认识到的概率，而是他对该认知结果的评价。可见，主体与世界的割裂仍然存在，因而会遭到超级圣彼得堡悖论、行为圣彼得堡悖论的“报复”。（累积）前景理论继承了期望效用理论的主体性转化机制，虽然没有明确是否已经完全消除了“全知”这一预设，但它采用对赢利或损失的主观感受来衡量收益，更加贴近现实，丰富了有限理性的内容，通过引入更具主体性色彩的“决策权重”，实现了对可能性这一因素的二度转化，进一步缩短了主、客观的距离，因而在更深层次上推进了决策理论对理性边界的探索。

逻辑悖论的亚相容解决方案及其独特性分析[①]

付 敏 朱 敏

悖论，或者严格地说，逻辑悖论，是人类理性面对的难题。它所表征的是一种理论事实或思维状况，即“在某些公认正确的背景知识之下，可以合乎逻辑地建立两个矛盾语句相互推出的矛盾等价式。”[②] 从逻辑的角度来看，这种悖论的状态表现在两个层面：其一，矛盾等价式的建立时，这体现了悖论的形式特征，是悖论的最直观表现；其二，经典二值语义和“真”值的演绎保留之间的冲突，这是悖态更深层的表现。经典解悖思路要求修正或放弃部分背景知识，以同时根除这两种表现。亚相容解决思路则致力于消除第二种表现，对于“矛盾等价式”的存在却主张维持现状。其技术手段是修改经典语义，允许相互矛盾的命题同时为真。这使得亚相容方案呈现出明显的独特性。

一、亚相容解悖方案的动因

在许多逻辑学家看来，当悖论已成为事实，即我们没能阻止矛盾等价式的建立，更为迫切和重要的工作是如何避免理论或思维滑向平庸（trivial）。所谓平庸，是系统的一种“爆炸性的”结果：如果两个相互矛盾的命题 A 和非 A 都是一个系统的定理，根据经典逻辑的司各脱法则（“A 且非 A”蕴涵 B），任一命题 B 也将成为该理论的定理。而悖论中的矛盾结果，是从“正确的”前提，经由“正确的”推理合法得出的。如果既要把悖论作为事实接受下来，又要避免理论因“爆炸”而变得没有意义，就需要在逻辑上对司各脱法则加以限制。承担这一使命的正是亚相容方案，其基础逻辑即亚相容逻辑（paraconsistent logic）：一种“允许从不相容信息进行非平庸（non-trivial）推理的逻辑”[③]。这就是逻辑学家提出亚相容方案的动因。

最初，人们是用“不相容逻辑（inconsistent logic）”来指谓此类逻辑。而“paraconsistent logic”一词最早是由逻辑学家奎萨达（F. M. Quesada）在第三次拉丁美洲数理逻辑讨论会（1976 年）上提出的。他以此来代替原先的“不相容逻辑”，其目的是想说明，亚相

---

① 本文原刊于《哲学动态》2019 年第 2 期，此次出版对原文进行了增删。

② 张建军．逻辑悖论研究引论（修订本）［M］．北京：人民出版社，2014：7.

③ PRIEST G，GABBAY D，GUENTHNER F. Handbook of philaophical logic［J］. Kluwer Academic Publishers，2002，6（2）：287.

容思想虽然对经典相容性这一要求进行了批判，但并没有完全弃之不顾；相反，在系统中仍保持了一种稍弱的相容性。由于这个新词更有利于人们理解这种逻辑类型，很快便得到了逻辑学家们的普遍认可。而在国内学界，除了“亚相容逻辑”外，“次协调逻辑”“弗协调逻辑”“超一致性逻辑”也都是对该词较为通行的汉语译法。

这种弱的相容性主要体现在：接受矛盾，但并非接受所有的矛盾。这是因为，对于任一命题A（或非A）都存在着与它相矛盾的命题非A（或A），如果准备接受所有矛盾，那就等同于要接受所有的命题，而这恰好是对非平庸诉求的自毁。那么，哪些矛盾可以接受，又有哪些矛盾又必须拒斥呢？遗憾的是，亚相容论者并没能讲出令人满意的答案。尽管如此，我们所说的严格的悖论（在真正解决之前）显然是在可接受之列的。

但是，由于“悖论”一词的日常使用并不统一，不同用法所指的对象也各有特性，必要的甄别和筛选就成了亚相容解悖方案自我辩护的重要环节。于是，在各种亚相容系统相继出现之后，阿鲁达（A. I. Arruda）适时地提出了自己的看法。他细致地考察了各个时期、各个领域的主要悖论，把它们分为五种类型：形式悖论（formal paradox）、形式的二律背反（formal antinomy）、非形式悖论（informal paradox）、非形式的二律背反（informal antinomy）和黑格尔论题（Hegel's thesis）①。阿鲁达认为，形式悖论、非形式的二律背反和黑格尔论题的存在都有其合理根据，并且它们并不必然导致平庸，因而是可以接受的，而亚相容逻辑恰好能为它们提供形式基础。

亚相容论者主张接受形式悖论和非形式的二律背反，除因为他们对已有的经典解决方案不满外，更重要的理由来自哥德尔（K. Gödel）关于形式算术系统完全性、相容性的天才贡献——哥德尔不完全性定理。

定理Ⅰ：如果形式算术系统 PA 是相容的，则在 PA 中一定存在一个公式E，E和非E在 PA 中都不能被证明②。

定理Ⅱ：如果形式算术系统 PA 是相容的，则该相容性在 PA 中是不能证明的③。

亚相容论者认为，既然形式算术系统的相容性不能在自身的系统内得到证明，当出现悖论时，维护相容性就不再是必需的选择，放弃相容性而接纳悖论反而是更明智的做法。但根据司各脱法则，不相容的系统必然会导致“爆炸”，变得没有意义。因此，要接纳悖论，就必须放弃司各脱法则，放弃经典逻辑。除了悖论和哥德尔定理，迈农（A. Meinong）的本体论、含糊性、维特根斯坦（L. Wittgenstein）关于矛盾的思想等，也被亚相容学者视为该方案之合理性的依据④。

---

① ARRUDA A I. A survey of paraconsistent logic [M] //Mathematical logic in Latin America. Amsterdam: North-Holland Publishing Company, 1980: 3-5.

② 关于定理Ⅰ的证明过程，一个较为简明的刻画。参见 PRIEST G. The logic of paradox [J]. Journal of Philosophical Logic, 1979, 8 (1): 222-223.

③ 定理Ⅱ可以看作对定理Ⅰ一个自然的推广。参见张建军. 逻辑悖论研究引论 [M]. 北京：人民出版社，2014：91.

④ 李志才. 方法论全书（Ⅰ）[M]. 南京：南京大学出版社，2000：526-528.

（1）迈农的本体论

奥地利哲学家迈农是认为，虚构或假想的对象虽然在现实中没有对应物，却能以抽象的方式存在（subsist），如金山、圆的方、怪物等。当我们谈论对象的属性时，大可不必考虑它到底存在与否或它究竟是哪一类存在，因为属性是独立于存在的（所谓的"独立性原则"）①，如此，让一个对象同时拥有两个相互矛盾的属性也就无可挑剔了。

（2）含糊性

当我们在描述一些处于边界状态的对象时，常常需要使用一些带有模糊性的谓词，如"是灰色""是蝌蚪"等。还有一些对象，由于缺乏明确的标准，我们的描述本身就是含糊的，如"秃头""谷堆"等。亚相容论者认为，在这种"亦此亦彼"的情况下，*A* 与非 *A* 的界限自然也就不那么明确了，矛盾律也就不再有效。

（3）维特根斯坦关于矛盾演算的理想

维特根斯坦认为，把矛盾视为鬼怪完全是一种偏见和迷信，"总有一天，会出现包含有矛盾的数学演算研究，那时，人们将会真正感到自豪，因为他们把自己从协调性的束缚中解放出来了"②。在亚相容论者看来，维特根斯坦的理想为亚相容逻辑提供了思想渊源，这种理想也恰好能够借助亚相容逻辑得到实现。

二、亚相容解悖方案的发展

亚相容解悖方案的先驱首推俄国逻辑学家瓦西里耶夫（N. A. Vasil'év），代表性成果是他于 1912 年构建的"想象逻辑（imaginary logic）"③。他认为，每个逻辑系统都是由两个部分组成：元逻辑、逻辑的本体论基础。元逻辑包含不可消去的思维规律，如果系统缺少了其中任何一个规律，就不称其为逻辑了。逻辑的本体论基础所包含的规律则依赖于认知对象的属性。在他看来，元逻辑是"第一逻辑"，先于任何一种逻辑，并且对于任何可能的系统，其元逻辑都相同。元逻辑中的判断只有一种质，即"肯定性的"，若给元逻辑加入否定性的（第二种质）判断，就得到了亚里士多德逻辑。后者还可以进一步扩充为"想象逻辑"，方法是引入一种"无差别判断（indifferent judgements）"："S 是 P 并且不是 P"。显然，瓦西里耶夫所说的"无差别判断"就是我们所谈论的"矛盾"。"想象逻辑"从元逻辑发展而来，而元逻辑是关于思维规律的逻辑，这里的矛盾也应当是指思维中的矛盾。事实上，瓦西里耶夫并不认为实在世界中有矛盾，而是将它的存在限定于心智所创造的可能世界中。他给自己的逻辑取名为"想象逻辑"也正是基于这样的观念。再有，虽然这种矛盾是出现于思维中的，但元逻辑意义上的矛盾律仍然有效，"想象逻辑"并不会允许一个判断自相矛盾，同一个判断不能既真又假。但是，他

---

① 斯蒂芬·里德. 对逻辑的思考［M］. 李小五，译. 沈阳：辽宁教育出版社，1998：163.

② "协调性"即"相容性"。转引自桂起权，陈自立，朱福喜. 次协调逻辑与人工智能［M］. 武汉：武汉大学出版社，2002：17，原文可参见 WITTGENSTEIN L. Philosophical Remark［M］. Oxford：Basil Blackwell，1975：332。

③ N A VASIL'ÉV. Imaginary（non-aristotelian）logic［J］. Axiomathes，1993，4（3）：353-355；N. A. VASIL'ÉV. Logic and metalogic［J］. Axiomathes，1993，4（3）：329-351.

允许用两个相反的谓词来述说同一个对象，矛盾律在“逻辑的本体论基础”意义上不再有效。

最先提出要建立亚相容命题逻辑系统的，是波兰逻辑学家雅斯科夫斯基（Jaśkowski），他于1948年在《不相容演绎系统的命题演算》① 中构建了一个“讨论逻辑（discussive logic）”。他认为，我们应当区分“矛盾系统（contradictory system）”和“过完备系统（over-complete system）”。前者包含两个相互矛盾的论题；而在“过完备系统”中，所有的公式都成立，这样的系统毫无实际意义。根据雅斯科夫斯基的观点，“矛盾系统”可以分为两类，其一，矛盾且过完备的系统；其二，矛盾但非过完备的系统。若以经典逻辑为基础，前者就能够得到很好的刻画，矛盾的系统必然也是过完备的系统。但对于那些“矛盾但非过完备”的系统，经典逻辑就明显不够用了。因此，他主张构造一种新的逻辑，这种逻辑被应用于矛盾系统时，并不总是导致过完备②。

所谓“矛盾而非过完备”的系统，相当于后来的研究者所指的亚相容的系统。由此看来，雅斯科夫斯基已经提出了比较完整的关于亚相容逻辑的思想。他构建的“讨论逻辑”正是在这一思想指导下所进行的尝试，其现实原型是生活中的会谈、讨论过程。在多人参与的实际讨论中，所涉及的术语、概念等往往具有含糊性，因而，他们对论题的理解可能存在差异。如果把他们的论点合并到同一个演绎系统中，很可能无法得到一个统一的结论。虽然这些论点相互冲突，但讨论一定不会是过完备的。雅斯科夫斯基把这样的系统称作“讨论系统（discussive system）”，其中每个论点都代表了一个可能世界。对讨论系统进行逻辑刻画，就形成了他所说的“讨论逻辑”。

雅斯科夫斯基的“讨论逻辑”为后来的达科斯塔（da Costa）、杜比卡提斯（Dubikajitis）、阿鲁达等学者进一步推进。同时，其他类型的亚相容逻辑也相继被提出和发展。具有里程碑意义的包括达科斯塔于1963年提出的亚相容命题演算系统 C_n（$1\leq n<\omega$）和普利斯特（Priest）于1979年提出的“悖论逻辑”（LP）等。随着越来越多学者的参与，亚相容逻辑逐渐被推广到谓词演算、模态逻辑、多值逻辑、相干逻辑、辩证逻辑、认知逻辑、时态逻辑、道义逻辑、模糊逻辑、条件句逻辑等众多逻辑学分支，涌现了大量亚相容“基础逻辑”研究成果，并在数学、计算机科学、人工智能、法律等领域得到了应用。

现在，亚相容逻辑已经成为非经典逻辑的重要成员，悖态下推理之逻辑机制也已成为逻辑学界所普遍关心的问题。尤其是在巴西、澳大利亚、比利时、美国、加拿大、波兰、中国、意大利、日本等国家，亚相容逻辑研究呈现出蓬勃发展的态势，其中以巴西、澳大利亚和比利时三国学派最具影响力。就亚相容逻辑的基础理论来说，比较具有

① 该文最初以波兰语发表，在1969年被翻译为英文。后来，其中的波兰记法被转换为标准记法，并做其他少量修改，以“Propositional Calculus for Inconsistent Deductive Systems”为题再次发表于 *Logic and Logical Philosophy*。

② JAŚKOWSKIS. Propositional calculus for contradictory deductive systems [J]. Studia Logica, 1969, 24 (1): 143-157.

影响力的成果可归为四个方向上的工作：即弃合方向、正加方向、多值化方向和相干方向①。

2014 年 2 月，第五次世界亚相容会议（The 5th world congress on paraconsistency，以下简称“5th WCP”）在印度加尔各答举行。从会议发表的论文来看，亚相容逻辑的基础系统、哲学根基和应用研究仍是亚相容论者普遍关心的主题，尤其是亚相容逻辑多值化研究方向成为会议成果的重点之一，一些新的三值、强三值、多值亚相容逻辑系统被提出。另一个重点则涉及方法论，一些理论工具或研究框架被运用于亚相容逻辑，如：拓扑语义学（topological semantics）、自适应逻辑（adaptive logic）、用于对不相容后乘关系进行筛选的表推演系统（tableau system）、沃沃斯基（V. Voevodsky）关于数学基础系统的单价基础（univalent foundations）理论等②。

近年来，一些学者也在尝试对亚相容逻辑各个方向的成果进行统一。在“悖论、逻辑与哲学国际会议”（北京，2016）上，日本学者大森仁（H. Omori）上发表了论文《对亚相容逻辑的一种统一》。在他看来，处于亚相容论核心的是两种亚相容否定，它们分别来自贝尔纳普（N. Belnap）和邓恩（M. Dunn）的四值逻辑 FDE、普利斯特三值逻辑 LP。他认为，由此便可以对各种亚相容系统进行统一：这些系统对“否定”的语义规定或者同时“分有”了这两种逻辑，或者“分有”了其中之一。而对于这些系统的主要区别，他认为，这决定于它们各具特色的额外的联结词，以及这些联结词的语义特征。

关于亚相容逻辑与经典逻辑的关系问题，向来是学界讨论的焦点之一。2018 年，张建军在《关于 paraconsistent logic 的几个问题》一文中提出，应将“是否承认经典逻辑的普适性”作为划分亚相容逻辑“保守进路”与“激进进路”的标准③。按此标准，前述四个方向的研究由于都对经典逻辑的适用性进行了不同程度的限制，显然属于激进进路。保守进路则意图跳出“修改经典逻辑”这一思维定式，为亚相容逻辑探寻一种新的研究方向。可以推断，保守进路的中心问题将是：如何在完整保留经典逻辑的前提下，从技术上实现对亚相容性的准确刻画。张建军在该文中再次分析强调了他于 2014 年提出的构想，即为亚相容逻辑建立“置信语义”基础，以真正实现其与经典逻辑的协调。国内已有学者循此思路进行了尝试，如郝旭东对达科斯塔的系统 C_1 进行语法和语义扩充，建立了亚相容置信逻辑系统 C_1D④。我们认为，这一新兴的保守进路或将带来亚相容逻辑研究范式的一次重要变革，成为亚相容逻辑未来发展新的生长点。原因之一在于亚相容逻辑本身就具有强烈的合经典诉求。根据下文对亚相容逻辑作为解悖方案之独特

---

① 它们的主要思想可参见：张建军，等. 当代逻辑哲学前沿问题研究［M］. 北京：人民出版社，2014：436-437；更详细的介绍可参见 Priest 等的 *Paraconsistent Logic*［The Stanford Encyclopedia of Philosophy（Summer 2018 Edition）］。

② BIZIAU J-Y，CHAKRABORTY M，DUTTA S. New directions in paraconsistent Logic［M］. Berlin：Springer，2015.

③ 张建军. 关于 paraconsistent logic 的几个问题［J］. 逻辑学研究，2018（2）：5.

④ 郝旭东. 面向认知冲突的弗协调置信逻辑［J］. 逻辑学研究，2018（2）：26-40.

性的分析，这一点恰可得到充分的显现。

三、亚相容解悖方案的独特性分析

对悖论拒绝还是接受？截然相反的态度决定了解悖的思路大相径庭。一种是我们现在谈论的亚相容路径，另一种即所谓经典路径。此处我们是在一种宽泛的意义上使用“经典”一词，以指谓与亚相容解悖方案相反、不接受以悖论为手段和目标的解悖思路。

1. 解悖路径的独特性

悖论出现后，由经典逻辑的归谬律可知，背景知识中必定存在某个或某些被我们误以为真的前提或观念。按照经典的解悖思路，就是要把它们揭示出来，再用一定的方式进行限制、修正或者直接抛弃，以阻止矛盾产生。

以说谎者悖论为例。当我们追问说谎者语句“本语句为假”的真假时，便会陷入矛盾的境地：该语句为真，当且仅当它为假。塔尔斯基（Tarski）认为，说谎者悖论的根源在于语言的“语义封闭性”假定，即在背景知识中“我们已暗含地假定，悖论在其中构成的语言不仅包含了这种语言的表达式，也包含了这些表达式的名称，同时还包含了诸如指称这种语言中的语句的词项‘真的’这样的语义学词项；我们还假定所有决定这个词项的适当使用的语句都能在这种语言中得到断定。”①要消除说谎者悖论，就必须“不使用任何在给定意义下语义学上封闭的语言”②，而要把语言从语义封闭的改造成为语义开放的。

于是，塔尔斯基提出了著名的“语言层次理论”。按照他的设想，任何语句都处于某一特定的层次，它的真只能由下一层次上的谓词才能表达。这样，语言的封闭性被打破了。“本语句为假”由于不符合语义开放的要求，被宣布为“非法”，悖论便不复存在。

说谎者悖论的背景知识不仅包括语义封闭性假设，还包括经典二值原则。塔尔斯基选择修改前者而保留后者。经典二值原则至少包含两层含义：（1）任何命题必有“真”“假”二值之一；（2）任何命题都不能同时拥有“真”“假”二值。与塔尔斯基的方案不同，克里普克（Kripke）的“真值间隙”方案、菲尔德（H. Field）的“三值化”方案则主张修改经典语义，放弃二值原则。但这些修改只是针对要求（1），要求（2）仍被保留了下来。亚相容方案挑战的则是要求（2），允许悖论性的命题或矛盾性的结论既真又假③。普利斯特的三值化方案虽然对（1）也同时进行了修改，但他引入的第三值的确切含义是“既真又假”，并非完全处于“真”和“假”之外。

与塔尔斯基的语言层次方案相比，克里普克和菲尔德的方案表现出了明显的非经典化，这与亚相容方案相似。但从动机来看，它们同样以消除悖论为最终目的。在语义上，矛盾律永真而矛盾恒假，悖论依然是不可接受的，这又与亚相容方案不同，因而可在一种宽泛的意义上归于“经典”解悖路径。换言之，同样是以修改经典语义为手段，

---

① A. 塔尔斯基. 语义性真理概念和语义学的基础［M］. 肖阳，译. 北京：商务印书馆，1998：91.

② 同①92.

③ 第二层含义也可以等价地表述为：“两个相互矛盾的命题不能同时为真。”根据经典否定词的定义，如果A既真又假，那么A与其否定命题 $\neg A$一定都为真，反之亦然。但是，在亚相容语义中，反过来就不成立了。因此，亚相容逻辑挑战的实际上是这一层含义的部分内容。

但亚相容方案的路径更加特立独行。亚相容解悖方案修改二值原则不仅是为了在语义上实现对悖论的“接受”，更是为了实现对“不相容但非平庸”状态的逻辑表征。处于悖态中的理论或思维要避免“爆炸”，就必须让规则 $A \wedge \neg A \models B$（ex contradictione quodlibet，ECQ）① 失效。这就要求在技术上消除它的根基。

在经典逻辑中，对ECQ的支持主要来自两个方面。其一，矛盾律和有效性的定义。矛盾律的含义是：对于所有命题 A，在同一模型（解释）下，不可能 A 和 $\neg A$ 都为真。有效性是指：一个论证是有效的，当且仅当，不可能其前提为真且结论为假。根据矛盾律，$A \wedge \neg A$ 永假，因而从 $A \wedge \neg A$ 向任意命题 B 的推导满足有效性的定义，即ECQ有效。其二，析取引入规则和析取三段论规则。析取引入即若 A，则 $A \vee B$（其含义是：若 A 为真，则 A 或 B 至少有一个为真）。析取三段论即若 $\neg A$，且 $A \vee B$，则 B（其含义是：若 A 和 B 至少一真，且 $\neg A$ 为真，则 B 真）。如果以 A 和 $\neg A$ 为前提，藉以下推理，很容易导出 B：

（1）	A	前提
（2）	$-A$	前提
（3）	$A \vee B$	由（1），析取引入
（4）	B	由（2）和（3），析取三段论

这说明，如果允许 A 和 $\neg A$ 同时为真，就不得不允许任一命题为真。

亚相容方案可以有两种方式来消除ECQ的基础：其一，修改“有效性”的定义，使它具有更多的限制性内容，如增加相干性要求等；其二，修改语义，允许 A 和 $\neg A$ 同时获得“真”值，使得矛盾律和析取三段论同时失效，如普利斯特的LP系统和达科斯塔的 C_n（$1 \leqslant n < \omega$）系统②。从“解悖”视角来看，本文所论之亚相容方案的独特性主要表现于第二种方式。

2. 解悖资质的独特性

接受悖论，并在语义上令矛盾为真，与通常所理解的“解”悖相去甚远，这也使得其作为解悖方案的资质具有了相当的特殊性。笔者认为，对其特殊性的揭示需要对理论或思维的“悖态”做更深入的分析。

悖论标志着不相容状态的产生，而这种不相容性不仅仅表现为等价式被建立，更表现为以下理论事实：（1）根据经典语义赋值规则，矛盾无法获得“真”值；（2）根据背景知识的“公认性”和推理规则的保真性（有效性），作为结论的矛盾“应该”为“真”。从逻辑基础的角度考虑，（1）和（2）之间的冲突正是悖论的“悖”之所在，它让我们在经典二值原则和“真”值的演绎保留之间陷入了两难。笔者把这一理论事实称为“元层次”的悖论之悖。那么，所谓解悖，就是对这种冲突的消解：防止其中一方出现。

---

① 其亦作 *ex falso quodlibet*；其等价的表达式为 $A, \neg A \models B$；相应地，在语形上可记为 $A \wedge \neg A \vdash B$ 或 $A, \neg A \vdash B$；又称“爆炸原理”。根据经典命题演算中的演绎定理，可等价地得到：$\vdash A \wedge \neg A \rightarrow B$，即前文所说的“司各脱法则”。

② 这两种方式可以并行使用。王文方从这一角度把亚相容逻辑分为了三类。参见：王文方．“超一致性”逻辑与中国古代哲学思想中的矛盾观［J］．哲学与文化，2003，30（12）：39-50.

经典方案排斥矛盾为真的可能性，因而主张保留（1）而切断（2）的链条。又由于推理规则的有效性恰好是以经典语义为基础的，那么就只能质疑某些背景知识的正确性。当然，诚如我们已知，（1）中的“经典语义赋值规则”也包含在背景知识中，但并不在被质疑的知识之列。

与之相反，亚相容方案首先要求放弃（1），修改经典语义，允许矛盾为真。这与亚相容方案的初衷是一致的。不仅如此，它还可能带来另一个结果：（2）中的“推理规则的保真性”这一环节也被打破了，因为没有了经典语义作为基础，某些推理规则也不再有效，而它们有可能直接参与了推导。

除此以外，由于亚相容方案还要防止理论或思维的平庸化，亚相容方案所面对的悖论之“悖”还有如下更进一层的含义：（1′）亚相容方案拒斥“任一矛盾都为真”；（2′）悖论中的矛盾性结论“应该”为“真”。根据ECQ，矛盾推出任意命题B，由ECQ的有效性可知B为真。由于B是任一命题，包括任一矛盾命题，因此，任一矛盾都能被推出并且为真。对亚相容方案来说，（1′）的原则性显然必须坚持。那么，防止（2′）的出现就是它唯一的选择。其具体做法即建立新的语义规则，放弃ECQ，阻断从$A\land\neg A$向B的推导。当然，根据亚相容语义，矛盾性的结论是可以为真的，除非它的得出本质地使用了ECQ等在亚相容语义下已经无效的规则。不难发现，对上述两层含义的“悖态”之消解，亚相容方案的手段是统一的：修改经典语义，允许矛盾获得“真”值。

由此看来，亚相容逻辑显然拥有作为解悖方案的资质，只不过与经典方案相比，显得如此奇特。但是，以上分析也向我们展现了另一个事实，即亚相容方案对这两种悖态的消解，恰好也是建立在经典语义基础之上的：（1）与（2）的矛盾、（1′）和（2′）的冲突，即便是亚相容方案，也断然不能接受。这充分表明，亚相容解悖方案也具有明显的合经典追求。藉经典逻辑的思想，以修改经典逻辑之手段，达到解悖的经典和非经典双重效果，这也正是亚相容方案最为独到之处。

四、结语

在悖态已成为事实的情况下，亚相容解悖方案主张接受悖论及其矛盾性结论，这是一个与经典解悖路径完全不同的路径。从对悖态的“元层次”解析来看，亚相容方案有其合理之处，至少，由悖论所导致的经典二值语义和“真”值的演绎保留之间的冲突被消解了，尽管这是通过维持某些悖态的存在来实现的。对于相容性要求，亚相容解悖方案既反对把它绝对化，也反对彻底放弃它，而主张维持一种较弱的相容状态。亚相容解悖方案拒斥理论或思想在“元层次”上的悖态，这表明，亚相容解悖方案尽管在技术上体现为对经典逻辑的修改，但在目标上仍然具有明显的经典诉求。因此，基于我们对亚相容解悖方案独特性的分析，该方案是否能够真正实现亚相容语义与经典逻辑及其诉求的融贯，可以作为我们从总体上对其评价的一项重要指标；如何合理实现这种融贯性，则可成为该方案进一步的发展的中心目标。对此，张建军对亚相容逻辑“保守进路”的界定及“置信语义”构想或许能为学界带来新的启发。

亚相容逻辑及其社会功能辨析[①]

张晓云　付　敏

逻辑学兼有工具性和人文性双重性质，其人文性质的核心即逻辑理性。以逻辑理性为基础建构社会理性，正是逻辑学作用于社会之功用所在。亚相容逻辑（paraconsistent logic）诞生于20世纪60年代，它致力于刻画处于矛盾状态下的推理形式。在系统内，亚相容逻辑允许两个相互矛盾的命题同时为真，矛盾律不再有效，由此关照生活世界。它展示出了理解与处理社会现实矛盾的独特思维范式和视角，这是其社会功能的集中体现。对该功能实现机制的研究，离不开对亚相容逻辑自身特质的准确把握，也离不开对现实矛盾之层次的细致分析。针对学界目前研究的不足，须围绕“矛盾”这一核心概念，从多个层面对亚相容逻辑之社会功能进行方法论上的辨析，以澄清一些关键性的认识，为其社会功能实现机制的探索建立某种规范或原则。

一、亚相容逻辑及其特异性质

在我们的生活世界，矛盾（contradiction）总是以这样或那样的方式存在着，小到朋友间的争吵、学说间的对立，大到信仰间的分歧、国与国之间的冲突等。从认知的角度来看，矛盾双方表现为彼此难以相容的信念，其逻辑形式可以分别用“A”和“$\neg$A”来刻画。矛盾既已存在，如何看待和处理它是人类要面对的重要问题。在逻辑上，有两种不同的路线：经典的和亚相容的。

在经典逻辑中，相互矛盾的命题不能同时为真。而且，在一个系统中，如果A和$\neg$A同时被推出，则该系统是不相容的，而不相容的系统必然导致“平庸”。所谓“平庸”，是对一种“爆炸性”结果的评价：如果两个相互矛盾的命题A和$\neg$A都被合法地推出，根据“司各脱法则”（$A \wedge \neg A \vdash B$），任一命题B也将被推出，这将导致系统无限膨胀，变得没有价值。而该法则的合理基础，正是来自我们对于“有效性”的理解，以及“矛盾永假”的经典观念。可见，“拒斥矛盾”是经典逻辑的基本立场。

亚相容逻辑则相反，它大胆地承认矛盾的合法性，并在语义上允许A和$\neg$A同时为真。于是，部分矛盾被接受下来，“司各脱法则”也不再有效。按照亚相容学者的看法，亚相容逻辑是一种不相容且非平庸的逻辑：它既接受了矛盾，又避免了它在系统中

---

① 本文原刊于《河南社会科学》2017年第2期，此次出版对原文进行了增删。

“有害的灾害性扩散”①。

构造亚相容逻辑的思想发端于20世纪初。1963年，巴西学者达科斯塔（da. Costa）构建了C_n（$1\leqslant n<\omega$）系统②。其后，经过普利斯特（Priest）、雷歇尔（Rescher）、布兰登（Brandom）等一大批学者的探索，针对亚相容逻辑的基础理论和应用研究日渐繁荣。总的来看，亚相容逻辑（除部分相干逻辑外）主要具有以下特征：其一，允许相互矛盾的命题同时为真，矛盾律不再有效；其二，司各脱法则不再有效，“从矛盾推出一切”被阻止；其三，尽可能多地保留经典逻辑的规则。

由于亚相容逻辑对于经典逻辑的叛逆，其合理性在学界引起了广泛和长期的争论。亚相容论者通常从理论和现实两个层面为它辩护。在理论方面，他们认为“接纳矛盾”的思想由来已久，例如，梅农（Meinong）的本体论、维特根斯坦（Wittgenstein）关于矛盾演算的思想、赫拉克利特（Heraclitus）的辩证法、黑格尔（Hegel）和马克思（Marx）的辩证哲学、哥德尔（Gödel）的不完全性定理等。在现实层面，他们则努力寻找具有亚相容特征的实例③。第一类实例是那些包含矛盾的科学理论，如牛顿（Newton）和莱布尼茨（Leibniz）的微积分、玻尔（Bohr）的原子理论、康托尔（Cantor）的素朴集合论等。他们认为，这些理论都包含了自相矛盾的内容，但都不曾变成平庸的理论，这恰好能够成为亚相容论的现实原型。第二类实例涉及不相容信息的汇集。例如，包含矛盾的知识库和医学专家系统④、人工智能依据不相容信息进行的自动推理等。此外，在司法领域，拥有同等效力的法律条文之间也可能相互冲突。第三类实例与主体的认知行动相关，包括对边界状态的描述，如“灰色”“蝌蚪”等，此时我们多借用模糊谓词；对变化状态的描述，如“飞矢不动”，它在运动和它是静止的，看起来都存在有力的根据；将不同的测量工具或标准运用于同一个对象，如对水温的测量等。按照他们的看法，既然人的认知中存在矛盾是不争的事实，我们就没有理由对此视而不见，一味地拒斥。相反，我们可以在逻辑语义上为它的存在保留一定的位置。

不难看出，无论是形式系统中还是哲学辩护，“矛盾”都是亚相容逻辑要处理的核心概念。若要将这种逻辑运用于社会生活，与它对应的正是一系列现实的社会矛盾。如何认识和对待这些矛盾，是亚相容逻辑发挥其社会功能理应面对的中心问题。

二、学界对亚相容逻辑社会功能的探讨

进入21世纪以来，关于亚相容逻辑社会功能，国内已有部分学者在各个层面展开

---

① PRIEST G. Logic of paradox［J］. Journal of Philosophical Logic, 1979（1）: 219-241.

② DA COSTA N C A. On the theory of inconsistent formal systems［J］. Journal of Formal Logic, 1974（4）: 1179-1187.

③ PRIEST G, TANAKA K, WEBER Z. Paraconsistent logic［EB/OL］.［2013-04-05］. http://plato.stanford.edu/archives/spr2015/entries/logic-paraconsistent/.

④ DA COSTA N C A, KRAUSE D, BUENO O. Paraconsistent logics and paraconsistency［C］//JACQUETTE D, GABBAY D M, THAGARD P, et al. Philosophy of logic. Amsterdam: North-Holland Publishing Company, 2006: 791-911.

了讨论。在这些研究中，尤以亚相容逻辑与构建和谐社会之间的关系为重点。和谐社会并不要求最终消灭一切矛盾，而是要实现矛盾的动态平衡。换言之，在一定条件下，矛盾双方可以和谐共处。正因如此，一些学者认为，由于亚相容逻辑允许相互矛盾的命题同时为真，能够容忍矛盾在系统中的存在，恰好可以为“和谐社会”提供一种逻辑根据，亚相容思维则可以为构建和谐社会提供方法论的基础。

综合来看，学界目前的研究主要包含了如下几方面：

其一，批判经典逻辑在“构建和谐社会”中的局限性。他们认为，经典逻辑所追求的是思维的精确性，不允许矛盾存在，对每个命题的真、假都要求做出明确断定，因而容易在认知中形成“非此即彼”的固定模式。然而，在现实生活中，情况并非如此。一方面，矛盾双方孰是孰非的界限并不总是明晰可辨的，模糊和不确定恰好是社会矛盾的现实特征。另一方面，矛盾双方同时并存是社会存在的客观状态，我们并不总是需要或能够将其消除。因而，面对矛盾，像经典逻辑那样总是要求明确决断，既无必要也难以实现。所以，他们认为“从社会发展的角度而言，经典逻辑固然可以帮助我们严格地将城市和农村、东部和西部、人和自然等社会构成部分区分开来，但是它却没法给出关于它们协调发展的思维模式。相反，它却可能在社会体系内形成难以消弭的隔阂和对立。因而经典矛盾律不足以担当构建和谐社会理论的逻辑基础。”① 这种看法与部分亚相容逻辑学家对“世界”的理解是相符的。他们认为，既然矛盾是存在的，那么世界就其的“整体”来说当然就是亚相容的，而经典状态只不过是世界存在方式的局部或特例②。照此看来，对于允许矛盾存在的和谐社会，其完整的逻辑基础当然就不能是经典逻辑，而只能是亚相容逻辑。

其二，论证亚相容思维处理矛盾问题的优势。社会中的矛盾往往是错综复杂的，不同领域、层面的矛盾，其特征也不尽相同。有的矛盾暂时不能解决或只能得到部分解决，另一些则根本不可解决。他们认为，与经典逻辑相比，亚相容思维在对待矛盾的问题上可以更加灵活。首先，矛盾是客观存在的，亚相容状态正是社会的固有特性，对于一时难以解决的矛盾，运用亚相容思维可以暂时将其搁置，积极创造条件，待时机成熟时再予以解决。世界观、人生观不同的个体可以暂时放弃分歧、和谐相处，企业间可以在存在许多争议的情况下达成协议、实现共赢等。其次，对于根本不可消除的矛盾，如果强行加以解决则可能激化矛盾，导致更强烈的冲突，进而破坏和谐。他们认为，运用亚相容思维则可以采用“超然”的态度，对冲突不予计较，而是积极寻求软化矛盾的途径，以消除冲突给双方带来的不利影响。例如，以亚相容思维作为基础，“人与人之间可以跨越习惯、性格、民族等差异及冲突而和睦相处，民族、国家之间可以超越社会制度、意识形态的差别而友好相待。正是因为超越了历史遗留下来的、现实中存在的一些矛盾，中国才先后同许多社会制度不同、意识形态不同、甚至存在历史与现实问题的国

① 杨武金，周志荣. 构建和谐社会理论的逻辑基础 [J]. 西安外事学院学报，2006 (2)：1-6.

② TANAKA K. Three schools of paraconsistency [J]. Australasian Journal of Logic, 2003 (1): 28-42.

家建立了外交关系”①。

其三，论证亚相容思维与辩证思维的统一性。在唯物辩证法看来，矛盾双方不仅存在着对立性，也存在统一性，双方相互依存，矛盾的解决并不是一方对另一方的简单取代，而是体现为相互渗透，相互转化的动态过程。亚相容逻辑把矛盾视为合理的、渐变的客观存在，承认 A 和 ¬A 之间“亦此亦彼”的中间状态，恰好能够为这种转化过程的中间环节提供合理解释。因此，在他们看来，亚相容逻辑在认识和对待矛盾这一问题上与辩证法是一致的，至少它本身就是符合辩证法精神的。不仅如此，亚相容逻辑还能为辩证法提供恰当的逻辑基础，而辩证法可以在哲学上为亚相容逻辑提供辩护②。

以上研究将生活世界中的矛盾，尤其是那些一时难以消除的矛盾，作为亚相容逻辑为现实服务的主要对象，这无疑是具有合理性的。正是在这种亚相容的现实境遇下，为了正确地看待和处理矛盾，以寻求最大程度的相容性，逻辑的基础作用和方法论价值也就凸显了出来。但是，我们也应看到，“矛盾”作为我们研究的核心对象，其自身是复杂的。这种复杂性既可以指现实矛盾之根源的杂多性、隐蔽性，以及由之带来的难解性，也可以指辩证哲学中矛盾概念的深奥性，还可以指不同领域或学科对“矛盾”概念本身在理解上的差异性、在使用上的“交叉性”（或者说“混乱性”）。这就要求我们始终保持谨慎的态度，对亚相容视域下的“矛盾”拥有足够清醒的认识。唯有如此，我们才能澄清亚相容逻辑的作用范围，把握“接纳矛盾”的实质和它的实现机理。

遗憾的是，学界目前的研究尚未充分认识到这一基础工作的重要性，大都在缺乏对“矛盾”进行辨析的情况下，将亚相容逻辑所言之“矛盾”与现实的社会矛盾进行直接对应，将系统中 A 和 ¬A 的“同真”与现实中的“搁置争议”进行简单类比。这样不仅混淆了客观矛盾与思维中的矛盾，不利于准确把握亚相容逻辑的作用范围和实现机理，也不利于我们正确理解亚相容逻辑、经典逻辑以及逻辑在“矛盾”这一现实问题中的价值。

三、方法论层面的辨析

以上分析表明，要恰当揭示亚相容逻辑的社会功能实现机理，在方法论层面进行细致的辨析不无必要。下文围绕“矛盾”概念从四个方面展开的讨论，正是基于这种方法论自觉所进行的深入反思。

（一）关于亚相容逻辑社会功能的个性

逻辑学具有工具性和人文性双重性质，前者的意义已在许多领域得到了充分彰显。但是，人们对逻辑学人文性质的理解和重视却远远不够。该性质的核心是逻辑理性，它使得逻辑成为“社会理性化的支柱性学科”③。王习胜和张建军在《逻辑的社会功能》一书中阐述了逻辑理性的丰富内涵及逻辑作用于社会的实现机理。他们认为，社会理性

① 平海兵，邓南海. 邓小平的弗协调思维初探［J］. 宁夏社会科学，1999（4）：15-18.

② 桂起权，陈自立，朱福喜，等. 次协调逻辑与人工智能［M］. 武汉：武汉大学出版社，2002：15.

③ 张建军. 真正重视“逻先生”：简论逻辑学的三重学科性质［N］. 人民日报，2002-01-12（6）.

的真正内核是以逻辑素养为基础的逻辑精神，倡导在当前的国民教育体系中，着力培育健全的逻辑意识和逻辑思维素养，从而克服当前转型时期大量滋生的失范、失序、失衡的社会弊端，推动社会向有序化、规范化发展，实现良性的动态平衡①。

亚相容逻辑作为逻辑的分支，不论在精神还是思维能力层面，其作用于社会的目标和途径与此别无二致。但是，由于亚相容逻辑对一系列经典逻辑法则的反叛，它的社会功能在作用对象和作用方式上又具有鲜明的个性，具体表现在两个方面：其一，在众多具体的社会现象中，它唯以“矛盾”为焦点；其二，对于那些难解或不可解的矛盾，在它看来，“接纳”是更加理性的做法。

需要注意的是，社会现象表现为人的具体的实践行动，而逻辑学关心的是思维的合理性，两者分属不同的层面。逻辑学社会功能的实现，必然需要经历一个思维与行动的相互作用和转化的过程。亚相容逻辑亦是如此。以亚相容逻辑为基础的亚相容思维，可以看作一种处理现实矛盾问题的思维范式、习惯或倾向。其作用过程至少包含三个环节：其一，对矛盾问题进行认知转换，形成两个相互矛盾的命题；其二，判定它们同时为真，形成认知结果，即“接纳矛盾”；其三，以这种认知结果为依据展开行动，即“不予解决”。

以上第二和第三环节体现了亚相容逻辑社会功能的独特性，也是我们正确理解其功能的关键。当前研究中存在的种种缺陷，正是根植于有关这两个环节的模糊甚至错误认识。笔者认为，要澄清认识，克服缺陷，真正把握亚相容思维下的逻辑理性，须着力讨论以下三个问题：所谓“接纳矛盾”，其真正的含义是什么？哪些是亚相容思维“应该”谈论的矛盾？应该如何看待经典逻辑的社会功能？

（二）关于对矛盾“接纳”

亚相容逻辑在语义上允许 A 和 ¬A 同时为真，其目的是要刻画处于矛盾状态下的推理机制。按照部分亚相容学者的理解，把语义上对 A 和 ¬A 的这种“接纳”推广到社会生活中对矛盾的处理，就得到了允许矛盾存在、搁置矛盾、不予解决矛盾等行动策略。然而，这种语义规则和行动策略之间事实上并没有严格的对应关系。后者对矛盾关系的把握并不包含“A 和 ¬A 同真”这一承诺，因为这种承诺既不充分，也无必要。

1. 关于事实上的矛盾关系

之所以不需要这种承诺，根本原因在于它与世界的真实状态不符，与矛盾律（作为本体论意义上的规律，以及以之为基础的认识论意义上的思维规范）相背离。亚里士多德关于矛盾律的定义极具说服力：“在同一时间、同一方面，同一对象不能既具有又不具有某属性。”② 如果将这一定义进行推广，我们还可以得到如下论断：在思想层面，任一命题不可能同时既是真的，又不是真的；在语言层面，任一语句不可能同时既具有属性“被陈述（被断定）”，又不具有属性“被陈述（被断定）”③。

---

① 王习胜，张建军. 逻辑的社会功能［M］. 北京：北京大学出版社，2010：11-12.

② 周礼全. 周礼全集［M］. 北京：中国社会科学出版社，2000：305.

③ 付敏. 从认知三层面看经典逻辑与亚相容逻辑［J］. 学术论坛，2012（4）：5-9.

既然如此，A 和 $\neg$A 作为对客观世界的反映，无论从哪个层面来看，都不可能同时为真。这正是经典逻辑矛盾律的本体论基础。因此，当我们在运用亚相容思维来处理社会矛盾时，也不应当与其相背，不应当把“接纳”矛盾简单等同于承认 A 和 $\neg$A 同时为真。例如，“社会主义更优越”与“资本主义更优越”在客观上不可能同时成立。在当前社会发展的背景之下，理性的抉择是像亚相容思维所主张的那样超越矛盾，减少内耗，允许两种制度并存。

2. 关于观念中的矛盾关系

在社会生活中，许多观念上的冲突并不像事实上的矛盾那样存在着客观的评判标准。例如在有关“幸福”的问题上，有的人强调精神的富有，有的人更强调物质的满足；在宗教信仰、东西方文化间，不一定存在孰优孰劣的绝对界限。

但是，拥有这些观念的是具有不同价值观、信仰及文化背景的个体或群体。一个真正的基督教徒会认为基督教优于佛教，虔诚的佛教徒则刚好相反。因此，他们任何一方都不会承认“基督教既优于佛教，又不优于佛教”。亚相容思维主张搁置争议，和谐共处，在不同层面展开宗教对话、文化交流，对于避免因信仰和文化差异而产生的冲突具有积极意义。从更深层次来看，冲突的规避应当建立于社会的理性。在双方都拥有强有力的论证，却又无法说服对方接受己方观点的情况下，应尊重对方坚持自我观念的权利。此时，理性的另一要素是对自己观点的坚守。理性并不是简单的“存异”，而是在坚持矛盾律前提下尊重对手与自我尊重。

（三）关于所要接纳的矛盾

亚相容逻辑和社会和谐化都把矛盾问题作为核心研究对象。但是，前者所谈论的矛盾只应是逻辑矛盾，后者则既可以谈论逻辑矛盾，又可以谈论辩证法所说的辩证矛盾。目前的研究常常不加区分地把逻辑矛盾和辩证矛盾都视为“接纳”的对象，其结果是接纳得太多。

1. 层次上的区别

所谓辩证矛盾，既可以指认知对象中客观存在的对立统一关系，也可以指这种关系在人的主观思维中的反映。而逻辑矛盾则仅指人的主观思维由于违背矛盾律而形成的逻辑谬误。换言之，逻辑矛盾是人的一种认知结果，只能存在于思维层面。

社会矛盾不仅包含辩证矛盾，即在客观层面上的对立统一关系，以及对这些对立统一关系的主观认识；也包含逻辑矛盾，即个体或团体认知中的自相矛盾，如不完善的法律体系内部条文之间的冲突、行政机关政令的不一致等。在逻辑上，A 和 $\neg$A 是两个具有矛盾关系的命题，亚相容逻辑对它们同时予以肯定，所形成的显然是思维层面上的逻辑矛盾，绝不能简单地将它等同于社会矛盾。

2. 内容上的区别

既然辩证矛盾也有思维层面的含义，而思维中的辩证矛盾又是对客观矛盾的主观反映，那么我们是否能在思维层面统一逻辑矛盾与（思维中的）辩证矛盾，进而建立起逻辑矛盾与客观的辩证矛盾之间的联系呢？答案是否定的。因为，尽管这两类矛盾可同属思维层面，但两者在内容上根本不同。

逻辑矛盾所谈论的是同一对象与同一属性之间的关系：断言“同一属性既属于某一对象，同时又不属于这一对象（或者说断定某一对象同时既有又没有某一属性）”；而辩证矛盾所谈论的则是同一对象与两个属性之间的关系：断言“两种相反相成的属性同时属于某一对象”①。例如，断言光既具有波动性，又不具有波动性，形成的是逻辑矛盾；关于物体的运动，断定它既具有连续性，又具有间断性，得到的则是辩证矛盾。

对社会矛盾的认识和处理需要辩证思维，但将亚相容思维等同于辩证思维是不准确的。研究亚相容逻辑社会功能，不应脱离思维层面，用亚相容思维来处理矛盾，也不能超出逻辑矛盾的范围。

（四）关于经典逻辑的社会功能

从以上讨论来看，对于处理社会生活中的矛盾问题，经典逻辑远非亚相容学者所说的那样不合时宜。相反，要正确把握和探索亚相容逻辑的社会功能，往往需要以经典逻辑尤其是经典矛盾律为指导。在矛盾这一问题上，不矛盾思维和亚相容思维分别发挥着各自的作用，形成互补，共同展现逻辑理性之价值。

前文所述，亚相容学者认为经典逻辑所追求思维的精确性，不允许矛盾存在，对每个命题的真、假都要求做出明确的断定，这的确指出了经典逻辑的特征。但是，如果把它直接推广，认为经典逻辑反对人们搁置争议，禁止对矛盾暂时不予解决，这便是一种误解。即使面对生活世界，“不矛盾”仍然只是就认知而言的，它强调的是 A 和 $\neg$A 在事实上不可能同时为真，并且，我们不应当同时既认为 A 正确又认为 $\neg$A 正确。

和谐的实现，或者通过消除矛盾，或者达成一种“和而不同”的状态。就后一种而言，亚相容思维追求着“和”的实践功效，不矛盾思维则要求以“不同”作为“和”的认识论原则和前提。两者的结合，正是在“矛盾”问题上对逻辑理性的彰显，也是逻辑之社会功能的现实体现。

由此亦可解释，我们为什么认为将“paraconsistent logic”译为“亚相容逻辑”优于“次协调逻辑”或“弗协调逻辑”。因为“协调”一词在现代汉语中的通常用法是指“配合得适当”（形容词）或“使配合得适当”（动词）②，对亚相容逻辑之于“矛盾中求协调”的一些具有层面混淆的“意会”，与后两种译法不无关联。采用“亚相容逻辑”的译法更有利于对这种非经典逻辑的实质及其社会功能的准确把握。

四、结语

面对形形色色的社会矛盾，经典逻辑强调事实层面 A 与 $\neg$A 的对立，但并不否认它们在认知层面的并存。理性的社会既要明确矛盾在原则上应当消除，又要认清矛盾解决的条件性。我们在强调亚相容逻辑合理性的同时，不应以否定经典逻辑为前提。相反，应当在正确理解两类逻辑之关系的基础上，用“理性”统一两者的社会功能。当矛盾尚难解决时，既应当坚持经典矛盾律，以避免相对主义，又坚持亚相容思维，圈禁矛

① 张建军，黄展骥. 矛盾与悖论新论［M］. 石家庄：河北教育出版社，1998：45.

② 中国社会科学院语言研究所词典编辑室. 现代汉语词典［M］. 6版. 北京：商务印书馆，2012：1440.

盾，求同存异，避免矛盾激化，以求得和谐进步、共同发展。

对亚相容逻辑社会功能之具体实现机理的充分挖掘，还须以其自身的发展为前提。这既包括其基础理论的自我修正与完善，也包括我们对其合理性准确地进行哲学阐释。反过来，对其社会功能的辨析，也将有益于亚相容逻辑的自我批判和审思。

第三篇　文学与艺术

晋中南地区后土图像流变及原因述论[①]

廖奇琦

“后土”信仰源自中国原始宗教信仰中先民对土地的崇拜和神化，历代帝王甚为重视，如轩辕黄帝扫地而祭，汉武帝纳入国家祀典，宋徽宗册封为“承天效法厚德光大后土皇地祇”以及道教列为“四御”尊神之一等，影响十分深远。

据明清地方史志统计，后土祠庙广泛分布在全国各地，以山西地区数量最多，且主要集中在晋中南地区，显示出该信仰具有明显区域性特征。有关后土信仰的研究，一是集中在汉宋国家祭祀典制研究领域，如王木娘《西汉国家祭祀中所见后土地祇之典与礼》[②]、姚媛媛《从宋真宗西祀汾阴看北宋汾阴后土祠地位》[③] 等；二是民俗学领域，如尹虎彬《河北民间后土信仰与口头叙事传统》[④] 等；三是艺术史领域内为数不多的庙宇图像个案研究。多数学者的研究侧重文献梳理，艺术史个案研究又多拘泥于地域文化特征，至今鲜有学者从图像入手深入探讨“后土”信仰在晋中南地区的发展、演变轨迹及何以如此，而这恰好是强调图像研究的当代美术史学的主要任务。笔者经过多年实地调研，现结合地方史志与图像遗存，论述“后土”形象流变及原因。

一、“后土”图像流变述论

自先秦至清，“后土”信仰与祭祀贯穿整个古代社会，今按国家、皇族参与程度之不同，分三部分述论“后土”形象流变于下：

（一）国家祭祀中的后土性别及图像流变

华夏民族后土信仰源远流长，帝王在汾阴举行盛大的祭祀后土仪式，则主要发生在元代以前。

最初，“后土”本为女性神。“后”字在甲骨文和金文中皆呈女人形状，因而很多学者认为“后”字初义为全族的尊母，如王国维考证，“后”字“皆从女……或从母……象产子之形”[⑤]；《说文解字》释“土”：“地之吐生物者也。二象地之下、地之中

---

① 基金项目：本文为2018年度国家社科基金艺术学一般项目《晋唐艺术观念变迁研究》（18BA010）的阶段性成果，本文原刊于《南京艺术学院学报（美术与设计）》2019年第4期。

② 王木娘. 西汉国家祭祀中所见后土地祇之典与礼［J］. 世界宗教文化，2018（3）：113-117.

③ 姚媛媛. 从宋真宗西祀汾阴看北宋汾阴后土祠地位［J］. 运城学院学报，2016（2）：18-23.

④ 尹虎彬. 河北民间后土信仰与口头叙事传统［D］. 北京：北京师范大学，2003.

⑤ 王国维. 殷卜辞中所见先公先王续考［G］//观堂集林. 石家庄：河北教育出版社，2003：226.

物出形也。凡土之属皆从土”[①]；丁山《中国古代宗教与神话考》一书中称：“后土是自初民社会所祭的地母神演来，因为地母能生五谷，五谷是由野生培植为人工生产，是由妇女创造的。在女性中心社会时代，即称地母为后土……后土，可能就是有夏之世尊称‘地母’之名。”[②]

在周代文献中，后土从女性神转变为男性神。“后土”为共工氏之子句龙，司职土地，“能平九州”，人们视为社神。如《左传·昭公二十九年》“故有五行之官，是谓五官，木正曰句芒，火正曰祝融，金正曰蓐收，水正曰玄冥，土正曰后土。颛顼氏有子曰黎，为祝融；共工氏有子曰句龙，为后土。后土为社”[③]；《礼记·祭法》“共工氏之霸九州也，其子曰后土，能平九州，故祀以为社”[④]；等等。

汉代列“后土”入国家祀典，成为与皇天上帝对应的大神[⑤]。卫聚贤先生在考察汾阴后土祠遗址基础上，结合相关史料论述，认为汉代后土祠是根据旧有民祠（介子推祠）新建的大规模国祠[⑥]。

迟至盛唐，“后土”已回归到它最初的女性形象。如唐杜佑《通典》有开元十二年（724年）唐玄宗到汾阴脽上祭祀后土时，“旧祠堂为妇人塑像”[⑦] 的记载；唐代民间也奉祀后土，许多地方建有后土祠，后土被称为“后土娘娘”和“后土夫人”[⑧]，亦可为证。

宋太祖开宝九年（976年）七月十七日诏：“河中府宝鼎县徙汾阴后土庙于旧庙稍南”[⑨]；北宋欧阳修编《太常因革礼》载宋真宗大中祥符二年（1009年）正月十四日敕：“河中府后土庙，宜令礼院依礼例册造衣冠，赍送往彼者。礼院称，伏缘礼令不载后土合服衣冠，今详检到皇后所服礼衣，未敢依此回牒少府监修制造，候敕旨。一，准衣服令，皇后服，首饰花十二株，袆衣，素纱中单，黼领，罗谷褾襈，蔽膝，大带，以青衣革带，青袜舄，白玉双珮，玄组，双大綬，六采，玄、黄、赤、白、缥、绿纯元质，长丈四尺，五首，广一尺，受册，助祭，朝会，诸大事，则服之，诏令宜依皇后礼衣修制。”[⑩] 引文备载后土庙中主神“后土像”依皇后礼服制度妆銮，显示出至北宋大中祥符二年后土仍为女像，且服饰高度礼制化。大中祥符四年（1011年），宋真宗赴汾

① 许慎. 说文解字［M］. 北京：中华书局，1963：286.

② 丁山. 中国古代宗教与神话考［M］. 影印本. 上海：上海文艺出版社，1988：30.

③ 杜预，孔颖达，等. 春秋左传正义：卷五十三［M］. 十三经注疏. 上海：上海古籍出版社，1997：2123-2124.

④ 郑玄，孔颖达，等. 礼记正义：卷四十六［M］. 十三经注疏. 上海：上海古籍出版社，1997：1590.

⑤ 司马迁. 史记：卷十二［M］. 北京：中华书局，1963：461；班固. 汉书：卷二十二［M］. 北京：中华书局，1962：1045.

⑥ 卫聚贤. 汉汾阴后土祠遗址的发现［J］. 东方杂志，1929，26（19）：77.

⑦ 杜佑. 通典［M］. 北京：中华书局，1988：1262.

⑧ 彭定求，等. 全唐诗：卷八百六十三［M］. 北京：中华书局，1960：9760；王世贞. 艳异编. 神部. 韦安道［G］//明清善本小说丛刊：第二辑. 台北：天一出版社，1985.

⑨ 徐松. 宋会要辑稿［M］. 刘琳，等点校. 北京：中华书局，2014：1287.

⑩ 欧阳修. 太常因革礼（三）［G］//王云五. 丛书集成初编. 北京：商务印书馆，1935：399.

阴亲祀后，下令即刻为后土造像①。

北宋政和六年（1116年），宋徽宗“复奉玉册、玉宝，上玉帝尊号曰太上开天执符御历含真体道昊天玉皇上帝，盖以论者析玉皇大天帝、昊天上帝言之，不能致一故也。又诏以王者父天母地，乃者祇率万邦黎庶，强为之名，以玉册、玉宝昭告上帝，而地祇未有称谓，谨上徽号曰承天效法厚德光大后土皇地祇。”② 后土享受同昊天玉皇大帝仪礼相等的规格，与玉皇大帝相配这一基本图像配置模式遂固定下来。

宋代及之前，在山西有确切始建记录的后土祠庙17座③，遗憾的是，这些庙祠仅在地方志中有简略记录，而没有留下图像线索。

学界普遍认为，加拿大多伦多安大略皇家博物馆所藏的平阳府壁画④应早于永乐宫三清殿壁画，于20世纪30年代流失海外。此壁画分东西两壁，各绘有三位主神。怀履光主教研究认为，东壁三位主神分别为天皇、黄帝和后土；景安宁先生《元代壁画——神仙赴会图》一书中指出，东壁主神应为北极紫微大帝、玉帝和后土⑤；赵伟女士支持景安宁的说法，并做了更为详细的论证⑥。笔者同意后者。壁画中，后土与东西两壁的主要尊神共同构成了“四帝二后”组合，后土与玉帝为对偶神。她头戴龙凤花钗金冠，金冠两侧各簪有一凤钗，凤钗底部边缘为祥云纹饰，下垂四串珍珠璎珞，金冠前方正中圆光内有坤符。内着青纱中单、黼领；外着交领朱衣，左衽，衣领以缅为缘。下裳着白色长裙，加朱色蔽膝、大带。与前文《太常因革礼》中所记后土“依皇后礼衣修制”基本吻合⑦。景安宁先生认为，晋南壁画的最早稿本形成于宋代⑧，赵伟女士根据“大宋治平二年（1065年）重修，特此达知，即请”的墨书题记，进一步推断此壁画是依英宗时期粉本于金大定年间绘制的⑨。由此可见，平阳府壁画不仅是山西境内现存最早的该图式壁画作品，而且也是现存最早的后土图像。它与永乐宫三清殿壁画“不但同出一个祖本，而且很可能出自同一个壁画作坊。”⑩ 从绘制水平和规模看，粉本当源于唐宋绘画精华。此外，宋真宗在汾阴大兴土木修建后土祠，并举行声势浩大的祭祀仪式，当地画家的创作不可避免会受到影响。因此，壁画间接反映了北宋国家祭祀仪轨。

由金入元，丘处机凭借忽必烈的信任，使全真教一跃成为北方宗教霸主，丘处机弟子宋德方为了纪念全真教鼻祖吕洞宾而倡修“祖宫”（永乐宫），现存中统三年（1262

---

① 脱脱，等．宋史：卷一〇四．志第五十七［M］．北京：中华书局，1977：2535.

② 同①2543.

③ 笔者根据实地考察和明清山西各地方县志（如清王植修、王之舟纂《介休县志》，清马鑑等修、寻銮炜纂《荣河县志》等）统计。

④ 此壁画出处不明，且内容尚有较大争议，景安宁称之为《神仙赴会图》，赵伟、孟嗣徽认为是《朝元图》，但学界普遍称为“平阳府壁画”。

⑤ 景安宁．元代壁画：神仙赴会图［M］．北京：北京大学出版社，2016：115-116.

⑥ 赵伟．道教壁画五岳神祇图像谱系研究［M］．北京：文化艺术出版社，2013：93-112.

⑦《宋史·舆服志》与欧阳修编《太常因革礼》所记一致。

⑧ 景安宁．元代壁画：神仙赴会图［M］．北京：北京大学出版社，2016：128.

⑨ 赵伟．图像的借鉴与转化：关于宋元时期佛道壁画中三幅婴儿图像的思考［J］．美术观察，2014（1）：111-114.

⑩ 景安宁．元代壁画：神仙赴会图［M］．北京：北京大学出版社，2016：240.

年）《大朝重建大纯阳万寿宫之碑》："岁甲辰（1244年）暮冬，野火延之……明年有敕升观为宫，进真人号曰天尊。"表明与皇权有密切关系。

永乐宫是唯一现存完好的元代全真教宫观，三清殿又是其最重要的殿宇。殿内四壁及扇面墙东西外壁皆绘有壁画，近300个人物构成了一组气势恢宏的《朝元图》。壁画风格虽与平阳府壁画一致，但在神祇的数量和人物的体量上均超越了前者。三清殿壁画的整体布局依旧采用"四帝二后"的形式，与平阳府壁画不同的是，紫微和勾陈移至北壁，东西两壁各为"一帝一后"。有关两位女神身份学界尚存争议，王逊先生和邓昭[①]认为东壁为后土，西壁为西王母；景安宁、葛思康（Lennert Gesterkamp）与赵伟等的论点与之恰恰相反，即东壁为西王母，西壁为后土。细观两位女神，服装、璎珞及手持器物等均极相似，差异之处是她们的凤冠和所配的卦符。西壁主神与宋代皇后佩戴的九龙四凤花株冠基本一致，由此可见，这一作为玉帝配偶神出现的女神当为后土。

总而言之，先秦至元代中期，后土信仰与祭祀成为国家信仰与祭祀的重要组成部分，历代皇帝多次亲至汾阴祭祀后土，仪式隆重。先秦至唐代，后土经历了自女性至男性再至女性的性别变迁；宋初以来，在国家正祀的以汾阴为中心的晋中南后土庙中，神仙图像系统甚为完整，主神后土服饰甚为接近文献记载的皇后服制。

（二）皇族参与的后土庙中后土图像流变

元文宗"至顺以后，亲郊者凡四，惟祀昊天上帝"[②]，后土在国家祭祀体系中急剧衰落。虽国家祭祀体系中难见后土祭祀，但在晋中南地区有着深厚信仰基础的后土信仰并没有淡出历史舞台。明清时期，当地后土图像在皇族参与之后土庙中的形象变化也有迹可寻。

晋中南地区现存规模最大的，有皇家介入历史的后土庙当为介休后土庙，《重修后土庙碑》云："介邑县润济门，迤西有后土氏行宫，创建无可考焉。宋孝武帝大明元年，梁武帝大同二年，皆重修之……宋仁宗皇祐元年，敕修之地震废坏。延祐戊午，本庙提点李道荣复建。"[③] 大意是说，介休后土庙何时创建失考，在南朝刘宋武帝与萧梁武帝时就已重修过，赵宋仁宗敕修后，因大德七年（1303年）"八月辛卯夜地震，平阳太原尤甚……摧圮宫观千四百余"[④]，庙宇遭到严重破坏。元延祐五年（1318年，戊午）复建。《介休县志》载："三清观，一在后土庙下，元至德二年创建。"[⑤] 虽提到"元至德二年"在介休"后土庙下"创建有"三清观"，但查元代并无"至德"年号，故"三清观"创建于何时并不清楚。明正德十三年（1520年）《创建献楼之记》。

柰城下有三清观与乐棚相近。建楼乐愈高而神愈下，可乎？士民薛君雄谓众曰："改三清阁，筑基与献楼同合为一，中则分之，起三清圣像于崇楼之极，前列万圣朝元，

---

① 王逊．永乐宫三清殿壁画题材试探［J］．文物，1963（8）：19-39；邓昭．永乐宫三清殿壁画女主神身份辨析：兼论其他主神［G］//李凇．山西寺观壁画新证．北京：北京大学出版社，2011：33-63．

② 徐一夔，等．大明集礼［M］．台北：台湾商务印书馆，1986：67．

③ 此碑现存介休后土庙内。

④ 魏源．元史新编：卷七［M］．邵阳：魏氏慎微堂，1905：19．

⑤ 王植，王之舟．介休县志：卷之二［M］．1696：2．

后奏献以奉后土，则神上而乐下，使人心安而神妥也。”[①]

由此知，至迟明正德十三年，“三清观”已与“后土庙”合二为一，称“后土庙”。“万圣朝元”位于三清殿内，“后土”单独供奉，虽未有图像记载，但殿内当有主尊塑像。此后，“后土庙”历经嘉靖四十年（1561 年）、万历六年（1578 年）、天启七年（1627 年）和道光二十六年（1846 年）等多次重修。三清殿面阔三间，进深二间，殿顶为黄绿蓝三色的形制一直保持至今。而后土殿形制则为面阔五间，进深三间，殿顶满覆黄色琉璃瓦，彰显皇家风范，在建筑等级上明显超越了前者。这与“道院之制，为前殿事老子，其外两庑，其后为堂，高下降杀，与殿相承”[②] 的道教法度不符。原因有二个：其一，说明了后土庙虽由道士进行管理[③]，但性质并未发生根本改变，属民间神祠；其二，体现了晋中南地区后土信仰的重要地位。

后土殿内保存有由三清殿垛殿搬移至此的后土圣母雕像，为明代作品，可间接窥探这一时期后土形象的基本面貌。圣母背靠龙凤椅，凤冠霞帔，身穿红色大袖袍服，袍服和衣袖边缘均饰龙纹，沥粉贴金，手持笏板，雍容华贵，沿用了宋以来的皇后服制。

在前文提及的《创建献楼之记》还记载了此次创建的功德主：“庆成王府殿下，奇预、奇澤、奇激、表桹、表桔、表椌；仪宾李迁奎，表枳、表柷、表恒、表植，校尉李欣、表榛……”说明直至明代，介休后土庙依然是在皇族支持下不断完善的。

汾阳田村后土圣母庙壁画堪称后土信仰艺术精品。据《唐田村神母庙尊胜经幢》[④] 可知，至迟在唐景龙二年（708 年）该圣母庙就已存在，明嘉靖二十八年（1549 年）重修（现存《重修田村里神母庙碑记》[⑤] 所记重修时间与殿顶琉璃脊刹背面题记“大明嘉靖二十八年造”一致可证）。圣母殿内现存“庆藩镇国中尉”[⑥] 于“崇祯壬申（1632 年）”为圣母庙所题“圣母灵祠”及殿内梁架上的墨书题记“庆成王府扶方樑功德主芦大富妻李氏谨志”，可知该庙与皇族有密切关系。

明代皇族异常庞大，“镇国中尉”为郡王四世孙，在地方上享有重要地位不言而喻，故田村圣母庙较同时期其他庙宇，布局更加宏大，壁画绘制更加精丽。据《重修田村里神母庙碑记》可知，圣母庙前有山门、钟鼓楼和两侧廊庑；中为乐楼；最后为圣母殿，殿前有月台，东西配殿分别为马王殿和眼王殿。现仅存正殿和东西配殿。圣母殿内东、西、北三壁和殿外廊下山墙绘满壁画，总面积达 76.37 平方米[⑦]，为明代作品。

壁画中的后土（圣母娘娘）头顶插金龙簪，左右插凤簪，凤鸟口衔珠结，其间缀满

---

① 此碑现存于介休后土庙内。

② 杨载. 长春道院记 [G] //陈垣. 道家金石略. 北京：文物出版社，1988：758.

③ 根据明嘉靖十三年（1534 年）所立《重建后土庙记》碑刻所载，该庙是“延祐戊午本庙提点李道荣复建”，李道荣为正式任命的道官。碑文中，还记录了“本庙道会祖师赵洞海”及其门徒的名字。此碑现存介休后土庙内。

④ 王堉昌. 唐田村神母庙尊胜经幢 [G] //汾阳县金石类编. 太原：山西古籍出版社，2000：192-194.

⑤ 王堉昌. 重修田村里神母庙碑记 [G] //汾阳县金石类编. 太原：山西古籍出版社，2000：484. 此碑已毁。圣母庙内现有两块残碑，从可辨识的碑文来看，为此碑的残留部分，其余部分现已不存。

⑥ 该石碑现存圣母庙圣母殿内。

⑦ 柴泽俊. 山西寺观壁画 [M]. 北京：文物出版社，1997：119.

珠翠，属典型的双凤翊龙冠，较《大明会典》中所载的皇后燕居冠有所简化①。身着圆领大红色鞠衣，胸前金绣云龙团纹，袖口处有金绣腾龙纹，衣上加青色霞帔，为典型的明代皇后常服。东壁的迎驾出宫图中，“圣母娘娘殿”外绘有一侍吏驾一辆三套马车，车厢内满载婴儿，等待同后土圣母一同出巡赐子。西壁巡幸回宫图中，后土圣母乘坐龙辇，侧身回望，龙辇尾部有一神将一手执斧刀，一手用绳索牵着一名妇女，她身后一人裸露上身，作求饶状；另两人怀里抱着婴儿，这五名皆为有罪过者。东壁土地城隍拱手迎驾，西壁两位神仙捉住鬼卒与后土圣母一起回宫以及龙王献宝的图像表现了诸神自上而下的等级关系。北壁为《燕乐图》。三铺壁画描绘了当地民间为了祈福禳灾、驱鬼逐疫所举行之祭祀后土的迎神赛社活动②。

概言之，元代中期以来，国家祭祀后土礼仪不再至汾阴举行。汾阴后土祭祀虽已风光不再，但分封在晋中南地区的皇亲国戚继续参与这一地区后土庙的重建重修，从后土服制以及壁画内容来看，依旧保持着宋代延续下来的典制，只是有所简化而已。

（三）民间神祠道观中后土图像流变

民间神祠道观中后土形象变迁主要表现在配祀神上，可以上溯到北宋。

20 世纪 80 年代，山西曲沃县发现清宣统元年抄《扇鼓神谱》，详细记录了民间祭祀后土的仪式。据赵逵夫先生考释，抄本中《坐后土》为北宋傩戏剧本③。剧中后土娘娘唱道：“后土所生五个郎，东西南北共中央。大郎二郎占春夏，三郎秋季冬四郎。惟有五郎无日期，每季十八是土王。”④ 但剧中五王所居之处却在五岳，且末尾后土娘娘对五王说：“拜寿已毕，你们各回明（名）山。”《坐后土》虽为傩戏剧本，但可以从文本想象中，对元以前民间信仰中后土及其配祀神的图像缺失进行弥补。

如上文所述，约宋初至元中期，国家祭祀后土制度逐渐完备，图像配置逐渐程式化，但在明清晋中南后土庙中，“后土”司职与配祀神并不明确，往往受当地其他信仰影响而改变，具有随意性。这一特点不难从下述万荣县后土祠、河津县连伯村后土庙、汾阳县上庙村太符观、临汾东羊后土庙等中看出。

万荣县后土祠的历史可追溯至公元前 113 年，为汉武帝时国家级祭祀大庙，在此基础上历代多次重建重修。至元代，皇帝不再至此亲祀后土，祠庙逐渐换由民间管理。“顺治十二年黄河水决，古后土祠为所沦荡，秋风楼及门殿存焉。康熙元年，河再决，并没秋风楼。于是脽上旧迹尽泯矣。”⑤ 此后，在庙前村重建该祠，“同治元年，河决，祠复圮。九年知县戴儒珍重建于闫村村北，为后土新祠。”⑥ 据《蒲州荣河县创立承天

① 申时行. 大明会典：卷之六十［M］. 内府刻本，1502.

② 廖奇琦. 山西汾阳圣母庙圣母殿壁画之赛社仪式分析［J］. 美术研究，2014（1）：49-55.

③ 赵逵夫. 北宋傩戏《坐后土》研究［J］. 中华戏曲，1997（1）：96.

④ 同③109.

⑤ 马鑑，寻銮炜. 荣河县志：卷之二［M］. 铅印本，1881：2.

⑥ 同⑤.

效法厚德光大后土皇地祇庙像图》[1]（后文简称《庙貌碑》）可知后土祠在明及以前的基本情况：正殿为坤柔殿，东西两侧各有殿宇三座，东侧依次为天王殿、六丁殿和五岳殿；西侧依次为五道殿、六甲殿和真武殿。清代异地重建之祠已为乡社之所，毫无原来规制[2]，坤柔殿东西两侧缩减为各一间殿宇，东五虎殿和西五虎殿，分别供奉作为后土圣母御前侍卫的五岳大帝和五虎上将。庙宇布局随意，体现出民间神祠的性质。

坤柔殿前的献殿东壁绘有壁画。壁画下部剥蚀不清，上部绘制威严的娘娘殿，门外两侧各有四根大柱，每根柱子间都悬挂灯笼，灯笼上写有“后土圣母”四字。整个建筑绘制技法明显受到西方绘画影响，着重表现了焦点透视关系和明暗变化。殿门上方两侧各绘有一身长蝙蝠翅膀做飞翔状的童子。按照西方传统做法，焦点部分应有主神像，可惜表现娘娘殿内的壁画完全剥落。山门两侧，各有一男子，身前身后分别有一童子。右侧有一扇打开的窗户，屋内一对年轻夫妇中间有一小童，女子用手轻抚其背部，流露出幸福的眼神。窗外有两位神将，身负幼童，像是给这家送子后再去下一家，表现了后土送子这一职能。整铺壁画蝙蝠和童子的组合具有多子多福的寓意。

河津县连伯村后土庙始建年代已无法稽考（现存建筑为清代遗构），庙内台阶有一方“至元二十九年（1292 年）”的石碑，表明元代就已存在。

元仁宗皇庆年（1312—1313 年）重修该庙：“……中有后土神宇一所，正殿三楹，中塑坤柔圣母，所以神地道也。左大夏禹王，右周始祖后稷，以平成播种之功……皇庆年（1312—1313 年）重修”[3]。

万历十二年再次重修：“……乃于正殿东厕（侧）益以晋赵氏子孙九郎，以为祈祷雨泽之应。西厕（侧）益以汉寿亭侯关将军，以为护国安民之助。东廊有酆都教主地藏、十王、三曹诸冥府，使吾人死有所归地。西廊有子孙、痘疹、乳餔三圣母，使吾人生有所自也”[4]。

从碑文看，元明两次重修反映了当地民间信仰的变化。元代河津县内有国家正祀庙宇——禹王庙，其东临稷山（为后稷故里），这里的大禹和稷王信仰十分深厚。明万历十二年重修时，“西厕（侧）益以汉寿亭侯关将军，以为护国安民之助”是关羽信仰在当地民间盛行的集中表现。关羽作为后土的配祀神在浮山县东要村后土庙也有记载：“庙堂中则后土光泽之像，左有商成汤，右则汉义勇……”[5] 可见，这种图像配置是在流行于晋南的汤王信仰和关帝信仰共同作用下促成的。

汾阳县上庙村太符观始建年代不详，现存昊天玉皇上帝殿、后土圣母殿和五岳殿等主体建筑，皆为明清重修。根据现存碑刻《太符观创建醮壇记》可知，至迟在金承安五

---

① 《蒲州荣河县创立承天效法厚德光大后土皇地祇庙像图》现存山西万荣后土祠内。碑文记载，庙貌图系金天会年间刻，明嘉靖、天启重刻。根据王世仁先生的考证，庙貌所绘者为北宋大中祥符时之状。参见王世仁. 记后土祠庙貌碑［J］. 考古，1963（5）：275.

② 王世仁. 记后土祠庙貌碑［J］. 考古，1963（5）：274.

③ 冯俊杰. 山西戏曲碑刻辑考［M］. 北京：中华书局，2002：276.

④ 同③

⑤ 贾酉，张华. 浮山县志：卷之三十七［M］. 刻本，1745.

年（1200年）此观即已存在。后土圣母殿内现存明代彩塑29尊，主尊为后土圣母，大小侍女20尊，其余8尊为司业不同的圣母，分别为子孙圣母、引蒙通颖导幼圣母（通颖娘娘）、初始立毓稳形圣母（婚配娘娘）、育德广胤圣母（智慧娘娘）、催生顺庆保幼圣母（护佑娘娘）、瘢疹葆和慈幼圣母（瘢疹娘娘）、送生衍庆保幼圣母（如意娘娘）和乳引哺侍圣母（奶母娘娘）。圣母服饰皆为凤冠霞帔，着圆领红色大袖衣，上绣龙凤纹饰。后土手持笏板端坐于神台，身后墙壁上绘龙椅靠背，显示出其与众不同的独特身份。值得注意的是，太符观内正殿昊天殿面阔三间，作为配殿的后土殿面阔为五间，建筑等级反而超过了正殿，显示出后土在晋中南地区的特殊地位。

临汾东羊后土庙也是一个很好的例子。此庙本是东岳庙后殿，20世纪70年代山门和正殿被毁后改称后土庙。该后土庙创建年代不详，庙门上方牌匾有“天启二年（1622年）重建”的墨书题记，再根据庙内雕像风格判断，确为明代作品。主尊为后土圣母，东西两侧分别为碧霞元君和娲皇圣母，三位女神同坐于巨大的龙凤神龛内，她们的发式采用特髻，上以金孔雀和珠翠点缀。虽皆着命妇服装和头冠，但在孔雀数量和衣饰的繁复程度上，主尊级别明显高于配祀神。三位女神有着相同的职能——主宰生儿育女。这种图像配置在山西仅此一处。

总之，元中期以来，随着帝王不再至汾阴亲祀后土，国家祭祀程式化礼仪约束逐渐松弛，明清晋中南民间神祠道观中后土图像配置已无规律可循，其配祀神更多受到各地地方信仰影响而改变，具有随意性，充分体现出民间信仰的功利性特点。

二、后土图像流变原因述论

前文考察了晋中南地区后土图像及其配置在历史之维中的变迁，下文对变迁原因略做述论。

根据《蒲州府志》① 和《平阳府志》② 等地方志记载，“汾阴脽上”（今山西省万荣县）原为轩辕黄帝扫地而祭之所。黄帝封后土为地祇，后土祭祀制度从此确立。在今万荣后土祠内有一通《历朝立庙致祠实迹》碑，碑刻：“轩辕氏扫地为坛于脽上，二帝八元有司，三王方泽岁举。”③ “扫地为坛”为最早祭祀后土仪式。黄帝之所以选址于此祭祀后土，主要原因有两个：

其一，“汾阴脽上”位于汾河和黄河交汇之处，由于两河的长期冲积，其地隆起，形如高丘，像人的臀部。如《汉书·武帝纪》：“（元鼎四年）立后土祠于汾阴脽上。”唐颜师古注：“脽者，以其形高如人尻脽”④；北魏郦道元《水经注·汾水》：“水南有长阜，背汾带河，阜长四五里，广二里馀，高十丈。汾水历其阴，西入河。《汉书》谓之

---

① 周景柱. 蒲州府志：卷之三［M］. 刻本，1954.

② 傅淑训，曹树声. 平阳府志：卷之九下［M］. 1736.

③ 《历朝立庙致祠实迹》碑，刊刻于1014年，现保存于山西万荣后土祠内。

④ 班固. 汉书：卷二十五［M］. 北京：中华书局，1962：1222.

汾阴脽。应劭曰：脽，丘类也。汾阴男子公孙祥望气，宝物之精上见”[①]；等等。当地民间流传着“汾阴地形因似张大的女性生殖器，加之气候温和，适宜万物生长，人类便在此开始繁衍，脽上即是中华民族摇篮的篮底”的说法。

其二，据《平阳府志》记载，脽上为“巨灵坐处”。巨灵是远古时期汾阴出现的一位英雄人物，他制服了肆虐的洪水之后，坐下休息，其所坐之处形成了高阜，如人之股部，即“脽上”。由于巨灵的奇功异勋，各种祥瑞之气皆向此地聚集，以报巨灵。故脽上一直被视为钟灵毓秀之地。

汉代，受到神仙方术思想影响，汾阴再度被认为与地神有着某种重要联系。如《史记·封禅书》载，汉文帝时方士新垣平说“周鼎亡在泗水中，今河溢通泗，臣望东北汾阴直有金宝气，意周鼎其出乎？兆见不迎则不至。”[②] 西汉元鼎四年（公元前 113 年），汉武帝巡幸汾阴，以汾阴脽堆“隆崛而特起，忽盘纡而陡绝”，遂于此立后土祠，并定其为国家祀庙。而就在武帝立祠后的第二年，即公元前 114 年“六月，得宝鼎后土祠旁”[③]。宝鼎的出现不仅证明了汉王朝的合法性，而且还是一种祥瑞征兆，正所谓“王者兴则出，衰则去。”[④] 这种巧合更增加了汾阴这块风水宝地的神秘感。人们认为，宝鼎既是天授神权的象征，也是与神交通的媒介，是黄帝仙术的一部分[⑤]。汾阴昭示祥瑞的奇异现象在文献中多有记载，如：

夏四月，诏曰：“朕用事介山，祭后土，皆有光应。其赦汾阴、安邑殊死以下。”[⑥]

朕躬祭后土地祇，见光集于灵坛，一夜三烛。幸中都宫，殿上见光[⑦]。

于是天子东幸汾阴。汾阴男子公孙滂洋等见汾旁有光如绛，上遂立后土祠于汾阴脽上，如宽舒等议[⑧]。

定后土于汾阴，遗庙巍然，灵光可烛[⑨]。

据《汉书》记载统计，汉武帝于公元前 113 年至公元前 100 年短短的十四年中，曾六次至汾阴亲祀后土，礼同郊祀。此后汉宣帝、元帝、成帝等亦曾多次“行幸河东，祠后土”[⑩]。

唐开元十年（724 年），“帝（玄宗）自东都将还京，因幸并州。说见帝曰：‘太原

---

① 郦道元. 水经注全译：卷六［M］. 陈桥驿，叶光庭，叶扬，译注. 贵阳：贵州人民出版社，2008：149.

② 司马迁. 史记：卷二十八［M］. 北京：中华书局，1962：1383.

③ 班固. 汉书：卷六［M］. 北京：中华书局，1962：183.

④ 孙柔之. 瑞应图记［M］//叶德辉. 观古堂所著书. 湘潭叶氏刊本：10 上.

⑤ 王子今. 史记的文化发掘：中国早期史学的人类学探索［M］. 武汉：湖北人民出版社，1997：705-720.

⑥ 班固. 汉书：卷六［M］. 北京：中华书局，1962：184.

⑦ 同⑥195.

⑧ 班固. 汉书：卷二十五［M］. 北京：中华书局，1962：1222.

⑨ 刘昫，等. 旧唐书：卷二十四［M］. 北京：中华书局，1975：928.

⑩ 根据《汉书》的记载，汉武帝分别在公元前 113、前 107 年、前 105 年、前 104 年、前 103 年和前 100 年到汾阴亲祀后土；汉宣帝为两次，分别在公元前 61 年和公元前 55 年；汉元帝为三次，分别为公元前 45 年、前 39 年和前 37 年；汉成帝为四次，分别在公元前 13 年、前 11 年、前 9 年、前 7 年。

王业所基，陛下巡幸，振耀威武，以申永思。繇河东入京师，有汉武脽上祠，此礼废阔，历代莫举，愿为三农祈谷，诚四海之福。’帝纳其言，过祠后土乃还。”① 因在汾阴获宝鼎，“十一年二月，上亲祠于坛上，亦如方丘仪。礼毕，诏改汾阴为宝鼎。”② 之后，玄宗又于开元二十年（732 年），“如汾阴，祠后土。”③

北宋真宗时期，皇帝亲祀后土再次掀起高潮，“大中祥符四年（1011 年），亲幸汾阴告祀。先一年修祠，倍益增丽。”④ 这一次的修建，盛况空前，“陈尧叟、李宗谔自河中府来朝，言初经度祀事至礼毕，凡土木工三百九十万余。”⑤ 据《庙貌碑》载，其建筑规模十分宏大，“南北长七百三十二步东西，阔三百二十步”，以中轴线对称分布，共十进院落，其中正殿坤柔殿面阔九间，重檐庑殿顶，从形制上看，或正如王世仁先生所言：“宋代祠庙，特别是属于国家级祭祀之祠庙，大抵已有定制，而后土祠当属第一等之大祠庙。”⑥

至金元时，因汾阴远离都城，交通不便，改由皇帝遣官礼祭，国家正祀后土开始衰落。明代恢复方泽于都城北郊，圜丘于都城南郊之古制，汾阴后土祠即改由民间管理，遂失昔日辉煌。清代以来后土庙（祠）作为祭祀后土场所，以山西数量最多。据地方志和其它文献初步统计，山西境内后土庙（祠）共有 104 座，其中 79 座位于平阳府（今运城市和临汾市辖境）。由此可以说，在晋中和晋南地区形成了一个“后土信仰圈”，是后土圣母祭祀的主要区域。在此区域内，以汾阴为中心，呈现出文化放射性特点：汾阴及其周边地区，庙宇数量最多，图像配置大体一致，主要表现圣母送子和驱鬼逐疫职能。而在信仰圈外围，庙宇数量明显减少，受各地区民间信仰影响，其配祀神具有随意性，呈现出后土地位逐渐被地方神祇取代的迹象。

总之，晋中南后土图像与配祀神变化与该地是否纳入国家正祀关系紧密，国家信仰或意志（以昭示皇权天授、政权合法与征兆祥瑞为主要内容，程式化国家正祀礼仪为表征）逐渐退出的过程，也是民间信仰或意志（以迎福、纳祥、祈子与驱鬼逐疫等为主要内容，地方神祇配祀后土及后土职能转变为表征）渐趋进入的过程。

三、结语

在以汾阴为中心的晋中南“后土信仰圈”内，后土与对偶神、配祀神图式与形象在时空之维中的不断衍化过程，反映出后土祭祀中国家信仰、皇族意志渐趋淡出，民间信仰力量逐步进入的此消彼长关系。

---

① 欧阳修，宋祁．新唐书：卷一百二十五［M］．北京：中华书局，1975：4408.

② 刘昫等．旧唐书：卷二十四［M］．北京：中华书局，1975：928.

③ 同①136.

④ 周景柱．蒲州府志：卷之四［M］．刻本，1754：4.

⑤ 毕沅．续资治通鉴：卷二十九［M］．北京：中华书局，1957：657.

⑥ 王世仁．记后土祠庙貌碑［J］．考古，1963（5）：277.

“不复区别其优劣”考释[①]

韩　刚　廖奇琦

研读北宋中后期以前画品，如南朝齐梁谢赫《画品》，唐朱景玄《唐朝名画录》、张彦远《历代名画记》，宋黄休复《益州名画录》、刘道醇《圣朝名画评》《五代名画补遗》等，多是分品列传，有优劣高下区分的，而南朝陈姚最[②]《续画品》率先“不复区别其优劣”，即处于这种风气。何以？吾人于此疑问中长期玩索《画品》《续画品》等，一日再读至《续画品·湘东殿下》时，怵然而惊曰：“得之矣夫！端在梁元帝与姚最之关系也。”

一、《续画品》“湘东殿下”序引及其问题

南朝陈姚最《续画品》“湘东殿下（梁元帝初封湘东王，尝画《芙蓉湖蘸鼎图》）”条：“天庭命世，幼禀生知，学穷性表，心师造化，非复景行所能希涉。画有六法，真仙为难。王于像人，特尽神妙，心敏手运，不加点治。斯乃德讼部领之隙，文谈众艺之余，时复欲物援毫，造次惊绝，足使荀、卫搁笔，袁、陆韬翰。图制虽寡，声闻于外，非复讨论木讷可得而称焉。”[③]

不但“湘东殿下”在《续画品》所有画家序引中排第一，且就引文中“天庭命世，幼禀生知，学穷性表……特尽神妙……造次惊绝，足使荀、卫搁笔，袁、陆韬翰……”而言，全如谢赫在《画品》中所作画圣陆探微序引一样，极尽赞美之能事。萧绎虽善画，但于当时画苑比较而言，盖只能算是名家，与“中古四大家”（顾恺之、陆探微、张僧繇、吴道子）比较，相差不可以道里计。在姚最眼里，萧绎却成了超越群伦、画圣一般的人物。何以至此？

姚最以后，不断有学者关注此疑问。如唐张彦远在《历代名画记》画家评传中引用《续画品》相关内容后，多补出品第位置。该书卷七：

“谢赫（中品下），姚最云：‘点刷精研，意存形似……然中兴已来，象人为最。’在沈标下、毛惠秀上。”

---

① 本文原刊于《南京艺术学院学报（美术与设计）》2018年第4期。

② 《续画品》旧题陈姚最撰，而据当代学者考察，姚最“始终未入陈”（余嘉锡：四库提要辨证：卷十四［M］. 北京：中华书局，1980：776），然自唐张彦远《历代名画记》、宋郭若虚《图画见闻志》以来，多著录为陈姚最。本文未做深入考察以前，姑依旧说。

③ 姚最. 续画品［G］//于安澜. 画品丛书. 上海：上海人民美术出版社，1982：19.

"沈粲（下品），姚最云：'笔迹调媚，专工绮罗，屏障所图，颇有情趣。'在张僧繇上。（彦远云：'专工绮罗，无所他善，不合在僧繇上。'）"

"焦宝愿（下品），姚最云：'早游张、谢，靳固不传，傍求造请，事均盗道，衣制树色，皆自新意，点黛施朱，轻重不失。'在毛棱上、嵇宝钧下。"

……

这表明在张彦远心眼中，《续画品》"不复区别其优劣"只是障眼法，而非实情，实际上是按前后次序分高低优劣的。

现当代以来的研究者对这一疑问亦有解答。如史岩《古画品三种总考》："姚书之不采用谢书依优劣排比之形式，揣其意，不外三端：人数过少，可以意求，一也；不满谢氏品第之低昂过显，二也；深自藏拙，免惹诋议，三也。"① 此三端盖非探本之论。其一，在当时"古今书（画）品，高下必铨"② 原境中，"人数过少"不成其为理由，如袁昂奉梁武帝敕作《古今书评》，成书于普通四年（523 年），共品评古今书家 25 人③；南朝齐梁谢赫《画品》品评古今画家 27 人（此按通行本计算；或据《历代名画记》所引计算，认为应为 28 人）；唐李嗣真《续画品录》按《历代名画记》所引共品评画家 18 人；唐彦悰《后画品》共品评画家 27 人。姚最《续画品》共品评画家 20 人，人数相差并不大。其二，姚最固然"不满谢氏品第之低昂过显"，然就《续画品》"续"《画品》之性质而言，《画品》已有顾恺之评传，《续画品》便已不再可能为顾氏列传品评，在序言里表明推扬顾氏之态度就行了（正如姚最所做的那样），与后文是否分品列传关系不大。其三，"深自藏拙，免惹诋议"未安。姚最成此文时未满 16 岁④，如初生之犊、意气风发，捭阖纵横，议古论今，咄咄逼人。如谓谢赫评顾恺之"声过于实"，"良可于邑"；谓湘东殿下（萧绎）"足使荀、卫搁笔，袁、陆韬翰"；谓谢赫"至于气运精灵，未穷生动之致；笔路纤弱，不副壮雅之怀"；谓"今衣冠绪余，未闻好道，丹青道湮，良足为慨"；谓张僧繇"圣贤矖瞩，小乏神气……虽云晚出，殆亚前品"；等等，后世对其某些论点"诋议"者（如李嗣真、张怀瓘、张彦远等）大有人在（下文详述）。

二、姚氏家族与萧梁皇族关系略述

欲揭此密，须先对姚氏家族与萧梁皇族之关系有所了解。姚氏为江左显族，与此问题密切相关者主要有姚最（537—603 年）及其父姚僧垣（499—583 年）、兄姚察（533—606 年），萧梁皇族则是梁武帝萧衍（464—549 年）、简文帝萧纲（503—551

---

① 史岩. 古画品三种总考［G］//史岩文集. 杭州：中国美术学院出版社，2007：70.

② 《王氏画苑》本、汲古阁《津逮秘书》本姚最《续画品》作"古今书评，高下必铨"；《王氏画苑》本、汲古阁《津逮秘书》本唐李嗣真撰《续画品录》作"古今评画，高下必铨"。

③ 南朝梁袁昂：《古今书评》文末曰："右二十五人，自古及今，皆善能书。奉敕遣臣评古今书……普通四年（523 年）二月五日，内侍中尚书令袁昂启。"（张彦远. 法书要录：卷二［M］. 杭州：浙江人民美术出版社，2012：60）

④ 姚最《续画品》初撰时间可参考拙文《姚最〈续画品〉成书与流传考略》，载《艺术设计研究》2018 年第 1 期。

年）、元帝萧绎（508—555 年），两个家族产生交集是因为姚氏所擅医学与文史之学①。唐令狐德棻《周书·姚僧垣》：

“姚僧垣字法卫，吴兴武康人……父菩提，梁高平令。尝婴疾历年，乃留心医药。梁武帝性又好之，每召菩提讨论方术，言多会意，由是颇礼之。

僧垣幼通洽，居丧尽礼。年二十四，即传家业。梁武帝召入禁中，面加讨试。僧垣酬对无滞。梁武帝甚奇之。大通六年（534 年），解褐临川嗣王国左常侍。大同五年（539 年），除骠骑庐陵王府田曹参军。九年（543 年），还领殿中医师。时武陵王所生葛修华，宿患积时，方术莫效。梁武帝乃令僧垣视之。还，具说其状，并记增损时候。梁武帝叹曰：‘卿用意绵密，乃至于此，以此候疾，何疾可逃。朕常以前代名人，多好此术，是以每恒留情，颇识治体。今闻卿说，益开人意。’十一年（545 年），转领太医正，加文德主帅、直合将军。梁武帝尝因发热，欲服大黄。僧垣曰：‘大黄乃是快药。然至尊年高，不宜轻用。’帝弗从，遂至危笃。梁简文帝在东宫，甚礼之。四时伏腊，每有赏赐。太清元年（547 年），转镇西湘东王府中记室参军。僧垣少好文史，不留意于章句。时商略今古，则为学者所称。

……梁武帝嘉之，授戎昭将军、湘东王府记室参军……及梁简文（549—551 年在位）嗣位，僧垣还建业，以本官兼中书舍人……

梁元帝（552—554 年在位）平侯景，召僧垣赴荆州，改授晋安王府谘议……梁元帝尝有心腹疾，乃召诸医议治疗之方。咸谓至尊至贵，不可轻脱，宜用平药，可渐宣通。僧垣曰：‘脉洪而实，此有宿食。非用大黄，必无差理。’梁元帝从之，进汤讫，果下宿食，因而疾愈。梁元帝大喜。时初铸钱，一当十，乃赐钱十万，实百万也。”②

引文备述姚最之父姚僧垣以精湛医术、文史才华与忠心侍奉萧梁皇族，而得官职累迁：梁武帝时，大通六年（534 年），解褐临川嗣王国左常侍；大同五年（535 年），除骠骑庐陵王府田曹参军；九年（539 年），还领殿中医师；十一年（545 年），转领太医正，加文德主帅、直合将军；后授戎昭将军、湘东王府记室参军；太清元年（547 年），转镇西湘东王府中记室参军；后授戎昭将军、湘东王府记室参军。简文帝时，以本官兼中书舍人。梁元帝时，改授晋安王（后来的简文帝萧纲）府谘议。

唐李延寿《南史·姚察》：

“姚察字伯审，吴兴武康人……父僧垣，梁太医正。及元帝在荆州，为晋安王谘议

---

① 此可由姚氏家族著述见一斑。唐·令狐德棻：《周书》卷四十七《艺术·姚僧垣》：“乃搜采奇异，参校征效者，为《集验方》十二卷，又撰《行记》三卷，行于世。”（中华书局 1971 年版，第 844 页）；唐·李延寿：《南史》卷六十九《姚察》：“察至孝，有人伦鉴识，冲虚谦逊，不以所长矜人。专志著书，白首不倦。所注《汉书训纂》三十卷，《说林》十卷，《西聘》《玉玺》《建康三钟》等记各一卷，《文集》二十卷。所撰《梁》《陈》史，虽未毕功，隋开皇中，文帝遣中书舍人虞世基索本，且进。临亡，戒子思廉撰续。思廉在陈为衡阳王府法曹参军、会稽王主簿。”（中华书局 1975 年版，第 1691-1692 页）现存国族正史中《梁书》《陈书》即姚思廉在其父姚察修撰基础上续撰而成；唐·魏徵等：《隋书》卷三十四《经籍三》著录：“《本草音义》三卷，姚最撰。”（中华书局 1973 年版，第 1044 页）；五代后晋·刘昫：《旧唐书·经籍志上》：“《述行记》二卷，姚最撰。”（中华书局 1975 年版，第 2016 页）

② 令狐德棻. 周书：卷四十七. 艺术·姚僧垣［M］. 北京：中华书局，1971：839-841.

参军。后入周，位遇甚重。察幼有至性，六岁诵书万余言。不好戏弄，励精学业，十二能属文。僧垣精医术，知名梁代，二宫所得供赐，皆回给察兄弟，为游学之资。察并用聚蓄图书，由是闻见日博。年十三，梁简文帝时在东宫，盛修文义，即引于宣猷堂听讲论难，为儒者所称。及简文嗣位（549 年），尤加礼接。起家南海王国左常侍，兼司文侍郎。后兼尚书驾部郎。遇梁室丧乱，随二亲还乡里。在乱离间，笃学不废。元帝于荆州即位（552 年），授察原乡令。后为佐著作，撰史。”①

引文备述姚最之兄姚察青年时以医术、文史才华于萧梁皇族之荣遇：13 岁即为太子萧纲知遇；萧纲即位后，起家南海王国左常侍，兼司文侍郎，后兼尚书驾部郎；梁元帝萧绎授原乡令，后为佐著作。

《周书》卷四十七姚僧垣本传附姚最传中，虽备述姚最十九岁时（555 年）随父入周后，以医术、史学才华于周、隋的荣耀履历，然于萧梁之经历则几乎阙如，仅有“次子最，字士会，幼而聪敏，及长，博通经史，尤好著述。年十九，随僧垣入关……”云云可凭推想，盖因姚最生长于萧梁后期，尚未及冠与来得及展示才华，萧梁政权已处危殆之中缘故。

姚最于萧梁政权虽未如父兄般荣遇，然家族教育长期以来形成的忠义、孝悌、诚信等秉性决定了他会对萧梁家族报以涌泉。《周书》姚僧垣本传：

“及侯景围建业，僧垣乃弃妻子赴难……及宫城陷，百官逃散。僧垣假道归，至吴兴，谒郡守张嵊。嵊见僧垣流涕曰：‘吾过荷朝恩，今报之以死。君是此邦大族，又朝廷旧臣。今日得君，吾事办矣。’俄而景兵大至，攻战累日，郡城遂陷。僧垣窜避久之，乃被拘执……

梁元帝（552—554 年在位）平侯景……其时虽克平大乱，而任用非才，朝政混淆，无复纲纪。僧垣每深忧之。谓故人曰：‘吾观此形势，祸败不久。今时上策，莫若近关。’闻者皆掩口窃笑……

及大军克荆州，僧垣犹侍梁元帝，不离左右。为军人所止，方泣涕而去。”②

引文备述主要官职为“太医正”（皇家医官）的姚僧垣于侯景之乱、“百官逃散”之际，弃妻子赴国难，为萧梁政权上下奔走，虽危在旦夕，仍“侍梁元帝，不离左右。为军人所止，方泣涕而去”的忠义之举，读来令人唏嘘不已。姚僧垣的忠义无疑会影响到其子姚察、姚最。

《周书》姚最本传：

“隋文帝践极，除太子门大夫。以父忧去官，哀毁骨立。既免丧，袭爵北绛郡公，复为太子门大夫。

俄转蜀王秀友。秀镇益州，迁秀府司马。及平陈，察至。最自以非嫡，让封于察，隋文帝许之。秀后阴有异谋，隋文帝令公卿穷治其事。开府庆整、郝伟等并推过于秀。最独曰：‘凡有不法，皆最所为，王实不知也。’搒讯数百，卒无异辞。最竟坐诛。时年

① 李延寿. 南史：卷六十九［M］. 北京：中华书局，1975：1689.

② 令狐德棻. 周书：卷四十七［M］. 北京：中华书局，1971：840-841.

六十七。论者义之。”①

引文中“以父忧去官，哀毁骨立”事，表现了姚最之孝亲，曾收入北宋时官修类书《册府元龟·孝第五》②，可见早有定评。

引文中“及平陈，察至。最自以非嫡，让封于察，隋文帝许之”云云，是说，隋灭陈后，姚最之兄姚察入隋，先至之姚最考虑到自己不是嫡子（家中第一房妻子所生第一个儿子），就将本应属自己的封赏让给了姚察。此举得到隋文帝杨坚的赞许。这表现出姚最的敬兄之情，即“悌”，《说文解字》：“悌，善兄弟也。”

引文“秀后阴有异谋……最竟坐诛”云云，大意为，隋文帝追查蜀王秀谋反事，官“蜀王秀友”“秀府司马”的姚最代王及同僚（庆整、郝伟等）受罚，无怨无悔，而至被诛。当时人们认为这是义气之举。后来此事被收入《册府元龟·忠于所事》③，以褒扬姚最之忠义。

姚最《续画品·序》：“戏呈鄙见，非谓毁誉；十室难诬，伫闻多识。”“十室”盖典出《论语·公冶长》：“子曰：‘十室之邑，必有忠信如丘者焉，不如丘之好学也。’”大意为，孔子说：“即使居住着十户人口的小地方，也一定会有忠实、诚信如我孔丘一样的人，但不一定像我一样好学罢了。”姚最借此典故指出忠实、诚信者之多；伫，长时间等待。全句大意是说，以上随便陈述（我的）浅陋见解，并非存心诋毁与赞誉。忠实、诚信的人很多，难以诬枉。我等着见多识广者教正。由此不难见出，姚最内心是秉持儒家忠信之教的。

从上述姚氏人品德行种种来看，对萧梁皇室知遇之恩报以涌泉乃情理中事，《周书》姚最本传：“撰《梁后略》十卷，行于世。”④ 该书现已不存。唐魏徵等《隋书·经籍二》：“《梁后略》十卷，姚勖撰”⑤；唐刘知几《史通·杂述》：“有权记当时，不终一代，若陆贾《楚汉春秋》、乐资《山阳载记》、王韶《晋安陆纪》、姚最《梁昭后略》，此之谓偏纪者也。”清浦起龙释：“此谓短述之书，但记近事，而非全史”⑥；《旧唐书·经籍上》：“《梁昭后略》十卷 姚勖撰”⑦；《新唐书·艺文二》：“姚最《梁昭后略》十卷”⑧；《太平御览》引此书多处，皆作“《梁后略》”。按：上引书名凡“梁昭后略”

---

① 令狐德棻. 周书：卷四十七（子最）［M］. 北京：中华书局，1971：844-845.

② 王钦若，等. 册府元龟：卷七百五十五［G］//影印文渊阁四库全书（第915册）. 台北：台湾商务印书馆，1983：352.

③ 王钦若，等. 册府元龟：卷七百五十五［G］//影印文渊阁四库全书（第915册）. 台北：台湾商务印书馆，1983：581.

④ 令狐德棻. 周书：卷四十七［M］. 北京：中华书局，1971：845.

⑤ 魏徵，等. 隋书：卷三十三［M］. 北京：中华书局，1973：958. 按：该本“姚勖”当为“姚最”，一是令狐得棻《周书》中作“姚最”，与魏徵等合撰之《隋书》不可能是“姚勖”；二是姚勖是晚唐代史学家，撰《后梁略》十卷，盖后世刊《隋书》时未辨《梁后略》《后梁略》致误。清严可均《全陈文》卷十二：“最，一作勖，吴兴人。”亦当误。清·瞿镛《铁琴铜剑楼藏书目录》卷八《史部》一《隋书八十五卷》（元刊本）：“志第二类中《梁后略》十卷，姚勖撰，勖误，最。”（清光绪常熟瞿氏家塾刻本）

⑥ 刘知几. 史通通释：卷十.［M］. 浦起龙，释. 上海：上海古籍出版社，1978：273-274.

⑦ 刘昫. 旧唐书：志第二十六［M］. 北京：中华书局，1975：1992.

⑧ 欧阳修，等. 新唐书：志第四十八［M］. 北京：中华书局，1975：1460.

皆多“昭”字，当为“梁后略”[1]。“主要记载侯景之乱，元帝、王琳等事。”[2] 未见姚最于萧梁政权做官之记载，且十九岁离梁后，再未回国。应该说，萧梁皇室与他关系甚微。可他平生唯一一部历史记述，却是关于萧梁后期历史的，盖知恩图报义举也。这对姚最而言，并非孤证。《周书》姚最本传：

“世宗盛聚学徒，校书于麟趾殿，最亦预为学士。俄授齐王宪府水曹参军，掌记室事。特为宪所礼接，赏赐隆厚。宣帝嗣位，宪以嫌疑被诛。隋文帝作相，追复官爵。最以陪游积岁，恩顾过隆，乃录宪功绩为传，送上史局。”[3]

大意是说，官北周齐王宪府水曹参军之姚最颇得齐王宪礼遇，后齐王虽因“嫌疑被诛”，但姚最为报知遇之恩，认为宪曾经有过的功绩不可汩没，于是为之作传并送上史局，以传之后世。姚最这种义举，后来被收入《册府元龟・义第四》[4]。

《四库全书总目・续画品一卷》：“今考书中称梁元帝为湘东殿下，则作是书时，犹在江陵即位之前”[5]；清严可均于《全陈文》所收姚最《续画品》下注曰：“按：此续谢赫《古画品》也，文称湘东殿下，盖梁武时所撰”[6]；等等，大致可从。《梁书・元帝纪》：“承圣元年（552 年）冬十一月丙子，世祖即皇帝位于江陵。”[7] 则姚最（537—603 年）作此书时尚是未满 16 岁周岁之少年，正是其父姚僧垣、兄姚察深得萧梁皇室知遇之时。

而体味《续画品》辞气，咄咄逼人，正像是出自腹有诗书、如初生之犊的少年之手，此其一也（已详于上文）。

其二，察书中某些论画观点，也像是尚未深谙画道之少年所作。如谓“谢、陆声过于实，良可于邑。”论虽得到后来学者如李嗣真等的认可[8]，但也有学者如张彦远等表示更赞同谢赫的品第[9]。“（湘东殿下）足使荀、卫搁笔，袁、陆韬翰”（该论不实已述于前）；“虽欲游刃，理解终迷；空慕落尘，未全识曲……故倕断其指，巧不可为。杖策坐忘，既惭经国；据梧丧偶，宁足命家？”此批评《庄子》精神也，后来论者颇不以为然，如唐张彦远论“画之道”曰：“遍观众画，唯顾生画古贤，得其妙理，对之令人终日不

---

① 刘知几. 史通笺注［M］. 贵阳：贵州人民出版社，1985：355-356.

② 白云. 史通［M］. 北京：中华书局，2014：456-457. 笔者按：北宋类书《太平预览》中尚存《梁后略》部分内容，可参考。

③ 令狐德棻. 周书：卷四十七［M］. 北京：中华书局，1971：844.

④ 王钦若，等. 册府元龟：卷八百四［G］//影印文渊阁四库全书（第 916 册）. 台北：台湾商务印书馆，1983：245.

⑤ 永瑢，等. 四库全书总目：卷一一二［M］. 北京：中华书局，1965：952 下.

⑥ 严可均. 全上古三代秦汉三国六朝文［G］//全陈文：卷十二. 北京：中华书局，1958：3469. 笔者按：严可均谓《续画品》撰于梁武帝（502—549 年在位）时不确，因为萧绎做“湘东王”一直持续到大宝三年（承圣元年，552 年）十一月丙子于荆州（江陵）即皇帝位时。

⑦ 姚思廉. 梁书：卷五［M］. 北京：中华书局，1975：131.

⑧ 李嗣真并不认为顾恺之画品高于陆探微，而是认为顾、陆、张应同居上品。请参考张彦远《历代名画记》“卫协”“顾恺之”“陆探微”“张僧繇”传论中引用李嗣真评论。

⑨ 陈传席《张彦远对顾恺之的评价》有较深入的论证，可以参考：陈传席. 陈传席文集［M］. 郑州：河南美术出版社，2001：53-56。

倦，凝神遐想，妙悟自然，物我两忘，离形去智，身固可使如槁木，心固可使如死灰，不亦臻于妙理哉！所谓画之道也。”① 大力推扬《庄子》，认为庄学精神即“画之道”，与姚最之论可谓背道而驰。《历代名画记》卷七：

“嵇宝钧（下品），姚最云：虽无师范，而意兼真俗，赋彩鲜丽，观之悦情。（彦远以画性所贵天然，何必师范?）”

“天然”者，盖《庄子》所谓“天籁”“自然”“以天合天”也。彦远“以画性所贵天然”驳斥姚最对“师范”之强调，“确是至理名言，由此益足洞悉姚最于画学，空无所知也。”② 彦远又谓：“详观谢赫评量，最为允惬；姚、李品藻，有所未安（姚最、李嗣真也）。”③

故知姚最于《续画品》中对萧梁皇室（尤其是湘东王萧绎）知恩图报，始于少年时。

三、姚最“续”《画品》之意

行文至此，吾人便不难知悉姚最《续画品》中何故无以复加地赞美梁元帝萧绎画艺了，而实则姚最欲于《续画品》中不露痕迹地赞美梁元帝，还涉及很多亟需处理的问题，这要从《续画品》之“续”谈起。

赓续前贤佳作为国族史学一大特点，“由于司马迁的《史记》只写到汉武帝太初年间就截至（止）了，所以在前汉就有人开始为《史记》做续了。褚少孙就是其中一人，他的补编今天仍混载于《史记》之中。此外，据《汉书·艺文志》载，冯商曾有续《史记》七篇。另外，据刘知几《史通》（《古今正史篇》）可知，续《史记》的人还有许多，如卫衡、扬雄、史岑、梁审、肆仁、晋冯、段肃（或殷肃）、金丹、冯衍、韦融、萧奋、刘恂等。”④ 之后，历代史籍更是续作不断。古代画学著述中，后人赓续前贤之作亦甚多，如北宋郭若虚《图画见闻志》续唐张彦远《历代名画记》，南宋邓椿《画继》续《图画见闻志》，宋末元初庄肃《画继补遗》续补《画继》等，这些续作无一例外承继、发扬前贤画学著述体例与论点，若说有逸出此通例之外者，最早出之姚最《续画品》是也。

南朝齐梁谢赫《画品》开篇即云：“夫画品者，盖众画之优劣也。”后文也彻底贯彻了这一点，即以“六品”等第 27 位画家画品优劣。姚最《续画品》是续谢赫《画品》的，序云：“人数既少，不复区别其优劣，可以意求也。”明确表示不再像谢赫那样等第画家画品，当时画学实际情况却是凡称“画品”者，必如谢赫那样区别优劣高下，即姚最《续画品》所云“且今古书（画）评，高下必铨”也。《画品》将陆探微推为第一，相当于“画圣”，仍觉委屈；将东晋著名画家顾恺之（长康）列在第三品第二人

① 张彦远. 历代名画记：卷二［G］//于安澜. 画史丛书（一）. 上海：上海人民美术出版社，1963：24-25.

② 史岩. 古画品三种总考［G］//史岩文集. 杭州：中国美术学院出版社，2007：69.

③ 张彦远. 历代名画记：卷二［G］//于安澜. 画史丛书（一）. 上海：上海人民美术出版社，1963：19.

④ 内藤湖南. 中国史学史.［M］. 马彪，译. 上海：上海古籍出版社，2008：102.

（全书第10名），《续画品》却曰："至如长康之美，擅高往策，矫然独步，终始无变。有若神明，非庸识之所能效；如负日月，岂末学之所能窥？荀、卫、曹、张，方之蔑矣。分庭抗礼，未见其人。谢、陆声过于实，良可于邑。列于下品，尤所未安。斯乃情有抑扬，画无善恶……"不同意谢赫对顾恺之、陆探微的品评。既题名"续画品"，又不遵照《画品》体例，且对《画品》重要论点反驳不遗余力，如此自相矛盾，未免让吾人产生《续画品》除"续"《画品》外，尚另有隐情在，亦未免让吾人产生一探究竟之好奇。

其实，只要了解上述姚氏家族与萧梁皇室特别是梁元帝萧绎之间的关系，便不难知晓，为了对萧梁皇室知遇之恩报以涌泉，姚最是不惜打破当时画品"高下必铨"通例的，即明确提出"不复区别其优劣"。不然，若照当时画品惯例分品列传，势必将自谓"善图塔庙，超越群工。朝衣野服，今古不失。奇形异貌，殊方夷夏，实参其妙"之张僧繇排在第一。或许姚最知道，即便明言"不复区别其优劣"，将湘东殿下排在张僧繇前也是难以服人的。故对僧繇画艺做了批评："然圣贤曬矚，小乏神气。岂可求备于一人。虽云晚出，殆亚前品。"以进一步坐实前后位次，但这样做的后果是让后来学者在严厉批评姚最之同时，也尽力让梁元帝、张僧繇画品各归其位。如唐张彦远《历代名画记》不但谓姚最此评"最谬"[①]，且将梁元帝评为"中品"[②]，张僧繇评为"上品中"[③]；唐张怀瓘云："姚最称'虽云后生，殆亚前品'，未为知音之言。"而对僧繇大加褒扬："且张公思若涌泉，取资天造，笔才一二，而像已应焉。周材取之，今古独立。象人之妙，张得其肉，陆得其骨，顾得其神"[④]；唐李嗣真云："顾、陆已往，郁为冠冕，盛称后叶，独有僧繇。今之学者，望其尘躅，如周孔焉，何寺塔之云乎。且顾、陆人物衣冠，信称绝作，未睹其余。至于张公，骨气奇伟，师模宏远，岂惟六法精备，实亦万类皆妙，千变万化，诡状殊形。经诸目，运诸掌，得之心，应之手，意者天降圣人，为后生则，何以制作之妙，拟于阴阳者乎。请与顾、陆同居上品"[⑤]；等等。

四、结语

姚最《续画品》之所以"不复区分其优劣"，是因为欲对萧梁皇室于姚氏家族之知遇报以涌泉。为达此一目的，在对梁元帝画品大加赞扬之同时，罔顾实情地对张僧繇等进行尖锐批评，甚至不惜打破当时"今古书（画）评，高下必铨"惯例，书名曰"《续画品》"而实非"续"《画品》。

不知姚最是否意识到，这样做将予后世画史怎样的影响？

之后，盖由于唐代美术史论家如李嗣真、张怀瓘、张彦远等对姚最之严厉批评，《续画品》这种"不复区分其优劣"之"画品"撰著体例影响并不大。画品继续沿着谢

① 张彦远．历代名画记：卷七［G］//于安澜．画史丛书（一）．上海：上海人民美术出版社，1963：91.

② 同①89.

③ 同①90.

④ 同①.

⑤ 同①.

赫开启的《画品》体例生长，在唐代形成了朱景玄《唐朝名画录》的“神”“妙”“能”“逸”四品说，张彦远《历代名画记》的“自然”“神”“妙”“精”“谨细”五品说，荆浩《笔法记》的“神”“妙”“奇”“巧”四品说；在宋代则形成了黄休复《益州名画录》的“逸”“神”“妙”“能”四品说，刘道醇《五代名画补遗》《圣朝名画评》的“神”“妙”“能”三品说，等等。《续画品》之影响直到北宋中后期郭若虚《图画见闻志·序》“亦尝览诸家画记，多陈品第……今则不复定品”承虚接响后，才流行开来。这种做法一旦成为风气，危害甚大，会导致本朝（或当代）画学批评之“谀圣”与“官本位”（如享有盛誉的画学著作《历代名画记》本朝画家评传以高祖神尧皇帝、太宗皇帝、中宗皇帝、玄宗皇帝打头，且谓“并神武圣哲，艺无不周，书画备能，非臣下所敢陈述”①；《图画见闻志》本朝画家评传以宋仁宗皇帝打头；《画继》则以宋徽宗开篇等），会降低画学批评的严肃性、学术性，必定出现“人人都是艺术家”“画圣”遍街走、画学著作满天飞的现象，之后的画学著作学术质量每况愈下（明清画学著作多如牛毛，但学术质量明显比不上元及以前者），始作俑者，其姚最乎！

① 张彦远．历代名画记：卷九［G］//于安澜．画史丛书（一）．上海：上海人民美术出版社，1963：103.

巴蜀方志整理与研究综述[①]

涂庆红

方志是一种综合性文献，记载地域内自然、政治、经济、文化和社会的历史与现状。巴蜀方志为巴蜀的历史、地理、人文、风俗保存了大量翔实的资料，是研究巴蜀一地历史文化的重要书籍。

巴蜀修志始于晋代常璩《华阳国志》，惜明清以前多数未能保存。清代以来，因官方推动，所修方志较多，存量也大。

一、巴蜀方志的纂修与保存情况

《华阳国志》是完整保留下来最早的巴蜀方志。张国淦《中国古方志考》（1962 年）辑录了四川汉至宋代的各种历史、地理书籍共 290 部。其中“通志类”54 部，“府县志类”236 部。除《华阳国志》12 卷得以完整保存，《成都文类》等少量残卷外，余皆亡佚。

据《中国地方志联合目录》记载，现存明代巴蜀地方志有省志 4 部，府县志 19 部，共 23 部。天一阁所藏明代巴蜀地方志有 11 部，含总志 2 部，府县志 9 部。明代余承勋等纂修的嘉靖刻本《青神县志》仅余 3 卷（100 卷），《青神县志》（万历）在清初已经传本稀少，《明史·艺文志》《千顷堂书目》未见著录，现也未见国内收藏，存于日本东洋文库[②]。

清代康熙、雍正、嘉庆三朝都曾敕令修《大清一统志》，各省、府、州、县也随之推动本地修志活动，清代地方志数量因而大增。据朱世嘉《中国地方志综录》（1958 年），现存的清代巴蜀地方志，有总志 10 部，府县志 405 部；附录记载台湾地区藏有乾隆八年黄锷《双流县志》、乾隆十六年冯中存《温江县志》等，共 24 部巴蜀方志；美国国会所藏稀见清代四川地方志 10 部，补遗 1 部，《综录》正文并附录共计 446 部。《中国地方志联合目录》1975 年以《中国地方志综录》为蓝本，根据各单位核对，普查到现存清代巴蜀地方志共 483 部，其中通志、总志类共 5 部，各府县志 478 部。（内容包括当时《台湾公藏方志联合目录》和日本的中国地方志联合目录）[③]，1982 年，四川省中心图书馆委员会编印了《四川省地方志联合目录》，著录了省、地、市、县公共图书馆、

① 本文原刊于《兰台世界》2017 年第 23 期。

② 巴兆祥. 中国地方志流播日本研究［M］. 上海：上海人民出版社，2008：205

③ 中国科学院北京天文台. 中国地方志联合目录［M］. 北京：中华书局，1985.

高校、科研机构以及档案馆、博物馆所藏地方志，其中清代巴蜀地方志为460部。

《中国地方志联合目录》载民国时期方志共190部，其中涉及全省的有5部，各地县志有185部。

1949年以后，各地也大力修志，且志书分类越来越细，除传统保存一地文献的志书外，还出现了一些行业志。据万方方志库统计，四川省各类志书共计1 081册，其中地情概况228册，其余交通、经济、政治、文化类等853册。重庆志书共计209册，其中地情概况类51册，其余交通、经济、政治、文化类等158册。

巴蜀方志存量如此之大，对巴蜀方志的研究却并不多见，与其存量不成比例。鉴于现今学界对方志重视日深，特将巴蜀方志研究现状做出整理，以待研究者做出进一步研究。

二、巴蜀方志的整理现状

1. 巴蜀方志的整理

方志整理是方志文献研究的基础和起点，巴蜀方志辑录整理较著者有巴蜀书社1992年出版的大型丛书《中国地方志集成·四川府县志辑》70册，该丛书是从四川历代大量保存至今的清代和民国地方志书中选择内容全面丰富、资料性强、版本较好的四川（包括重庆）方志205部，汇集成辑，虽不全面，但具有较大的资料价值。2012年凤凰出版社出版《中国地方志集成·省志辑·四川》则选了嘉庆《四川通志》出版。另有姚乐野《四川大学图书馆馆藏珍稀四川地方志丛刊》（巴蜀书社，2009）收志39部，其中县志6部，乡土志27部，均为《中国地方志集成·四川府县志辑》所未收，其中有不少孤本面世；马继刚《四川大学图书馆馆藏珍稀四川地方志丛刊续编》（四川大学出版社，2014），选录四川大学图书馆馆藏的明清以及民国修撰的有关四川地区的地方志，均为海内存本较少的本子，还收录不少四川山水寺庙志等，每一旧志均有提要，对编纂者、方志传承、内容、价值作简明介绍，并注明该志在全国的收藏情况，这两部丛刊无论从版本还是内容上，都具有较高的资料意义和价值，也是对《中国地方志集成·四川府县志辑》的重要补充。重庆图书馆编《重庆图书馆藏稀见方志丛刊》（国家图书馆出版社，2014）收志64部，辑为40册，其中孤本、稿本46部，并含有“历边十四年”经历的刘赞廷所编纂的康藏地区县志近40部，对康藏地区研究意义很大。又有四川省地方志委员会编《四川历代方志集成》（已出版一、二、三辑，国家图书馆出版，2015—2016年）计划分辑影印出版四川省300余部旧志（并不包括原属四川，今属重庆的历代方志），此系列书籍比较完整地呈现了四川方志的整体保存情况，是研究巴蜀方志的重要文本。

2. 巴蜀方志的编目与提要撰写

编目与提要撰写是基于文献学角度整理方志的工作，能方便研究者对方志情况的整体把握。秦安禄《四川省地方志目录》（方志出版社，2004）对1949—2000年以来四川各市县方志进行编目，分别介绍其书名、编纂者、书号等。四川地方志编纂委员会《四川历代旧志提要》（四川科学技术出版社，2012）收录明正德十三年（1518年）至1949

年间的四川旧志六百余部，除国内外现存的四川通志、府县志、乡土志、山水名胜志等，还包括具有方志初稿性质的志稿、采访册、调查记等资料，每部方志按作者、地理源流、纂修情况、方志特点、版本进行编排和记述，是一部很有参考价值的方志目录书。杨世明《巴蜀方志艺文篇目汇录索引》（中华书局，2016）则将164部巴蜀方志的艺文篇目汇集编排，首次对巴蜀方志中的文学篇目进行了整理，对方志中的文学作品研究有重要意义。这方面的成果还有林名均《华西大学图书馆四川方志目录》（华西大学图书馆编印，1951）；四川大学图书馆《四川方志联合目录》（四川省图书馆，四川大学图书馆编印，1958）；重庆市北碚图书馆《重庆市北碚图书馆馆藏地方志简目》（重庆市北碚图书馆编印，1959）；倪晶莹《四川大学图书馆藏地方志目录》（四川大学出版社，1991）；钟昌式《四川省图书馆馆藏新编地方志目录1949-1996》（四川省图书馆编印，1996）；吴原原《泸州市图书馆古籍地方志馆藏目录四川省部分》（泸州市图书馆编印，2010）；等等。

巴蜀方志的整理、出版工作开始得早，古方志的整理出版也较为全面，这些整理工作让历代巴蜀方志得以有效保存，让一些珍本方志得以面世，为研究者提供更多的材料和可资借鉴的视点，为方志研究拓展出很大的研究空间。

三、巴蜀方志的研究现状

巴蜀方志研究，早期集中于《华阳国志》，如民国朱士嘉、顾颉刚等人对《华阳国志》的版本源流、内容等进行的研究①。因已有陈晓华《历代整理与研究〈华阳国志〉综述》、张勇《常璩〈华阳国志〉研究概述》，在此对《华阳国志》的研究不再赘述。

对巴蜀方志研究形成著作仅有两本：何金文《四川方志考》（吉林省图书学会编印，1985）概述四川方志的总况，对四川各类方志（总志、通志、府志、直隶州志）以及各（分）州、（分）厅、县志的纂修源流做出简介，并以1980年四川行政区划为标准，分地区对每部方志的卷数、作者、纂修情况、大致体例或纂修特点、版本等进行分析，这是第一本整体介绍巴蜀方志的著作，可作为了解和研究巴蜀方志源流以及概况的基础。王斌、崔凯《〈蜀中广记〉征引方志考》（巴蜀书社，2014）对《蜀中广记》征引四川方志资料进行考证，并将所引方志按照明以前方志、现在尚存之明方志、现在已佚之明方志、未言出处的方志资料四个部分进行编排整理。该书作为资料整理工作成果为我们呈现了明代巴蜀方志保存的大致情况。

对巴蜀方志的研究更多以论文形式呈现。在知网、维普等数据库上用“方志”和“四川”“重庆”“巴蜀”等主题词组合进行主题检索，剔除会议简讯、书讯书评、相关报道以及仅仅对巴蜀方志中的材料有些许使用的文章外，研究性成果除重后有约65篇。这65篇论文大致从通论性研究，断代断域研究、专书研究以及跨学科研究等方面进行。

---

① 朱士嘉. 华阳国志版本考略［J］. 燕京大学图书馆报，1934（70/71）：1；顾颉刚.《蜀王本纪》与《华阳国志》所记蜀国事. 史林杂识初编［M］. 北京：中华书局，1963：240-246.

1. 通论性研究

通论性研究较少，吉正芬《四川地方志纂修源流略述》①，从晋《华阳国志》开始至民国，将四川各个历史时期方志的编纂情况、方志的数量、方志的存佚、方志在不同时期的发展状况做了概述，是一篇了解巴蜀方志史的简要又明晰的文章。张建锋《浅谈郭沫若与四川方志文献的关系》② 则就郭沫若在其各类著作中出现的四川方志文献进行了考察，分析出郭沫若接收四川方志文献的途径，认为四川方志文献对郭沫若的诗文质量、个人性格、文化倾向、文学创作都产生了较大影响，这样从方志文献具体考察其对文人的影响的文章比较少见。张雪梅《重庆市地方志的纂修的源流、现状及问题》③ 就重庆地方志纂修的历史，概括了重庆修志的特点，指出了新中国成立后重庆修志有资料不足、修志队伍素质不高、修志缺乏历史和文化品位等不足之处。

2. 断代、断域研究

方志所涉地域广、年代长，全面把握方志情况比较困难，对方志进行断代、断域研究，可以掌握一时、一地的方志情况，为研究者所常用。

蓝勇以成化《重庆郡志》和万历《重庆府志》两部流传甚少的方志残卷为据，从两部方志的体例、流传、内容看其在重庆地区历史研究的价值④，实际是就明代重庆地区的方志作一综合性考察。张保见就康、乾两代《安岳县志》的成书背景、经过、体例、特点，逐一论述并考证其有误之处⑤，文章偏重背景、经过的考察，考证略少。此外，王毅《明代三峡地区方志整理与研究述略》、郭礼淮《简谈明清编修的三部〈重庆府志〉》、李文泽《宋代地理文献综述——兼及宋代所编巴蜀方志》、陈浩东《成化〈重庆郡志〉和万历〈重庆府志〉整理研究》等文⑥也作了断代断域的综合性研究。

就一地纂修情况进行研究的文章较多，如张划、王嘉丽将 1994 年新编《巴县志》和民国向楚所编《巴县志》从纂修的时间、空间覆盖面，结构、文字、图表、著述性四个方面进行了比较，认为旧志有著述性强，文字优雅，重考证鉴别等优点，新志则有体例完备，时空覆盖面大等优点⑦，可作为当地方志纂修经验的总结。谭晓钟对民国时期四川地方（包括重庆）的纂修状况做了总体的概述，着重介绍了《四川通志》《四川郡县志》等六部志书的编纂情况与特点⑧。高远、熊茂松等也撰文对区域地方志的纂修源

---

① 吉正芬. 四川地方志纂修源流述略.［J］. 中国地方志，2011（10）：53-58.

② 张建锋. 浅谈郭沫若与四川方志文献的关系［C］. 郭沫若文献史料国际学术研讨会暨 IGMA 学术年会论文汇编，2010.

③ 张雪梅. 重庆市地方志的纂修的源流、现状及问题［J］. 重庆商学院学报，2001（6）：76-77.

④ 蓝勇. 成化《重庆郡志》和万历《重庆府志》考［J］. 中国地方志，2010（2）：43-45.

⑤ 张保见. 康熙、乾隆《安岳县志》述论［J］. 中国地方志，2015（5）：52-56，64.

⑥ 王毅. 明代三峡地区方志整理与研究述略［J］. 三峡论坛，2014（2）：33-38；郭礼淮. 简谈明清编修的三部《重庆府志》［J］. 重庆地方志. 1988（4）：21-23；李文泽. 宋代地理文献综述：兼及宋代所编巴蜀方志［J］. 宋代文化研究，2011（10）：104-122；陈浩东. 成化《重庆郡志》和万历《重庆府志》整理研究［D］. 重庆：西南大学，2013.

⑦ 张划，王嘉丽. 新编《巴县志》与民国向楚《巴县志》的比较［J］. 中国地方志，1998（3）：58-66，69.

⑧ 谭晓钟. 民国时期四川的地方志修纂［J］. 文史杂志，2011（5）：70-72.

流、概况等进行了考察①。

张逸洁将视野从方志本身转向方志的编纂者，其文章《明清成都府志的编纂群体》② 利用明清四部成都方志所载“纂修姓名”，对明清成都县志修志人员的职责、分工以及经费来源做了分析考证；张蕾蕾则对张澍字号做了考证，简述其西南宦迹以及所编西南三部志书《续黔书》《蜀典》《大足县志》③。

断代、断域研究从区域看，重庆各区域方志的研究为多，年代上看，以明、清为主，总体而言，无论综合考察还是纂修研究，均缺乏深层次研究。纂人研究很少，有待拓展。

3. 专书研究

专书研究，目前尚未有专著出现，均是对某部方志的某个方面或某个问题进行研究。

探讨某部志书的价值、意义是专书研究的一个重点。陈辉志分析了陈习删《大足石刻志略》与台湾地区方志流派的渊源，确定该书为大陆目前发现的“论著式写志”的唯一作品，其“论著式”写作，中西合璧的篇目设置，文白语言的使用，都使该书具有独特的价值和意义④。黄博说明了王梦庚修纂志书的缘起，认为此部志书的编纂，虽有因强调政治意义而忽视了对地方社会的经济生活和风俗文化记载，以及学术性薄弱等缺点，但因明成化、万历两部《重庆府志》的残缺，此方志成了研究重庆的重要方志资料⑤。

对编纂者方志学思想的能让人认识方志的发展和纂修理念，彭帮明对宋育仁的经历和思想作了简单介绍，论述了民国《重修四川通志稿》的文献资料价值、编纂价值以及体例的创新，说明其中所体现的宋育仁的修志思想⑥。刘夏生就刘咸炘《双流足征录》中“旧志有录者不重录；采辑事文、详古略今；注明出典，以有据为主；旧已有载，皆重为考录”四条准则，认为刘咸炘方志思想是中国方志由旧转新时期新潮流的代表⑦。

一些方志在流传过程中，不可避免地会产生残缺，错漏、模糊等现象，其修纂中也可能会产生一些错误，对方志的考证也是方志研究的一个重要方向。对方志版本进行考证的有陈修纮《明正德〈四川志〉现存孤本版刻年代辨疑》⑧，从中山大学图书馆所藏《四川志》卢雍序以及版刻风格和印书所用白绵纸证明该书为明正德十三年（1518 年）

---

① 高远. 清代巴县方志纂修论略 [J]. 重庆工商大学学报，2013（3）：128-123；高远. 明代重庆地区纂修方志考论 [J]. 中国地方志，2014（1）：57-63；熊茂松.《夔州府志》修纂源流考 [J]. 图书馆学刊，2014（5）：126-130；滕新才，王倩.《巫山县志》纂修源流考 [J]. 三峡大学学报，2016（4）：1-3.

② 张逸洁. 明清成都府志的编纂群体 [J]. 成都大学学报，2014（1）：15-18.

③ 张蕾蕾. 张澍及其西南方志编纂考察 [J]. 长江师范学院学报，2014（1）：108-113.

④ 陈辉志. 陈习删《大足石刻志略》的方志学意义 [J]. 中国地方志，2004（3）：21-23.

⑤ 黄博. 试论道光《重庆府志》的成书与价值 [J]. 重庆邮电大学学报，2010（2）：91-95.

⑥ 彭帮明. 宋育仁与民国《重修四川通志稿》[J]. 四川图书馆学报，2012（1）：84-86.

⑦ 刘夏生. 有蜀旧风，创作新志：刘咸炘《双流足征录》及其方志学思想 [J]. 地方文化研究辑刊，2013（10）：128-131.

⑧ 陈修纮. 明正德《四川志》现存孤本版刻年代辨疑 [J]. 中山大学学报，1982（3）：85-87.

年刻本，又根据书中重页写有嘉靖职官，明确此书版本为明正德十三年刻本，嘉靖十六年增补本，该文考证细致、思考周全，令人信服。李巧思和唐建对《益州志》内容进行考证，前者从误署作者、改窜原文、不区分侨县与旧址对《益州记》进行了考证；后者则从《益州记》中不属于李膺所撰佚文的角度对《益州记》进行了考证①。对著者进行考证的学者是赵心愚，其文《乾隆<打箭炉志略>著者及资料来源考》② 从清代地方修志的有关规定以及成书时间推测著者当为乾隆末年在任的打箭炉同知袁以壎，就其内容看，资料来源主要来源于《雅州府志》；《台北故宫藏乾隆<盐源县志>著者考》③ 从《盐源县志》作者在不同目录书中的记载不同出发，根据乾隆《盐源县志》的内容以及嘉庆《四川通志》、光绪《盐源县志》所记载，考证其主修为当地县令曾正浩，纂者为县衙中的官吏。

4. 跨学科研究

随着对方志价值的认识加深，不少学科开始挖掘方志中的资料，或者以方志为资料依据进行跨学科研究，巴蜀方志的跨学科研究主要集中在语言、文学、历史文化以及风俗宗教研究上。

（1）语言、文学研究

对语言的研究，向学春从整体上看待方志在语言研究中的作用，作者认为方志有不少调查和研究汉语方言的材料，对他们进行研究有利于研究方言的历史和文化背景，有利于研究方言的语音、词汇和语法，有利于探讨方言形成、演变、方言接触等问题，全面考察、总结了方志在语言学上的价值④。邓邦云就具体语言展开，对《成都通览》中的“板漩”“二甲梁”等十二个词语进行了词义与渊源的考察，认为四川方言具有很强的自产能力，不少方言词语都打上了四川地域文化的烙印⑤。一些硕士论文也开始关注这一领域⑥。显然，在认识到方志保存了大量的语言资料后，以方志中的语言材料作为研究对象成为语言学的一个新方向。

巴蜀方志与文学关系的探究。李怡认为在巴蜀地域中流传甚广的龙门阵习俗和撰写方志的传统，是影响四川文学的主要因素，方志意识促使四川作家较多地关注本地域的特殊生存现象⑦。段从学则认为《中国四川抗战新诗史》借鉴了古代方志叙事的传统，

---

① 李巧思.《益州记》佚文考辨［J］. 四川师范大学学报，2002（3）：141-144；唐建. 李膺《益州记》佚文考辨［J］. 中华文化论坛，2005：65-69.

② 赵心愚. 乾隆《打箭炉志略》著者及资料来源考［J］. 西南民族大学学报，2003（9）：49-53.

③ 赵心愚. 台北故宫藏乾隆《盐源县志》著者考［J］. 民族学刊，2015（2）：17-20，90-91.

④ 向学春. 论地方志中的方言学价值：以四川方志为例［J］. 重庆广播电视大学学报，2014（5）：52-57.

⑤ 邓邦云.《成都通览》方言词语札记［C］//四川大学中国俗文化研究所. 汉语史研究集刊. 成都：巴蜀书社，2013（10）：266-277.

⑥ 刘良军. 四川方志汉族婚俗词语文化义研究［D］. 成都：四川师范大学. 2008；廖玮婧. 清末民初巴蜀地方志植物名研究［D］. 成都：四川师范大学，2008；舒治军. 清末民初巴蜀地方志动物名研究［D］. 成都：四川师范大学，2011

⑦ 李怡. 地方志：龙门阵文化与现代四川文学的写实主义取向：二十世纪中国文学与巴蜀文化之一［J］. 西南师范大学学报，1997（1）：43-49.

将自身定位在“地方文学史”层面上，描述了现代新诗如何在抗战时期的四川得以发生的历史进程①。两篇文章都从巴蜀方志对巴蜀文学的影响切入，是一个很好的视点，但目前对方志中一些具体的文学内容还无人研究。

（2）历史资料研究

方志资料丰富，史料价值高，地方文化、习俗、宗教、地理均可在此找到资料。王东杰《乡神的建构与重构：方志所见清代四川地区移民会馆崇祀中的地域认同》② 就方志中所载会馆、移民以及风俗的文献资料，认为四川移民会馆祭祀不仅是移民乡土认同的象征，也被赋予了地域性的内涵，容纳对新家乡的认同感，文章角度新颖，认识深入，史料丰富。熊茂松《巴渝方志所载三峡地区踏碛习俗考辨》③ 探析了踏碛习俗从唐宋到清的流变和消失是由于三峡地区在明末清初遭到毁灭性的破坏，传承踏碛习俗的本地人大量死亡，外来移民对诸葛亮的情感已不如原地先人那么强烈等原因，并得出文化习俗作为一种社会传统，随着历史环境的变化而改变，人始终是传播文化习俗不可或缺的最重要载体的结论。

定阳子《蜀方志中有关张道陵的几则资料》、黄宜凤《〈蜀典〉的民俗文化研究价值》、张志全《清代以来巴渝民俗节庆演剧考论——以清代巴渝方志为中心的考察》、胡靖硕士论文《清中后期至民国巴蜀地方志所载汉族岁时节俗研究》、熊茂松博士论文《明清〈夔州府志〉夔州社会史研究》④ 等约 10 篇论文也是从宗教、风俗等方面进行研究。

（3）其他研究

方志内容涉及方方面面，研究的角度也很多。如郭成圩、汤家琛《四川方志中所见有关黄连的部分记载》，张忠《从地方志看四川应对疫灾的机制》，鲁克亮、刘琼芳《对近代方志记载中的四川地震的考察》⑤ 等论文分别从医学、地震、灾害等方面进行考察，也为方志研究提供了新的方向和视野。

四、结语

巴蜀方志的整理与研究都开始的较早，整理成果卓著，不仅对古代方志的整理出版较为全面，也开始对方志中一些专业资料进行整理。但方志的索引编纂上应该进一步加

---

① 段从学. 方志叙事与“地方文学史”的新可能：《中国四川抗战新诗史》自序［J］. 中华文化论坛，2015（9）：29-31，192.

② 王东杰. 乡神的建构与重构：方志所见清代四川地区移民会馆崇祀中的地域认同［J］. 历史研究，2008（2）：98-118.

③ 熊茂松. 巴渝方志所载三峡地区踏碛习俗考辨［J］. 重庆三峡学院学报，2016（5）：7-11.

④ 定阳子. 蜀方志中有关张道陵的几则资料［J］. 宗教学研究，1998（2）：61-62；黄宜凤《蜀典》的民俗文化研究价值［J］. 中华文化论坛，2011（6）：106-108；张志全. 清代以来巴渝民俗节庆演剧考论：以清代巴渝方志为中心的考察［J］. 湖北民族学院学报，2014（2）：36-39.

⑤ 郭成圩，汤家琛. 四川方志中所见有关黄连的部分记载［J］. 中医杂志，1959（6）：68-69；张忠. 从地方志看四川应对疫灾的机制［J］. 中国地方志，2007（4）：36-40；鲁克亮，刘琼芳. 对近代方志记载中的四川地震的考察［J］. 中国地方志，2008（9）：38-43.

强，可编纂出方志中地名、人物、传记等索引，还可根据当前的社会生活，辑录出方志中的地理、方言、民俗、水利等各类资料进行类编。

在研究方面，除《华阳国志》外，其他方志的研究数量少，著作仅2部，主要为资料的概述与整理分类，没有系统和深入地研究巴蜀方志的专著，也没有专门研究某一部方志的论著。研究性文章约65篇，大部分文章发表于2000年后。

巴蜀方志研究很不平衡，从研究对象上看，早期研究主要集中于《华阳国志》，后期研究主要集中在明清方志，民国方志、现当代方志研究较少。从研究方向上看，研究者们更注重对专书的研究，个案的研究，忽视了通论研究，尤其是对巴蜀方志的系统研究，导致无宏观性的把握和发展研究。从研究的角度看，专书研究角度较多，纂修、考证、方志价值、方志思想、纂人研究均有所体现。断域、断代研究角度较少，质量略逊。无论通论、断代研究还是专书研究，均把方志的纂修作为研究重点，但多数考察纂修源流，少有对纂修理论的总结。近十来年比较可喜的现象是展开了跨学科研究，研究者开始将方志与语言、历史文化、民俗、宗教、文学等学科结合进行研究。这类研究数量逐年递增，开启了巴蜀方志研究的新方向。

巴蜀方志的研究相对丰富的巴蜀方志资源而言，仍显薄弱。在巴蜀方志的研究中，许多研究都处于空白状态，如巴蜀方志中的各学科资料的文献整理，断代、断域、专书的系统研究等，以方志为基本材料的语言、文学、文化等方面研究也亟待学人大力开拓。

论金代女真党争中的士风与诗风[①]

黄丹丹　李栋辉

女真族兴起于白山黑水，占据中原后改弦易辙以稳定民心。随着辽宋士人先后依附于新政权，导致了激烈的党争如，金熙宗皇统七年（1147年）发生的“皇统党狱”、金章宗明昌六年（1195年）的“明昌党禁”、金宣宗贞祐初年（1214年）的“士林之祸”。党争的诱因基于女真统治阶层对汉族文士的猜忌，而金代党争造成了士风的严重败坏以及政坛周期性反复动荡，迫使诗人对自己的政治前途做出选择：依附权贵或隐逸江湖。这就严重损害了士大夫正常的仕进心理，由此引发金代诗坛上兴起了两种诗风：幽深悲凉与高蹈自适。

一、“皇统党狱”与“隐退”诗风

作为金初诗坛的主力军，故宋儒臣一直受到女真守旧贵族与辽朝士子的排挤与打压，无论是持节未仕的朱弁、洪皓，还是仕金的蔡松年与吴激等人都是如此：绍兴和议前，使金宋使被羁縻北方，女真贵族的高压，使得大部分守节的宋使在艰难的处境不幸故去，后得以遣返故国的宋使只有洪皓、朱弁、张邵三人。仕金的辽宋遗臣，在女真贵族新旧势力的倾轧下，动辄得咎，“皇统党狱”的残酷就是这一时期政治危局的表现。政治上所受到的打压加上身处异国的复杂心态，造成了这一时期恬退自安、不乐仕进的士风，诗作中则呈现出借晋宋高风以高蹈隐遁的倾向。

韩企先（1082—1146年）作为宗翰所提拔的金初宰相，当政期间采取措施，大大加速了女真族的封建化进程，他喜欢奖掖后进，所提携的田瑴等人为辽朝故地士大夫中的名流，而出身于宋儒的蔡松年等人却始终无法进用。由于田瑴的刚直快言，蔡松年等人出于对“君子、小人”之辨的愤恨心理，不得已向完颜宗弼大肆进谗，被统治阶层的猜忌心所利用，导致了一场清除异己的权力斗争。关于“皇统党狱”，刘祁《归潜志》记载得较为详细：熙宗时，韩丞相企先辅政，好奖进人材，田瑴辈风采，诚一时人士魁，名士皆显达焉。凡宴谈会集间，诸公皆以分别流品、升沈人物为事。时蔡丞相松年、曹尚书望之、许宣徽霖居下位，欲附其中，而瑴辈不许曰：“松年失节、望之俗吏、霖小人。”皆屏而不用。三人者大恨之。时太师辽王宗弼以皇叔当国，三人者游其门，其言瑴等专进退人材自利，将不利朝廷。……三人者促辽王起党事奏闻。……于是收瑴等下

① 本文原刊于《贵州民族研究》2015年第11期。

狱，且远捕四方党羽。每得一人，先漆其面赴讯，使不相识。携掠万状，毂、具瞻皆死狱中，而松年、望之、霖皆进用矣。……当毂用事时，士之希进者无不附之，独吾高祖南山翁不预。及其遘祸，天下士多不免，独吾祖得全，世以拟郭林宗①。

田毂用事时，天下名士竞相依附。而后其“倒用月日”举动更为政敌得以诬告之口实，于是出现了较北宋元祐党禁更为残酷的皇统党狱。《金史·孟浩传》记载：“企先薨，毂出为横海军节度使。选人龚夷鉴除名，值赦，赴吏部铨，得预覃恩。毂已除横海，部吏以夷鉴白毂，毂乃倒用月日署之。许霖在省典覃恩，行台省工部员外郎张子周素与珏有怨，以事至京师，微知夷鉴覃恩事，嗾许霖发之，诋以专擅朝政。诏狱鞫之，拟毂与奚毅、邢具瞻、王植、高凤庭、王效、赵益兴、龚夷鉴死，其妻子及所往来孟浩等三十四人皆徙海上，仍不以赦原。天下冤之。”②

皇统党狱对汉族儒士一派势力的打击是残酷的，并株连了很多无辜者，造成了田毂、奚毅、邢具瞻等8人含冤而死，34人被远逐，牵连人数远远不止此数，党狱之后“台省为之一空。”可以说是金代最为惨烈的一次党争。

这场党同伐异的斗争，摧残了金源早期大批可堪重任的贤才，在从政的汉族士大夫心里留下了难以抹去的阴影，“自田毂党事之后，有关者以为诫，惟务苟且，习以为常”。深陷这次党争的诗人，无论是之后得势的蔡松年等人还是遭到放逐的田毂党人，党争的残酷在他们在心灵深处都留下了很深的印迹，这种基于政治利害冲突而产生的畏祸心理，体现在诗作中往往是晦涩的，大都流露出对仕进的淡漠和对山林的向往。刘祁的高祖刘撝当时没有附会，得以幸免。士林中以东汉名士“郭泰”称赞他，就是对其恬淡自适的操守的赞美，这种淡泊自适的隐逸心理，被金代士大夫广泛接受。

当时身陷党祸的诗人有李之翰与王仲通，李之翰流徙上京（今黑龙江阿城南白城），三载后遇赦，放还途中所做的《中京遇因长老》诗中流露出对流落天涯后生还的庆幸和人生失意的冷寂：“天涯流落偶生还，古刹相逢语夜阑。叹我归途千里远，喜君禅塌一身安。松声不断风吟细，月影无边露气寒。分手山堂更寥索，冷云衰草伴征鞍。”③ 其中颔、颈二联以松声风吟、月影寒露这样清峭的意象隐喻内心的凄凉。复官后而作《岁暮》诗云：“休怪年来白发新，天涯三载困埃尘。偶离沙碛穷阴地，收得桑榆老病身。对雪莫吟秦岭句，拨醅且醉汉江春。此生自断无余事，何必区区问大钧。”④ 党祸远徙的痛苦回忆在作者心中萦绕不去，关中故土已非旧时家园、汉江之滨惟有借酒沉醉，透视出对人生无常的深沉感喟。王仲通流徙五国城（今黑龙江省依兰县）后，作于流徙地的《送客》云：“措足疑无地，扪心幸有天。故人成邂逅，残喘见哀怜。落日精魂外，孤云泪眼边。西归万里梦，今夕到君船。”⑤ 以送别友人西归反衬身陷囹圄的落寞，将送别之意与羁縻之悲融为一炉，可谓声泪俱下。

---

① 刘祁. 归潜志：卷十［M］. 北京：中华书局，1983：110.

② 脱脱. 金史［M］. 北京：中华书局，1975：1979：1979.

③ 薛瑞兆. 全金诗：卷九［M］. 天津：南开大学出版社，1995：125.

④ 同③.

⑤ 同③133.

处于政治漩涡中的蔡松年，诗中常流露出对宦海生涯沉浮的畏惧之心，如《漫成》有云："违己欲徇世，忧患常相樱。……世途古今险，方寸风涛惊诗中充满着对田园生活的向往和摆脱官场羁绊的渴望："暂收此身去，田园事春耕。"[①] 蔡松年诗中对田园生活的向往以及对魏晋风流的仰慕恰好是政治环境险恶境遇中自我宽慰的心理暗示。

二、明昌党禁与"幽独"诗风

金章宗完颜璟以皇太孙即位，雅尚文辞，多有诗人以此擢升，章宗时期是金源文治最璀璨的时期，同时也是士风积极用世的时期，此时的士大夫有敢为天下先的情怀，刘祁说："明昌、泰和间崇文养士，故一时士大夫争以敢言、敢为相尚，逮大安中，北兵入境，往往以节死。"[②]

然而在皇权相争的阴影下，章宗一方面控制世宗诸子，诛杀郑王用蹈、镐王永中以防篡逆之心，并严禁叔辈行动自由，"疏忌宗室，遂以王傅府尉检制王家，苛问严密，门户出入皆有籍"[③]；一方面严禁朝中朋党之争，至于"晚年为人谗间，颇厌怒。如刘左司昂、宗御史端修，先以大中事皆坐谤讪朝政谪外官。其后，路侍御铎、周户部昂、王修撰庭筠复以赵闲闲事谪绌。"[④] 当时在朝为官的著名诗人如王庭筠、赵秉文、党怀英先后受到牵连贬谪，士人入世之心被消磨殆尽，章宗朝新奇、工巧的诗风由此开始发生转变，与士风的消沉与低落不无关系。

儒家信条以教导士人正君子之道，去小人之弊为行事准则。"君子、小人"的二元对立，是皇权体制下党祸发生的文化根源。君子之党在道德仁义的心理中干预时政，而对立方在其眼中，就成为谋权争利、伤风败俗的小人。

此前，章宗疑心完颜守贞与董师中、路铎等有树党结派之嫌，将其贬出。继而宠信元妃李氏与佞臣胥持国，明昌党禁就是完颜守贞党案的发展，终以君子一党的失败而告终，牵连众多，从而使得当世著名诗人王庭筠、周昂、赵秉文等"俱下吏"，遭到杖责并外贬。赵秉文《狱中》诗陈述面对囹圄沉痛而无助的心理困境："处顺初无累，安时故不忧。敢遑身后虑，甘向死前休。有姊如工部，无儿似邓攸。悠悠天地意，还许望松楸。"贬居岢岚州军州事（今山西省岢岚县）王庭筠《狱中赋萱》云："沙麓百战场，舄卤不敏树。况复幽圄中，万古结愁雾。寸根不择地，于此生意具。婆娑绿云杪，金凤掣未去。晚雨沾濡之，向我泫如诉。忘忧定漫说，相对清泪雨。"《狱中见燕》云："笑我迂疏罹祸机，嗟君底事入圜扉。落花吹湿东风雨，何处茅檐不可飞。"[⑤] 其一赋萱以人格化，以如泣如诉的笔触表现难以忘忧的哀怨心声，其二借飞翔之燕寄托深陷囹圄的幽愤以及与对自由的渴望。

金代中期诗坛形成的"幽独"之风，一则与诗人追慕魏晋高风余韵有关；一则基于

---

① 薛瑞兆. 全金诗：卷九［M］. 天津：南开大学出版社，1995：106.

② 刘祁. 归潜志：卷七.［M］. 北京：中华书局，1983：73.

③ 脱脱. 金史：卷十三［M］. 北京：中华书局，1975：290.

④ 刘祁. 归潜志：卷十［M］. 北京：中华书局，1983：112.

⑤ 薛瑞兆. 全金诗：卷九［M］. 天津：南开大学出版社，1995：215.

政治党争所造成的心理阴影。明昌党禁前，朝中文士相争就已经引起章宗的弹压：“明昌五年（1194 年）八月……闻文士多妒庭筠者，不论其文，顾以行止为訾。大抵读书人多口颊，或相党。……遂迁庭筠为翰林修撰。”[①] 章宗袒护王庭筠，党怀英因乞致仕，出为外官，回朝后韬晦以自全，《成趣园诗》中有：“宦游怀危涂，常樱机阱惧。”正是这种政治困境中隐晦心理的暗示。章宗晚年，再兴党狱：“泰和八年正月丙子，左司郎中刘昂、通州刺史史肃、监察御史王宇、吏部主事曹元，礼部员外郎徒单永康、太仓使马良显、顺州刺史唐括直思白坐与蒲阴令大中私议朝政，皆杖之。”[②] 刘昂坐贬道死，史肃外贬陕陇。政治高压的局面下，适意求闲、读书参禅成为诗人排解的不二法门，史肃《方丈坐中》诗云：“纸本功名知几钱，何如付与北窗眠。诗书作我闲中地，风月知人醉里天。水底游鱼真见性，树头语鸟小参禅。平生习气莲华社，一炷香前接后缘又《读续传灯录》云：“闭户懒不出，真成住夏僧。肝肠虽自苦，面目得人憎。处世若大梦，学禅犹小乘。早知文字误，更用读传灯。”[③]

三、“士林之祸”与“沉郁”诗风

金宣宗重吏轻儒，致使术虎高琪专权，压制正统文士。在“好吏恶儒”的背景下发生了以高庭玉为首的士林之祸，党祸发生在贞祐元年（1214 年）或贞祐二年（1215 年）春。高庭玉在章宗、卫绍王时，甚有时名。在宣宗眼中，“名士多归之”，难免有结党之嫌，由“左右司郎官”外出为“河南府治中”，就有统治阶层猜忌心理的表现；当蒙古围中都之时，基于尽忠报国、援救京师的心理，与上司复兴出现冲突，却落下口实，被诬陷为有谋逆之心并拘押，牵连众多，当时才士几乎被一网打尽：“庞才卿、雷希颜、王士衡、辛敬之皆被罗织，几有一网之祸。比赦至，庭玉瘐死。”[④] 这次党祸中，遭到株连的多为当世著名诗人，有庞铸、雷渊、辛愿、王权等人，后被查明是冤狱，却导致高庭玉无辜而死的悲惨下场。

辛愿得罪后，日渐狼狈：“雅负高气，不能从俗俯仰，迫于饥冻，又不得不与世俗接。其枯槁憔悴、流离顿踣，往往见于诗。”[⑤]《陋室》诗云：“陋室何妨似燕窠，暮年终得返鱼蓑。壶中日月时常好，枕上功名不足多。往古来今真夜旦，高田厚底一置罗。鹿门幸有庞公乐，牛角徒为宁戚歌。”[⑥] 政治之高压，国事之离乱，加剧了当时诗人恶劣的生存困境，基于对身世与家国的沉郁之思，诗境中多有功名空幻，浮世促迫的感慨，诗语凝练而诗境则颇为落寞。

党狱发生时，士林噤若寒蝉，“敬之辛愿亦被讯掠，自是人以敬之之名为讳。”脚冤

---

① 脱脱. 金史：卷一百二十六［M］. 北京：中华书局，1975：2731.

② 同①283.

③ 元好问. 中州集：卷五［M］. 上海：中华书局上海编辑所，1959：230.

④ 宇文懋昭. 大金国志校证：卷二十九［M］. 北京：中华书局，1986：414.

⑤ 元好问. 中州集：卷五［M］. 上海：中华书局上海编辑所，1959：485.

⑥ 元好问. 中州集：卷十［M］. 上海：中华书局上海编辑所，1959.

案昭雪后，士子已经不再有参政的勇气："自兹时士衡无复仕进意矣。"① 此后，当朝者擢用女真士子而猜疑汉人，导致了金源王朝的迅速覆灭。在国势危急以及排挤儒士的情势下，一些士人不再热心仕进，致使士风衰微："以自保为幸，或高蹈远引，脱屣世务；或酣歌纵酒，苟延岁月"②。另一些士人如雷渊、宋九嘉等人则以"声名意气相豪"③，或吟啸诗酒、跌宕不羁；或慷慨言事，在衰微国势中显得出类拔萃。士人不再干预时政、飘摇在外的艰苦生活促使部分诗人关注民瘼，诗风趋于沉郁，元好问《三乡杂诗》赞辛愿说："溪南老子坐诗穷，穷到箪瓢更屡空。五凤楼头无手段，碧鸡坊外有家风。"④ 文穷而后工，金末诗坛沉郁诗风的形成与当时诗人地位的低下以及政治命运的坎坷大有关联。

金代女真统治阶层刑法严酷，士大夫有微小过失就要遭杖罚，甚至以刀刃等肉刑施与肢体："以杖折徒，累及二百，州县立威，甚者置刃于杖，虐于肉刑。……微过亦决，风纪之臣失纠亦决。原其立法初意，欲以同疏戚，壹小大，使之咸就绳约于律令之中，莫不齐首并足以听公上所为，盖秦人强主威之意也。是以待宗室少恩，待大夫士少礼。终金之代，忍耻以就功名，虽一时名士有所不免。至于避辱远引，罕闻其人。殊不知君子无耻而犯义，则小人无畏而犯刑也。是故论者于教爱立廉之道，往往至太息之意也。"⑤ 严刑峻法虽然对维护皇权统治有很大帮助作用，却致使士大夫对女真统治者产生严重疏离与忍辱负重的双重心理。纵观金源百年，知名诗人如张通古、蔡松年、王庭筠、赵秉文都曾遭到当廷杖责的惩处，异族统治的隐约抗拒与小心谨慎的从政心态，使得高蹈隐遁的幽独之风与自适求安的隐逸诗风一直存在；翻检《全金诗》，无论是早期的仕金宋人，或者大定、明昌时期的"国朝文派"，还是金源晚期的李纯甫、赵秉文主盟的诗坛，此类诗作俯拾皆是。

---

① 刘祁. 归潜志：卷二［M］. 北京：中华书局，1983.

② 姚奠中. 元好问全集：卷二十二［M］. 太原：山西古籍出版社，2003：503

③ 刘祁. 归潜志：卷五［M］. 北京：中华书局，1983：43

④ 姚奠中. 元好问全集：卷十三［M］. 太原：山西古籍出版社，1994：336.

⑤ 脱脱. 金史：卷四十五［M］. 北京：中华书局，1975：1014.

话剧“老字号”传承文化传统的书写思辨①

黄益倩

老舍话剧《茶馆》一面记录了北京城兴衰起伏的历史变迁，另一面也开启了关于北京商业老字号话剧书写的源头。话剧书写所钟情的“老字号”多是北京城里具有一定历史沿革，且为这座城市所独具特色的商业行当。在日积月累的经营历程中它们不仅练就了熟稔精细的行业技术，更形成了明确严苛的行业准则，在与北京城的历史同构中逐渐形成了别具一格的商业文化风貌。这使得“老字号”不仅是一块响当当的商业招牌，更是城市文化传承的一面金字匾额。所以，当代话剧选择对于传统文化的传承方式之一即是借由书写京城“老字号”，话其历史兴衰，探其文化“家底”，以期再现城市万千世象。其实，“老字号”本身所蕴蓄的厚重文化确实充满了“丰腴的生活幻想”②，强烈吸引着文学的艺术再现，不断召唤着来自当代的话剧言说。

一、话剧“老字号”承袭传统文化的书写模式

纵观传承“京味儿”文化传统的当代话剧，总有这样一类作品反复咀嚼着“老字号”的文化意味，延续着老行当的叙述历史：何冀平的《天下第一楼》演绎了北京烤鸭店的兴衰，夏坚勇的《金粉残阳》与郑天玮的《古玩》则撰写出琉璃厂古玩业的史话，杜广义的《澡堂子》铺展开公共生活的场景，叶广芩、王志安的《全家福》和黄盈的《卤煮》则记载了传统手艺人的悲喜。这些作品所书写的老行当大多如传统生产经营意识所归并的一样，无论规模大小、时间长短、声誉好坏，都保持着主要由一家一户来主持生产与销售的“作坊式”经营，且所从之业也多半是社会声誉不高的服务类行业。尽管这些商业行当被视作“低贱”的行当，却因其长久勤勉的经营维护与活络熟稔的人情关系而与城市民众的日常生活紧密相连、息息相关，与这座城市的文化精神灵犀相通、默默交融，因此成就了商业行当中的“老字号”“京味儿”文化的传统意味。所以，在话剧“老字号”的创作里，北京商号所浸润的“京味儿”文化传统就集中呈现为三个层面的书写特征：

---

① 本文原刊于《文艺争鸣》2015 年第 9 期。

② 周作人. 北京的茶食［M］//姜德明. 北京乎：现代作家笔下的北京（1919—1949）. 北京：生活·读书·新知三联书店，1992.

第一，这个迈着庄严老迈、不偏不倚步伐的城市总是要把一切都琢磨出滋味来，并显出生活的艺术，所以这些落脚在北京城里的商家都为了迎合这种“讲究”的消费需求而反复锤炼，逐渐形成了每一个行当精细入微的专业技艺、行业规则、经营方式，及至达于审美的艺术化境。《天下第一楼》清晰如画地呈现了老北京饭庄子高超的“烧鸭子”技艺，掌厨大师傅全凭一手炉子上的“细活儿”而高人三分。而古玩行当的从业者们仿制古董绝技的神妙程度也几近“真假难辨”，《金粉残阳》中“古铜张”穷其三年仿制北魏鎏金佛像的技艺臻于佳境。《全家福》里泥瓦工匠的妙手则筑就了北京城门的巍峨秀拔、宫墙的疏落有致、影壁的光彩照人。这些囊括了各种老行当精妙绝技的话剧书写，如同绘就了一本舞台版的《北京风俗百图》，千锤百炼、历经世事而被传承下来的非物质文化遗产不禁令观者惊叹不已，而达于审美的技艺也恰是文化传统在场的证明。

北京“老字号”的经营者们精于行业技术自不在话下，连带消费者也要品得其中滋味，才算“会吃”“会用”。套用一句北京老话，就是“卖”与“买”都讲究个门道。自晚清以降，北京城中便活跃着一批无心“经世治国”，却意在精研文化雅趣的贵胄文人，《天下第一楼》中的“傍爷”修鼎新，《古玩》中的文士叶秋山即为此道中人。他们以文化研究的态度和做学问的精神来品味生活细节，琢磨消费艺术，以满腹学识凑个“风雅”，饱读诗书换得“识趣”；倒也成就了北京商业文化中高雅的志趣和不俗的品位。及至连带京城的平民百姓生活也脱不开讲究，“泡澡”和“吃卤煮”，就是他们消费得起也乐于消费的生活享受。普通人家在辛苦繁忙的“挣嚼谷钱”之外，也就在这样再简单朴实不过的消费里找寻人生的乐趣，觅到一份自得的心境，这又何尝不是另一种生活的艺术呢?

第二，老北京城的人们重规矩好名誉，人事评价也大多关乎道德品行，“仁义”“厚道”的褒奖一面显示了帝都人宽广的襟怀，另一面也昭示着他们高尚的精神气质。这样的文化传统甚至渗透到了商业经营中，经营者对于道德品质的看重远胜于商业利润的赚取。文化传统塑造了这样的逻辑：秉持高尚仁厚的品质不仅是维续商业活动的原则，更是获取最大利益的保障，乃至为人立身、兴家立业的基石。所以经营者们把对道德品质的自我修为潜移默化为一种“行规”，在商业竞争中倾注了更多的人文体察，设置了市场认可的另一重标准，尽管有悖于“资本逐利”的原则，但却暗暗契合了古老都城的精神气质，因此商业“德行”也逐渐演化为了一种彼此心照不宣的文化传统。

例如《天下第一楼》中“福聚德”掌柜卢孟实拼其一生都在为“做饭庄子”追求“做人的体面”。《全家福》里泥瓦工匠一辈子“无论走到哪儿都别忘了咱们的行规：平如水，直如线，做工做人都如是。”① 联系历史背景而言，话剧作品不免为典型人物的塑造刻意拔高了人物的道德境界，然而不屈从于等级限制的尊严感却是那个时代地位卑微者真实的人格理想，这种自爱、自尊、自重的人格诉求原本就脱胎于老北京的文化精神。

---

① 叶广芩，王志安. 全家福 [J]. 剧本，2005 (2): 31.

如果说力求手艺精湛还多是技术层面上的要求，那么恪守行规严明则带有道德审视的成分。老舍在小说《老字号》中掷地有声的一句话：“三合祥的金匾有种尊严!”即是肯定老商铺经营者在道德风尚层面上所得到的社会认可。客观而论，以“品人”的标准评估商号实则是利弊兼有一件事，它一面使得商户经营脚步扎实、诚信可靠，另一面又因“道德绑架”而缺少了市场活力，往往于激烈残酷的现代商业竞争中处于被动，渐趋衰落。尽管如此，“老字号”所遗留下的这份道德文化遗产于虚浮无序、乱象纷杂的现代企业竞争和资本市场角逐而言却真有着非比寻常的历史寓意。

第三，从茅盾小说《子夜》开始，中国现当代文学作品中就不乏关于中国现代商业资本运作和市场发展的叙述，疯狂的利润追逐演化出赤裸裸的金钱关系，惨烈的市场竞争容不下半点人情关怀。然而老北京商业的话剧书写却不然，总在利益之外甚至之上透露出浓厚的人情味。

首先，作为一种特殊的文化现象，“老字号”蕴含着化不开的人情关系，从互助相守、仗义扶危、帮衬解困的大人情到嘘寒问暖、点头致敬、满含笑意的小人情，如同北京城里的冬日暖阳一样厚厚地笼罩在老字号的坊间铺面，处处显示出温暖的人间情意。上至大商铺的东家卢孟实仗义疏财、解危济困，下达普通的手艺匠人王满堂甘冒生命危险保护朋友。“义”重于“利”的风习甚至形成这样的观念：“非商人本性的商人才是好商人，道德感情上可以接受的商人。”①

其次，人情关系也是联系买卖双方之间的情感纽带，商家与客户彼此之间客气、熟络、信任的日积月累，逐渐形成相互依赖和倚重的“朋友圈”。《茶馆》里的老王掌柜总是拿出最为圆滑的处事态度来应对茶客，大家也都把他视作可以说难处，讲心事，发怨气的老朋友；“澡堂子”“饭庄子”的经营者们也分外看重与主顾之间的深情厚谊。而如此“温情脉脉”的商业关系只能孕育于分外熟络的人情交际之中。

甚而，在特定的历史时期这种交厚的“人情”可以从人际关怀上升为国家民族大义。北京城特殊的政治地位生发出北京人对于政治的敏感与热衷：他们并不缺少地区意识，而是自觉地把个体意识与情感体验都扩大化，往往在言谈举止间就把个人与城市，乃至国家联系在了一起。因此，在“京味儿”的文化语境中对于国家民族的情感是个体日常情感的一部分，甚至是极为重要的组成部分。这就可以解释《茶馆》中聚会的茶客熟视无睹于“莫谈国事”的条幅而大谈国事；《澡堂子》里即便是来寻轻松、找舒服的澡客也要聊聊时政要闻。而在以老古玩店经营为题材的剧作里，这种政治情感甚而被浓墨重彩的书写为“宁为玉碎，不为瓦全”的民族气节。“风气刚劲，不屈不挠，勇于赴义，重名之耻”②，这就是于话剧“老字号”书写中能强烈体验到的传统文化情感，完全无关乎商业利润和效益的高尚勇毅的家国大义。

总之，北京的老商号不仅曾经一度创造了这座城市的物质繁华，同时也创造了深具个性与底蕴的文化传统。而关于“老字号”的话剧书写也大多选择了最能体现文化传统

① 赵园. 北京：城与人［M］. 北京：北京大学出版社，2002：90.

② 夏仁虎. 枝巢四述·旧京琐记［M］. 沈阳：辽宁教育出版社，1998：79.

的特征：品鉴生活的审美价值、崇尚完善的道德人格、饱含浓厚的人情关系与家国情怀，这就构筑了“老字号”话剧独特的表现模式——充满“人情化”的怀旧叙事，寄予着剧作者对于“京味儿”文化深深的眷恋敬慕之情，尽管与城市现代化的进程渐行渐远，但却凝练着传统文化的情感归宿。

二、承袭文化传统的话剧书写模式的困境

毋庸置疑，内蕴丰厚的“京味儿”文化传统是话剧“老字号”不竭的创作源泉；而话剧书写也以浸润城市文化精神，彰显城市文化气象而直达人心，这是一切文化名城与其文艺创作之间相互选择的幸运。

然而，尽管传统文化孕育了“京味儿”话剧，但话剧书写却并不可能觊觎展示传统文化的全貌；话剧呈现的传统文化必须有所选择：一面既要具有鲜明的辨识度和独特的审美性；另一面又要最具舞台表现力和艺术张力。依据这样的标准，话剧的文化传承只能选取最符合体裁特征的作为其书写内容，最易为观众感知认可的作为其表现手法，最具审美情怀的作为其精神内蕴。而文化传统的话剧书写既是借由其传播文化，也是在延续传播过程中不断稳固、确证并传承文化，传统由此生发于现代。在这个意义上而言，书写传统文化的话剧与其所依存的文化传统始终处在动态平衡之中。

而这种动态平衡的另一种形式则是话剧书写与京味儿文化之间的矛盾张力。在创作实际和审美批评中，“老字号”的话剧书写在某种程度上也步入了其文化传承的困境：当其已然形成一种相对成熟的表现模式时，也同样暗蓄着来自模式的写作桎梏；当其成就为一种清晰辨识的叙事风格时，也同样遭遇着来自叙述架构的危机；而其所召唤的文化体验与情感归属也会因由情境变迁而面临认同接受的困惑乃至迷失，所以，当下语境中的话剧书写与传统文化传承正处于“紧张”的平衡之中。

一方面，“老字号”的话剧书写似乎进入了一种自我重复的写作困境：选取北京城里具有历史沿革的某一行当中的代表商号，以时间的纵横开阖铺排开商业经营的一波三折，其间包含着技艺的推崇、道德的评价以及人情的渲染，聚合传统文化特征的书写得到了创作主体的普遍认同。然而，由内容到形式的重复越来越落入窠臼，而相应的深度文化思考和艺术批评缺位时，话剧书写也就沦为了“类型化”生产，消费时代的文化“快消品”制作，甚至沦为以挖掘和展示文化物质形态“奇观”的展演，这无疑将最终导致话剧书写中文化传统的“形神俱灭”。从《茶馆》开始的“老字号”话剧书写并不仅只代表着一种文化传承范式的创造，它更多寄予着剧作家对历史和当下的社会责任问询，对复杂人性世态的生命感触，乃至对于文化传统本身的置辩思诘，这是属于老舍的“北平的忧虑”，也是一位作家的艺术创新和文化守望者的历史责任。而当“老字号”的当代传承日趋远离了这种“忧虑”的创作心态时，话剧文化传承的使命也就不免沦为虚妄了。

另一方面，传统本身的厚重与博大将话剧“老字号”的风格特征圈禁在了如何阐释“老”的写作重心之中，文化传统的话剧书写似乎总是暗藏着宏大叙事的创作“野心”。一部分“老字号”话剧的基本结构虽然以老商号的家业兴衰为主线，而背后却总是涌动

着波谲云诡的历史变迁，包纳着深重阔大的家国情怀。必须肯定，文化传统的积淀和历史洪流的裹挟既是创作者无法逃脱的背景，也是其感受到的来自写作对象的召唤；但是关乎历史的宏大叙述不仅需要叙述者视野开阔，同时也具备优秀的叙事功力，就这点而言，老舍的《茶馆》堪称典范。然则，当作者笔力不堪和架构不妥之时，以话剧文体有限的时空和集中的矛盾冲突，话剧叙述很可能沦为历史事件的演绎场，而失却了对于历史事件中个体命运应有的关照，也即“人”的退场与“事”的占场。历史叙述代替了文学表达，艺术创作的人文内涵被消解，这显然有悖于话剧书写的初衷。其实，当写作功力不足以驾驭推动宏大叙事时，“老字号”的话剧书写能否更多地转向关注商业活动中的个体本身，呈现其个体的历史选择与作为，“以小见大”“以微见著”的写作策略也并不会辜负文化传承的期许。另外，“宏大叙述”的审美体验总是给人以强烈的情感冲击和复杂的精神置辩，而当代“碎片化”和“轻思考”的阅读趋向不断引发观剧现象级话题，观众似乎也对宏大叙事产生了审美疲劳。所以，转向个体的“老字号”书写可以导引话剧创作思维的调整，突破叙述架构的禁锢，而文化本身的多样性昭示着多元化书写形式的可能，而这需要创作者的勇气和创新。

如前文所述，“老字号”的文化复现总是包含着传统文化的审美典范：技艺的精美与趣味的雅化，传统商业的敦厚诚信与老旧人事的仁义温情，甚至危难时刻高尚的道德人格与舍生取义的民族大节。然而，在现代语境的解读中，这似乎已然成为“无可奈何花落去”的文化挽歌，而这种日渐消弭而弥足珍贵的情感体验也在构筑着想象的文化共同体——“不是虚构的共同体，不是政客操纵人民的幻影，而是一种与历史文化变迁相关，根植于人类深层意识的心理的建构”①。在现代商业的残酷竞争与人文情怀日趋淡漠的当下，怀旧式的情感体验无疑弥补了人们灵魂深处的缺失，召唤着传统文化的复归，在精神人格上重塑着文化信仰的共同体。然而，“文化共同体”的当下追寻是人类境况本然的一部分，“就像所有人类对理想社会的追求一样，这条道路上也遍布着荆棘和引人失足的陷阱”②，因此，尽管无限向往甚至一度沉醉于“老字号”所营造的文化情境，人们走出剧场的瞬间即会遭遇传统文化情境不可复现的再次失落。现代社会理性无法认同的情感危机，话剧情绪体验与召唤遭遇来自现实和理性的双重挑战，会造成人们审美的漂移。而这源于文化传承创作的本身，毕竟寻找认同与回望故乡的路程漫长而崎岖。从这个角度而言，话剧书写的文化传承本身即是一项异常艰难的历史追寻，因为它总是面向无尽的未来。

“老字号”传承着“京味儿”传统，话剧书写则在与传统文化的激烈碰撞中承袭并找寻着传统，以期经由成熟而多元的艺术叙事完成精神回归与文化共同体的建构。沃尔特·本雅明关于“历史天使”的隐喻似乎也可以体现话剧文化传承的当代境遇：“天使想驻足于此，唤醒逝者，并还原那已被打碎的事物。然而一场风暴由伊甸园席卷而至；

① 本尼迪克特·安德森. 想象的共同体一民族主义的起源与散布（增订版）[M]. 吴散人，译. 上海：上海世纪出版集团，2013：16-17.

② 同①.

这风暴势不可挡地把他推向他所背对的未来，而他跟前那堆残骸却已在此时成长拔高到天际了。这风暴就是我们唤作进步的东西。”① 因此，传承文化传统的话剧书写必须尽最大的努力，在情感与理性之间、同情与戒慎之间以及行动与思考之间寻求平衡。

① 汉娜·阿伦特. 启迪—本雅明文选［M］. 张旭东，王斑，译. 北京：生活·读书·新知三联书店，2014：270.

第四篇　新闻与传播

4P视野下的数字出版营销策略分析[①]
——以美国赫斯特公司为例

李应红　李　苓

今天，数字媒介越来越成为人们获得资讯的重要手段，但是数字出版叫好不叫座是全球出版业面临的共同问题，即数字出版物一旦收费会造成大量的客户流失，千辛万苦地耕耘却只是获得了读者而不能赚取利润，这对于绝大多数靠市场生存的媒体来说无疑是一件很尴尬的事情。因此，如何能够既满足读者的需求又能够赢利已成为国内外媒体都希望解决的问题。而美国赫斯（Hearst）公司在这方面的探索走在了世界的前列，数字出版每年能为其带来非常可观的收入，因此分析其成功的原因就具有了示范价值。

赫斯特公司是美国著名的传媒集团，也是一家非上市以杂志为主的多元化的国际传媒企业。赫斯特旗下目前拥有12份日报、9份周报、20种杂志、20多家广播电视台，并拥有美国著名的体育媒体ESPN频道约20%的股份。在赫斯特的几大媒体业务中，杂志是其最成功的主营业务，拥有《大都市》（*Cosmopolitan*）、《时尚芭莎》（*Harper's Bazaar*）、《美好家居》（*Good Housekeeping*）、《嘉人》（*Marie Claire*）和《世界时装之苑》（*ELLE*）等著名的杂志。赫斯特目前是在中国最赚钱的外国传媒企业，以《世界时装之苑》为首的一系列杂志在中国拥有非常庞大的读者群。

近年来，赫斯特一直关注数字出版业务，并取得了令人瞩目的成绩。2013年，其集团副总裁兼杂志业务总裁大卫·凯里（David Carey）在给员工的新年致辞里表示对于过去的工作成果深感满意。他指出，赫斯特杂志业务目前每月数字付费订户达到了80万，创下了历史最高纪录，而且80%的订户是新订户，数字出版业务已经成了赢利部门。因此，本文用营销管理中的4P理论，即以产品（product）、价格（price）、渠道（place）、促销（promotion）为核心的理论，梳理了赫斯特数字杂志出版的营销管理模式，以期为国内期刊的数字化发展提供借鉴。

---

① 本文原刊于《中国编辑》2015年第2期。本文参考的文章均来自美国著名专业期刊研究杂志*Folio*，选取样本为2008—2013年该杂志出版所有关于赫斯特的相关文章，此外本文所附注释均可在*Folio*的网络版中找到原文。

一、product：注重新技术的运用

1. 注重与新技术公司的联姻

赫斯特一直非常注重新技术在数字出版中的运用，近5年比较重要的几次合作有：

2010年9月，赫斯特成立移动应用程序（App）实验室，旨在为移动终端，如苹果智能手机（iPhone）、苹果平板电脑（iPad）、亚马逊金读（Kindle），提供更好的内容服务，赫斯特希望能将媒体界和IT界具有创新精神的人才吸引到这一实验室来①。移动App实验室创办后一年，推出了70余款针对移动终端的软件和数码产品②，据赫斯特公开的数据，其广告收入比2009年增加了46%。

2011年6月，赫斯特宣布与匹克斯（Pixazza）合作，以期提高互动画面的质量。赫斯特将匹克斯的技术运用到网站的广告以及电子商务需要的部分画面中，使读者在高质量的画面中实现轻松快捷的在线购买③。

2013年2月，赫斯特投资科技责任有限公司（Science Inc.）成立，这是一家致力于孵化和培育各种具有前景的新兴数码公司的科技公司，赫斯特拥有该公司价值3 000万美元的股权。赫斯特集团总裁弗兰克·本纳克（Frank Bennack）说，赫斯特还会一直寻找如同投资Science Inc. 这样既能为公司带来经济效益又能带来科技创新力量的投资④。

此外，赫斯特在2013年纽约时装周还举办了黑客时尚编程赛，以期发现为移动终端提供更好的杂志内容服务的技术。

2. 全面采用超文本标记语言第五版（HTML5）技术进行编程处理

2011—2012年，赫斯特对旗下所有网站实施了HTML5技术改造。HTML5最主要的优点就是适用于各种移动数码终端，交互性更强，具有卓越的音频和视频支持，适用于各种浏览器等。赫斯特的一位新闻发言人说："这项技术将有利于我们所有网站的重新设计和升级，我们期待能够最快地实现这一技术改造，因为我们深信它将帮助我们打造具有特色的多媒体平台。"⑤

其改造的第一份杂志就是著名的《美好家居》杂志，其杂志网络版Goodhousekeeping.com曾经被冠以"最差劲的网络版杂志"，如今改造后的网站广受好评，可以适用于绝大多数的数码终端，如电脑、手机、iPad等，而且和社交网络平台紧密结合在一起，比如当用户评价某一篇文章时，也可以选择将该篇评价发布到自己的社交主页上，这样会吸引该用户的粉丝到杂志网页进行浏览。

赫斯特数字媒体部的主任埃里克·季灵（Eric Gillin），在花费了6个月的时间来重新打造《美好家居》后表示，HTML5使杂志网站精神焕发，比如主页的促销播放器根据用户使用的设备，可以采用触屏播放，这是HTML5迷人的一个原因，这是一个真正

---

① Hearst Launches Mobile App "Think Tank", JasonFell, 2010. 8. 20.

② New Hearst App Blends the Market place with the Newsroom , TJ Raphael, 2011. 3. 24.

③ Pixazza to Enhance E-Commerce Options, Stefanie Botelho, 2011. 6. 14.

④ Hearst Ventures Invests In Digital Startup Accelerator Science Inc., Bill Mickey, 2013. 2. 15.

⑤ Hearst to Convert All Sites to HTML5, TJ Raphael, 2011. 9. 13.

的多媒体平台。

二、price：遵循数字服务收费原则

1. 数字平板终端杂志收费原则

赫斯特对数字服务信奉的理念是：如果读者需要不同格式的内容，那么就应该为不同的服务付费。用 David Carey 的话说，就是“我们不希望在杂志这种媒体上把内容和‘免费’这个词联系起来。”赫斯特旗下已经有 19 种杂志推出了适合平板电脑的数字杂志，覆盖的平板电脑平台包括巴诺书店的 Nook、亚马逊的 Kindle 和苹果的 iPad，所有这些数字杂志都定价为每月 1.99 美元。David Carey 透露，在数字杂志的订阅收入中，平板供应商抽取了大约 35%的收入，赫斯特获得剩下 65%的收入，这可以比传统的报摊式分销多收入约 10%①。

2. 打印网上杂志带广告的创收策略

赫斯特推出一种“清洁打印”的方式实现通过读者打印网络杂志赢利的方法，这开造了一种崭新的创收模式。通常用户选择台式电脑浏览器顶部的“打印”键会出现很多冗余信息，比如会连带打印出该页上很多与实际需要内容无关的信息，包括格式信息等。赫斯特和格式动力公司（format dynamics）合作推出的“清洁打印（clean pint）”的功能，使广告主有权重新编排广告并出现在打印版上②。举例来说，当读者准备打印某篇文章时，点击该网页中专门制作的“打印”键，会出现一个重新编排后的类似纸质杂志页面的打印版，选择该打印版会去除冗余信息，但是打印版上会在该页顶部或底部显示广告主的一条广告。这类广告比一般的广告更容易送达目标客户，因为选择打印某类文章的客户一般会是这类商品的理想顾客，比如打印关于餐具文章的读者肯定比其他人对餐具更有购买倾向。“清洁打印”最早在《美好家居》的网络版使用，后推广至赫斯特旗下著名的《君子》《大都会》和《红书》。赫斯特数字媒体中心的负责人说：“打印我们网络杂志的顾客人数众多，这为赫斯特带来了巨大的广告收益。”

三、place：强调与社交媒体的结合

1. 在 YouTube 上创办新频道

2011 年赫斯特在 YouTube（世界最大视频网站）上创办了两个新频道，分享社交媒体带来的广告效应。当时 YouTube 宣称将扩大业务和影响力，邀请知名人士和传媒企业加入 YouTube 的内容制作，YouTube 计划新建 100 个频道，并期待这 100 个频道每天至少能生产 25 小时的新节目。为此，YouTube 的母公司谷歌（Google）甚至愿意分享 55%的频道广告收入给制作商。消息一经传播，赫斯特公司马上宣布在 YouTube 上创办两个新的频道。这两个频道于 2011 年 11 月正式播出，并按计划逐年加入新的内容。

赫斯特的两个频道，一个为“汽车频道（automotive channel）”，主要内容来自旗

---

① Hearst's Carey Talks Digital，New Time Inc. CEO，Jennifer Saba、Lisa Richwine，2011. 10. 30.

② Earst to Enable Ads on Printed Web Pages，Bill Mickey，2010. 1. 6.

下的杂志《名车志》（*Carand Driver*）、《道路》（*Road & Track*）以及《流行技术》（*Popular Mechanics*）；另一个是“时装和美容频道（fashion and beauty channel）”，内容则来自《大都会》《时尚芭莎》《嘉人》《十七岁》和真美网站（RealBeauty. com）①。

赫斯特公司负责商业发展的副总裁金百利·罗（Kimberly Lau）这样评价此次频道推出：“YouTube作为世界上最大的在线视频提供商，我们认为它应该成为我们旗下媒体新的展示平台，实际上我们已经和YouTube在几年前就有合作了。此次推出新的频道会吸引更多的用户，也有利于我们在线和线下推广我们的产品。”

Kimberly Lau还透露赫斯特公司会敦促编辑人员将更多的产品制作成视频，公司专门成立了一个数字视频工作室，还建立了一个数字视频图书馆，该图书馆目前贮藏有超过1.2万个旗下各大媒体制作的视频资料。

2. 提高与社交媒体的交互性

赫斯特旗下的《大都会》《世界时装之苑》和《嘉人》等杂志正试验从系统上和个性化服务方面提高与脸书（Facebook）、推特（Twitter）等社交媒体的交互性。赫斯特的数字媒体中心专门设立了“读者和社交媒体发展部”，该部门的负责人罗斯·盖泽尔（Ross Geisel）说：“在2012年，我们致力于打造一个吸引读者的社交平台，并取得了优异的成绩。2013年，我们的工作是使这个平台更具社交功能，并吸引读者分享他们的社交网络。我们打造的这个社交平台目前主要还是依靠编辑人员来引导话题，但是我们希望能够进一步开发读者的潜能。”②

目前这个社交媒体平台具有三大特色：“反应（reactions）”主要围绕上述三本杂志相关报道内容的反馈，让读者分享相关的故事和图片；“朋友的趋向（trends with friends）”主要展示其他读者的反应；“杂志分享（mag share）”主要展示三大杂志中最时髦和未来时尚趋势的内容。此外，当读者浏览这几本杂志网站时，他们发表的评论也可以选择转发到自己的脸书或推特的主页上，以吸引自己的粉丝阅读杂志的内容。

四、promotion：借助品牌强强联合

1. 携手化妆品巨头雅诗兰黛进行品牌促销

2013年，赫思特创办了一本电子杂志，专门为化妆品巨头雅诗兰黛的一款高级夜用修复液促销。这是一本飞丽博（Flipboard）电子杂志《雅诗兰黛美颜》（*Estée Lauder Beauty Book*）。Flipboard是一款免费的安卓（Android）、苹果（iOS）应用软件，设计初衷是针对脸书和推特等社交媒体的内容进行整合，再通过杂志阅读的形式呈现给读者，该软件在2011年12月被引入中国。

这本数码杂志力推雅诗兰黛一款新的高级夜用修复液，而杂志的其他内容则来自赫思特的各大杂志，如《世界时装之苑》《时尚芭莎》和《嘉人》。雅诗兰黛在这本电子杂志上针对这款新的高端产品进行了一系列的促销活动，赫斯特只是负责提供能够吸引

---

① Hearst Launches New YouTube Channel Initiative, TJ Raphael, 2011. 11. 01.

② Hearst Looking to Boost Social Interaction On-Site, Bill Mickey, 2013. 2. 28.

读者的各种护肤和美容文章，当然，雅诗兰黛将为这本专门的电子杂志支付不菲的费用。赫斯特数字媒体中心负责该项内容提供的伊丽莎白·谢巴德（Elizabeth Shepard）表示，这是世界顶尖化妆品牌和顶尖杂志公司的强强联合，赫斯特提供适合推荐该品牌产品的内容，这些内容都是在赫斯特各大杂志中的文章，但不是一些毫无原则或是金钱至上的吹捧文章。该数码杂志在推出的第一天吸引了232名读者，赫斯特数字媒体中心的项目管理部主任杰夫·欧莱（Jeff Earley）评价说：这应该还算是一个比较不错的开始。在赫斯特未来的整合营销策略中，该公司还会在各大杂志的网页上介绍这本电子杂志，以期吸引更多的读者去阅读①。

2. 利用连锁商场杰西潘尼（JCPenney）进行品牌销售

2012年，赫斯特旗下著名的杂志《大都会》和JCPenney（以下简称JCP）开展了品牌合作，销售名曰"大都会收藏品"的时尚商品。JCP创立于1902年，在全美设有1 200家大型服装商场。该合作包括线上和线下合作，目前，这个品牌每周会产生100万美元的销售额。

《大都会》和JCP共同推出的"大都会收藏品（the cosmopolitan collection）"，包括内衣、睡衣、装饰品等商品。顾客可以在JCP的实体店或是网站jcp. com购买该品牌的商品。比如，当客户登陆JCP的网站，点击"女性（women）"，再点击"大都会（cosmopolitan）"，便会显示该品牌所有的商品，再选择自己喜爱的商品轻松实现在线购买。

杂志则会在纸质版和网站Cosmopolitan.com上进行该品牌的促销和推介活动。当读者登陆杂志网页，可以通过点击弹出的商品广告窗口，转向JCP的主页在线购买心仪的商品。《大都会》负责该项工作的编辑苏珊·舒尔茨（Susan Schulz）说："读者肯定不愿意每5秒钟就收到一条信息是有关'Cosmo collection'品牌的，所以我们的一项主要工作就是寻找一种让我们读者不反感的方式来推广这些商品。"②

五、结论

赫斯特的成功可以简单归纳为"内容为王、追求利润的高科技数字出版道路"，这固然与其在时装、美容、优质生活内容方面无可比拟的领导地位有关，但是也离不开先进的经营管理手段。这些经验对于苦苦思索数字化生存之道的国内杂志，尤其是消费类杂志不无裨益。据统计，我国目前拥有约1万种杂志，其中消费类杂志约占21%，这些杂志因为很少涉及政治、经济等敏感领域，属于市场化程度很高的媒体，并且拥有众多读者，具有非常可观的经济效益。随着读者越来越习惯数字化阅读，这些杂志非常迫切想了解数字化赢利的办法。赫斯数字经营的方法在我国具有可复制性，其成熟的经营理念以及赢利模式值得正在积极探索数字出版道路的国内各大期刊学习和借鉴。

---

① Hearst, Estee Lauder Launch Flipboard Brand Magazine, Arti Patel, 2013. 8. 6.

② Cosmopolitan, JCPenney Partner in Clothing Line, Michael Rondon, 2012. 9. 6.

新媒体背景下纪录片的发展创新研究[①]

孙　莉

社交媒体的大发展是一个世界现象。Web 2.0、Web 3.0 的时代纪录片无疑也需要更新思维，更新自身的传播状态，甚至重新思考自身的发展方向。近来国内已有研究者关注到了互联网思维对纪录片制片过程的改变，但是，纪录片在社交媒体大背景下的发展潜力却还需要进一步研究。这一问题同样适用于中外纪录片界。所以，从这个角度说，这是一个全新的命题，值得理论界和学界进行深度思考。

一、社交媒体新特征及其应用

麦克卢汉认为，媒介即信息，即媒介是变革历史的重要变量。随着技术的变迁，媒介形态不断创新，由此改变着纪录片这一古老影片类型的生产、传播和消费的各个环节。继电影、电视、网络之后，社交媒体又一次成为人们的新宠，以急剧发展的态势成为当今覆盖极广、应用极高的新型媒体类型。而这注定会深度影响纪录片的呈现和使用品貌。

2007 年，Antony Mayfieldd 提出了社交媒体概念。他为此下的定义是“社会化媒体是一系列网络媒体的总称，这些媒体具有参与、交流、对话、社区化、连通性的特点，并能赐予每个人创造并传播内容的能力。”[②] 目前，尚没有比较标准的定义，但是相对一致地说法是：社交媒体（social media），又称社会化媒体，是以用户为核心主体，以互动为重要技术和传播特征，通过大量的用户自发地创作、分享、评价、讨论和沟通等行为来创建、扩大和巩固关系网络的一种新型媒介形态，一种网络化组织新形态。它可以使用户利用互联网技术和工具，在大量匿名群体中进行信息传播、分享和讨论，不断通过交互产生新的价值，导致一连串的用户自发传播行为。它拥有成本低速度快、覆盖面广、效果不可预估等特点。

对纪录片而言，社交媒体的应用指的是两个方面：一方面是纪录片制作者利用社交媒体的交互性进行开放式的全程生产、传播和与用户之间的关系构建，吸引大量匿名互联网用户或特定社区成员参与其中。它可以是充分尊重用户体验和社交媒体形态的产品类型，是具有高度参与性特征的项目内容，也可以是由纪录片内容创建的内容社区，还

---

① 本文原刊于《现代传播：中国传媒大学学报》2018 年第 4 期。

② 田丽，詹齐越. 国外社会化媒体研究进展［J］. 传媒，2013（10）：61-63.

可以是设计方便用户参与的交互式网站、App。另一方面，互联网用户从筹集资金、生产到传播积极参与到纪录片的全过程中，或者以纪录片内容为媒介，大量聚集在微博、微信、在线社区等多种社交媒体中展开由内容欣赏而自发引起的评价、讨论、转发、创意评论，如弹幕等。这些互动行为巩固了原有的熟人关系或在线关系网络，扩大了在陌生网友之间的人际关系网络，并且能由此创建以内容为媒介的新的分享社区。

二、用户价值多角度创新

纪录片一直开掘着多项功能，它的政治、经济和社会价值都被世人熟识。但是，技术的门槛、媒介的控制和政府的管控，以及纪录片制片人精英化的表达都使得它的市场和用户颇为局限。然而，社交媒体时代的到来使得纪录片制片人必须正视用户的需求，学会通过提供给用户更多的使用价值来与其他内容竞争，从而赢得用户本来就已稀缺的注意力。

一般来说，一个产品可以有四种分类或价值，即核心产品或价值、期望产品或价值、附加产品或价值和潜在产品或价值。对于传统媒体传播的纪录片来说，它们最多能成为期望产品，即产品符合预定市场受众的期望，让受众从观看中得到了满足。但如果仅仅是观看价值，实际上是纪录片制片人掌控了它的呈现面貌和使用价值。尽管观众可以在观看后形成自己的阐释，但他们毕竟无法主宰纪录片的拍摄和传播，也无法将自己的想法公开表述。然而，社交媒体的出现却使得纪录片可能提供后两者的价值。纪录片制片人通过社交媒体平台提供给用户评论、分享、转发和点赞的机会，这对于用户来说就是一种价值增值。比如在2018年春节播出的《舌尖上的中国》第三季继续了前两季在微博上的热评势头，刚播出三天时间就获得了1万的转发量，5千多的评论量和3万的点赞量。这些网友在行动中获得了附加的满足感。有网友在微博中这样评论道“有没有人和我一样看这个并不是为了看吃的，而是为了看感情”“真的超喜欢看舌尖上的中国，等得花都谢了”这样直抒胸臆的表达何尝不是一种情感的宣泄，而看到这些评论的其他用户也会受此情绪的感染，获得一种个人观看时无法实现的集体感触。

事实上，对于普通用户而言，内容并不是唯一被看重的，社交媒体的功能，如社会互动、信息搜寻、休闲、娱乐、放松、便利交流、便宜性、信息分享、监督别人和知识性①等也成了众多用户选择纪录片的原因。哪怕纪录片本身质量欠佳甚至受到批评，但只要它引起关注，形成话题，那它于用户来说就是有价值的。围绕《舌尖上的中国》第三季的配音，大家形成了一股讨论热，在“谁在配音”的猜测中以及比较谁的配音更好的问题中大家获得了更多的娱乐价值。再比如，2017年优秀纪录片《重返狼群》就在整个创作过程中与网友充分互动，通过制片人与观众、用户之间的信息分享与社会互动，用户得到更多价值。其中一位患病的高中生受此鼓舞的故事意外在社交媒体上大热，反过来引起制片人的关注。这对于用户来说也是潜在价值的爆发。而国外一些纪录

① WHITING A. Why people use social media: A uses and gratifications approach [J]. Qualitative Market Research, 2013, 16 (4): 362-369.

片制作者从制作之初就开发互动网站或 App 来吸引观众参与，那对于观众来说就富有价值了。

另外，潜在价值本来是产品时代最边缘的价值，但在社交媒体时代，这种不能被制作者所完全预估而被用户所掌控的价值却走向了产品设计的核心，制作者越来越鼓励用户的自主使用，因为用户角度的价值才是最重要的。这同样适用于纪录片的创作。2018 年年初央视纪录频道推出的百集微纪录片《如果国宝会说话》就在内容中体现了这一理念。在第一集《人头壶》中，导演有意将解说词聚焦于壶迷蒙的表情，以致网友为这个追问的人头壶做了“人头壶撒娇三连表情包”，而关于陶鹰鼎的解说词“胖胖腿的鹰”就是在有意利用萌文化引爆观众的热情，而“肌肉萌”这一网络热词的诞生也证明了这一策略的成功。

三、全程社会化协作创新

如今社交媒体不仅是纪录片宣发渠道，更是纪录片的制作和发酵阵地。制作人借助它引导参与纪录片的形式越发多元。无论是纪录片制作人的主动努力，还是众多用户分散性的协作，纪录片产业的策划、生产和发行各阶段都呈现出较为明显的全程社会化协作倾向。

在创意策划阶段，通过大数据分析和众筹等手段，可以使制作人及早地了解受众的消费偏好，从而据此把握创作方向。比如，制作人可以通过分析信息中的相关关键词来了解各种用户的兴趣偏好，从而选择关注度高的题材进行创作，这样纪录片就先天地具备了“交互性”的特征。另外，众筹的方式虽然是为了筹集资金，但同时也是用最低的成本来进行市场实验，以便提早得知用户的意愿。

在生产和发行阶段都会涉及资金问题，这个层面的纪录片社会化协作主要表现在两方面：一是借助社交媒体之势，快速打响知名度，实现多轮融资。这方面的经典案例是“一条”（又称一条视频、一条 TV）；二是纪录片制作人借助社交媒体对公众展示创意，争取社会关注和支持，引导用户参与众筹，获得所需资金。2018 年年初，野生动物摄影师克里斯·菲舍尔（Chris Fischer）发起领导了名为“The All Around Project—A global Wildlife Odyssey”的 Kickstarter 众筹项目，旨在资助“360 度野生动物纪录片”系列活动，希望通过虚拟现实（VR）的力量让观众步入这一神秘的世界。不同的众筹参与用户有各自对应的“报酬”，如发起者在社交媒体 Instagram 上公开道谢、赞助商的商标被添加至项目之中等①。2017 年登顶国内纪录片票房冠军、记录“中国慰安妇幸存者现况”的纪录片《二十二》以及 2016 年韩国同类题材的剧情电影《鬼乡》都借助了众筹的方式解决资金难题，体现出明显的社会化协作性质。

在生产阶段，社交媒体也可以通过自身的数据优势反哺纪录片的制作。据说，YouTube 和 Facebook 可以提供分析工具为纪录片制作人提供一个虚拟筛选试验设施，在

---

① 映维网. 野生动物摄影师为其 VR 动物世界纪录片拍摄计划众筹［EB/OL］.［2018-01-04］. https://yivian.com/news/40070.html.

叙事结构和互动项目中受众和利益相关者的反应会被记录下来以便于分析①，这样纪录片的制作就有的放矢了。更为重要的是，纪录片制作人和用户共同创作完成作品。国外就有纪录片制片人通过开发一个项目（social media project），以其开放性引导观众的全程参与。比如，利用自制网站征集同类案例，邀请更多的人参与制作，同时借此契机彼此结识，形成新的关系网络。澳洲硕士生 Lana 曾经设计了一个 App 软件，为记录一个有关原住民的重要历史事件做个案采集。她在 App 上展示了其中一位口述者的视频资料，以引导其他的历史亲历者上传相关回忆视频。不仅如此，她还提供了联系方式，以便与亲历者深入交流，并组织线上线下的活动②。

而在生产领域，正是因为社交媒体的存在，UGC（user generate content，用户生成内容）时代到来了。用户可以便捷地融入纪录片生产者的行列。2017 年美国骑士队球员“闪电侠”韦德在美某社交网站上发布了自创纪录片《后场韦德》，以此让球迷更了解自己。国内也有很多汉文化、汉服爱好者为了推广汉文化，制作各种微纪录片，在微博、微信朋友圈等社交媒体上传播，进一步推动了“汉学热”。而特殊的用户——企业更是看中纪录片的“广告”属性，自创纪录片。比如阿里巴巴在 2016 年发布了官方纪录片《造梦者》，2017 年又发布了《阿里铁军去哪了》，借助微信公众号等传播企业文化。

四、交互平台与产品创新

对于纪录片制片人来说，社交媒体的交互性特征是纪录片能够引起广泛关注和传播的重要动因，所以，主动适应社交媒体的传播特质，甚至以其为基础操作平台旨在推动传播，以及通过互动来推动纪录片的深层次理解和消费，实现更多潜能就成了一部分走在前沿的纪录片人的理性选择。

在中国，微博是当今覆盖面最为广泛的社交媒体。它的迅捷性、参与性、交互性是最强的。纪录片一旦放进这个社交平台，就会呈现裂变式传播。为了诱发网友的自传播，纪录片制作者甚至通过直接注册微博个人账号、影片宣传账号和视频网站的官方账号等加大与用户互动频次，如《纳粹警示录》《我的抗战》《中国煤炭运输业实态》等。反过来，社交媒体也开始重视纪录片内容营销价值的开拓。作为视频网站哔哩哔哩（以下简称“B 站”）“纪录片寻找计划”的第一弹，纪录片《极地》由 B 站联合出品，在 B 站首播当日就引来无数用户疯狂“打 call”，这显然提升了 B 站本身的受关注度③。

除了利用社交媒体平台进行传播外，直接根据平台的媒介特质进行媒介产品形态的更新，甚至是进行产品设计创新也是纪录片一大新的创作趋势。在国外，有人专门为社交媒体平台设计纪录片产品。Hirohisa Hanawa 是“Close-up 现代”的高级制片人，他和

---

① Participant Media, Participant Media Enters “THE SQUARE” to Mount Social Action Campaign for Jehane Noujaim’s Gripping, award Winning-Documentary, Business Wire (English), 2013.

② 笔者在澳大利亚西悉尼大学做访问学者期间收集的案例。

③ 观察者 App. 又一部纪录片引爆 B 站，看《极地》如何让网友疯狂打 call [EB/OL]. [2018-01-04]. http://m.guancha.cn/TMT/2018_01_04_441816.shtml.

同事组建了数字实验室，致力于为社交媒体平台观众提供高质量的纪录片。他们推出了一分钟纪录短片——节选自“Close-up 现代”就某一话题实施的调查报告。制作完成后上载到 Facebook，观众可以通过视频内容获取节目的精华信息，而 Facebook 上附有 NHK 网站的链接①。在国内，为了适应互联网环境，纪录片制片人开始偏爱微纪录片，甚至包括电视台播出的纪录片也多会在 5~15 分钟，比如《上海 100》《故宫 100》，还有 2018 年 1 月初热播的《如果国宝会说话》。民间、企业制作也集中在微纪录片项目。在媒体融合时代，国外也开始利用交互式符号的设计制作交互式纪录片，如荷赛互动式纪录片单元就是此类比拼。比如 2013 年的《失物招领》中，用“share”“like”等简短的关键动词引发读者“一键点赞”或“一键分享”的设计十分出色。而 2014 年的《空洞》通过一系列问题的设置，辅以相片展示和上传平台、问卷填写的平台等完成交互式报道兼社区参与计划都有助于读者与社交媒体平台的深度互动②。

而在国际范围内，纪录片制片人也开始利用交互网站平台或者 App 的自行开发来激励内容相关者或者感兴趣的用户深度参与纪录片的制作。根据马克思·韦伯的观点，应该将文化看作一种社会行动。文化正是以开放的方式构建社会关系，可以生产与再生产社会关系③。所以，利用服务于纪录片制作的交互功能的社交媒体平台可以凭借开放性而构建用户群体的网上关系网络，同时利用用户参与性而使纪录片的民主文化意义凸显。纪录片制作者开始尝试利用参与式网站提供给用户机会，在全球范围内进行有意义的对话，充分调动用户的参与积极性，针对社区共同关注的话题进行筹备、观看、讨论，从而形成聚集效应，放大价值观，甚至增加影响事件走向的功能。The Arab Spring 和 Wall Street Movement（Occupy，2011）和 God，Church，Pills & Condoms'（FKohle，ACuevas，2011）等都是此种应用的著名案例。社交媒体主题探讨已经介入这个领域，制片人真的需要讨论它的应用以避免纪录片的制作落后④。这里举两个例子。一是主流制片人 Ridley Scott 为了纪录片《一日的生活》项目而开发了一个参与式的网站（IMDB，2011）。《一日的生活》可以通过全球受众个体的参与贡献而记录了 2011 年地球上的某一日⑤。二是 IDFA's doclab（doclab，2011）提供了一个为项目体验而设置的参与式社交媒体互动平台，项目叫作《高层：一百万分之一塔》（Cizek. 2012）在这个项目中，Cizek 探索 21 世纪的城市生活，整合相关内容贡献者，作为交互式网络纪录片

① 薛奇慧，白佳慧. 吸引年轻人 NHK 推出 60 秒纪录片［EB/OL］.［2016-12-06］. http://media.sohu.com/20161206/n475088566.shtml?_t_t_t=0.30471663759090006.

② 张梓轩，韩雪莹. 媒介融合时代交互式符号的构成系统［J］. 2016（1）：78-83；萧俊明. 文化与社会行动：韦伯文化思想述评［J］. 国外社会科学，2000（1）：46-54.

③ 萧俊明. 文化与社会运动：韦伯文化思想述评［J］. 国外社会科学，2000（1）：46-54.

④ Participant Media，Participant Media Enters“THE SQUARE”to Mount Social Action Campaign for Jehane Noujaim's Gripping，award Winning-Documentary，Business Wire（English），2013.

⑤ FRITZ K. Social media and documentary cinema：The arab spring，the wall street movement，challenges and implications for documentary filmmakers［J］. Media Watch，2014（2）：173-184.

（interactive web-documentary）进行传播①。

五、社交营销传播创新

社交媒体与基于云的二进制技术有内在的联系，是以前媒介融合的产物。云允许用户在运行的服务器上运行应用程序并存储信息。在整个虚拟空间中，信息无限量地呈现、储存、加工、交互、分享、附加都使得信息的生产与消费的线性模式被打破，角色分配也模糊、混同。所以，一方面，纪录片的宣传内容要适应社交媒体特质进行新的呈现，比如微博中纪录片的宣传就是同时把评论文字、视频剪辑、精要图片、弹幕、各种超链接形式等合而为一。另一方面，不管过去的分类如何，对于社交媒体而言，纪录片、宣传内容、推荐广告、相关聚合标签等都是信息而已，可以无限制地附加、交互。

纪录片在时空中获得极大的解放。一方面，它的内容可以因为人际传播而发生时间上的延宕，可以刺激用户在任意时间观看、参与和使用，于是，用户也成为使纪录片不断增值的主体，而制片人也从用户的评论、弹幕、表情包以及新的使用场景中的创意性应用中发掘了新价值。另一方面，它在空间中与其他内容融合、并置，并通过超链接拓展发布空间。于是，纪录片的产品周期被大大延长了，消费场景与产品本身融为一体，难以分割。

社交营销传播创新有两方面的意义。对于纪录片制片人来说，开拓社交媒体营销传播手段已经是重要的工作内容。因为对于纪录片而言，没有传播就没有生存意义。社交媒体的营销传播不仅仅是增加了一个渠道，而且是让纪录片借助网络节点渗透到不同层次、不同范围的网上传播系统中，通过制片人与其他社会主体的互动、互助为纪录片结成了更大的社会网络传播平台。所以，嵌入更符合用户消费习惯的场景，制造更有利于社交发生的话题，策划更贴近于大众的事件作内容，借助媒体平台的排行评论造势，利用价值链上下游的网上推广等就成了制片人最有利的选择。例如，2017 年年初的《如果国宝会说话》在“央视新闻”微信号中也用“用等一班地铁的时间，与 6 000 年历史遇见”为标题进行消费场景的引导和话题的聚集。而国内最成功的例子莫过于公益纪录片《穹顶之下》，它就是利用微博和微信实现了全国范围的大讨论，达到了极高的播放量、评论量、转发量。无独有偶，2016 年 7 月纪录片《我是中国的孩子》在微博宣传页面上提供了 B 站视频链接，下方“相关推荐”部分添加了《芳华》电影的植入广告，并清楚显示了转发量、评论量和点赞数。进入 B 站后，网站提供 6 分钟的试看内容，又结合相关标签“中国”“文化”“纪录片”“民族”等进行了“视频相关”推荐。而在 8 月，出品人夏顺华一在微信号“海豚”上推出了“宣传片首发”的消息。后微信号“关注羌族”“民族说”等都同样对其做了宣传。同年 9 月湖南卫视《我的纪录片》栏目播出，同时在优酷等视频网站同步上线。而作为纪录片的衍生产品的同名图书也得到了诸如微信号“小企鹅亲子绘本馆”的推荐。

---

① FRITZ K. Social media and documentary cinema: The Arab spring, the wall street movement, challenges and implications for documentary filmmakers [J]. Media Watch, 2014 (2): 173-184.

另一方面，纪录片一旦发布，也就不仅只属于制片人，它还属于社交媒体网络中的任意用户，它可以是个体用户或其他社会主体，如公益组织、企业等，也可以是各种不同媒体。对于用户来说，纪录片是内容营销的素材，是促进关联销售的选择，是借势营销的由头，是自我宣传的途径。所以，根据纪录片内容自行创意与运用是用户使用纪录片的方式。尽管结果无法预料，但是，赐予用户主动权是社交媒体最不同于传统媒体之处。比如临近寒暑假，武汉大学官方微博推出了标题为“32 部值得一看的纪录片”微博内容，仅 1 天就获得了近 2 000 的转发量，有力地宣传了大学传播精英知识的公众形象，这一内容也被众多教育类微信号转载使用。

尽管社交媒体业已兴起，它也已成为任何行业不可忽视的重要工具，但是，对于纪录片制片人来说，究竟使用不使用社交媒体这一工具，使用到何种程度仍未形成较为统一的意见。丹尼斯发现，社交媒体分散了注意力，是昂贵的、耗时的和令人沮丧的经验[①]。但更多的人从社交媒体上看到的是机遇与潜力。不管如何，关于社交媒体的研究工作必须同步展开，这是有意义的。

① KOHLE FRIEDRICH H. What is social media and why is it important to documentary filmmakers [J]. Media Watch, 2016 (1): 55-74.

媒体融合发展时代中国传媒集团的发展战略①

孙 莉

2014年8月，中央全面深化改革领导小组第四次会议审议通过的《关于推动传统媒体和新兴媒体融合发展的指导意见》（以下简称《指导意见》）引起了业界和投资者的高度关注。由此，媒体融合成为我国全面深化改革的重要内容之一。然而，改革的思路，尤其是重点打造几个新型主流媒体集团的重大部署是否切合新媒体竞争态势，以及如何获得核心竞争优势，值得严肃探讨。

一、媒体融合还是媒介融合

《指导意见》的核心词是“媒体融合”，而媒体融合即大型传媒机构之间的兼并重组，目的是政府能继续引领主要舆论阵地，但媒体融合不等于媒介融合。

媒介融合与媒体融合是不同的逻辑，需要区分。前者的逻辑是传媒技术的自然更新；后者的逻辑是以资本为纽带，占领最大额度的市场。

新媒介与旧媒介的关系是技术自然更迭的结果。旧媒介能够利用新媒介的元素补充自己，新媒介也可从旧媒介中找到自身发展的灵感。但这只是元素的融合，渠道和平台的融合还谈不到。在互联网出现之前，或者说在数字压缩技术出现之前，各媒介可凭借自身的特长彼此划定竞争区域，保持一定的市场份额。但媒介毕竟是信息的载体，当信息可以用统一的形式，视听觉完整地被压缩、保存和大范围转移后，媒介的区分就不再重要了。这才是真正的“媒介融合”，它是个新产物。“在1983年，美国马萨诸塞州理工大学伊瑟尔·索勒·普尔提出了‘传播形态融合’，认为数码电子科技的发展是导致历来泾渭分明的传播形态聚合的原因，揭示了各种媒介呈现出的多功能一体化趋势”②。这才是真正的媒介融合。而我国在1999年还在谈新旧媒介元素的融合，2000年中期还在谈渠道的融合，尚未领悟平台甚至终端的融合才是真正的媒介融合。当然，当1994年《纽约时报》报道《圣荷西水星报》与美国在线共同推出名为“水星中心新闻”电子报服务，第一次提出媒介融合的概念时，并未意识到自己认识的偏差（这实际上仅是媒体融合）。媒体融合的逻辑不是技术力量推动的媒介融合，而是资本力量驱动的集约化经营。它是任何现代大型企业为追求集约化的经济效益，分散经营风险所普遍采用的

---

① 本文原刊于《编辑之友》2015年第11期。

② 邵鹏. 媒介融合金字塔模型的构想[EB/OL]. [2014-09-02]. http://www.aiweibang.com/m/detail/1451613.htm.

组织形态。它可以做到在企业内部对内容和渠道进行统一管理和调度，但并非发生化学反应的融合，其实质更非媒介融合。

对于媒体组织来说，媒体融合只是手段而非目的，资本的扩张才是实质的目的。媒体融合只是一种战略选择，它与其他企业的抉择无异。这与传统传媒集团忽视传媒自身的特性和发展规律，仅以生产规模求效益的思维模式密切相关。媒体融合是假象，媒介融合是真理。

当媒介资源有限时，媒体就等同于媒介，控制媒体兼并就可达到政治目的。因企业有逐利的本性，所以，从经济考虑，媒体兼并是必然之举。在此，技术的力量、企业逐利的本性与政府的控制权力处于博弈状态。在互联网时代之前，技术更多的是被利用对象，但数字技术革命出现后，技术的自主性力量空前增长，冲破平衡并超越后两者的态势愈加明显。此时，媒体无法等同于媒介，媒介融合后的新产物力图突破原有媒体的游戏规则，甚至突破"体"所代表的组织形态和管理体制，更自由和富于创新性地使用媒介，还原媒介对于用户的意义，而非对于政府与企业同盟的委曲求全和权威性依赖。

从网络技术发展而来的新媒体甚至舍弃了原有的名称，不再称自己为"媒体"，而采用更标明技术含义的名称。媒介融合后只有一个平台终端和用户终端，没有新旧媒体之分，没有只提供有限产品的媒体机构，只有利用媒介可能性提供无限可能性服务的新型企业。现在的媒介经济不是仅有传播功能的传媒经济，也不是仅限于组织化的媒体经济和只供信息流通的信息经济，而是尽媒介融合之后的一切可能，提供新型的服务，并创造新的生产方式，创造新的价值链形成模式的新经济。所以，媒体融合应是以媒介融合为核心逻辑的新媒介经济。

二、金融资本还是技术资本

显然政府首先将凭借庞大的国有资本和组织化的力量完成媒体的迅速融合，并依凭这个优势拥有在新媒体领域的市场地位，掌握对日益兴隆的新传媒的合理合法性的控制权力，从而实现对新媒体领域的主动构建与间接监管。这是自20世纪90年代后期以来中国一以贯之的媒体管理和产业发展的思路。但资本优先的法则是否适用于新媒体经济发展模式?

首先，什么才是资本，资本的历史背景和适用范围究竟是什么？商品流通是资本的起点。商品生产和发达的商品流通，是资本产生的历史前提。但只有当劳动力转化为商品的时候，资本才会产生。资本是一个历史范畴。只有在资本主义社会中，货币和生产资料被资本家用来作为剥削雇佣工人的手段时，才转化为资本。所以，早期的资本更多的是货币资本和实物资本形式，只有当资本被资本家直接占有并进行生产劳动才获得增值。

但随着资本主义社会生产力的发展和社会分工的扩大，资本拥有了更多形式。在产业资本的循环中分离出其他资本形式，出现了商业资本、借贷资本、银行资本等，它们从属于产业资本，并为产业资本服务。产业资本对资本主义生产起决定性的作用。现代生产方式的多元化，催生了越来越多的非实物资本形式，如人才资本、技术资本及其他无形资本等，都成了产业资本。具体来说，媒体的品牌、经营体制、频道资源、关系渠道、节目模式等均属此类。

其次，怎样在新媒体经济中理解资本？互联网技术资本不同于其他资本形式，甚至不同于早期技术资本。这个资本不再是某个传统产业内部的资本，也不符合资本有目的性地预先垫付、不断运动和必须增值的基本属性。它带有自身不可遏制的发展轨迹，技术的接近与创造在理论上是人人平等的，且以受众为中心，是带有文化活动本性而非经济本性的公益性活动。这个新兴技术资本不再具有一般产业资本的本质，它仍旧具备一种“支配权”，但不是具体决定生产和消费活动的支配权，而是一种象征支配权，实质是一种服务各种需求媒介的参与体的创造价值的能力。资本的主体本来就是价值。新技术资本首先追逐的不是现有的经济价值，而是通过对现有价值生产方式的颠覆来创造未来价值。它突出文化的价值，不是通过占有生产资料拉开差距，不在物质利益基础上建立关系，而是通过庞大受众的参与与使用分享产生的几何倍的增值。它改变了传统的生产关系，没有商品价值的标准体系，可作为人类创造物质、精神和信用财富的广义资本，最大限度地推动全社会财富的增加。

最后，如何利用新技术资本？当然，从狭义角度来看，私人占有的技术资本仍可用于兴办企业组织，完成资本增值的本性。现有阶段，资本创造财富仍是资本主义生产的主要方式。资本具有独立且流动的本质特征，作为一个独立的生产要素自由流转在不同的产业形式中，被称为“第一生产力”。技术资本、金融资本、人力资本等可自由运动，自由集聚，被投入再生产过程进行最优化配置，从而创造更大的金融财富。

当网络经济出现时，它就成为一个独立的产业，改变了原有传统产业的边界和经济模式，带来了物质生活资料生产方式的革命性变革，用新的方式来调动生产、交换、分配和消费，使得信息产业成了一切产业的枢纽。它是一个“跨产业”，以知识资本为纽带的超产业，而非以金融资本为纽带的只追求规模效应的单一企业集合的产业。它塑造新产业、新社会生产方式的第一生产资本、第一社会资本、第一文化经济资本，它是媒介构建与政治、经济和文化新关系的决定因素。

三、集团优先还是受众优先

在19世纪晚期，自由主义的胜利，使企业—专业阶级的形成成为可能，奠定了现代报业的制度基础。而兴起于城市工业化背景下的大众报纸，本质上就是一种商业机构，至今一直保留着其核心属性①。全球知名的跨国传媒集团法国维旺迪（vivendi）已拥有150多年的历史。它正是肇始于那时。事实上，很多西方的传媒集团是多种经营的产业集团，都拥有非传媒产业的大型集团的经营模式和管理方式。所以，早在20世纪初，报纸发行人爱德华·斯克里普斯建立了斯克里普斯—麦克雷报业联合组织，到1911年拥有了18家报纸，成立了世界上最早的报业集团②。而我国是在1996年才成立了中

① 丹尼尔·麦奎尔. 麦奎尔大众传播理论［M］. 崔保国，李琨，译. 北京：清华大学出版社，2010：24.
② 潘玉鹏. 西方传媒集团的成因及特点评价［J］. 新闻大学，2001（3）：92-94.

国最早的报业集团——广州日报报业集团。

传媒集团有几个核心的发展逻辑需仔细辨析。第一，它仍是通过生产资料的占有来创造价值的普通劳动生产方式。尽管对于新型的信息生产来说，人才资本是极其重要的，但在传统媒介相对稀缺的情况下，对于基础设施的占有，等于对播出渠道的垄断，也就等于对传媒市场的垄断。第二，因垄断形成了高收益，所以金融资本纷至沓来，助推产业资本创造更多的价值。整个20世纪的最后10年，传媒集团最大的战略就是并购，目的就是夺得更多的渠道和内容，进一步扩大自身的传媒市场。第三，对于一个寡头垄断的市场，资本具有支配权，拥有者只需考虑扩大生产规模，追求集约化的经济效益，降低成本，分散经营风险就可以了。前面提到的媒体融合实际就是这种逻辑。第四，所谓创造产业价值链，选择相关多元化战略，均以核心内容生产所创造的价值作为原驱动力进行价值活动链接而成。总的说来，这仍是现代工业化的生产模式。

但在互联网技术的驱动下，以上的生产力组成方式和生产关系发生了革命性的变化。尽管少数几个拥有通信设备的电信公司居于垄断地位，但商业模式的创新和技术应用却成了竞争的关键，相比产业资本、金融资本和技术资本，知识资本、创意资本成为核心。后者不构成剥削生产关系。由于媒介融合后强大的技术力量，过去因地理区隔和行政手段被分割的传媒市场被空前统一了，这是任何集团并购后都无法比拟的全球大市场。媒体融合后，渠道垄断作用不存在了；媒介融合后，播出平台向受众免费开放。自媒体是个自由竞争的市场，关键资本不是生产资料，而是知识资本。垄断局面时常被新技术及应用打破，金融资本被有效分散。媒介资源众多，可接近性大大增强，支配权回归受众。受众细分市场不再明确，生产的传媒产品和服务类型也变得多元化，企业仅靠同质化的内容资源、规模化的生产不能保证赚取超额利润。

传统经济学认为，当所有投入比例提高，全部产品的规模收益就会显现，但当生产规模过大，管理成本的上升将导致平均成本上升，进而导致规模经济的消失。所以，过去驰骋市场的西方传媒集团曾普遍面临这样的发展困境。在与新媒体的较量中，未发生实质改变的媒体融合体已失效。而就代表其核心竞争能力的内容生产而言，传统经济学原理依旧适用，依然主宰着传统传媒集团。对于在新媒体立足的新兴信息企业来说，网络经济突破了边际收益递减规律，甚至否定了供求规律，信息和知识生产要素能实现零成本生产和转移，成为典型的规模报酬递增经济，即连接网络各节点数量越多，服务的受众规模越大，效益越高，且一旦达到某种规模，即会产生垄断效应，形成赢者通吃的局面。

所以，以生产集结为目的形成的旧传媒集团，即因多个公司在业务、流通、生产等方面联系紧密从而聚集形成的公司联盟，将让位于以服务受众、服务任意有需求的对象的网络经济企业组织形式。这些组织是可依外部需求的变化，随时集结的多个有独立优势的企业构成的松散企业联盟。

四、主流传媒集团的竞争战略

从2000年开始，新旧媒体不同的经营理念就一直进行着激烈的交锋和碰撞。传统媒体仅以企业并购的传统逻辑来看待新媒体，把新媒体看成是自己市场的延伸，希望使用新技术服务现有业务领域，仍把品牌和版权看成是自己的核心竞争砝码，并尝试将传统管理模式融入现有的价值产业链，将盈利目标作为评价依据。总的来说，传媒集团以往战略的失败都与对新媒介技术潜力认识不足有关。未来传媒集团的竞争战略应考虑以下三方面：

第一，现有传媒集团应根据自身情况决定是否继续在原有大众媒体市场展开竞争。《纽约时报》的决策就是利用新的大数据技术增强自己服务受众的能力，从而增强在该领域的竞争力。它们通过挖掘用户行为数据，制定相应的以数据分析为指导的运营策略，从而改变盈利模式，向用户直接收费。这种情形下，中国传媒集团的全媒体战略显然无法适应市场节奏，而主流大型集团也必然学习西方模式。但如果业务还限于原有范围，竞争将更加惨烈，盈利空间将缩小，需要警惕的是，因自媒体的发达，细分市场的竞争将是传媒集团难以涉足的市场。所以，全面向新媒介转型，适应媒介融合后的新市场格局、新商业模式才是一条更广阔的道路。在下一轮互联网市场竞争中率先布局，抓住新技术的发展机遇，才是战略布局首先要考虑的问题。

第二，现有传媒集团应重视资本运作的潜力，运用金融资本与技术资本的结合为传媒集团创造最大的利润。近年来，地方国有传媒集团积极进行现有企业改制，并利用金融资本拓宽经营范围，延伸产业链，进行相关或非相关的多元经营，尤其是利用国家发展文化产业的机遇将文化产业发展作为重要的战略布局。这些都为帮助传统媒体转型和挽救传媒行业颓势创造了机会。技术的发展是不可阻挡的大势，一旦新的移动媒体市场布局完成，传统媒体将再次错失良机，甚至错过锻炼的机会，其作为媒介天生的技术优势将荡然无存。所以，利用金融资本收购新型的互联网技术企业，进行新兴产业布局才可真正实现可持续发展。

第三，新型的传媒集团必须选择自己的战略布局。它们应在两种模式之中做出抉择，是以生产管理为中心组建集团，以确立自身的核心竞争力来拓宽产业链条，还是以服务受众为中心建立松散的业务组合型的集团。换句话说，究竟是确立核心业务的生产优势和主导地位，还是确立不断变动的受众需求指导生产的快速应对能力。当媒介变成中介的时候，价值就变得很大。在旧有生产模式中，信息传播、组织生产、管理反馈等分属于不同行业领域，所以，大众媒体仅仅局限于信息传播平台的角色，形成了特有的二次盈利模式。即通过第一次服务免费吸引受众，通过第二次服务将受众的观看时间再出卖给广告商。而在新的生产模式中，在即将开启的O2O（线下商务机会与互联网结合）时代，上述多种角色可融为一种角色。新的技术媒介增强了互动服务能力，搭建了劳务提供者与个体需求者之间信息嫁接的平台，提供了行业内部信息沟通、服务标准、内部管理的综合服务。所以，不论何种形式，只要不断地提供各种需求方之间连接的中介服务，媒体的商业价值就不会消失。

事实上，尽管媒介融合一直是战略发展的重要主题，但新旧思维的冲突在实践中依旧很明显。媒介技术的进步，使媒介的融合形成统一的平台、统一的市场，以往不同层次的媒介市场并购最终失去了意义。更重要的是，媒介不再只是内容展示的平台，不再是普通的一种营销手段，而是直接提供用户与企业、企业与企业、用户与用户之间的互动连接的重要桥梁，是现代商业价值链的核心要素。它所扮演的角色也发生了变化，从信息传播到中介平台、支付平台、客户管理、迅捷沟通，媒介直接改变了商业模式，改变了财富增长方式，直接使经济从工业时代跨入信息时代。这就是此次媒介融合新政发布的大背景，也是新政之后改革的大方向。

电视娱乐节目对传统文化资源的运用①

孙宁丰

中国传统文化是中华文明的宝贵遗产。在新时代，电视娱乐节目承担传播传统文化的重任。电视娱乐节目与中国传统文化的结合，可以满足受众的需求，使优秀传统文化更加深入人心。

一、我国电视娱乐节目发展现状

1. 模仿痕迹明显

我国很多现有的娱乐节目并非原创，而是借鉴了其他国家的娱乐节目。在一定程度上，这些节目内容和模式还留有外国文化的影子。虽然节目结合中国观众的口味和习惯进行了改编，但仍然存在比较明显的模仿痕迹。

2. 内容轻松活泼

过去，电视节目主要讨论比较严肃的话题，观众在观看此类节目时极易产生厌倦情绪。1997 年，湖南电视台娱乐节目的出现，使电视节目开始更加注重娱乐性，倡导以人为本的理念制作节目，从而缓解人们的压力。如今，电视娱乐节目更偏向娱乐化，内容更加活泼俏皮，吸引了更多观众的注意。

3. 模式不断更新

随着生活条件不断提高，人们的生理需求和心理需求也发生了变化。为满足人们的需求，电视节目开始不断创新，创造了更加多样的节目模式，综艺、益智等节目形式逐渐获得更多观众的关注。电视娱乐节目在发展的过程中，开始不断探索文化内容，让人们在感受快乐的同时，还能够汲取中国传统文化中的营养。另外，节目主持人的主持风格也由呆板转向活泼，更加注重与观众的互动。

4. 存在低俗内容

虽然电视娱乐节目在一定程度上缓解人们的压力，为人们带来快乐，但是一些娱乐节目内容十分低俗。尤其是婚恋类的娱乐节目隐含拜金主义，影响人们形成正确的价值观，使我国千年来沉淀的婚姻观、爱情观和价值观出现裂痕。还有一些节目依托过激的言论和怪异的行为来吸引观众，满足了部分观众的恶趣味，却丧失了道德底线，注定将会被时代所淘汰。

---

① 本文原刊于《新闻战线》2018 年第 16 期。

二、电视娱乐节目与传统文化的关系

电视娱乐节目已有七十多年的历史，它为我国传统文化的传播提供了新的平台。电视娱乐节目受众规模大，形式内容多样，播出时间自由。如今，电视娱乐节目已经成为一种社会文化现象，对于我国传统文化的传播发挥了积极的推动作用。中国传统文化博大精深、源远流长，可以为电视娱乐节目提供丰富的素材。中国传统文化是中华民族几千年智慧的结晶，是中华民族精神的灵魂。电视娱乐节目应该积极引入中国传统文化内容，并结合社会发展现状，以一种新的形式传播传统文化，使优秀传统文化深入人心。

三、电视娱乐节目传播传统文化的策略

1. 树立正确理念

电视娱乐节目只有传播正能量，才能使节目内涵更加深刻，突显电视娱乐节目的教育功能，从而吸引更多观众，获得更多经济利益。电视娱乐节目应该在内容中融入趣味性、娱乐性、教育性以及时代性。电视娱乐节目树立了正确理念才能使观众在享受娱乐的同时接受积极健康的教育，从而营造更好的社会风气，让人们在良好的文化环境中，努力建设中国特色社会主义社会。

中国的传统文化需要不断发展。当今社会，电视娱乐节目能够更好地传播中国传统文化。在电视节目中融入中国传统文化内容，可以使电视节目内容更加深刻，形式更加丰富。当电视节娱乐节目宣扬的价值观与中国传统文化内涵相符时，节目内容就可以满足人们的需求。一个拥有文化内涵的电视节目，可以永久存活。一个抛弃中国传统文化却传播外国文化的节目，注定不会被观众所喜爱，也会被时代所淘汰。

2. 发展特色优势

电视节目应该深度挖掘传统文化，关注文化的发展和变迁。各地方的民风民俗和传统美术等极具特色的文化，是电视娱乐节目的重要素材。《中国汉字听写大会》和《中国成语大会》拥有很多观众。获得极高关注度的原因主要在于两方面：一方面，此类节目与中国传统文化有关；另一方面，观众可以从中学习中国传统文化，使其在传统文化的熏陶之下，不断完善自我。电视娱乐节目要想有特色，不能仅借鉴外国的电视节目形式而不对中国传统文化进行挖掘。中国传统文化是电视娱乐节目持久发展的“根”。

3. 树立榜样作用

中央电视台作为中央级媒体，对于中国传统文化的传播有着义不容辞的责任，中央电视台的频道数量和娱乐节目数量也较多，因此，中央电视台的电视娱乐节目应不断对传统文化进行挖掘，从而弘扬优秀传统文化。中央电视台具有较高的节目制作水平，观众规模庞大，在社会上影响力巨大，因此，中央电视台应该不断创新，积极寻找传播中国传统文化的有效方式，不断丰富节目内容，为其他电视台的娱乐节目起到带头作用。

4. 加强监管力度

现阶段，应完善观众的举报机制。相关审核部门并不能快速了解节目的负面内容，而观众一旦发现低俗信息，就可以迅速举报，为相关部门节省人力物力。随着人们教育

程度的不断提高，人们已经具备较高的辨别能力。因此，如果许多观众举报同一电视节目，那么该节目就可能存在问题，应加强审核力度。电视娱乐节目应该掌握尺度，在娱乐的同时，应该减少低俗内容。在电视娱乐节目生产制作播出的一系列流程中，应该完善监管体系，让电视节目在模仿的过程中，不至于失去对传统文化的继承与传播。

相关部门一直发挥引导社会舆论和监管节目内容的作用。针对电视娱乐节目中的低俗内容，相关部门应该担负起责任，惩罚传播负面内容的节目，使电视娱乐节目传播正能量，为我国传统文化的传播提供良好的平台，提升我国的文化软实力。

5. 加强队伍建设

编导是电视娱乐节目制作中的核心人物，可以将中国传统文化穿插在节目当中。因此，加强编导队伍建设，可以加强中国传统文化的传播力度，使电视节目减少低俗内容。电视娱乐节目主持人的态度以及引导方式，可以影响人们的情绪，而且，主持人的语言还会影响人们的行为。电视娱乐节目主持人作为公众人物，应时刻注意自己的形象，传播正能量，成为观众学习的榜样。在生活中，主持人也要时刻注意自己的行为，不能因为语言或行为的不当而身败名裂。因此，要重视电视娱乐节目主持人和编导队伍的道德素质建设，使其形成正确的价值观。

6. 提高受众审美

电视娱乐节目正在不断得到丰富和发展，但是，一些观众错误的价值观以及审美观点也会影响娱乐节目的制作。现在的电视娱乐节目互动性较强，观众的建议变得非常重要，因此，应提高观众尤其是青少年观众的审美水平和辨别能力。应该禁止青少年观看存在暴力等内容的电视娱乐节目，促进青少年形成正确的三观。同时，要提高观众的媒介素养，提升其对信息的辨别能力。

四、结语

通过电视娱乐节目传播中国传统文化，有利于人们形成正确的三观，促进良好社会风气的形成，提高我国的文化软实力。因此，如果发现电视娱乐节目中存在问题，应该及时采取措施，不断改进，使电视节目发挥更大的作用。

第五篇　教育与思政

财经类高校开展通识教育的困境与对策[①]
——以西南财经大学为案例的分析

杨海洋

当前，国内越来越多的高校已经认识到了通识教育的重要性，并陆陆续续开始了通识教育的尝试。西南财经大学从20世纪90年代中期开始探索素质教育，2007年建立了独立的通识教育学院，是国内较早开始全面实施通识教育的非综合性大学，本文以西南财经大学的通识教育实践为考察对象，希望能够为我国财经类院校实施通识教育提出一些有意义的参考意见。

一、财经类高校开展通识教育的困境

（一）专业教育过于强势，学校层面重视不够，通识教育被弱化

新中国成立后，由于学习苏联教育模式，我国高等教育逐渐转变为与社会分工对口匹配的“专业教育”。“通识教育”与“专业教育”之间的张力，是我国近些年来实行通识教育的高等院校普遍需要面对的问题，即使像北京大学这样的国内一流院校也难以幸免。

通识教育与专业教育的矛盾在财经类高校表现得尤为明显。财经类高校对经济管理类的专业划分非常细致，除了经济、数学、外语等少量基础性、理论性的学科专业外，绝大部分都是金融、保险、投资、财务管理、精算、证券、物流管理、市场营销等职业特征非常明确的学科专业，这些专业直接对应着学生未来的就业。

由于对通识教育的偏见，一些专业学院直接对通识教育进行抵制，以一些工具理性较强的所谓通论性课程逐渐来消解蚕食通识课程，如用经济学原理、法学通论代替通识核心课程，甚至直接在培养方案中砍掉通识类课程，挤掉通识类课程的学分。一些专业学院的管理者虽然认为通识教育与专业教育并不矛盾，然而出于现行体制及眼前利益的影响，仍然不支持学校老师开出通识选修课程，不在专业教育中融入通识教育，其他教育资源也很少流向通识教育。

（二）学科门类单一，师资力量匮乏

财经类院校通识教育的师资是制约通识教育质量提升的一个瓶颈，若这个瓶颈没有

① 本文原刊于《中国成人教育》2015年第16期。

得到突破，通识教育质量的提升就要被打上一个大大的问号。通识教育要求学生接受全面贯通的教育，这就要求开展通识教育的高校拥有相应学科的师资力量。孙国宾等（2012）提出：综合性大学“由于学校的定位目标较高、教学实力较强及生源较好，因此，在通识教育的培养目标设置上，要求相应较高，在课程开设的门类上显得较为丰富、全面”①。相对于学科门类齐全的综合性大学来说，财经类高校由于学科门类单一（主要是经济类、管理类的学科），在通识教育内容涵盖的“文、史、哲、艺、美、科”等方面几乎都没有对应的学科点，通识教育的师资条件非常薄弱，不少财经类的高校连这几方面的课程都开不全，通识教育的质量可想而知。

（三）师生的认识存在着偏差，学生缺乏接受通识教育的主动性

学生在进入大学时，认为自己就是来学习专业的，他们对通识教育没有热情，甚至根本不知道自己还要学习通识课程。专业课教师也认为自己上的课才是主流，通识教育课没有什么用，正如甘阳（2007）所说的那样：“结果就是所有院系的老师和学生基本都把通识教育的课程看成是额外的，次要的，可有可无的，最多是锦上添花的课。因此通识教育的课程目前在大学的地位基本就是所谓‘老师随便讲讲，学生随便听听，千万不要认真，大家拿个学分’”②。现在国内不少财经类高校，学生一进大学就进入专业学院，甚至有种学院从一年级开始就开设专业课程，让学生过早地接触到专业。这样的设置让学生和学生家长都容易产生认识上的偏差。根据笔者所在学校开展的专题调研显示，在刚进入大学时，67%的学生“不了解”通识教育，53%的学生认为“开展通识教育没有必要”。如果学生身在专业学院，所接触的教师和学长又言必称专业教育，那这些学生对通识教育的认识偏差就会固化下来，学生们就会把专业学习当成了上大学的唯一目的，对通识教育就容易产生抵触情绪。这对于通识教育的开展是非常不利的。

（四）课程设置不合理，因人设课现象严重，课程“大而滥”

甘阳（2007）认为：“在知识大爆炸的时代，通识课程体制以及整个本科课程体系应该坚持‘少而精’的原则，还是走向‘多而滥’的方向。我以为这是中国大学今天特别突出的问题。”③ 现在大学开设通识类课程，主要是采取教务处统一管理，各个专业学院提供选修课程的方式，开设的课程数量一般都很多，有些综合性大学开设了数百门通识课程；复旦大学在 2005 年就按 6 大模块开出了 50 门通识核心课程，而到了 2009 年，通识核心课程的数量已经增长到了 84 门。2012 年，北京大学开设了 127 门通识课程，浙江大学开设了 298 门通识课程，厦门大学更是开设 369 门通识课程。课程数量大，但是学生能够选的学分却非常有限，一般都是 12~14 个学分，换成课程门数，也就是 6~7门，这样的设置，容易使学生按照自己的喜好或者是通过的容易程度去选一些课程，尽管学校开出的课程非常丰富，涵盖面广，但学生能够接触到的却非常有限，甚至偏

---

① 孙国宾，李梦，陆开宏. 国内综合性大学通识教育的实践与思考［J］. 黑龙江教育（高教研究与评估），2012（4）：53-55.

② 甘阳. 大学通识教育的纲与目［J］. 同济大学学报（社会科学版），2007（2）：1-6.

③ 同②.

窄。在财经类高校，这种现象更加突出。由于财经类高校比较缺乏人文类学科，没有理工类学科，为了能够把课开出来，许多高校不得不采取因人设课的方式，开课的教师擅长什么，就开什么课。

二、财经类高校改善通识教育的对策

一是成立专门的通识教育学院，突出通识教育，避免学生过早进入专业学习。为了让师生重视通识教育，防止专业教育对通识教育的弱化，2007 年西南财经大学成立通识教育学院，负责全校本科生的通识教育。所有一年级本科生在进入大学后不分学院，都进入通识教育学院，接受学院的集中管理，所修课程也是各类通识课程，包括通识核心课程、思想政治理论课、英语、数学、计算机等大类通识课程和一些经济管理类基础课。大一新生不进行专业课的学习，从二年级开始再进入各个学院进行专业学习。由于学生都不分专业进行集中管理，学校也不允许各专业学院插手一年级的学生事务，学生身上的专业色彩淡化，再加上通识教育学院强化通识教育的宣传，让学生和家长认识到通识教育的重要性，这在一定程度上纠正了师生们对通识教育认识的偏差。

二是依托人文学院，建设人文学科，为通识教育的实施打下坚实基础。为了解决财经类高校的师资困境，西南财经大学采取了一个学院、两块牌子的做法——将通识教育学院与人文学院合并建设。作为基础教育学院的通识教育学院，主要承担着通识课程开设和学生集中管理的任务；而作为专业学院的人文学院，则承担着为通识教育“造血”的功能，是通识课教师成长的重要依托。目前，人文学院开设了“新闻与传播”“经济哲学”“民俗学”“应用社会学”“汉语言文学”“媒介经营管理”等本硕专业，初步建立起了与通识教育“文、史、哲、艺、美、科”相对应的学科专业，使教师们有了自己成长的土壤，他们不再永远是上基础课的讲师，也可以在自己的学科上深入钻研下去。有了人文学院作为依托之后，通识课教师的“归属感”明显增强了。人文学院设立以来，学院积极整合校内相关学科专业的部分优秀人文教师资源，努力引进、吸纳国内外优质教学资源，已经初步建设起了一支经验较丰富、学历层次较高的专门从事通识教育的教师队伍。学校还鼓励协同创新，让人文学院的教师与其他财经类专业的教师开展跨学科研究，培育交叉学科，更好地实现通识教育与专业教育的互通共融。

三是建立川渝地区通识教育联盟，实现资源共享，进一步解决师资短板问题。为了进一步解决师资方面的短板问题，西南财经大学还尝试着以川渝地区通识教育联盟的方式，引进优质教育资源。随着成渝高铁的开通，成都和重庆将进入一小时经济圈，这给教师异地授课、学生异地选学带来了可能性。2013 年年底，在西南财经大学的倡议下，川渝地区 12 所高校共同发起成立了川渝地区通识教育联盟。联盟致力于实现川渝地区师资、课程、教学资源等共享，联盟既是通识教育资源聚合和共享的平台，也是川渝地区通识教育理念与经验的交流平台。学生在各高校间可以实现交换学习，教师可以在各高校开设通识课程，讲座资源也可互利共享。由于联盟中不乏综合性大学、理工科大学，西南财经大学可以利用它们所特有的学科资源来弥补自身的不足，当然，对于这些学校来说，西南财经大学的财经类课程又是它们通识课程追求的目标，双方完全可以实现“共赢”。

四是追求“少而精”“小而全”，重点打造高质量的通识核心课程。为了解决目前许多高校存在着的通识课程“大而滥”的问题，西南财经大学将通识课程设立为了两个层次，一个是通识核心课程层次，要求“少而精”“小而全”，能够涵盖学生所需要的绝大部分最重要的内容，这个层次的课程具有一定的强制性，学生在一、二年级中要修学这些课程；另一个是通识选修课程层次，提供丰富多样的课程，能满足学生拓展学习的需要，选修课程可以在二、三、四年级中进行修读。目前，西南财经大学开设了八门通识核心课程，分别是“沟通与写作”“逻辑与批判性思维”“中国传统文化概论”“科学技术史”“社会思想与调查方法”“艺术与审美体验”“中外文学经典鉴赏”和“心理健康与人生发展”。这八门课程既注重了学生表达能力、沟通能力、写作能力和思维能力等可迁移能力的培养，又注重了培养学生必需的人文素养和科学精神，还注重了在价值观、审美能力和心理素质方面的引导，已经基本涵盖了财经类高校学生需要的“通识”方面的教育内容，与学校要达到的通识教育目标有很强的对应关系。这种通识核心课程的设置模式，让学生学了够用、管用、能用，避免了课程“大而滥”的弊端。

五是加强课程标准和教学规范建设，转变教学范式，注重提升“学业挑战度”。为改变通识课程“水课”的形象，西南财经大学从加强课程标准和教学规范建设入手来提高课程的质量。学校通识教育委员会首先确定各门课程的总体培养目标，然后由各门核心课程的课程组集体商定具体目标，在此基础上，制定出课程标准和教学规范。课程标准与规范包括两个部分：①课程设置标准，包括课程培养总目标和各部分章节的分目标，为实现相应目标所需要的主要教学内容，与国内外同类课程的比较，先修课程与后续课程要求，阅读的资料和书目等；②教学规范，包括主要的教学手段和教学方法，学生作业的要求（要求每门课不少于5次平时作业），实践教学的要求，总评考核的标准和方式等。课程标准和教学规范是每一位教师都必须统一执行的。在课程标准和规范的实施中，课程组、学院和教务部门进行督导和教学检查，确保标准和规范得以落实。对于不按标准设置课程和规范开展教学的教师，应限期整改，整改效果不理想的，要暂停授课。

“双一流”建设中地方政府的注意力配置
——基于30项省域政策文本的NVivo软件分析①

习勇生

2015年11月，国务院发布《统筹推进世界一流大学和一流学科建设总体方案》（以下简称《总体方案》），吹响了加快建设世界一流大学和一流学科的号角；2017年1月，教育部、财政部、发改委三大部门联合印发《统筹推进世界一流大学和一流学科建设实施办法（暂行）》（以下简称《实施办法》），进一步明确了“双一流”的建设目标、遴选条件、遴选程序、支持方式、动态管理，以及组织实施等内容；2017年9月，三部门又联合公布世界一流大学和一流学科建设高校及建设学科名单，“双一流”建设开始进入新的发展阶段。从《总体方案》的出台，到《实施办法》的颁布，再到“双一流”建设名单的公布，所经历的时间仅仅为1年11月，充分体现出党中央、国务院，以及中央政府有关部门落实高等教育强国这一战略部署的坚定信念和不折不扣的执行力。地方政府作为“双一流”建设的关键主体和制度供给者，在政策决策时应该如何有效应对和甄别来自高等教育系统内外的纷繁复杂的信息，将稀缺的教育资源用到最合适的领域？从本质上来看，通过优化地方政府的注意力配置可以实现此目的。

一、注意力配置理论及其应用

（一）注意力配置理论的多学科阐释

“注意力（attention）”最早是心理学上的一个概念，是指“生物体内决定一个特定刺激的效用的过程或条件”②。这个概念可以通俗地理解为：在外界诸多的刺激物中，生物个体仅仅会选择某些刺激物或者刺激物的某些方面，而不是所有来源的刺激物。布罗德本特（Broadbent）设计的注意力“滤波器理论”中解释了其中原因。在他看来，大脑只有一个能力有限的通道来处理外界输入，当存在大量的平行的输入信号时，可以假定在平行的信号尽头有一个短期记忆的贮藏器，然后通过“滤波器”将平行的信号转化

---

① 本文原刊于《教育发展研究》2017年第21期。

② BERLYNE D E. Attention-historical and philosophical roots of perception [J]. Historical & Philosophical Roots of Perception, 1974, 13 (2): 124.

为连续的信号①。从“信号平行输入”到“滤波器处理”，再到“信号连续输出”，生物个体由于信号处理能力有限，只能根据机能需要或外界信号的敏感度，通过“滤波器”连续分次地处理认知信息。心理学将注意力与这种选择机制和行为联系起来，并对“滤波器”（也可称为“注意力瓶颈”）进行了持续研究，为理解认知心理学的相关理念奠定了基础。

当各种信号进入生物个体的意识范围，生物个体的注意力聚焦到其中某些信号，进而决定是否采取行动，在此过程中注意力处在信号搜索阶段与决策阶段之间。这种简单的模式也可以运用到管理学和经济学等学科领域，用于解释决策行为。大约在管理理论丛林时期，“注意力”进入管理学研究领域。诺贝尔经济学奖得主赫伯特·西蒙（Herbert Alexander Simon）在《行政行为》一书中将注意力定义为“管理者选择性地关注某些信息而忽略其他部分的过程”②。在浩瀚无边的信息大海中，对于有限理性的管理决策者来说，其决策的好坏与所关注和选择的信息有直接关系，或者说与是否有效配置注意力密切相关。之后很长一段时间里，注意力配置对决策的影响都成为组织行为学和管理学研究的核心问题之一。在经济学领域，注意力是一种有价值的稀缺性资源，而注意力经济就是基于注意力这种稀缺资源的生产、加工、分配、交换、消费的新型经济形态③。注意力经济研究的著名学者托马斯·达文波特（Thomas Davenport）④ 强调，企业管理者的重大问题就是如何把注意力从琐事中抽离出来，关注关键问题，赚得新时代的货币——注意力。注意力经济的概念在现实的经济活动很快得到运用，演化出“眼球经济”等相关概念，商界人士普遍认为“理解和管理注意力是现今商业成果的最重要的决定因素”，以至于“如果你想在现在的经济中成功，必须善于获得注意力”⑤。

基于注意力在管理学和经济学等学科的持续深入探究，注意力的概念被引入到政策科学的研究领域，成为政府决策行为的重要组成部分。从政府决策的角度来看，注意力代表着政府决策者对特定事务的关注程度。在信息化时代，政府面临着各种纵横交织的亟待解决的问题，但由于政府手中资源的有限及政府自身的有限理性，政府决策者不可能同时用同样的强度关注所有公共事务，这也就决定了政府在政策问题界定时必须仔细鉴别并对任务的重要性进行排序，进而做出有效配置注意力的决策。美国学者布莱恩·琼斯（Bryan D. Jones）对政府议程设置中的注意力具有独到的见解。他在著作《再思民主政治中的决策制定——注意力、选择和公共政策》中提出，所有的决策都会涉及选择性，因为决策需要分解出那些不重要的信息，而如何决定决策制定环境中的哪些方面是有关的和应该被关注的，对于决策的制定非常重要。简单地说，“注意力是一种机制，通过它，特

① 布赖恩·琼斯. 再思民主政治中的决策制定：注意力、选择和公共政策 [M]. 李丹阳，译. 北京：北京大学出版社，2010：58-59.

② 刘景江，王文星. 管理者注意力研究：一个最新综述 [J]. 浙江大学学报（人文社会科学版），2014（2）：80.

③ 张雷. 经济和传媒联姻：西方注意力经济学派及其理论贡献 [J]. 当代传播，2008（1）：22.

④ 丁文斌. 基于注意力配置视角下的政府议程设置研究 [D]. 长沙：湖南大学，2016：4.

⑤ 托马斯·达文波特，约翰·贝克. 注意力管理 [M]. 北京：中信出版社，2001：4，12.

征的突出性被带入决策制定的结构”[①]。

综观各学科关于注意力及其配置的相关研究结果，结合本文的研究对象和内容，我们将注意力配置定义为“决策主体基于注意力这种稀缺资源以及自身决策的有限理性，对注意力的不同用途进行反复权衡比较而做出的选择分配行为”。这个概念可以用来诠释“双一流”建设中地方政府的决策行为。

（二）“双一流”建设中地方政府优化注意力配置的必要性

本文将主要运用政策科学中有关注意力及其配置的研究成果。对于地方政府而言，由于注意力是一种稀缺资源，其决策行为的关键取决于决策者将注意力聚焦在何处。建设世界一流大学和一流学科是一项长期而艰巨的任务，党和国家进行了不懈的探索与实践。在过去的“211 工程”“985 工程”等重点工程建设中，政府采取的“重点支持、集中突破、加快推进”的注意力配置思路，为提升我国高等教育整体发展水平指明了方向和路径。但《总体方案》也指出，过去的重点建设存在“身份固化、竞争缺失、重复交叉”等问题。从注意力配置角度来看，这些问题的成因与政府注意力配置不当有关。①“身份固化”与政府在计划体制下实施的院校重点建设政策有关。在那个时期，政府通过采取行政权威的方式将注意力资源集中配置到少数发展基础较好的高校，进入政府注意力范围的高校可以获得优先发展的政策和资源，而其他高校的发展步履维艰，久而久之在高等教育系统中固化出“圈内高校”和“圈外高校”两个鲜有交集的子系统。②“竞争缺失”主要是由于政府注意力配置的原则和方式有失偏颇，表现为注意力在相对封闭的空间内进行配置，市场竞争和动态调整机制得不到较好运用，“效率优先、兼顾平等”向“缺乏竞争的低效率”偏斜，造成有些入选高校出现“等、靠、要”等消极意识。③“重复交叉”表现为政府在注意力配置内容方面缺乏分类规划、分类促进、分类评估的理念，导致不少高校的目标定位过于单一和趋同。有些不具备重点建设条件的高校，极力模仿其他高校的建设经验，在地方政府短期的强制性合并和集中投入下，最终也跻身“211 工程”重点建设行列[②]。很显然，地方政府过去的注意力配置失当助长了“身份固化、竞争缺失、重复交叉”等问题的滋生和蔓延。

为解决重点工程建设中存在的问题，《总体方案》强调在“双一流”建设中“迫切需要加强资源整合，创新实施方案”。注意力是一种稀缺资源，有效配置政府稀缺的注意力资源，发挥资源的最大效用是地方政府资源整合的应有之义。在“双一流”建设实际中，地方政府的注意力配置相比重点工程建设时面临着更加严峻的形势：从资源供给和获取角度来看，地方政府可供“双一流”建设的资源仍然稀缺有限，获取中央政府资源的竞争又异常激烈；从资源需求角度来看，地方政府资源一方面要用于支持重点高校进入国家“双一流”的建设行列，另一方面还要分配给由省属高校、高职院校、民办院

---

① 布赖恩·琼斯. 再思民主政治中的决策制定：注意力、选择和公共政策［M］. 李丹阳，译. 北京：北京大学出版社，2010：58-59.

② 张应强，彭红玉. 高等教育大众化时期地方政府竞争与高等教育发展［J］. 高等教育研究，2009（11）：5-6.

校等组成的体量巨大的高校群体。教育部 2017 年 5 月 31 日数据显示，全国共有普通高等学校 2 631 所①，此次进入“双一流”建设名单的 137 所高校，仅占全国普通高校的 5.21%。那些未进入“双一流”建设行列的占总比 94.79% 的地方高校，成为地方政府财政支持和资助的最主要的对象。如此，有限的资源若不合理配置，极有可能被稀释和低效率的使用。由此可见，在“双一流”实施过程中，不断创新和优化地方政府的注意力配置，是一项紧迫且意义重大的任务。

当前，大部分地方政府已经出台了与“双一流”建设相关的政策文本，这些文本蕴含大量与政府决策相关的信息，梳理这些政策文本可以描绘地方政府在“双一流”建设中注意力配置的全貌，也可以剖析出存在的问题，进而为地方政府进一步修正、补充和完善相关政策决策提供重要参考和依据。

二、“双一流”建设中地方政府注意力配置研究的基本框架

（一）研究假设

据前文分析可知，注意力是一种稀缺性的资源。按照此逻辑推断，政府的注意力配置实质上是政府将注意力这种稀缺资源反复进行权衡比较，并决定如何合理分配到最需要的领域中的活动。因此，研究“双一流”建设中地方政府的注意力配置，首先要明确注意力资源的分类情况。地方政府出台的“双一流”相关政策文本一般是根据《总体方案》《实施办法》以及地方实际情况制定的具有施政纲领性质的政策性文件。这种“具有政策性、权威性和纲领性”的政策文件，“蕴含着政府及决策者的价值取向、价值判断及价值准则”②。因此，本文的基本假定是，地方政府在“双一流”建设中的注意力配置集中反映在这些政策文本之中。在全面检索和分析所有政策文本后，本文以《总体方案》和《实施办法》为蓝本，选择“指导思想”“基本原则”“建设目标”“建设内容”“组织实施”“保障措施”六个排在最前列的关键词作为注意力分类的指标和维度。关于地方政府注意力配置的研究即采取一定的研究方法测量地方政府注意力在这六个指标领域的配置情况。

（二）研究思路

本文总体的研究思路是：从多学科的视角理解“注意力”及其相关概念，并结合“双一流”建设实际，探索地方政府注意力配置的研究意义。在此基础上，结合省域政府“双一流”政策文本，运用 NVivo 11 质性分析软件进行编码和确定节点，基于父节点和子节点的描述性统计分析地方政府注意力配置参考点的现状，进而分析存在的问题和提出优化建议。这种研究思路类似于上文中提到的“滤波器”模型，即从整体入手，将 NVivo 11 质性分析软件视为“滤波器”，利用此软件的功能对省域政府的“双一流”政

---

① 教育部门户网站. 全国高等学校名单 [EB/OL]. [2017-10-13]. http://www.moe.gov.cn/srcsite/A03/moe_634/201706/t20170614_306900.html.

② 文宏. 中国政府推进基本公共服务的注意力测量：基于中央政府工作报告（1954—2013）的文本分析 [J]. 吉林大学社会科学学报，2014（3）：22.

策文本的参照点进行逐一分组处理，提炼出参照点的分布情况，并以此反映地方政府在“双一流”建设中注意力配置的现状及存在的问题，为政府决策提供参考和依据。

（三）研究方法

1. 文本分析方法

文本分析是对文本进行由浅入深的比较、分析、综合、提炼的研究方法。许多社会科学研究领域将其视为质性分析的范畴。然而，近些年来也出现了不少运用定量方法来处理文本的研究成果，成为文本分析方法新的发展趋势。因此，文本分析法在某种意义上是一种定性和定量相结合的研究法方法。省域政府的“双一流”政策文本集中体现了地方政府决策者的注意力在特定制度环境下的配置和分布。因此采用文本分析法研究这些政策文本具有较强的价值。本研究收集了除西藏自治区之外的 30 项省域政府关于“双一流”的政策文本。分析这些文本的标题可发现，同时出现“一流大学和一流学科”等相关字样的有 18 项，单独出现“一流大学”等相关字样的有 2 项，单独出现“一流学科”等相关字样的有 3 项。北京市、上海市、天津市、浙江省、四川省、黑龙江省、吉林省 7 个省（直辖市）出台的是与“双一流”相关的教育综合改革方案。这七个省份的政策文本体例与《实施办法》的体例有所差异，本文在分析时尽可能按照《实施办法》的体例去修正。修正后仍存在的误差会降低分析的精准性，但不会影响分析结论的整体信度和效度。

2. NVivo 11 质性软件的运用

NVivo 软件主要用于质性研究中的资料分析。1999 年美国 QSR 公司（Qualitative Solutions and Research Pty Ltd.，定性解决方案和研究有限公司）研发出第一版 NVivo 软件，发展到现在已经升级到第十一版。NVivo 软件能够协助研究者完成文字、图片、声音、甚至视频等资料的收集、整理、分析以及呈现工作，可以增进质性研究的严谨性、信实度和趣味性①。NVivo 软件中的“词频”功能表示的是特定词汇或句子在文本中出现的频数，并可以运用“词语云”这一功能直观地展现出来。“词语云”中的字号大小代表该词或句子在政策文本中出现频数的多少，字号越大出现次数越多，反之亦然。

图 1 是运用 NVivo11 软件对 30 项省域政府“双一流”政策文本的原始材料进行“词频”统计导出的词语云。这种描述方式的优点在于对于词频的呈现非常直观，使注意力程度与字号大小成正比。不足之处在于据此难以判断地方政府注意力配置的准确数值。为弥补这一不足，本文在以下的分析中引入“参考点”这一概念，用来表示在某一节点下编码的数量，编码次数越多，代表注意力配置的数值更多。为得到相对准确的参考点数值，本研究对政策文本进行了 1 591 项手动编码，形成 6 个父节点和 92 个一级子节点，参考点数值为 1 591 项（1 次编码形成 1 项参考点）。依托 NVivo 11 软件的强大功能，可以描述出地方政府在“双一流”建设中注意力配置的整体情况和具体分布特征。

① 刘世闵，李志伟. 质性研究必备工具：NVivo 之图解与应用［M］. 北京：经济日报出版社，2017：4.

图1　根据30项省域政府“双一流”政策文本构成的词语云

三、“双一流”建设中地方政府注意力配置的现状

（一）地方政府注意力配置在整体上与中央政府保持一致——基于父节点的描述性统计

为了从宏观角度探索地方政府在“双一流”建设中注意力配置的整体情况，本文根据六个父节点对30项省域政策文本的一级标题和二级标题进行逐一编码，并得出描述性统计结果（见表1）。从六个父节点的材料来源数目来看，地方政府的注意力配置基本覆盖《总体方案》和《实施办法》的最关注的六个关键词，与中央政府形成了推进“双一流”建设的合力。从参考点数值的分布情况来看，地方政府注意力配置的参考点数值排在前三位的分别是建设任务、保障措施和组织实施，排在后三位的包括指导思想、基本原则和建设目标。这并不意味着排在后三位的父节点不重要，可能的原因是地方政府对于指导思想、基本原则和建设目标的认知与《总体方法》和《实施办法》保持高度一致，未设计过多的二级标题加以拓展。另一方面，地方政府在建设任务、保障措施和组织实施上各有侧重和差异，表现在政策文本中则是设计了较多的二级标题展开论述。

表1　父节点参考点数值的整体情况

父节点	材料来源数目	参考点数值
指导思想	23	23
基本原则	24	24
建设目标	29	29

表1(续)

父节点	材料来源数目	参考点数值
建设任务	29	250
组织实施	26	72
保障措施	28	85

（二）地方政府注意力配置在不同领域各有侧重——基于子节点的描述性统计

为深入具体地分析地方政府的注意力配置的情况，我们首先根据父节点编码的相似性和相关性程度，运用 NVivo 软件对父节点进行聚类分析，分析得出“指导思想与基本原则”“建设目标与建设任务”“组织实施与保障措施”三个关系较为密切的父节点组合。接着在 NVivo 软件中对政策文本中除一级标题和二级标题之外的正文部分进行编码，将相同或相近的概念编码进入相同的子节点容器。为便于分析，我们最多创建和分析两层深度的子节点（二级子节点）。在完成上述两个步骤之后，我们根据三组父节点下的二级子节点的参考点值数目，描述地方政府注意力配置在不同领域的情况。

1. 指导思想与基本原则

地方政府注重发挥思想先导和价值引领的功能，因地制宜地制定建设原则。指导思想是政府政策行动的根本指南，在省域政府“双一流”政策文本中，基本上都将其贯穿在政策文本的始末。其中，党的十八大及历次中央全会精神、习近平总书记系列重要讲话精神、“四个全面”战略布局，以及创新、协调、绿色、开放、共享五大发展理念成为频次排在前四位的指导思想。《总体方案》提出的“以一流为目标、以学科为基础、以绩效为杠杆、以改革为动力”的基本原则，在省域政府的“双一流”政策文本也有充分体现。同时，地方政府结合自身实际，也确立了不少建设原则（见图 2）。“改革创新、突出绩效、分类实施、需求导向、特色发展”成为地方政府排在前五位的建设原则。

2. 建设目标和建设任务

（1）建设目标

建设一流大学和一流学科是地方政府注意力配置的最终目标。对于地方政府来说，更加关注的是不同类型高校不同层次的“一流目标”的实现，更加强调如何有类别、有重点、有步骤地推进“双一流”建设。从时间维度来看，《总体方案》和《实施办法》将“双一流”的建设周期分为 2020 年、2030 年、21 世纪中叶三个阶段，并分别提出了这三个阶段的建设目标，地方政府则更加关注短中期的建设目标（如表 2 中所示）。值得注意的是，广东省一流大学和一流学科建设规划起步早，在方案中提出了近期 2017 年的建设目标；青海省和宁夏回族自治区以 2016 年为起点，以“五年”为周期提出了 2020 年、2025 年、2030 年的建设目标；河南省优势特色学科建设工程确立了“2015—2019 年”“2020—2024 年”两个建设周期，并在此基础上提出了 2024 年的建设目标。

从层次和类型来看，地方政府“双一流”的建设目标更加多样化。从表 2“类型维度”中可以看出，地方政府目前的主要精力是推动国内一流大学、高水平应用型大学、国内一流高职院校以及国内一流民办高校，在国内一流学科、优势特色学科，以及区域一流学科等层面的建设。对于地方政府而言，推进世界一流大学和一流学科建设目标是在实现短中期目标基础上更为长期的建设目标。

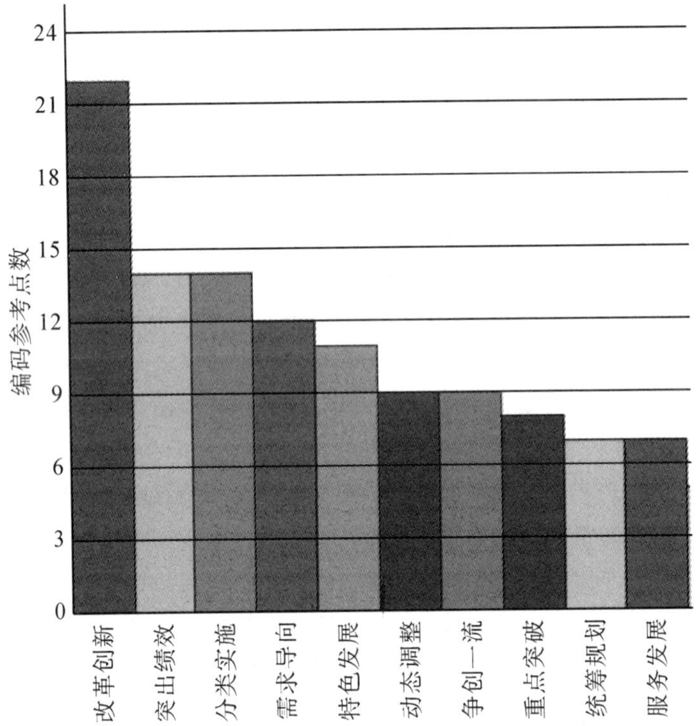

图 2　地方政府确立的排在前 10 位的“基本原则”

表 2　地方政府“建设目标”参考点的分布情况

时间维度	类型维度	
“建设周期”二级子节点（参考点数值）	“一流大学”二级子节点（参考点数值）	“一流学科”二级子节点（参考点数值）
2020 年（25 项）	国内一流大学（15 项）	国内一流学科（27 项）
2030 年（15 项）	世界一流大学（13 项）	世界一流学科（21 项）
21 世纪中叶（12 项）	高水平应用型大学（13 项）	优势特色学科（14 项）
2025 年（2 项）	国内一流高职院校（5 项）	区域一流学科（6 项）
2017 年、2024 年（各 1 项）	国内一流民办高校（3 项）	应用型专业（2 项）

（2）建设任务

为实现建设目标，地方政府“双一流”相关政策文件也明确了建设任务，概括起来就是以学科为基础，统筹协调注意力资源配置到人才培养、科学研究、社会服务、文化传承创新、师资队伍建设、国际交流与合作、高等教育管理体制改革七个领域。每个一级子节点下设置了数量不等的二级子节点，用于说明七个领域中注意力配置的具体情况（见表3）。

表3　地方政府“建设任务”参考点的分布情况

一级子节点名称	对应二级子节点	参考点数值/项
人才培养	立德树人、人才培养模式、创新创业教育、协同育人、研究生分类培养机制、专业综合评价、课程体系、教学方式、信息化教学模式、质量保障监控机制等	108
科学研究	产学研融合、创新驱动、高校智库、哲学社会科学繁荣发展、科研成果转化、协同创新中心、科研实验室等	112
社会服务	开展重大决策咨询研究、科研成果转化与应用、推进大学科技园和创业园、增强服务国家和区域经济社会发展的能力等	34
文化传承创新	中华优秀文化、社会主义核心价值观、大学文化建设、本土特色文化等	46
师资队伍建设	高端人才引进及创新团队、高端人才培养和成长机制、师德师风建设、用人制度等	55
国际交流与合作	中外合作办学、高水平联合培养优秀人才、科技联合攻关、高层次人才引进、国际优质教育资源引进、国际认证、海外孔子学院、外籍优秀教师聘用、留学生教育等	83
高等教育管理体制改革	党的建设、大学治理结构、大学章程、民主管理和监督机制、学术管理体系等	60
合计		497

3. 组织实施和保障措施

“双一流”建设涉及方面广、工作任务重、建设周期长，需要加强组织实施和综合保障。“组织实施”侧重于回答“如何推动”，包括组织协调、遴选办法、有序推进实施以及动态管理；“保障措施”强调“如何更好地实现”，包括加大财政经费投入、多推动多方共建、强化绩效考评、增强高校自我发展能力四个方面。其中，加强组织领导、统筹协调多方资源是组织实施的关键，强化财政职责和绩效考评是保障的重点。此外，有序推进、动态管理，以及增强高校自我发展能力也多次出现在省域政府的政策文本中（见表4）。

表4　地方政府“组织实施和保障措施”参考点的分布情况

组织实施		保障措施	
一级子节点名称	参考点数值/项	一级子节点名称	参考点数值/项
组织协调	23	加大财政经费投入	25

表4(续)

组织实施		保障措施	
一级子节点名称	参考点数值/项	一级子节点名称	参考点数值/项
有序推进实施	11	强化绩效考评	18
动态管理	9	增强高校自我发展能力	11
遴选办法	4	推动多方共建	16
合计	47	合计	70

（三）地方政府注意力配置存在的问题

1. 注意力配置的约束条件未得到充分考量

注意力配置的最优化很大程度上取决于对其约束条件的认知和考量。注意力配置的约束条件是指决策主体将注意力资源分配到不同用途时应关注的各种制约和规范因素。它既包括资源是否到位、信息是否对称、制度是否健全等客观层面因素，也包括有限理性、道德风险、逆向选择等主观层面的制约因素。基于对省域“双一流”政策文件的分析可知，地方政府在注意力配置时较多地体现出一种应然导向，即一味强调政府“应该怎样”配置注意力，对注意力配置所依赖的“过去怎么样”“现实情况如何”等因素关注过少，也就是缺乏对约束条件的必要呈现。在梳理政策文本时我们发现，大部分地方政府缺乏对重点建设工程所取得的经验和所存在问题的提炼总结，也缺乏对自身及所属高校的现实发展基础和条件的合理审视。由于地方政府在决策时本身具有有限理性，地方高校有可能利用信息不对称来隐藏真实的办学信息和办学行为，进而导致“劣币驱逐良币”等现象的产生。其结果可能是真正有发展潜力的高校无法获得地方政府应有的支持，而在“双一流”建设平台中充斥着形形色色、良莠不齐的地方高校。

2. 注意力配置的结构不够优化

根据对父节点和子节点描述性统计分析的结果可知，在保持与中央政府整体一致的基础上，地方政府与中央政府之间，以及地方政府之间在注意力配置上存在着一定的差异。这种差异因地方特色发展需要具有一定的合理性，但也在某种程度上造成地方政府的注意力配置结构优化程度不够。在“双一流”建设中，地方政府的注意力配置结构到底如何呢？从经费支持角度来看，地方政府财政支持的对象大体包括三类：一是为进入国家“双一流”建设行列的中央高校予以配套支持；二是为进入国家“双一流”建设行列的地方高校提供专项经费支持；三是为进入省级一流大学和一流学科建设的其他地方高校予以资金支持。尽管很多地方政府在“双一流”政策文本中明确提出采取分层分类的支持原则，但在具体落实到资源、资金、政策等方面时，我们仍然很难判断地方政府的政策重心。其原因在于地方政府普遍采取捆绑式经费投入方式，未说明对各层次各类型高校的投入比例。从更为微观的角度来看，地方政府注意力配置结构不够优化还体现在对一些关键领域的注意力配置略显不够。表3表明，相比人才培养和科学研究，地方政府在文化传承创新和社会服务方面的注意力配置缺略显不够。我们以社会服务为例，《实施办法》着重强调要“加强高校的社会服务功能”，而相关内容仅仅是零散地分布于省域政策文本其他的内容之中。除陕西、湖南、江西三个省份之外，很少有地方政府将“社会服务”作为相对独立的模块进行探讨。

3. 注意力配置对象的分类方法有失规范

分层分类的支持策略，“优着上，庸者下”的竞争策略，以及动态调整的淘汰机制是“双一流”政策区别于重点建设工程的显著标志。许多地方政府明确提出应用型大学、高职院校、民办高校、特色学科、应用型学科专业等皆有机会入选一流。学者褚照锋的研究也进一步证明了此观点。在他所选取的 24 个地方政府“双一流”政策文本中，统计结果显示有 17 个地区在“双一流”推进原则上强调坚持分层分类指导，鼓励不同类型高校，在不同层次、区域、水平上争创一流。但他同时也指出，“不少地区并没有真正把握高校分类的原则、功能与目的，而是简单将分层等同分类，更多关注世界、国内、省级一流，部署、省属、市属高校等”①。本研究进一步发现，地方政府对注意力配置对象的分类方法非常模糊，表现在分类标准和维度不一，导致配置对象的名称繁多，例如出现了集“高水平应用型大学”“技能型高水平大学”“研究应用型大学”“高水平应用研究型大学”等多种标签于一体的高校。从长远角度来看，不规范的分类标准将给地方政府针对不同类型高校进行宏观引导和协调促进带来挑战，也不利于不同类型高校之间的横向比较和对比分析。

四、“双一流”建设中优化地方政府注意力配置的建议

（一）实施跨期动态的注意力配置策略

省域政府“双一流”政策文本为研究地方政府注意力配置提供了一个相对静态的研究样本。但在现实中地方政府的注意力配置是一个过程性的概念。当外在环境和政府自身决策能力发生变化时，地方政府的注意力配置结构也可能随之发生改变。有学者认为，注意力资源在相对较长的时间内可以再生，因此在长期内可以有计划地进行跨期动态配置②。注意力跨期动态配置给地方政府带来的一个重要启示是将“双一流”建设的目标、任务和资源联系起来，将影响“双一流”建设的时间序列的约束条件联系起来。地方政府应该将注意力配置视为一个长期规划并加以通盘考虑，而不是只顾眼前“一窝蜂”地仓促建设。注意力配置的“跨期”可以以《实施办法》提出的“五年建设周期”为界限，“动态配置”则以《实施办法》强调的“绩效考评”“过程管理”“动态监测”为依据，这样做的目的是减少信息不对称的情况，提高政府决策的科学理性程度。

（二）采用边际替代率均衡的结构优化思路

我们知道，注意力配置必须充分考量各种约束条件。那么在约束条件下，地方政府又该如何实现注意力配置的最大化效用呢？经济学中的边际替代率均衡可以提供一种优

① 褚照锋. 地方政府推进一流大学与一流学科建设的策略与反思：基于 24 个地区“双一流”政策文本的分析［J］. 中国高教研究，2017（8）：52，54.

② 王宗胜，李腊生. 注意力配置的经济学分析［J］. 中国工业经济，2007（9）：100.

化思路。经济学理论认为，约束线和无差异曲线相切的点处于效用最大化状态，这个相切的点满足边际替代率（marginal rate of substitution，MRS）等于两种投入所带来的边际效用（Marginal Utility）之比，也等于二者的价格之比。根据效用最大化均衡解的条件，地方政府在“双一流”建设中的注意力配置应满足条件：

$$MRS = MU_{NL}/MU_{PL} = P_{NL}/P_{PL}$$

其中，分子分别代表经费投入到国家“双一流”建设行列的地方高校所产生的边际效用（marginal utility of national level，MU_{NL}）和价格；分母分别代表的是经费投入到省级“双一流”建设行列的地方高校所产生的边际效用（marginal utility of provincial level，MU_{PL}）和价格。这个均衡条件至少涵盖两层含义：一是根据边际效用递减规律，地方政府无论将经费投入到哪个建设层级的地方高校，都应确保新增单位投入所带来的效用处于正值的范围，超过这个范围，边际效用开始为负值，经费使用处于无效率状态；二是若要达到最优，每一单位投入经费的边际效用应该相等，若不相等可以通过调整两个领域的投入数量来实现。简言之，地方政府应改变过去将注意力集中配置到重点建设工程的做法，在“双一流”建设中一方面合理审视经费在每个领域的边际效用情况，另一方面通过经费的动态调整来实现整体平衡，以实现效用最大化。

（三）关注注意力配置对象分类的“类型”维度

高等学校的分类历来是一个世界性的难题，学界尚无公认的，适应我国高等教育多样化格局的分类标准。仅就注意力配置而言，不同的分类标准意味着注意力资源配置的不同价值导向。本文认为，虽然有各种不同的分类标准，但分类本身包涵“层次”和“类型”这两个基本概念。总体而言，地方政府在“重点建设工程”时期，侧重于“层次”这个概念，走“大而全”追求规模扩张的路子，由此引发“升格热”“合并热”等现象。结合地方政府“双一流”建设的背景和目标，我们认为地方政府的注意力配置对象应该由“类型”决定，在注意力资源配置时引导不同高校向特色和差别化发展，在“特色”的基础上追求“一流”。

综观本研究，我们基于注意力及其配置的多学科的理论基础，选择了 30 项省域政府“双一流”政策文本为研究对象，运用 NVivo 软件中的词频和参考点功能测量地方政府注意力配置情况。由于前期的编码工作带有一定的主观性，且注意力测量本身具有极高的难度，本文研究还存在诸多的缺陷和不足。尽管如此，本研究将“注意力”概念引入教育政策的文本分析，并结合最新的质性分析软件进行数据处理和分析，从研究角度而言这是一种积极有益的尝试，也为今后的相关研究提供了新的视角和思路。

“双一流”建设的政策工具选择研究①

习勇生

一、“双一流”建设政策工具选择的研究意义

2015年11月，国务院发布《统筹推进世界一流大学和一流学科建设总体方案》（以下简称《总体方案》），旨在加快世界一流大学和一流学科建设的步伐。与“211工程”“985工程”以及“优势学科创新平台”等重点建设工程（以下简称“重点建设工程”）相比，“双一流”建设在政策设计和实施过程中面临着更加复杂的国际政治经济文化环境更高标准的高等教育质量要求。在错综复杂的政策环境下，为了更加便捷和有效地实现政策目标，政策行动者有必要采用一种以“目的—手段—结果”为特征的直线式思维模式和行动方式。而在所有的关于公共政策的研究内容中，最能体现这种思维模式和行动方式的即“政策工具”，因为政策工具作为“政府赖以推行政策的手段”②，具备拉近“目的”与“结果”的属性和功能。

从内容角度来看，政策工具研究包括政策工具的属性、选择、运用、评估、创新五个方面。政策科学理论认为，在政策制定阶段，相关政策主体应预先考量与政策环境和政策目标相“匹配”的政策工具范围，以及每种政策工具可能产生的预期效果，即回答政策工具“是什么”“有哪些”等问题，基于此才有可能挑选出合适的政策工具。在政策执行阶段，相关政策主体必须将预选的政策工具运用到具体的政策实践，并在实践中对政策工具不断进行调适和改进；在政策评估阶段，政策工具选择及其运用效果是当前评估政策工具最重要的维度之一。由此可见，关于政策工具选择的研究已然成为整个政策工具研究的内核。那么，有哪些因素会影响政策工具选择呢？

综观目前学界，关于政策工具选择的五种研究路径可以较好地回答上述问题：①传统工具路径。这种研究路径彰显出“工具至上”的价值取向，关注的是政策工具自身的意义，很少或几乎不关注环境因素，比较极端地认为工具的属性和内在功能构造了政策的全过程。②精制工具路径。它弥补了传统工具路径研究的不足，尤其强调工具的背景和环境，以及政策工具背后蕴含的价值、伦理与道德准则。概言之，它强调要将政策工具与政策环境、目标及目标群体进行全面匹配。③制度分析路径。这种分析方法侧重于

① 原刊于《黑龙江高教研究》2017年第11期。

② 迈克尔·豪利特，M·拉米什. 公共政策研究：政策循环与政策子系统［M］. 庞诗，等译. 北京：生活·读书·新知三联书店，2006：141.

制度建设，关注制度结构和风俗惯例对工具选择的影响，认为政策工具选择处在特定的制度框架下，而且对过去的路径存在一定的依赖性。④公共选择路径。以经济学中的“经济人”为假设，认为相关政策主体的利益诉求是决定某种政策工具能否被选择的重要因素之一，政策工具选择是利益相关者反复博弈的结果。⑤政策网络路径。它综合考察了工具的特征以及应用环境，认为政策工具选择并非毫无限制地从工具箱中挑选，政策行动者是在“一个由思想体系、惯例和环境背景支配的政策共同体（或政策网络）选择政策工具的”①。这五种研究路径各有侧重点和价值，在实践政策中皆有应用和研究成果。随着研究的不断深入，越来越多的学者认识到，单个的政策工具选择研究路径皆存在片面性。在具体的研究中，应综合五种路径的研究精髓，从多角度分析影响政策工具选择的因素。

综合已有的关于政策工具选择的研究成果，结合“双一流”建设实际，本文认为政府在选择政策工具时，应关照“对政策工具属性的认知度、对政策问题的识别度、对政策目标的达成度，以及与政策环境的适应度”等方面，借此探讨影响“双一流”建设政策工具选择的因素，在此基础上提出政策工具选择的建议。

二、“双一流”建设政策工具选择的影响因素

在政策科学分析中，政策问题和政策目标是两个高度相关的命题。为此，可以将“对政策问题的识别度”和“对政策目标的达成度”两个因素进行合并分析，于是，影响“双一流”政策工具选择的因素可被归纳为“政策工具属性”“政策问题和目标”“政策网络”三个方面，以突出政策工具选择的本体导向、问题目标导向，以及外部环境导向。

1. 工具属性是影响“双一流”政策工具选择的根本因素

属性是区别不同政策工具的根本标志。关于政策工具属性的研究可以从工具的内在特征和适用范围两个维度来分析。前者描述的是政策工具的内部元素及其构成形式的独特性，后者主要考量政策工具的边界范围和约束条件。为便于分析，政策科学理论简化了关于工具属性的分析方法，指出分类方法有助于识别不同政策工具的独特属性，不同的分类标准诠释和定义了不同政策工具的内涵和边界。因此，政策工具分类可以为工具属性研究提供良好的范式。

为帮助政府决策，推进政策落实，政府的智囊团设计出一个超大的政策工具箱，里面的工具琳琅满目但也凌乱混杂。政策分类方法对这些工具进行了一定的分类整理，为有效选择政策工具提供了便利。胡德（Hood）② 强调“资源”这一维度，认为所有的政策工具无一例外地使用到“信息、权威、财力和可利用的正式组织”四种资源中的一种

① 吕志奎. 公共政策工具的选择：政策执行研究的新视角［J］. 太平洋学报，2006（5）：14.

② HOOD C C. The tools of government［M］. Houndmills：The Macmillian Bess Ltd，1983：1-15.

或几种；迈克尔·霍莱特（Michael Howlett）和拉梅什（Ramesh）① 根据政策工具的“强制性程度”将政策工具分为强制性工具、自主性工具和混合性工具三种类型；麦克唐纳（McDonnell）和埃莫尔（Elmore）② 以“目标”为维度，将政策工具分为命令型工具、激励型工具、能力建设型工具和系统变迁型工具四类；英格拉姆（Helen Ingram）和施耐德（Anne Schneider）③ 也提出了类似的分类方法，根据政策对目标人群的影响将政策工具划分为权威工具、激励工具、能力建设工具、象征和劝诫工具、学习工具五种类型。环顾国内关于政策工具的研究，总体来说起步较晚，研究成果相对较少。关于政策工具分类的研究也尚无实质性的突破和创新，基本上未脱离西方国家学者经典的研究框架。从已有的研究来看，虽然学界对政策工具分类的研究做出了大量的尝试和努力，但遗憾的是，这些分类不是高度抽象，就是过于详尽地描述特定工具的个别特征④，有的分类方法过于粗糙，缺乏操作性；有的分类方法又过于具体和烦琐；有的分类标准界限不清晰，导致不同类型的政策工具之间存在交叉重合的部分。这些因素极大地影响了人们对政策工具的有效选择。

各种分类方法尽管存在这样或那样的不足，但从本质上来看，它们对工具属性的研究具有一定的启发意义，更何况有些分类方法并没有人们想象中的那么糟糕。以麦克唐纳和埃莫尔，英格拉姆和施耐德的分类方法为例，这种分类方法相对细致且易于区分，同时将政策目标和政策受众的行为动机联系在一起，是对政策工具进行事后评估的最佳方式，也能为政府改进管理方式提供有益的建议⑤。综合借鉴学者们的研究成果，“双一流”的政策工具可划分为六大类：①权威工具，它是各级政府在行政管理系统中采用的最普遍的政策工具，通过使用合法的权威，采取许可、禁止、要求或命令等方式，强制相关政策主体或目标群体实现预设的政策目标。②激励工具，依靠实际的回报诱导政策行为主体采取某些行动来达成政策目标，包括诱导、奖励、收费等方式，可以为政策对象的迅速行动提供支持和保障。③能力建设工具，通过为目标群体提供信息、培训、教育、资源等，使有能力的个体或团队完成政策任务。与激励工具不同之处在于它强调的是更加长期的效果。④象征和劝诫工具，它假定目标群体在应对政策时会以其自身所固有的价值观来决定作为或不作为，而通过价值引导、树立榜样、解释声明等具体手段可以使其理解和认同政策目标，在此基础上采取相应行动。⑤学习工具，其目的在于使目标群体具备判断能力，能够理解政策含义，并与政策制定者进行良性互动。⑥系统变革工具，通过组织结构变革和权力转换，改变产生公共产品和服务的社会关系的本质，强

---

① HOWLETT M, RAMESH M. Studying public policy: Policy cycles and policy subsystems [M]. Oxford University Press, 1995: 80-98.

② MCDONNELL L M, ELMORE R F. Getting the job done: Alternative policy instruments [J]. Education Evaluation and Policy Analysis, 1987, 9 (2): 133-152.

③ SCHNEIDER A, INGRAM H. Behavioral assumptions of policy tools [J]. Journal of Politics, 1990, 52 (02): 510-520.

④ 迈克尔·豪利特，M·拉米什. 公共政策研究：政策循环与政策子系统 [M]. 庞诗，等译. 北京：生活·读书·新知三联书店，2006: 141.

⑤ 吴合文. 高等教育政策工具分析 [M]. 北京：北京师范大学出版社，2011: 61.

调的是整个机制的转变和权力责任的重新分配①。后文中我们还将具体阐述六种政策工具在“双一流”政策语境下的选择情况。

2. 政策问题和目标对“双一流”政策工具选择具有借鉴引导价值

从某种程度上来讲，从政策制定到政策执行是政府及其他相关主体将一种或多种政策工具应用到政策问题，以实现政策目标的过程。在此过程中，政策目标来源于政策问题，只有对政策问题进行诊断才能明确目标，如此才能选择有效的政策工具。“双一流”的政策问题认定是对过去“重点建设工程”中存在的问题进行全面审视。《总体方案》一针见血地指出了我国在实施“重点建设工程”中存在的“身份固化、竞争缺失、重复交叉”等问题，从政策工具角度来看，这些问题的成因主要是：

其一，“身份固化”的根本原因在于过度使用权威工具。“重点建设工程”总体上遵循“集中资源、率先突破，带动整体”的建设理念和思路。政府在该政策过程中采用自上而下的行政权威的形式，通过授权、直接支出、财政补贴等方式为入选“重点建设工程”的高校提供专项建设经费，以期在较短时间内实现建设世界一流水平的目标。之于整个高等教育生态系统而言，在国家教育财政经费有限的情况下，政府以“学校”为单位为处于高等教育系统顶端的“重点建设工程”高校提供额外且充足的专项建设经费来冲击世界一流，加速了我国建设世界一流大学的步伐，同时也缩短了我国高等教育水平与发达国家的差距。然而，这种行政权威体制以及随之相伴的政策工具的选择，带有明显的计划经济时代的烙印，在实践中往往被过度使用。实践中，相关政策主体在推荐、评选等环节中采取权威工具将高校进行分层分类，人为地划出了“三六九等”，并将身份认证与资源获得进行关联，导致不同身份的高校之间壁垒森严，极大地挫伤了部分处于中低发展水平高校的积极性。久而久之，大部分高校会产生错误的认识，视“身份即资源”，认为一旦入选“重点建设工程”高校，便可以成为体制内的、高出其他学校一等的重点学校，享受各种“终身制”的政策待遇。

其二，“竞争缺失”的关键原因在于激励工具设计不当。高校是一个资源依赖性组织，激励工具对高校具有显著的导向功能。在“重点建设工程”中，专项建设经费是政府调整公共教育资源在高等学校中经费分配方向，体现公共教育资源分配重点的重要激励工具之一。但有学者指出，“重点建设工程”高校在某种程度上彰显了“效率优先，兼顾公平”的高等教育发展思想，在实际上获得的只是“没有公平的效率”“缺乏竞争的效率”，是一种“低效率”②。除此之外，政府在组织、选拔和评估“重点建设工程”时，未设置明确的前提条件和筛选标准，遴选和资助办法基本上都是在高校与高等教育权威机构的非公开协商下进行的。研究还发现，“重点建设工程”的激励工具在设计和执行中未完全摆脱政府的行政干预，“能上能下”“能进能出”的市场竞争和流动机制较弱，而且缺乏必要的监管与滚动发展机制，入选的高校几乎很少出现被中间淘汰出局的情况。顶着重点工程大学的标签，入选的高校久而久之就可能出现“等、靠、要”的

---

① 黄忠敬．教育政策工具的分类与选择策略［J］．国家教育行政学院学报，2008（8）：49.

② 刘强．关于“211 工程”“985 工程”存废之争的思考［J］．高校教育管理，2015（5）：93.

思想意识。

其三，“重复交叉”主要是由能力建设工具边界模糊造成的。从政策工具角度来看，“重点建设工程”通过提供资源和政策倾斜来推动我国高水平大学建设是能力建设工具的集中体现。然而，教育本身的属性使得能力建设工具的使用边界模糊，对于申报陈述或者建设阶段性总结相对的“专门性”并未做进一步的深入考察，造成了一定程度的重复“打包”申报与重复建设情况①。“重点建设工程”政策在项目设计和评估时分类管理、分类引导、分类评估的意识淡薄，导致部分入选高校获批专项建设经费后，缺乏攻坚克难的决心和勇气，项目选择上创新意识不强，发展定位过于趋同，在政策执行过程中瞻前顾后、畏手畏脚。“重复交叉”还体现在有些地方高校以“重点建设工程”高校为标杆，极力模仿其做法，在发展定位方面不顾学科专业和师资实际情况盲目将学校定位为研究型、教学研究型或研究教学型，在发展目标上动辄宣称建设“国际一流”或“知名大学”，在学科专业建设方面通过追求“大而全”来标榜自己的学科实力，从而加剧了“同质化”的现象。

针对“重点建设工程”存在的“身份固化、竞争缺失、重复交叉”等问题，相关政策主体在政策工具选择时应做到：“政策工具的选择必须针对一定的政策问题，并且有助于产生政策问题的矛盾冲突的化解”②。在政策目标设定方面，相关政策主体应以政策目标为导向，引导和规范政策工具选择的路径。《总体方案》根据全球高等教育和经济社会发展的新形势、新任务和新要求，提出了推动我国大学和学科进入世界行列或前列，实现从高等教育大国向高等教育强国历史性跨越的总体目标，同时也确定了2020年、2030年，以及到21世纪中叶的阶段目标。相关政策主体应根据“双一流”建设的政策目标，不断改进和创新政策工具，并通过优化政策工具组合以深入推进“双一流”建设的各项工作。

3. 政策网络是“双一流”政策工具选择的现实基础

政策网络研究具有代表性的学者罗茨（Rhodes）和马奇（Marsh）③认为，政策网络是一个表现形态不一的光谱，其特征与网络中成员关系的强弱程度、目标是否高度一致有关。布雷赛尔斯和奥图尔④也持相近的观点，他们将政策网络视为由结构特征和认知特征构成的谱系，并将行动者互动连接的强度与行动者间目标分配的方式看成政策网络的两个基本特征。通常来讲，前者用“相互关联性”来表示，后者用“连贯性”来表示，并根据强弱不同，政策网络可划分为“强连贯性和强相关互联性”“强连贯性和弱相关互联性”“弱连贯性和强相关互联性”“弱连贯性和弱相关互联性”四种类型。在“双一流”政策网络中，相关政策主体的资源禀赋差异显著，政策目标群体的价值观念、社会心理和态度行为也呈现出多样化特征，这些特征在上述的四种政策网络皆有体

① 李津石. 我国高等教育“教育工程”的政策工具分析［J］. 中国高教研究，2014（7）：45.

② 黄伟. 理想目标与现实问题：公共政策工具选择的基本取向［J］. 国家教育行政学院学报，2010（11）：33.

③ ROHODES R A，MARSH D. Policy networks in British government［M］. Clarendon Press，1992：1-26.

④ 杨代福. 政策工具选择研究：基于理性与政策网络的视角［M］. 北京：中国社会科学出版社，2016：153.

现，并在一定程度上决定了政策工具的价值取向。

类型一：以“强连贯性和强相关互联性”为特征的政策社群。此类政策网络中，政策行动者之间的关系密切，并且具有比较一致的价值和利益诉求。在“双一流”政策中，与政策有关的国务院、教育部、财政部、发改委等部门是政策制定的主体，其主要职责是选择和运用适当的政策工具来推动政策进程。部署高校是主要的目标群体，同时也是政策的执行主体，在前期“重点建设工程”中，它们已经积累了一定的发展基础，肩负着推动和实现“双一流”建设目标的职责和使命。在此类联系紧密、互动模式稳定的政策网络中，权威工具、激励工具和能力工具通常都是积极有效的。

类型二：以“强连贯性和弱相关互联性”为特征的府际网络。这种政策网络表现为政策行动者的政策目标高度一致，但彼此之间的依赖关系不强。《总体方案》指出，“建设世界一流大学和一流学科是一项长期任务，需要各方共同努力，完善政府、社会、学校相结合的共建机制，形成多元化投入、合力支持的格局。”地方政府作为中央政府和地方高校的桥梁和纽带，掌握着较多的利益诉求渠道，尤其了解地方高校这一目标群体的利益诉求，对“双一流”的政策目标具有较高的认同度。但部分地方政府在执行“重点建设工程”政策时，为了争夺中央政府有限的教育资源且粉饰自己的教育政绩，采取合并学校、增设学科、扩大体量等方式，集中大量的教育资源快速地打造所谓的“重点”和“一流”，导致高等教育生态系统长期积弊严重。在“双一流”建设之中，地方政府应尽量规避对传统路径的依赖，采用象征和劝诫工具以及学习工具，进一步认清“双一流”建设与“重点建设工程”建设在本质上的区别坚持差异化和个性化的发展导向，实行分类推行，为地方高校营造良好的发展环境。

类型三：以“弱连贯性和强相关互联性”为特征的生产者网络。在这种政策网络中，部署高校和地方高校是主要的政策主体，两者之间关系紧密，但政策目标并非完全一致。众所周知，部署高校和地方高校都是高校生态系统的重要组成部分，承担着人才培养、科学研究、社会服务和文化传承的高等教育功能。由于发展速度和水平不一样，两者对“双一流”建设所持的态度具有一定的差异。当前，有一种认识认为，在“双一流”建设中，“相较于部属高校的踌躇满志，大部分地方高校似乎有些信心不足，迎头赶上不太乐观，原地踏步却唯恐落后。创设‘双一流’似乎只是部属高校的‘军备赛’，与众多地方高校关联不大”①。事实上，在《总体方案》中已经明确指出，“双一流”建设已不是部署高校的“独角戏”，地方高校也是“双一流”舞台上的“主角”。政府将在总体规划的前提下，立足高校的实际，合理设计激励工具和能力建设工具，分级鼓励和支持不同类型高校加快推进“双一流”建设。

类型四：以“弱连贯性和弱相关互联性”为特征的议题网络。在这种网络中，政策行动者缺乏统一的政策目标，资源依赖关系也较弱。相关政策行动者包括人大代表、政协委员，专家学者、新闻媒体、行业企业、教师，以及社会公众等。总体来看，议题网络的规模结构庞大、成员构成复杂、价值取向多元、群体之间互动频率较低，导致具有

① 黄俭，王传毅. 双一流：地方高校不应“置身事外”［N］. 中国教育报，2016-05-09（005）.

强制性的权威工具往往失效。为发挥议题网络中政策行动者的功能，一是要选择和运用象征和劝诫工具，以及学习工具，促使该网络中的社会组织或个人正确理解和认同“双一流”建设的政策目标；二是要充分发挥人大代表和政协委员为“双一流”建设建言献策的功能，积极引导新闻媒体为“双一流”建设营造“正能量”；三是要设立专项的科研课题和经费，鼓励相关专家、学者和研究机构针对“双一流”开展更加广泛深入的调查研究，提高政策认知和实施水平，为持续深入推进“双一流”建设奠定基础。

三、“双一流”建设政策工具选择的政策建议

由上述分析可知，工具属性、政策问题和目标，以及政策网络等因素，都将影响“双一流”政策工具的有效选择。因此政策工具选择不是简单地基于技术理性从政策工具箱里挑选工具，事实上，“政策网络中各行动者之间关系联结的复杂性和强弱程度的差异，以及教育政策工具本身的复杂性给教育政策工具的选择带来了一定的挑战”①。结合上述研究，为更好地推动“双一流”政策的实施，本文进一步提出以下政策建议：

第一，进一步完善权威工具、激励工具和能力建设工具，克服政策工具选择的路径依赖。在分析政策问题和目标时我们发现，过去“重点建设工程”建设主要采用权威工具、激励工具和能力建设工具。这三种工具的选择和运用，推动了“重点建设工程”政策目标的有效落实，但同时我们也看到，这些工具在运用过程中存在着被过度使用、低效使用以及重复使用等情况。因此，在“双一流”政策工具选择时必须借鉴和汲取“重点建设工程”的经验，克服政策工具选择对既有路径的依赖性。首先，对于权威工具的使用，其目的应该是保障政策在合理的区间范围内运行，而非某些高校享受体制内待遇的保护伞。在“双一流”建设中，应合理确定权威工具的范围和边界，确保政府行政权力发挥的公正性、公平性、有限性及有效性。其次，激励工具设计不当在某种程度上与权威工具的过度使用是密切相关的。在“双一流”建设中应注重发挥市场机制在资源配置中的决定性作用，鼓励竞争性的资源配置方式和动态的激励约束机制。最后，在能力建设工具选择方面，较之“重点建设工程”，“双一流”建设的显著特点之一是高校的准入标准和条件更加多元化，不同类型、不同定位、不同层次的高校都有相同的机会加入“双一流”建设行列。无论是综合型大学，还是行业特色型高校或省属高校，但凡教育质量达到“双一流”的标准，皆可脱颖而出，成为在国内乃至全世界范围内的高等教育领跑者。如此，高校在能力建设过程中将不再盲目跟从或简单复制其他一流高校的做法，而是根据自身的核心竞争力和综合实力在关键点上集中发力。在以上三种工具的选择和运用上，我们建议可适当学习和借鉴德国“卓越计划”在竞争文化和竞争机制方面的做法，即打破平均主义的体制，允许大学适当拉开差距，实施动态分级的专项经费资助等方式，以推动那些在国际竞争中具有最强研究潜力和最优强势学科的大学进入“双一流”的行列。

第二，有效发挥象征和劝诫工具、学习工具以及系统变革工具的功能，拓宽政策工

---

① 邓凡. 政策网络中教育政策工具的选择［J］. 现代教育管理，2012（12）：44.

具的选择范围。《总体方案》出台以来，高校对于“双一流”建设的理念和认识存在着一定的差异。大部分过去的“重点建设工程”高校对于“双一流”建设的目标和任务、职责和使命、机遇和挑战有着较为清晰的认识，目前正在紧锣密鼓地进行论证和研究；有些极具发展潜力，但在“重点建设工程”中“落榜”的高校，在“双一流”这一轮建设中思路清晰且干劲十足；有些综合实力不强但学科发展强劲的高校正在科学谋划冲击世界或国内一流学科；但也有些原来的“重点建设工程”高校由于一直以来固守陈规、不思进取，如今陷入泥潭，正在寻求解决危机之道。面对这些现象，有效发挥象征和劝诫工具以及学习工具的功能，就是要在“双一流”的具体实施过程中，根据高校多样化的需求特征，对供给侧进行结构性调整，为不同高校分类设置发展通道和路径，以增强政策主体和目标群体对“双一流”建设的理解和认同。发挥“双一流”政策的系统变革工具，就是要处理好政府、社会、高校间的关系，敢于打破目前固有的利益格局，在保持稳定的前提下，真正赋予高校自主发展、自主决策、自我评估与发展的权利，努力实现“从指标追赶到质量与贡献追赶、从解决投入不足到解决创新不足、从单天线改革到综合改革、从被动适应社会发展到主动引领社会发展转变”① 的状态。

第三，优化政策工具的搭配和组合，促使政策工具选择与工具评估的有机结合。“重点建设工程”主要采取政府主导下的“自上而下”的政策实施方式，在政策工具选择方面比较简单。政策理论和实践证明，单个的政策工具功能有限，若将可供选择的政策工具根据工具的属性、功能，以及政策网络特征进行合理的搭配和组合，可以发挥出呈几何指数倍增的工具效应。因此，“双一流”政策实施应做到“自上而下”和“由下而上”相结合，政府和高校、社会、市场相结合，更加注重发挥权威工具、激励工具、能力建设工具、象征和劝诫工具、学习工具以及系统变革工具的搭配组合的效力。同时，要重视“双一流”政策工具的评估环节，结合政策工具的属性、环境和目标来判断：“依据效果，政策工具运作吗？根据可行性，政策工具可行吗？依据可接受性，政策工具具有规范意义上的正确性吗？依据合法性，政策工具被许可吗？”② 为此，应该强调“双一流”建设中学科的基础性地位，在评审标准和资金分配时关注学科导向，并将其评估结果作为下一年度经费支持的重要依据；强调在政策工具评估中引入第三方社会化的专门机构对“双一流”建设的成效进行常态化评估；强调制定和完善政策工具分类评估的标准，既要凸显中国特色，又要与世界一流水准接轨；强调建立动态的政策工具淘汰机制，适时对所选的政策工具进行改进和创新。

---

① 柴葳．冲击“世界一流”的中国路径［N］．中国教育报，2015-11-06（005）．

② ELIADIS P，HILL M M，HOWLETT M. Designing government：From instruments to governance［J］. Technical Report，2005，59（2）：539-568.

通识教育观照下成人教育课程设计创新策略研究[①]

牟方志

通识教育（general education）也称为“通才教育”和“博雅教育”，是19世纪初美国博德学院（Bowdoin college）的帕卡德（Parkard）教授提出的新的教育理念。帕卡德教授认为，通识教育与大学教育的联结是促进高等教育和社会继续教育质量提升的重要方法，是对大学教育价值内涵深度思考的理论依据，是社会终身教育体系构建的主要路径。虽然通识教育有多种称谓，但其核心理念及历史观照已在世界范围内形成共识。改革开放以来，我国成人教育发展取得了令人瞩目的成就，但随着信息化的发展和经济结构的转型，成人教育发展的现实困境逐渐显现，在这种背景下，探究通识教育历史观照及其对成人教育发展的现实启示，是成人教育创新发展的必然选择。

一、通识教育观照下成人教育发展的现实反思

通识教育不仅是一种课程设置，更是一种思想理念、教育精神、文化传递。通识教育观照下，我国成人教育人才培养方面存在诸多问题，并已成为社会继续教育发展的严重阻滞。通过对通识教育中国化进程中成人教育发展进行现实反思，既是教育发展的内在要求，也是教育时代性和动态性发展的重要体现，同时也是社会对教育发展提出的本质要求。

（一）课程体系设计滞后于社会发展需求

课程体系是成人教育发展的基础，是成人学生知识体系架构和自主能力培养的主要影响因素，成人教育课程建设应构建与社会发展需求的内在逻辑，但目前成人教育发展依然存在着一系列现实问题。首先，学科建设与社会发展的脱节。社会发展日新月异，社会对人才类型的需求也不断发生变化，随着近些年信息化的快速发展，互联网和很多传统行业融合产生了许多新型服务行业，产业结构的调整需要高校教学做出相应的变化，但课程设置是一个庞大的系统工程，涉及从教学管理到教学实践工作的方方面面，比如教材的编写需要时间周期，教学计划和教学大纲的制定需要实践周期，因此在实际教学中，就会出现课程设置与教学模式滞后的现象。其次，教学模式与学生需求脱节。

① 本文原刊于《中国成人教育》2017年第21期。

互联网发展促进了学生对教学手段创新的要求，由于行业融合频率的提高，成人教育毕业生知识结构、创新精神与课堂教学模式及教学资源的有限性之间产生了巨大的张力，教学改革与创生发展已然迫在眉睫。但大部分成人高校教育依然以教师传统讲授为主，将知识传递作为教学的主要任务，师生课堂交互性相对较少，从而导致了学生实践能力及理性思维的欠缺。虽然目前成人高校已开始使用多媒体和现代化教学手段，但也仅仅表现在其作为展示课程的工具方面，信息化技术与教学融合深度明显不足，从而在一定程度上影响了教学质量，影响了学生全面发展的需求。最后，忽视学习体验过程。教学过程既是教师传递知识的过程，也是学生接受知识的过程，是教与学的完整统一体，教师教得好，学生才能学得好，因此，教学过程与教学结果同样重要。当信息手段成为教学过程中新的手段载体时，教师信息素养影响了学生的学习体验，进而影响了学生思维模式、创新能力和实践能力。

（二）课程内容设置滞后于教学要求

由于受传统教育中专业课程主导地位的影响，成人高校在课程设置方面往往重视专业课程和专业基础课程而忽视通识课程的设置，主要表现为：首先，学生创新理念滞后。目前的成人院校，专业课程体系设置比较完整，而通识平台课程设置相对薄弱，两者没有形成有效的优势互补。通识课程作为专业基础课程的理论指导，应充分发挥其对学生人文素质提升与学生创新能力提高的作用，但实际课程设置时，这些课程不能对专业提升形成立竿见影的效果，选修的学生寥寥无几，从而影响了学生自身潜力和社会适应能力的提升。其次，教师教学活动与科研活动脱节。成人高校教师的工作主要由两部分组成，一方面是科学研究，另一方面是教学实践，两者具有相辅相成、相互依存的关系。通常情况下，科研的意义在于服务社会、服务教学；教学活动是科研成果的具体体现，是对科研活动的延伸。但成人教育职称评定的弊端，导致了成人院校教师教学与科研活动的严重脱节，从而影响了教学质量和学生的学习效率。最后，教育行政化现象突出。受传统因素影响，我国成人高校及其他高等院校教育行政化现象严重，在一定程度上降低了教师教学活动的自由度和教学积极性，对教育创新发展及学生创新能力培养产生了不利影响。

（三）学生个性发展滞后于教育目标

我国成人高等教育发展以强调专业知识为主，教育质量以学生分数和就业率为主要考核标准，从而忽视了学生品格教育和素质提升，主要表现在：首先，学习内容过度专业化。学生一入学专业划分就已经确定，学生在校期间花费大量时间对专业理论进行深入学习和系统研究，而其他学科方面的知识基础相对薄弱，致使学生知识面过于狭窄，导致了成人院校毕业生适应社会能力的下降，从而使得他们的未来发展受到很大局限，不利于长远发展。其次，个性化发展不足。成人院校教学实行大班授课，教师对学生的了解程度不深，学生个体发展得不到相应的关注，因而其潜力发展受到一定影响。最后，重理论而轻实践。成人高校理论课程设置偏多，无论从教学还是学习研讨，都强调理论知识的系统性和深度，而实践课程设置比例较小，因此，学生表现为理论水平较高而实践操作能力较差，导致他们融入社会后工作适应能力不足。

二、通识教育观照下成人教育课程设计创新发展策略探析

世界经济一体化要求多元文化的相互包容与共存共生，在这种背景下，成人教育发展需以重视成人学生精神修养、多元视角及创新能力为宗旨，通过提高学生的自身素养促进他们服务社会能力的增强。通识教育作为一种新理念正在被越来越多的成人学院所接受，因此，关注学生发展本质，改善学校人文环境，提升教师创新素养，既是通识教育对成人教育发展的思想观照，也是促进成人教育改革发展的理性思考。

（一）构建多元课程体系，提升学生精神素养

通识教育理念下，学生认知能力及精神品格培养是成人教育发展的第一要务，也是促进他们全面发展的思想基础。首先，加强哲学修养与思想道德建设。哲学探讨世界观和方法论，哲学基础标志着一个人的文化品位和精神修养，哲学课程体系是提升人们辨别是非能力的捷径，是塑造人们理性思维方式的必然选择，因此，哲学修养是通识教育的基础和归宿，道德修养是个体完善自我的意识导向，决定了一个人的价值观和社会责任感，决定了其人生的价值。其次，加强审美认知建设，提高学生审美品位。成人高校应加强文化课程建设，增加传统文化鉴赏课程，开设形体健美、饮食文化等课程，从而培养学生的多元文化认知能力，培养学生热爱生活和追求美好生活的激情，培养学生高雅的气质和艺术修养，培养学生高尚的人文情怀。再次，培养逻辑推理能力。成人高校应加强逻辑思维课程建设，开设诸如逻辑推理演绎、科学研究方法和社会统计分析等类别的课程，从而为他们将来适应社会发展奠定必要的基础。最后，增加社会学与心理学课程。这两种课程能够有效帮助学生认识社会、思考人生，从而掌握事物发展的规律，提高判断是非的能力，进而建立参与社会活动的公众意识，承担更多的社会责任。

（二）优化课程体系架构，彰显学生比较优势

通识教育关注人的个性发展，关注人的品格形成，关注人的理性思维，关注人的创新意识。因此，成人高校应立足优化课程体系架构，进一步提升学生的个性特征，帮助他们建立明显的比较优势。首先，协调通识课程与专业课程设置比例。专业学习固然重要，但通识课程知识体系对个体长远发展起着不可替代的影响，从而影响其终身学习能力的建立。因此，协调专业课程与通识课程比例层次，夯实两种课程门类优势互补，提高通识选修课程比例，重视理科学生的文科修养，加强文科学生的理科基础，进一步拓宽学生视野，提升他们的文化底蕴和人文情怀。其次，加强课程体系的实践环节。鼓励成人学生参与社会实践活动，培养他们为社会服务的理念和责任意识。同时，完善成人院校教育实践基地建设，培养学生创新意识，提高他们参与社会实践活动的积极性，帮助学生体验知识即力量的真理。最后，加强成人学生的语言沟通能力。良好的沟通形成良好的人际关系，实践证明，拥有良好的人际关系，会使人生更幸福充实。因此，加强学生语言课程建设，不仅可提高他们在生活和工作中的表达能力，也是帮助他们未来更好适应国内及国际社会环境的必然路径。

（三）完善社团文化建设，形成有效课堂补偿机制

成人高校课余时间是提升学生实践才能的机会，学生社团作为成人高校校园文化活

动的重要载体，在丰富课余生活、培养学生广泛爱好、提高他们的交往能力方面发挥着重要作用，是培养成人大学生全面自由发展的重要途径，因此，加强成人学院文化环境建设，是学生全面发展的重要依托。首先，以人为本加强社团文化建设。社团是各级各类教育学院重要的文化载体，是成人院校重要的文化表达形式。社团存在的意义是为学生提供更多的活动平台，社团类型建设应以学生兴趣为本，以提高学生综合素养为最终归宿。其次，丰富活动内容，加强社团文化建设。社团活动是成人学生提升综合能力的组织载体，是成人高校文化凝聚力的具体表现。成人高校应不断丰富社团活动类别，加强资源建设，从而增强全体学生的团队精神和组织能力。最后，提升潜能，形成有效的自我服务模式。成人高校社团要以激发学生个性潜能、帮助学生全面发展为目标，成人高校的教育管理者应加强对社团活动的辅导及支持，并通过对组织的创新管理促进不同专业学生之间的沟通与互助，从而增加与拓宽在校学生的思维阈值及知识视野，促进他们服务社会责任意识的提升。

（四）提升教师专业素质，激发学生探索精神

通识教育归根结底是培养学生的自由发展与综合能力，因此，学生自主学习能力建构对他们未来发展大有裨益，探究式学习是自主学习的重要维度，成人教育教学过程中，教学管理、课程设置和实践指导等环节均应加强此类训练。首先，建立良好的师生关系。实践反复证明，学生喜欢一门课程往往以受授课讲师的人格魅力所感染为发端，师生关系对于学习效率有着不可忽视的影响。因此，教师要不断提高自身修养和理论功底，构建终身学习意识，不断用行动感染学生，带动学生积极参与学习。同时，教师要关注与学生的沟通效果，通过与学生建立良好的关系不断激励学生，形成教学相长、共同进步的教育常态。其次，为成人学生提供更大的学习空间。教师在教学设计中要不断创新，通过为学生提供足够的思考空间激发他们的探索精神，进而让学生形成良好的理性思辨能力。最后，激发成人学生探索动机。教师要及时发现学生的特长和比较优势，通过强化学生的比较竞争力和专业效能激发他们的探索动机，以达到学生自我学习体系构建的动机效果。此外，教师还应不断完善教学方法，通过专业理论与通识课程的融合，促进引导学生运用理论联系实际，进而享受智慧的奥秘。

三、结语

通识教育强调人的品格发展和精神塑造，关注人的社会本质这一特性，重点培养受教育者成为心智健全、灵魂高尚和富有社会责任的个体。通识教育是近现代成人教育发展的新理念，新思路，其根本目的在于通过对学生全方位培养挖掘他们的多元潜力。通识教育理念超越了教育发展的功利性追求，因而更加重视学生的独立思考能力及终身发展需求。通识教育理念在成人教育发展中的渗透是一个长期过程，成人高校应全面重视通识课程体系的规划和建设，并通过优化制度安排保障通识教育的实施和完善。同时，成人教育学院还需处理好“通识之通”与“专业之专”之间的关系，进一步建设有利于学生自由发展的校园文化和环境，并不断探索成人大学发展的独特规律，形成成人教育优质发展的理性逻辑，实现人之为人而全面发展的教育使命。

传统文化的生态智慧①

牟方志

自党的十八大以来，习近平总书记曾多次基于中华民族永续发展视角强调我国生态文明的重要性。“绿水青山就是金山银山”，充分彰显出当前我国经济社会生态全面协调可持续的发展趋势。生态文化，是人与自然关系不断维持过程中体现出的适应性文化，其本质即为人与自然之间产生的文化，进一步推进人与自然的协调发展②。在我国的传统文化当中虽然没有明确提出“生态文化”的概念，但是传统文化中所蕴含的生态文化思想十分丰富。传统文化中蕴含的生态文化，与时代发展相结合形成了特定的时代价值意蕴，为我国的生态文明建设提供了丰富的价值理念依据。

一、传统生态文化的主要表现

（一）生态整体观——“天人合一、和谐共生”

在我国古代经典文献《周易》中就有针对“天人合一”的详细论述，认为天、地、人三者是完整的统一体，天以阳生万物、以阴生万物，恰恰印证了阴阳和谐、万事万物皆源自天地的观点。除了《周易》，我国的儒家、道家、佛家等思想中也都蕴含着“天人合一”的思想意识。我国传统道教文化主张“天人合一”，强调人与自然有机统一、人与自然相互平等。儒家文化认为人处于天地之中，具有主观能动性，能够改变自身行为从而与天地之道相适。儒家思想发展到汉代，董仲舒提出“天人之际，合二为一”。我国佛教思想中的“天人合一”则是因“缘”而起，世间万物都在不断地变化，彼此相互映射，互为条件，聚化而成，恰恰体现出“和谐共生”的概念。

（二）生态伦理观——“敬畏生命、仁爱万物”

从我国长达千年的传统文化中，生态伦理同样蕴涵其中，它追求和崇尚“善”，并将“善”作为万事万物生生不息的根源，实现了对人的行为以及整个自然界的规范与调控，对自然界中的生命都要有敬畏与仁爱之心。如《周易·系辞下传》中提到的“生生之谓易”，《庄子·秋水》中提出“物无贵贱”，《道德经·六十四章》中提出“生而不有，为而不恃，长而不宰”，对待一切生命，人必须承担起责任和义务，以仁爱之心对待自然，才能更好地挖掘自然、改造自然。佛教思想中的“敬畏生命”最为主要的体现对万事万物都有“情”，即“众生平等”，给我们带来了一个和谐的生态意境。

---

① 本文原刊于《人民论坛》2019 年第 8 期。

② 华启和. 中国生态文明建设话语何以自信［J］. 广西社会科学，2017（7）：16-19.

（三）生态消费观——“崇尚节俭，永续利用”

节俭是中华民族的传统美德，时至今日，依然发挥着最为质朴的作用，成为引导新时期中国生态消费的核心理念。做到“崇尚节俭、永续利用”，势必要成为新时代人们现实生活的追求。孔子提出：“礼，与其奢也，宁俭”，国家逐步兴盛的过程中，节俭发挥了重要作用。在《老子》中也有“知足之足常足矣”的语句。墨家学派创始人墨子也主张节俭，认为只要达到生活的必需即可，对封建统治者的骄奢淫逸极为反对，甚至提出“从政节则昌，淫佚则亡”的观点。法家代表人物韩非子提出节俭行为的落实，根本原因在于人，人节俭，则入多，入多，皆是人为。国家社稷建设如果一直奢侈浪费，必然不会长久，应在节俭的同时做到合理的开发利用，实现永续利用。

（四）生态管理观——“遵循规律，以时禁发”

经典古籍《周易》早就将人要顺应自然、尊重自然的观念进行了充分阐释，要求人的发展应该与自然的发展规律相适应，才能达到良好的天人共生境界。众所周知，自然生态系统都有着其固有的运行法则，人类改造自然的活动必然应该建立在尊重这一法则的基础之上，一旦有违背自然规律的情况出现，自然也必然会有所“回应”。儒家思想强调人应依据自然生物的生长规律进行农业生产实践，正如孔子提出的“钓而不纲，弋不射宿”一样，凡事都应遵循自然规律。道家思想认为万事万物的演变与发展都有一个固定的规律秩序，也就是“道”，“治人”与“事天”同样要遵循其运行规则，即“自然无为”。在《吕氏春秋》中曾有“四时之禁”的记载，《旧唐书》中也有山林绿化监管的记载，这可以算是我国早期的环境法了。

二、传统生态文化的时代转换与创新

（一）重视人与自然和谐共生关系

中华文化上下五千年，始终贯穿着四个字的朴素自然观，即“天人合一”，它伴随着农耕文明诞生并得以广泛流传。人与自然之间相互联系和依托，难以分离，相互映射，互为条件，聚化而成，彰显出人与自然的“和谐共生”关系。当人与自然的平衡关系被打破，水土流失、绿洲荒漠化、能源资源短缺、极端天气频发等现象出现时，严重的生态问题已经影响到了人类的生存与发展，而“天人合一”强调人与自然“和谐共生”，保证人与自然的整体性以及统一性，重在解决生态问题，修复人与自然生态关系。习近平总书记在党的十九大报告中指出要“建设人与自然和谐共生的现代化”，着重解决人与自然的关系与可持续发展的问题，是对我国传统文化中生态思想的转换与发展。因此，新时代的生态文化应借鉴“天人合一、和谐共生”的传统文化中的生态思想，确立生态系统包含、自然资源爱护的绿色、生态的文明理念。新时代下，只有推进人与自然的和谐共生，在经济建设水平提升的同时要做到人与自然有机统一、人与自然和谐平等，才能克服社会工业经济发展过程中遗留的生态问题，维护自然生态利益与人类自我利益的平衡，从而实现生态化发展。

（二）践行生态平等取向与绿色发展

“敬畏生命，仁爱万物”强调在自然界中融入道德关怀，将自然万物看作是与人一样的道德共同体，构建出和谐的人与自然关系，人并不是凌驾于自然界的领导者。“生”是万事万物运行过程中必须遵循的规律，“生”即是“仁”。这是一种伦常规范，也是一种事物间的调和准则，本质上就是对道德规范的坚守，对生命常怀感恩和敬畏之心①。正如习近平总书记所提出的“要像对待生命一样对待生态环境”一样，不管是在空间格局、产业结构，还是生产方式、生活方式，都应还自然以宁静、和谐、美丽，自然界中的所有生命体都应该得到尊重和保护，切实落实“生态平等”的取向，这对于我们解决生态破坏等问题、建立人与自然的和谐关系、推动生态文明建设指引了方向。另外，“敬畏生命，仁爱万物”中也蕴含着绿色发展理念，习近平总书记曾明确提出：“坚持绿色发展是发展观的一场深刻革命”，以协调发展为理念，树立大局观、长远观、整体观，以一种绿色的方式为生态环境保护起到积极作用。

（三）倡导中国特色社会主义生态哲学

人与自然之间的协调，同样也需要控制消费行为来实现，以“崇尚节俭，永续利用”为核心的生态消费，是人与自然之间进行物质变换过程中生态思想的渗透，有助于推进人的全面发展，并于自然生态规律相结合。节俭是人对物质欲望的控制与调整，人在生活之中必须懂得消费节制，方能达到长久。根据《21 世纪议程》中所述，不合理的消费以及生产模式是造成全球环境恶化、贫困问题结局、各国发展失衡的重要原因之一，为了适应新时期的社会生态变化与需求变化，个人生活方式与生产方式必然要进行改变。时代发展到今天，人类财富的不断累积带来了源源不断的生态问题，资源紧张、生态退化，人类的生存与发展岌岌可危，摒弃物欲横流的生态态度，追求节俭、永续利用的积极价值观，对待资源，我们还是应该节俭一些，提倡适度消费、知足常乐。正如习近平总书记在党的十九大报告中提出的那样，“倡导简约适度、绿色低碳，反对奢侈浪费、不合理消费”，循序渐进地建立文明健康的生活方式以及消费模式。

（四）培养人们守住绿水青山的生态行为

我国传统文化在不断的实践当中得到传承与发展，同时也要求我们在生产生活过程当中遵循规律，以自然无为作为生态实践准则。纵观我国的文献古籍与历朝历代的生态环境保护记载，都是出于对自然规律的维护以及对生态环境的保护，这与现如今我国的生态环境保护观念具有高度的一致性。因此，树立“遵循规律，以时禁发”生态实践，有助于充分发挥人的积极主观能动性，进而达到人与自然的全面协调、可持续发展的重要目标。习近平总书记指出要重视环境保护与生态建设，早抓事半功倍、晚抓事倍功半、越晚越被动，不能吃祖宗饭、断子孙路、用破坏性的方式搞发展。面对现实中出现的违法排污、乱砍滥伐、违规建设、乱捕乱杀等严重违背自然规律的行为，应严肃处理②。我们要建设的是人与自然和谐共生的现代化美好生活环境，必然要遵循自然规律而行，严格践行“以时禁发”的环境管理思想，培养持续尊重和爱护山水林木的观念，鼓励人们守住绿水青山，实现经济建设与生态建设的“双赢”。

---

① 朱永梅，陈金龙，廖洪泉. 略论羌族传统生态文化及时代意蕴［J］. 贵州民族研究，2016（11）：87-90.

② 朱凤琴，齐琪. 绿色发展视域下传统生态文化探析［J］. 林业经济，2018（11）：15-19.

马克思主义生命观的内在张力与生命力[①]

牟方志

生命观是马克思主义哲学的重要内容。作为一种从哲学层次上认识人的本质，认识人与自然、人与社会的关系的一种科学的世界观和方法论，马克思主义生命观具有深刻的内涵，蕴含丰富的内在张力，体现出极强的时代价值。

一、马克思主义生命观中人与自然关系

（一）人是自然界的一部分

达尔文的生物进化论从生物学的角度证明，自然界的无机物在特定条件下产生有机物，进而发展到生命物质。生物有机体在其由低级向高级演化的过程中逐步出现了高等动物，人类就是由猿类演化而来的。马克思主义肯定了达尔文的进化论观点，认为人是自然界长期发展的产物，人类只是大自然的一部分。人类的生存发展离不开非生命物质构成的空气、土壤、水等自然环境，也离不开人类获取生命所需要的营养物质的、由生命物质构成的自然环境。

（二）人与自然在矛盾中统一

人作为有意识的自然存在物，要按自己的愿望改变他的对象世界，使其顺应自己不断发展的需要，因此人类的出现，也构成了人与自然的矛盾。人类通过实践活动使自然界的物质发生有利于人类需要的改变，使自然界的物质从一种形态转化为另一种形态。通过改变自然物的形态、属性，改变人类所生活的环境，改变自然中各个组成部分之间的关系，形成了人化自然。人类的劳动实践在自然界中打下了人的印记，使客观自然有了属人化的属性，融入了人类社会发展的进程中，成为人类社会的内在要素之一，消除了人与自然的对立。人化自然和天然自然都具有客观现实性，都遵循客观的自然规律。天然自然是人化自然的基础，人类创造的一切产品，都以天然自然所提供的物质为基础。人化自然与天然自然的相互作用，其实也就是人与自然的相互制约、互相作用。

二、人的本质及其生命的内在张力

马克思主义认为，在体现人的本质——人的社会属性中的劳动与异化劳动、自我价值与社会价值、个性化与社会化之间蕴含丰富的内在张力。

---

① 本文原刊于《人民论坛》2017 年第 13 期。

（一）人与社会的关系

马克思主义认为，人的本质是社会关系的总和。承认人的社会性本质是马克思主义哲学与其他哲学的本质上的重要区别。人是名副其实的社会存在物，只有在社会关系与社会活动中，人才能形成并丰富其本质，人的本质也只有在社会关系与社会活动中才能得到理解。马克思指出，人的本质不是他的肉体本性、肉体存在，不是指人的胡子、血液等，而是指人的社会特质。“人的本质并不是单个人所固有的抽象物。在其现实性上，他是一切社会关系的总和。”

（二）劳动与异化劳动的内在张力

马克思在肯定达尔文关于人是由古猿进化来的成果基础上，进一步指出：“劳动创造了人本身。”人的本质是一切社会关系的总和，而劳动实践最深刻、最集中地体现了人的社会性本质，是人的本质的确证和根据。马克思主义哲学认为，人的本质存在于自由自觉自主的实践中，劳动实践创造了属人世界的一切。人的自由自觉自主的实践，把自己以外的一切存在变成了自己的活动对象，变成了自己的客体，使人成为主体性的存在。人在劳动实践中改造了自己，确立了人的本质和主体地位。马克思强调只有生产自己生活资料的劳动，自由自觉的活动才是人与动物的根本区别。异化劳动是对人的本质和主体地位的否定。异化劳动下，劳动者不是通过劳动为自己服务，满足自己的需要，而是为别人生产，为别人服务。劳动的异化意味着“劳动在他们那里已失去了任何自主活动的假象，它只是用摧残生命的方式来维持他们的生命”。异化劳动和私有制之间是相互作用、互为因果的。在私有制的雇佣劳动中，劳动者丧失了对自身劳动力的所有权，它在劳动中仍然继续成为客体，而非主体。

（三）人的价值及其内在张力

人的社会活动不断拓展广度与深度，人的社会关系也日趋复杂与多样。人在社会活动中的具体行为满足了个人自身的需要，或者转化为了维系社会存在与运行、促进每一个人的生存与发展的因素，也即人的价值。人的价值分为自我价值与社会价值。人的社会价值即个人对他人、对社会的有用性，人的自我价值即他人、社会对个人的有用性。个人作为价值关系的主体时，个人将社会与他人的有用性，转化为个人内在需要的满足，从而实现其自我价值。个人作为价值关系的客体时，个人将其体力与智力以及自身其他因素，转化为社会或他人存在或发展所需要的内容，形成了个人的社会价值。人的价值具有客观性，是以社会文明、人的发展水平为条件的、以相互契合为纽带的客观现实关系，并不是人随心所欲的产物。人的价值又具有相对性，社会文明和人的发展是一个渐进的过程，在具体的社会活动与社会关系中，人的自我价值和社会价值都是有限的。人的自我价值与社会价值的实现是不可分割的，人的社会价值实际上是人的本质力量的发挥，每一个人自我价值的实现，需要依赖于社会成员的社会价值实现。

（四）人的社会化与个性化的内在张力

马克思主义哲学认为，作为生物体的个人在成长为社会性的个人的过程中，必须通过参与各种形式的社会活动，进入各种社会关系的网络，理解与运用各种形式的物质文明、制度文明与精神文明成果，才能成为真正意义上的个人。社会依赖无数个人的社会性活动而存续。人在社会生活中，在社会化的前提下，拥有个体的差异性与特殊性，这种差异性与特殊性，源于社会生活条件的差异性、社会关系的多样性，以及人们的社会参与程度等。人的发展是个性化与社会化的统一。人只有在社会化过程中才能形成个性，个性只有存在于社会中才有价值，同时，个性内容的丰富、个性之间的鲜明差异，能够促进社会的发展。人的发展就是社会化与个性化的同步发展。人的社会化与个性化的发展，必然引起人的能力的提高、社会关系与社会活动的深入化与多样化发展，人的本质进一步丰富，使人类以更自觉的状态应对和处理各种关系，逐渐将客观规律转变为自身力量。这个过程说明人类历史的总趋势是上升的，人类历史表现为社会形态不断更替，物质文明、制度文明和精神文明逐渐发达，人的本质内容逐渐丰富，人的价值逐渐升级，人不断地获得解放，最终必然实现共产主义。

三、马克思主义生命观的时代价值

马克思主义生命观的丰富意蕴和内在张力，使之体现出强大的生命力，具有极其重要的时代价值。

（一）马克思主义生命观是认识和改造世界的思想武器

马克思主义是一种认识世界和改造世界的思想武器，通过马克思主义生命观更好地认识生命的本质，可以帮助我们更好地认识和改造世界。马克思主义生命观认为，人类社会是自然界的一部分，包括人类社会在内的整个物质世界是合乎规律地发展和运动着的。人类社会的发展经历着一个由简单到复杂，由低级到高级的发展过程。人类的发展过程也就是人的社会化的发展过程。天然自然不合乎人类发展的要求，人类可以发挥主观能动性改造自然，使自然朝着人类需要的方向发展，但是改造自然的过程，必须遵循自然的规律。同时，人类应该在改造客观自然的过程中，促成自身的发展，把人的认识水平提高到一个崭新的境界。学习马克思主义生命观，有助于正确认识人与自然的关系，使改造自然的过程合乎自然发展规律，合乎人类发展需要。

（二）马克思主义生命观引导青年树立科学的人生观

马克思主义生命观是一种科学的生命观，可以在人们的精神世界里发挥重要作用，帮助人们不断重构和更新心态结构与认知结构，提高精神境界，为人民树立科学的世界观和人生观起到启迪和导向作用。马克思主义生命观中关于自我价值与社会价值、个性化与社会化等内容，对于引导人们正确认识和处理个人与社会、个人与集体等关系，具有重要的指导作用。在人的成长过程中，特别是在青年成长过程中，如果没有科学的生命观启迪、引导，则容易出现彷徨、迷茫，牺牲别人利益满足自己，以及不能正确处理个人利益与集体利益矛盾等问题。学习掌握马克思主义生命观，能够启迪和引导人们自觉抵制社会上各种错误思潮，正确处理自我价值与社会价值，进入崇高的新境界，自觉投身于社会发展，从而真正实现人的价值。

（三）马克思主义生命观引导青年坚定共产主义理想

马克思主义生命观中，关于劳动与异化劳动以及人的全面发展等观点，对于帮助青年树立对中国特色社会主义道路的信心，坚定共产主义必然实现的信念具有重要的引导作用。青年一代是否具有共产主义理想，对于我国未来国家前途和命运具有极其重要的作用。让广大青年通过马克思主义生命观的树立，从理论上搞清楚人类社会发展的规律和本质，才能让广大青年深刻认识人的全面发展与共产主义实现的关系。只有通过树立共产主义的世界观和人生观，并在学习中、生活中和工作实践中身体力行，主动发挥自觉能动性，使广大青年自觉确立为共产主义奋斗的主观意识，自觉培养共产主义的道德品质和修养，社会主义中国的前途才会更加光明。

马克思主义生命观中蕴含丰富的内在张力，这种内在张力正是马克思主义充满生命力的原因所在，马克思主义生命观的生命力使马克思主义在新的时代仍然充满活力，使之能够在新的时代里体现其伟大的价值。

政德建设从何抓起[①]

吴 凯

习近平总书记指出，领导干部要讲政德。政德是整个社会道德建设的风向标。立政德，就要明大德、守公德、严私德。习近平总书记，以“大德”“公德”“私德”为核心要素，为党员干部特别是领导干部如何立政德指明了方向和实现路径。

一、明大德：铸牢理想信念，淬炼坚强党性

要做到“明大德”，首先需要坚持以理想信念为政德建设的根本点。政德是一种特殊的社会道德，党员干部应以理想信念为根本，以党性修养提升自我要求。广大党员干部要以马克思主义理想信念为基础，始终坚守马克思主义政治信仰和共产主义远大理想，做到明大德”。党员干部应成为马克思主义理想信念的拥护者，以马克思主义立场、方法看待和解决各项事务，始终与党中央保持高度一致。同时，党员干部要坚持党性，站稳政治立场，无论是在思想上还是行动中，都要依照党中央要求行事，防止出现思想“溃坝”。

其次，要以“四个意识”“四个自信”保持浩然正气。“四个意识”要求党员干部具有政治意识、大局意识、核心意识、看齐意识。作为党员干部，要坚持“四个意识”，忠于党和国家，时刻牢记党员身份，保持浩然正气，坚定不移跟随党的脚步前行。在“四个意识”要求下，党员干部要积极学习各项理论，不断创新和发展马克思主义理论，将理论与实践相结合，做一名“明大德”的合格党员。“四个自信”是指“道路自信”“理论自信”“制度自信”“文化自信”。党员干部应将自身的责任担当与大局意识联系起来，将具体的工作任务和上级决策贯通起来，依照党的要求开展工作。只有每位党员干部都能斗志昂扬、积极工作，社会主义事业才能蓬勃发展。

最后，要营造风清气正的政治生态。坚守理想信念，淬炼坚强党性，不仅与党员自身有关，更与党的政治生态环境相关。政治生态与从政者、政治制度和政治文化息息相关，各级领导干部应做到秉公用权、取信于民，要在扎实工作中赢得民心。在长期执政过程中，中国共产党始终秉承高尚的理想和信念，致力于营造风清气正的政治生态。在未来的发展过程中，党员干部更要继续精心维护党的政治生态，从自我做起，坚持党性，不扰乱党的风气、不玷污党的纯洁性。

---

① 本文原刊于《人民论坛》2019年第5期。

二、守公德：强化宗旨意识，全心全意为人民服务

守公德，首先要始终以人民群众利益为出发点。一直以来，我们党赢得民心的关键就在于始终以人民群众的利益为重。纵观党的执政历程，我们党始终将人民群众的利益视为根本，一切执政行为都是从让人民群众利益最大化的角度出发，党员干部始终以人民公仆的标准要求自我，时刻注重严守公德。自古以来，“重民、爱民、养民”就是中华传统文化中的精华，我们党将这种精神发扬光大。在党成立初期，毛泽东同志就提出“为人民服务”的伟大号召。党的十九大报告也指出：“中国共产党人的初心和使命，就是为中国人民谋幸福，为中华民族谋复兴。”可以看到，中国共产党的施政方略始终以人民群众的利益为出发点，始终坚持执政为民。党员干部应秉承党的宗旨，时刻关注群众的利益，办任何事都要从群众利益出发。

其次，要以“三实”“三敢”恪守执政为民的原则。“三实”是指谋事要实、创业要实、做人要实。“三实”告诫党员干部要实事求是，能够遵守公德，强化宗旨意识，始终为民谋取实事。“谋事要实”要求党员干部要从工作实际出发，依照实际情况制定执行方案和策略，确保党政工作符合客观事实、符合科学规律；“创业要实”要求党员干部要发挥带头作用，要不怕苦、不怕累，要敢为群众先，带领人民群众创新创业，善于解决问题，带领人民群众在各项创新事务中取得突破，成为人民群众的领路人；“做人要实”要求党员干部能够说实话、办实事，要善始善终、善作善成，答应人民群众的事情要认真努力完成，以优良成果向人民群众汇报。“三敢”要求领导干部敢负责、敢作为、敢争先。领导干部在其岗位，就要敢于承担责任，敢于有所作为，维护党的良好形象。“敢负责”要求党员干部敢于承担责任，提高人民群众对党员干部的信任度；“敢作为”要求党员干部能够敢于作为，积极解决人民群众的困难，认认真真为人民群众做实事；“敢争先”要求党员干部不断努力，不断做到更好。

党的十八大以来，全面从严治党成效卓著，反腐败斗争压倒性态势已经形成并巩固发展。党的十九大报告指出，要“夺取反腐败斗争压倒性胜利……通过不懈努力换来海晏河清、朗朗乾坤”。当前，党内监督与司法监督、群众监督有效结合，进一步扩大了监督范畴，为腐败分子铺设了一张更大的法网。党员干部也应在反腐败斗争的过程中贡献力量，检举和揭发腐败行为，坚决与腐败分子做斗争。

三、严私德：坚持戒贪止欲，约束行为操守

严私德，首先要注重以勤政务实为政德建设的落脚点。勤政务实是对党员干部的客观要求，更是党的政德建设的落脚点，党员干部应具备良好的职业道德，依照自身角色辛勤工作，致力于为人民群众谋取利益。勤政务实具有强烈的道德感召和示范作用，焦裕禄、孔繁森等优秀的共产党员，在不同时期用自己的行为完美诠释了“勤政务实”的深刻内涵，为党员干部“严私德”起了表率作用。新时代，随着党内工作愈加复杂繁重，更需要将勤政务实的精神发扬光大。党员干部应以敬业为上、以勤为先，勤勉职责，在各自的工作岗位上依照高标准、严要求，认真履行工作职责，给党和人民一个满

意的交代。

其次，要以“三严”“六律”时刻自省。“三严”是指“严以修身”“严以用权”“严以律己”，是对党员干部私德的明确规范，要求党员干部能够自觉远离低级趣味、自觉抵制歪风习气、自觉遵守党章党规，能够以较高的道德标准进行自我约束。同时，党员干部要遵循党中央要求，依法履行自身职权，合法、合规、合理地行使权力。此外，党员干部要慎独慎微，要勤于自省，始终坚持清廉为政，能够严明私德。“六律”主要是针对党员工作和生活提出的要求，重在关注党员的生活纪律，要求党员能够做到“四慎四自”，在日常生活中能够事事小心，严格依照党章党规进行自我要求，能够时刻自省，时刻保持自身的良好形象，以较高的道德标准要求自我。

最后，建立政德考核评价机制是提升党员干部政德建设积极性的关键。第一，要确立科学的政德考核标准。政德考核应以政治立场、大局意识和组织纪律为基础，对相关指标进行量化处理，确保党员干部指标得分能够客观反映政德水平。第二，实施多元化政德考核方法。政德考核应坚持日常考核与年度考核相结合的形式。通过日常考核督促党员干部时时尽心，通过年度考核给党员一个合理的评价。同时，政德考核还应坚持正向评价与负向评价相结合，为防止政德考核流于形式，考核要在肯定党员干部优点的同时，也指出其存在的不足，以便党员干部不断提高自身的政德水平。第三，拓宽政德考核结果应用。为确保政德考核真正发挥激励作用，应拓宽政德考核的结果应用范畴，不仅要将政德考核评价结果纳入党员干部升职、降职之中，更要与党员干部的待遇挂钩，以确保党员干部能够自觉遵守政德考核要求。

新媒体时代社会主义核心价值观传播的着力点[①]

吴　凯

互联网正在将全世界连接在一起。传播社会主义核心价值观，应充分发挥新媒体的作用，通过大众化、通俗化的形式和内容，将社会主义核心价值观的内涵传递给受众。新时代背景下，新媒体技术使信息传播的覆盖范围越来越大，因此，我们应该清楚地认识到探究社会主义核心价值观传播着力点的重要性。

一、逻辑起点

（一）机制创新是首要途径

习近平总书记在主持中共中央政治局第十三次集体学习时强调，要切实把社会主义核心价值观贯穿于社会生活方方面面。教育引导、舆论宣传和文化熏陶是传播的基本功能。但事实上，传播的意义远远大于宣传、教育和启迪。为了实现社会主义核心价值观的预期传播效果，信息传播中的每一个环节都至关重要。任何一个环节出现问题，都会直接影响社会主义核心价值观的传播效果。因此，社会主义核心价值观传播的创新与发展，关键在于如何建立有效机制，协调传播过程中的各个环节，使其顺利进行。

（二）创新传播着力点是时代发展需要

随着互联网技术的快速发展，人们已经进入新媒体时代。当前，人们的生活方式和思想观念发生了巨大的变化。

一方面，人们接收信息的渠道更加多元，信息的接收具有自主性。与当前的信息传播环境相比，传统媒体的信息传播渠道单一，限制了人们的信息接收范围。新媒体时代，信息来源丰富多样，传播者可以是党政部门、社会组织，也可以是个人，这意味着信息的传播更加开放、多元。人们在新媒体环境下越来越依赖于新媒体来获取信息、传播信息。

另一方面，人们的思想意识和价值观正朝向多元化发展。新媒体发展迅速，具有形式多样、信息量大、传播速度快、受众数量多等特点，其传播理念与传统媒体有很多不同之处。新媒体激发了受众的参与热情，促进其自主意识的觉醒，受众开始要求与传播

---

① 本文原刊于《新闻战线》2018年第14期。

者进行平等交流与沟通。在新媒体的影响下，人们的思想观念逐渐开放。因此，社会主义核心价值观的传播要通过受众和传播者的共同努力，使主流价值观深入人心，构建良好的社会秩序。

（三）创新传播机制是发展的内在需求

为了适应时代的发展，社会主义核心价值观的传播模式一直在不断创新，其传播理念也发生了巨大的变化。随着社会不断进步、生产力持续提高，人民的交流方式变得更加复杂多样。

传播者与受众的关系非常复杂，存在层级关系、运作关系以及反馈监督关系等。传播过程中的每一个环节都关系着下一环节是否能够顺利进行，任何环节都不能出现问题，因此，协调和监督各个环节至关重要。只有如此，才能保证社会主义核心价值观的传播能够被控制在合理范围内。

二、历史机遇与现实挑战

（一）传播机制创新的历史机遇

新中国成立之初，由于国内经济发展水平较低，只能通过报纸、标语等媒介传播主流意识形态。然而，目前的社会主义核心价值观传播已经不再局限于报纸、广播、电视等传统媒介，台式电脑、平板电脑、智能手机和智能穿戴设备等智能终端已成为新的传播媒介，有效提升了社会主义核心价值观的传播效果。

新媒体作为社会快速发展的产物，有力地推动了社会的转型，加速了我国社会和经济的发展，使我国站在“世界舞台中央”。依托新媒体带来的发展机遇，媒体对社会主义核心价值观的传播，将朝科学化、时代化、大众化的方向发展。

（二）传播机制创新的现实挑战

历史悠久的中国传统文化近年来备受关注。然而，其中既有符合时代要求的、进步的内容，也有过时的、落后的、腐朽的内容。部分传统文化内容已经不再符合当今社会的发展潮流，不利于现代社会的正常发展。在社会快速发展的今天，我们应对传统文化取其精华去其糟粕，从而促进社会健康有序的发展。

三、传播机制创新的策略设计

（一）充分利用新媒体平台

社会主义核心价值观的传播模式不同于其他信息。只有通过合适的载体传播正确的内容，才能取得良好的传播效果。因此，社会主义核心价值观的传播要更加重视传播主体的监管和内容的审核。

社会主义核心价值观的传播主体主要是党、政府和社会组织领导下的媒体或传播机构，具有传播力较强、主动性较高等优势。社会主义核心价值观的受众可能是某个个体，也可以是某个群体或某个社会组织。

因此，强化对社会主义核心价值观的认识是重中之重。受众的观念、意识和价值观可以直接影响社会主义核心价值观的传播效果。然而，受众的观念、意识和价值观是一种思想观念，对其进行准确判断具有较高的难度。

新媒体时代，人类传播和获取信息越来越依赖于网络媒体。与传统媒体的信息传播模式不同，新媒体的传播模式主要以线上交流为主，通过微信、微博等社交媒体传播信息。由于网络具有匿名性和即时性，受众的真实价值取向可以在新媒体的传播中得到充分展现。通过分析新媒体平台中的内容，就可以掌握更准确、更真实的社会大众思想动态。

（二）有效调动新媒体资源优势

当前，新媒体不断涌现，数量较多，形式多样。不同类型的新媒体具备不同的特点和优势，但是，大部分新媒体具有一个相同的特点，即信息传播的碎片化。不同媒体发布的新闻可能拥有相同或相似的主题，但具体内容却可能截然不同。

对于一般内容而言，多渠道、多视角的传播对受众的思维和行为不会产生非常显著的影响。但是，对于社会主义核心价值观的传播，不同媒体传播的内容应该完全一致，以确保内容的严谨性和权威性。当今社会，我们应该利用各种媒体的优势，充分挖掘新媒体的潜力，合理配置新媒体资源，使其在社会主义核心价值观的传播过程中发挥重要作用。

当前，传播者对传播社会主义核心价值观的新媒体的类型和优势，要有清晰的认识和把握。在此基础上，要进行正确的分类，将“显性”传播社会主义核心价值观的新媒体归为一类，将“隐性”传播社会主义核心价值观的新媒体归为另一类。例如，受众通常用来获得最新信息的新媒体就归属于“显性”新媒体一类当中。同时，在分类过程中，媒体是否重视社会主义核心价值观的传播也可以成为评判标准。

对于社会主义核心价值观的传播，要将传统媒体与新媒体进行整合，充分发挥两者的优势，形成多渠道、全方位的传播格局。既要坚持正面宣传，又要将社会主义核心价值观融入日常生活当中。

四、结语

社会主义核心价值观在新媒体环境下的传播，应充分利用互联网的优势，加强受众自律性，强化对媒体的监督，从而营造健康、积极的互联网环境。

现在，论坛版主或软件开发者可以通过设置禁用词，对信息内容进行过滤，以此控制敏感信息的发布。另外，还可以通过追踪发布者 IP 地址，及时禁用其即时通信功能，有效加强网络用户的自律性，营造风清气正的网络空间。

做好群众工作的几点思考[①]

吴　凯

中国共产党90多年来的奋斗历程充分证明了加强与群众血肉联系的重要性和必要性。党的十九大报告中，习近平总书记指出，“中国共产党人的初心和使命，就是为中国人民谋幸福，为中华民族谋复兴”，这成为激励中国共产党人不断前进、不断发展的根本动力。第十三届全国人民代表大会又一次提出了与国计民生密切相关的规划，其中无不体现出为人民服务的宗旨。

一、做好群众工作是厚植党执政基础的内在要求，是全面建成小康社会的应有之义

党的十九大报告中，习近平总书记明确指出：“我们党来自人民、植根人民、服务人民。”这充分说明党与人民拥有天然的联系基础。加强群众工作，维系党群关系，增强党群感情，正是不断厚植党执政基础的内在要求。纵观党的十九大报告，全文中提及“人民”二字超过200次，提到“中心”一词共计6次，其中第4次为“以人民为中心”，人民是中华民族伟大复兴的关键。为了全体人民对美好生活的追求，“不忘初心、顺应民意，不负使命”，体现了“人民至上”的情怀。

党的十九大报告中还指出，“从现在到2020年，是全面建成小康社会决胜期”。这是对我国当前社会经济发展的肯定，同时也是党向广大人民群众做出的重要承诺。全面建成小康社会，其重点在于建设城乡一体化、解决“三农”问题，推进城镇化发展，推动国家富强、民族振兴以及人民幸福、由小及大，由基层到国家，人民群众应当成为全面建成小康社会的关联人和受益人。充分发挥党组织的引领作用，最大限度地调动人民群众的脱贫致富积极性，增强人民群众凝聚力，都是全面建成小康社会的应有之义。

二、做好群众工作应以人民为中心，坚持贯彻群众路线，提高组织群众能力

“水可载舟，亦可覆舟”，人民是国家生存与发展的根基，是历史的创造者，是社会发展的有效推动力。中国共产党是在人民的基础上产生与建立起来的，其发展过程中与人民建立了千丝万缕的联系。中国共产党作为马克思主义政党，将人民看作是政党工作的核心内容，将全心全意为人民服务作为党的根本宗旨。党的十九大报告以马克思主义唯物史观的角度，科学回答了新时代我国发展的基本问题，中国为谁发展，中国靠谁发

① 本文原刊于《人民论坛》2018年第15期。

展，人民群众是唯一的答案。

社会经济发展迅速，社会逐步走向多元化，党的工作对象也将不断增多，舆论格局日益复杂，多方利益冲突日益显现，这都给党的群众工作带来了较大的挑战。新时代党要做好群众工作，不但要不断适应新时代的变化与发展形势，而且要做到以人民为中心，坚持贯彻群众路线。中国特色社会主义现代化建设和党的治国理政都需要彻底落实与群众息息相关的工作与事业，努力破除社会发展中的不平衡、不充分问题，保证群众的根本利益，帮助群众不断实现美好生活的目标。

新时代在党的群众路线工作中，应进一步锻炼和提高群众组织能力，积极团结群众、动员群众、组织群众，保证党的生命力和战斗力永续。党的群众工作首先要将群众的利益放在首位，发挥基层党组织作用，深入群众当中切实了解生活现状，关心群众切身需求，以党的科学理论和信念武装群众思想，鼓励群众积极参与到中国特色社会主义现代化建设当中。其次要积极向群众学习，发挥全面了解群众的本领。要求各机关干部深入群众，及时了解群众思想动态与生活状况，更好地做好群众工作。最后要转变党的群众工作作风，创新群众工作方法，缓解各方利益矛盾。要求领导干部发挥榜样作用，加强宣传和动员，提高科学决策能力，推动社会和谐发展。

三、做好群众工作应为人民谋幸福，创新群众工作体制机制，提高服务群众能力

“不忘初心，方得始终”，中国共产党的“初心”就是为人民谋幸福，为中华民族谋复兴”。保证人民幸福，既是党实现国家富强和民族振兴的基本要求，又是实现中华民族伟大复兴中国梦的关键内容。人民幸福，即人民平安、健康、生活美好，是中国共产党不断推进群众工作的追求。新时代党的群众工作，要求解决每一户、每一个人的基本生活问题，尽最大努力达成群众对幸福生活的憧憬和要求。我党应团结可以团结的群众，共同奋斗，为人民谋幸福。

新时代科技进步、社会经济发展、国际环境复杂，做好群众工作，应保持“为人民谋幸福”的初心，充分利用时代发展所带来的优势环境，依据新时代发展的规律，不断革新群众工作体制，以创新的面貌进一步深入推进群众工作进展。创新群众工作体制，应将不同主体、领域、形式的群众工作体制不断整合、协调、革新，探索与时代发展高度适应的新型群众工作体制。从大的方向来看，要创新省、市、县区的三级群众工作体制，从小的方向来说，要创新民情、民意体察制度，将群众中的热点难点问题及时化解，保证群众工作充满新意和活力。

新时代党的群众工作，还应在工作体制创新的同时，不断提高党服务群众的能力。做好群众工作，首先要将心比心，获取群众的理解和信任。基层党员干部要多换位思考，切实考虑群众的需求，化解党与群众、群众自身之间的冲突与矛盾，树立党和政府的公信力。其次要多办好事、多办实事，积极听取群众的利益诉求。深入基层调研，切实解决群众的实际问题，提高群众生活水平。再次要公平公正、时刻为群众着想，提高群众的满意度，赢得群众肯定与支持。最后要增强法治观念，践行依法行政和依法治理，处理群众中的突发性事件要有法可依，提高群众安全感，营造共建、共治、共享的

社会治理环境。

四、做好群众工作应当好人民引路人，发挥群团组织作用，提高群众凝聚力

“只要跟党走，一定能胜利”，一个政党要想获得长期稳定的执政权，深厚的群众基础是必要条件。早在革命时期，我党彰显先进红色文化，引领全国各族人民向胜利迈进。在和平建设时期，我党充分秉承“全心全意为人民服务”的根本宗旨，带领全国各族人民，不断推进社会主义现代化建设。在全球政治、经济、社会日益复杂的新时代，我党同样要发挥领导作用，真正“奋斗在新时代”，当好人民的引路人，发挥群团组织作用，为中华民族伟大复兴中国梦凝聚强大的力量。

要充分发挥群团组织作用，基层党组织应充分了解群团组织实际情况，坚持党的正确领导不偏离，用科学的理论武装群众，用正确的信念凝聚群众，及时将党的意志、党的思想渗透到群众当中。一方面应着重体现科学性和先进性，结合最为广泛的工人阶级、青年生力军等人才力量，夯实我国改革发展的人力基础；另一方面应不断拓展组织范围，结合最为广泛的社会组织、非公经济组织、公益组织、新媒体行业等社会力量，夯实我国改革开放的社会基础。

做好新时代党的群众工作，提高党凝聚群众的能力是关键。首先，党应加强对群团组织的领导力，细化群团工作，扩大党的思想及价值观的影响力，提高群众对中国特色社会主义的思想与价值认同感。其次，党应加强对群团组织的凝聚力，以群众为核心，全面把握服务群众的格局，鼓励各阶层、各年龄阶段的人才积极参与到改革发展过程中去。再次，党应提高群团组织对群众的服务力，一心为群众，切实为群众实际问题的解决贡献力量。同时要完善服务制度，促进群团组织服务的标准化和规范化发展。最后，党应加强群团组织的开放性发展，合理优化资源配置，不断吸收新的力量，壮大群团组织力量，提高群众凝聚力。

坚持思想建党和制度治党同向发力[①]

吴 凯 罗 燕

思想建党与制度治党地位并重，思想建党对制度治党的优化和发展具有促进作用，使制度治党始终保持正确的方向，而思想建党则需要制度治党提供坚实的保障。思想建党与制度治党相互促进、相互扶持，两者的同向发力凸显了新时代党建的新特点，对增强全面从严治党具有积极的促进作用。

一、思想建党是中国共产党的宝贵经验和优良传统

思想建党是制度治党的思想坐标。坚持思想建党，是中国共产党将马克思主义政党建设理论与中国发展的前途和命运紧密结合的宝贵成果和基本经验。永保党员的先进性与纯洁性尤其要抓好思想建党的问题，必须以思想建党为根基，扫清思想上的污垢。思想建党的稳定有效为有力推进制度治党奠定了扎实的心理基础和思想准备，也是将马克思主义思想融入制度治党的重要切入点。在中国特色社会主义新时代的新任务、新矛盾与新问题面前，坚持以思想建党为基本，全面提升党员干部的党性修养与思想境界，对提升党的执政本领尤为关键。

思想建党的能力与水平对制度治党具有促进作用。好的制度要想发挥价值，离不开人的主观能动性，但思想上的偏颇必然会导致制度执行的“变味”。中国共产党之所以长盛不衰，之所以带领人民群众一路披荆斩棘并收获了丰硕的发展成果，原因在于其坚持了正确的路线和指导思想，不断提升思想境界，重视自我思想革新，使党保持执政优势。打好思想基础是党自我革新的重要经验，思想建党也是党进行干部教育和紧密团结群众的关键所在。党员干部的集体思想水平决定着制度治党的落实程度，决定着新时代党组织的形象和公信力。中国特色社会主义新时代已经到来，国家的强大、民族的繁荣与党执政能力的显著提升，使广大党员干部在思想上深受鼓舞，使那些阳奉阴违、思想腐化、表里不一的人日益失去活动空间，使更多的党员干部在思想建党的要求中工作，为深入推进制度治党营造了良好的党内思想环境。由此可见，思想建党对制度治党具有动力支持作用，通过激发党员干部遵循制度的主体能动性，可进一步增强制度治党的效率。

思想建党本领的高低决定着制度治党的最终成效。党的十九大报告强调了要把党的

---

① 本文原刊于《人民论坛》2018年第2期。

政治建设摆在首位，政治建设的关键在于思想建设。思想建党水平越高，党员干部自觉抵制商品交换原则、避免被侵蚀的自主能力越强，思想建党是营造良好政治生态的基本条件。正人必先正己，正己才能正人。从内部入手抓主体思想建设，是发展外部制度建设的先导。当前，我国的社会主要矛盾已经转化，矛盾的转化意味着党的工作方向要做出重大调整，思想上率先调整是把握时代矛盾，及时对新问题、新事物做出反应的关键，这是保证党的建设始终把握时代风向标，统筹推进制度治党的必然选择。

二、制度治党彰显党与时俱进的自治决心与卓越智慧

制度治党有助于增强思想建党的规范性，是全面从严治党决心与智慧的体现。思想建党的对象是千差万别的全体党员，由于个体的认知水平和人生阅历存在较大差异性，因此思想建党要实现统一高效存在一定的难度。与此同时，思想建党的弹性空间较大，对人的思想建设成效难以量化，因此，需要不断地优化制度，以制度的鞭策和约束作用增强思想建党的统一性与规范性，突出制度治党的保障作用。党的十八大至党的十九大期间，党中央出台了一系列管党治党的制度规定，有力地净化了党内的政治生态，重塑了党员干部的思想心理，使社会风气焕然一新，制度治党的力量由此可见一斑。如果说思想建党由于个人思想水平的差异难以实现全体党员干部的步调一致，那么制度治党则能够以刚性的制度标准，对 8 900 余万党员提出具体的、细致的、标准的要求，使制度治党的显性结果看得见、摸得着。制度治党的全面铺开，为在新时代的历史交叉点上统一思想、保持全党步调一致与团结合作提供了有力依据。

制度治党在新时代中的持续改进，有助力推进思想建党。制度治党的关键在于以制度的力量促进党员干部学习思想建党的内容，从“被管理”逐步向“自我管理”蜕变。制度治党对政治生态建设具有直接作用，近几年来党中央依法对“老虎”“苍蝇”的严厉惩治在党内和群众中间得到了广泛的赞许和积极的反馈，制度治党发挥了作用，以制度预防党员干部思想出现“病症”，使思想建党得到了更进一步的深化。

制度治党是新时代思想建党长期、有效的保证。在新时代继续保持党的先进性与纯洁性，关键在于提高党的执政本领。制度治党为提升党的执政本领提供了学习制度、党内监督制度、选人用人制度、教育培训制度等一系列可遵循的制度，对思想建党具有全方位、多角度的促进作用。一方面，制度治党有利于干部的情感管理，引导党员干部建立互帮互助、相互监督进步的和谐人际关系；有助于打破“小圈子”“小群体”，整治党内的思想风气。另一方面，制度治党有助于党员干部形成严以律己、省察克治的思想习惯，以制度的约束力保证思想建党的内容进入头脑，使法治大于“人情”，为依法依规治党与思想建党的长期开展扫清人为障碍、营造环境。

三、推进全面从严治党须思想建党与制度治党同向发力

夺取新时代中国特色社会主义的伟大胜利，必须坚持党的领导，要求思想建党与制度治党在实践中完成内在统一。为推进全面从严治党同向发力，要高度重视思想建党与制度治党在新时代的紧密交融，用先进的理论武装党员干部的头脑，增强党员干部学习

理论的“看家本领，要党员干部深入学习和领会习近平新时代中国特色社会主义思想，把握习近平系列重要讲话的精神，在新时代复杂的工作环境中始终保持头脑清醒，增强政治定力。

思想建党与制度治党相结合可实现“见善如不及，见不善如探汤”的思想建设效果。制度治党用鲜明的纪律红线使党员干部形成强烈的自律意识，增强党员干部的警惕与忧患心理，自觉按照制度的规定，调整自己的思想动态，了解什么能做，什么不能做，什么是值得学习的，什么是要反对批判的。因此，要推进依法依规治党，用党纲、党章以及法律法规增强思想建党的规范性与制度性，保持制度治党与思想建党在发展方向上的一致性，依靠制度进步促进思想进步，完善和落实民主集中制的各项制度，以健全的制度体系培养党员干部。思想建党要抓住价值观教育的基本任务，抵制和预防圈子文化、宗派主义与码头文化；要保持党员干部在新时代的政治本色，依靠思想建党与制度治党的同向发力全面提升党的执政本领。

为提高党内监督制度的执行力，应当以多元监督鞭策思想建党与制度治党同向进步。第一，扩大党内监督的范围。全体党员干部不论层级、不论资格、不论成绩如何，都应主动接受监督。同时，党内监督的主体也应在范围上逐步扩大，应充分发挥出群众、人大、政协、司法、审计以及民主党派等多元主体的协同监督作用，逐步建立系统、完善、灵活的全面从严治党管理体系。第二，要实现监督体系结构的协调性与完整性。思想建党与制度治党的各项实践需要同时接受舆论等多种外部监督，要实现各种监督联动反馈，共同对全面从严治党发挥出激励功能。依靠完善、多元的监督体系，深入推进新时代的思想建党与制度治党工作。

新媒体社会思潮的传播及引导[①]

罗 燕

社会思潮的嬗变体现出社会成员在一定社会条件下对外部环境的心态转化程度。改革开放以来，积极适应时代需求、推进改革创新是我国社会思潮的整体表现。在共同社会心态的作用下，我国各项社会建设成绩斐然。然而，随着时代的推移，新媒体“智能社会”的到来引发了社会思潮的激荡，尽管激活了公民对社会问题和矛盾的思考意识，但同时也催生了复杂交织的新媒体思想动态，对我国主流意识形态安全与社会的稳定带来了消极的影响。习近平同志曾鲜明地描述了当前我国社会思潮的新形势，即“思想观念和价值取向日趋活跃、主流和非主流同时并存、社会思潮纷纭激荡”，这种社会思潮的发展趋势在很大程度上是受到了新媒体的助推。因此，在新媒体社会思潮传播的过程中介入科学的引导具有非凡的现实意义。

一、新媒体社会思潮的内涵理解

社会思潮指的是一个社会在不同时代背景下，反映一定社会阶级利益和诉求的共同思维趋向和社会心态，对社会主流意识形态与核心价值观的发展具有深刻的影响。在新媒体时代中，社会思潮被赋予了更加深刻和复杂的内涵。新媒体社会思潮指的是在新媒体时代的文化和技术条件影响下所形成的多元化社会思想发展新趋势。新媒体社会思潮传播的媒介是传统媒介的数字平台与新兴网络媒体。伴随着新媒体技术的发展，社会思潮的发展变化逐步体现出了对新媒体文化环境的依附性。在新媒体开放环境中，外来文化的渗透渠道相较于以往更加多样，加之在推进深化改革阶段中，复杂的社会矛盾在新媒体平台中集中涌现，使我国社会成员的思想意识受到了影响。社会思潮也因新媒体的推动而出现了激荡，对社会主义主流意识形态的话语权造成了一定的冲击。因此，在深刻理解新媒体社会思潮内涵的基础上，采取创新手段加强对社会思潮传播的科学引导尤为必要。

二、新媒体社会思潮的传播特征

首先，新媒体社会思潮的传播具有便捷性和多渠道的特点。近几年来，微博、微信、网络直播等平台的使用权已经不再由年轻人和高知人群所垄断，不同年龄和受教育

---

① 本文原刊于《人民论坛》2017年第29期。

水平的网民看到了新媒体社交的便捷性和趣味性，迅速进驻新媒体社交平台，使更多类似于微博、微信的社交、购物、问答等平台如雨后春笋般成立，极大地扩展了新媒体社会思潮的传播渠道，加速了新媒体信息的及时传播。在多种渠道共同发布、相互转发和援引的过程中，新媒体社会思潮传播出现了大提速，话语传播的便捷性得到了显著提升。其次，新媒体社会思潮的传播具有互动性。区别于传统媒体时代信息传播的单项性和滞后性，承载着新社会思潮的新媒体信息传播的互动性、多项性更强，主体所抛出的话题将借助移动智能通信技术获得不同程度的回应。特别是在新媒体平台中具有较高影响力的网络公众人物，其对新媒体社会思潮的发展动态往往具有较大的话语权。这部分人所发出的言论通常会在第一时间得到大量的评论与转发，形成话题互动效应，加速了新媒体社会思潮的形成和传播。这使社会思潮的发展突破了固有人际关系结构局限，进一步扩展了信息传播的广度。再次，新媒体社会思潮具有不稳定性。“话语是传播者为了表现其所要传播的信息而运用的载体”，为了实现某种意图，一些人在话语传播中制造虚假信息，试图使非主流话语正常化。致使一些别有用心的言论内容对辨识能力不足的网民产生了消极影响，非主流话语在一定范围内的讹传消解着主流社会思潮的公众影响力。例如在 2017 年九寨沟遭遇地震灾害时，新媒体平台中关于抗震救灾的积极言论对灾区人民发挥了积极的激励和鼓舞作用，但与此同时灾难相关的谣言和诈骗信息也紧随而至，这种新媒体言论良莠共存的现象在很大程度上增加了社会思潮的复杂性。最后，新媒体社会思潮的传播体现出了较高的参与性。新媒体较低的准入门槛为公众平等参与社会治理和公共话题探讨创造了条件，提升了公众对公共事务的关注度，为社会思潮的传播注入了动力。然而由于公众的媒介素养和文化储备参差不齐，也进一步增加了新媒体社会思潮引导的难度。

三、新媒体社会思潮的引导路径

2016 年 2 月，习近平总书记在党的新闻舆论工作座谈会上指出：“要适应分众化、差异化传播趋势，加快构建舆论引导新格局。”同时提出了要善于运用媒体了解民意、引导社会情绪的要求。为此，当前对新媒体社会思潮的引导要采取多种路径协同发挥作用的策略，优化社会思潮引导的科学主体结构。

首先，发挥政府在新媒体社会思潮引领中的轴心作用。党和政府的舆论引领工作一是要适应民心，二是要有所创新。要加强对新媒体舆论的观察和分析，了解网民的思想动态和心理诉求，应使大数据分析成为了解民意的重要手段。同时，党和政府的宣传思想工作要利用微博、微信、直播平台等加快创新的步伐。及时结合新媒体社会思潮的传播特点，转变工作思维，增加对非主流话语的敏感性，做到坚持包容多元话语原则与主流话语引导任务的和谐共存。针对一些部门在突发舆情危机方面引导不及时，以遮、堵等简单粗陋方式进行舆情控制的问题，要依靠制度的力量加强规范。明确新媒体社会思潮引导中各部门及主管人的责任，力求对社会思潮的引导在立意上从群众诉求出发，在方式上深得人心，在结果上行之有效。

其次，新媒体营运企业和新闻媒体要从社会责任和职业责任出发，自觉在新媒体社会思潮引导中发挥出积极的作用。以2017年火爆全球的电影《战狼2》为例，新媒体各平台对这一难得的爱国主义教育机会十分重视，能够在宣传的过程中以凝聚思想共识为第一位，相关话题探讨体现出了媒介话语引导的主动性，表现出了主流媒介对社会思潮引领的正向作用。因此，第一是要依靠法律制度的约束力制约和惩治新媒体平台的庸俗、低级信息传播和违法活动，净化新媒体生态空间。第二是要依靠权威媒介主体带动普通媒介主体共同发展。例如人民日报、环球时报以及央视平台，要在新媒体社会思潮引导方面做出表率，形成示范效应，让其他新媒体平台形成看齐意识，力求向先进看齐、向主流看齐。第三是综合媒体对社会思潮的引领要创新文化作品和话语符号设计。要重视在影视作品和话题互动中增加围绕社会主义核心价值观的信息内容，扩展主流思潮的影响范围，形成积极的社会流行文化。

再次，坚持不懈地开展公众新媒体信息教育，从源头上提升我国公民的新媒体使用和信息甄辨能力。第一是要在中小学开展新媒体信息教育，教育内容主要包括新媒体信息辨别教育、主流意识形态安全教育、新媒体道德能力教育以及新媒体法律制度教育等。要使新媒体信息教育融入中小学教育教学体系当中，增强青少年应对消极社会思潮侵蚀的能力。第二是在高校加强新媒体信息教育及科学研究，通过案例教育和实践教育，激励当代大学生和高校教师成为积极社会思潮的引领者和参与者，发挥出先进知识群体在推动社会思潮发展中的优势作用。第三是要依靠基层党组织和社区、街道开展居民新媒体信息教育。要普及社会思潮的基本内涵，让居民了解新媒体社会思潮的时代影响力和消极发展的危害性，增强居民对社会思潮的深刻认知和新媒体知识储备。

最后，启发全体网民形成文化自觉，在引导社会思潮积极发展中形成团结的力量。截至2016年6月，我国的网民数量已经达到了7.1亿，这一庞大的数字意味着网民力量的凝结将在社会思潮引导方面发挥难以替代的作用。因此要重视对新媒体文化领域的发展和规范，依靠优秀传统文化、理论文化、红色文化和乡情乡土文化，熏陶和培育新时代的优秀网民，增强网民的“四个自信”。强化网民对我国社会主义初级阶段和深化改革攻坚阶段复杂矛盾的理解，引导网民形成文化自觉和言论理性。使网民在新媒体公共参与的过程中，加强自我约束，时刻保持对社会思潮的敏感性。不参与造谣、传谣，不盲目吸收和转化来源不明的信息。主动在使用微博、微信等社交平台时传播积极的正能量，肩负起网民在新媒体社会思潮引导方面的个体责任。

总之，新媒体的出现和迅速发展是引发社会思潮变迁的巨大推动力，做好新媒体社会思潮的引导对维护我国社会主义主流意识形态安全、保证社会的稳定和谐具有重要的意义。政府、新媒体、教育单位与全体网民需要同时发力，共同抑制新媒体社会思潮的消极发展，从而净化社会舆论环境，形成持久、一致并适应新时期主流意识形态发展需要的良好社会心理基础。